유라시아 지정학

유라시아 지정학

21세기 패권, 무엇으로 결정되는가
– 100년간의 체제 전쟁과 9가지 교훈

할 브랜즈 지음 | 김태수 옮김

The Eurasian Century

Hot wars, Cold wars, and the making of the modern world

21세기북스

일러두기

· 면 하단 각주는 모두 옮긴이 주다.
· 원문의 기울임체 강조는 고딕체로 표시했다.

차례

서문

1917년 1월, 힘의 균형은 무너지고 있었다. 사라예보에서 한 대공이 암살당하면서 시작된 전쟁은 곧 전 세계로 번졌고, 이제 지구상 모든 대륙의 나라들을 끌어들이고 있었다. 독일은 동부전선에서 러시아를 굴복시키기 직전이었다. 승리할 경우 독일은 몰락해 가는 러시아 제국의 자원을 약탈하고, 북해에서 우크라이나에 이르는 유럽 지역의 패권을 장악할 수 있을 것이었다. 독일 육군은 서부전선에서 프랑스의 힘을 빼고 있었고, 해군은 영국을 굶겨서 항복하도록 유도할 작정이었다. 만약 유보트 잠수함이 런던과 연합국을 상대로 치명상을 날리지 못한다고 해도, 경제적 파산이 그들을 무너뜨릴지도 모르는 상황이었다. 막대한 전쟁 비용은 영국 제국의 피를 말리고 있었다.

독일은 구세계를 지배하기 직전이었다. 이는 바다를 건너 전 세계에 영향력을 행사할 대륙 기지를 마련해 줄 것이었다. 미국의 대통령 우드로 윌슨은 훗날 "만약 독일이 승리했다면 우리 문명의 경로가 달라졌을 것"이라고 말했다.[1] 강력한 독재 정권이 이끄는 세계에서는 멀리 떨어진 민주주의 국가들조차도 안전할 수 없었다.

1941년 12월, 인류는 심연으로 빠져들고 있었다. 히틀러는 이미 브레스트에서 발칸에 이르는 유럽 지역을 지배하고 있었고, 독일의 전차는 모스크바 외곽까지 진군했다. 히틀러는 곧 소련을 굴복시키고, 대서양에서 우랄산맥 사이에 펼쳐져 있는 모든 저항을 파괴할 수 있을 것이라고 믿었다. 한편 극동에서 일본 제국은 전체주의의 협동 공격을 완성하고 있었다. 일본은 이미 수년간 아시아 대륙으로 제국의 영토를 넓히고 있었다. 진주만을 공습한 이후, 일본군은 경악할 만한 진군을 감행했다. 이제 일본은 인도의 국경에서 날짜 변경선까지 그리고 만주에서 호주 북부 해안에 이르기까지 영토를 장악해 나가고 있었다.

베를린과 도쿄는 파시즘 국가라면 으레 예상될 만한 살인적인 잔혹함으로 점령지를 통치하고 있었다. 이들은 이탈리아와 함께 현존하는 국제 정치체제를 파괴하고, 그 폐허 위에 디스토피아적인 '신질서'를 구축하기로 맹세했다. 일본의 외무부 장관은 "민주주의의 시대는 끝났"으며 "전체주의가 … 세계를 지배할 것"이라고 선언했다.[2] 한편 워싱턴의 정책 결정자들은 추축국이 인도양과 중동을 통해 연결될지도 모른다는 생각으로 두려움에 떨었다. 그렇게 되면 추축국은 유라시아의 광대한 땅과 해양을 손안에 쥐게 될 것이었다. 뛰어난 정책 설계자였던 니컬러스 스파이크먼은 만약 이런 일이 실현될 경우, 서반구가 "완전히 포위" 될 것이며, "우리의 독립과 안보를 유지하기란 불가능할 것"이라고 예상했다.[3]

1947년 3월, 세계는 다시 한번 운명의 갈림길에 섰다. 제2차 세계대전은 2개의 무자비한 제국을 붕괴시켰지만 또 하나의 제국에 힘을 실어주었다. 소련의 군대는 피폐해진 유럽 대륙의 깊숙한 곳까지 점령했다. 스탈린과 그의 동맹국들은 스칸디나비아에서 그리스, 이란에서 한국에 이르기까지 틈을 엿보며 세력 확장을 꾀하고 있었다. 세계에서 가장 인구가 많은 중국에서 일어날 피의 내전은 곧 중국을 스탈린의 품에 안겨 줄 것이었다. 굶주림과 급진주의는 공산주의의 영향력이 전파되는 데 필요한 이상적인 토양을 제공하고 있었다.

소련 주변부의 국가들에서 희망, 번영 그리고 안전이 복구되지 않는다면, 모스크바 혹은 모스크바의 대리인들이 이 지역의 권력을 장악하게 될 수도 있었다. 해리 트루먼 미국 대통령의 참모들은 이런 일이 일어날 경우, 히틀러 못지않게 잔혹한 폭군이 두 대륙에 걸친 자원을 수중에 넣게 될 것이라고 경고했다. 이 경고에 따르면, 자유세계가 살아남을 전망은 거의 사라질 것이었다.4

2022년 2월, 인류는 역사의 수레바퀴는 멈추지 않는다는 사실을 다시금 깨닫게 되는 순간을 맞이했다. 블라디미르 푸틴은 지난 세기 동안 끊임없이 강대국의 각축장이 된 우크라이나를 점령하기 위해 제노사이드에 준하는 전쟁을 준비했다. 푸틴의 계획은 제2차 세계대전 때 자행되었던 잔혹함과 팽창 계획의 소름끼치는 메아리였다. 이는 또한 중앙아시아에서 동유럽에 이르는 광대한 지역에서의 우위를 복구함으로써 러시아를 다시 위대하게 만들려는 한 세대에 걸친 노력의 절정이었다.

한편 종신 황제가 되기를 꿈꾸는 또 다른 인물인 시진핑은 국내에서의 모든 반대를 박살내고 해외 팽창을 위해 중국 사회를 동원한다. 그의 정부는 대만을 정복하고 태평양 서쪽을 중국의 호수로 만들기 위해 제2차 세계대전 이후 가장 최대 규모의 해군 증강을 진행하고 있다. 동시에 그는 구시대적인 군사력의 힘은 물론이고 경제적, 기술적 영향력을 이용하여 대륙의 내륙 깊숙이, 그리고 그 너머까지 중국의 영향권을 확대하려고 한다. 시진핑은 중국의 앞길을 가로막는 자들은 "강철의 만리장성에 머리가 깨져 피투성이가 될 것"이라고 경고했다.5

불과 수십 년 전만 해도 극심한 가난에 시달리던 나라가 이제 땅과 바다 모두에서 패권을 추구하고 있다. 시진핑과 푸틴은 권위주의자들의 새로운 축을 만들었다. 이란을 세 번째 회원으로 맞이한 이 야심찬 전략적 동반자 관계는 반자유주의적 아시아를 중심으로 급진적으로 재편된 국제 질서를 만들려 한다.

유라시아의 광대한 땅과 그 주변 해양을 둘러싼 투쟁은 현대 세계 정치의 가장 본질적인 특징이다. 이는 지금의 세계가 형성된 용광로였다. 그리고 그 경쟁은 오늘날 다시 한번 치열해지고 있다.

＊ ＊ ＊

우리는 종종 현대를 미국의 패권 시대로 생각한다. 그러나 우리는 실제로는 전쟁과 충돌로 점철된 긴 유라시아의 세기를 살고 있다. 1900년대 초부터 유라시아는 세계 패권 경쟁의 각축장이었다. 그리고 유라시아의 방대함과 가치를 고려한다면, 이는 전혀 놀랄 일이 아니다.

그 이름이 암시하듯 유라시아는 북반구의 두 구대륙, 즉 유럽과 아시아의 확장된 결합으로 이루어져 있다. 여기에는 유라시아 주변 해역을 통해 서로 긴밀히 연결된 두 대륙의 주변 섬들과, 지중해를 통해 유럽과 완벽하게 이어지고 사하라 사막에 의해 아프리카 다른 지역과는 단절된 북아프리카까지 포함된다. 따라서 유라시아는 동쪽의 아시아 연안에서 서쪽의 이베리아반도와 브리튼제도에 이르고, 북쪽의 북극해에서 남쪽의 인도양까지 걸쳐 있다.[6] 지리학자 해퍼드 매킨더가 '세계섬'이라 부른 이 지역은 다른 어떤 곳과도 비교할 수 없는 독특한 공간이다[7]

초원, 산맥, 평원, 사막, 정글 그리고 거의 모든 다른 지형으로 이루어진 유라시아는 지구 육지의 3분의 1 이상을 차지하고 있다. 또한 세계 인구의 약 70%와 산업적 역량 및 군사 잠재력의 대부분을 보유하고 있다. 인류의 5대 주요 종교의 발상지이자 세계를 형성한 여러 문명의 요람이기도 하다. 지중해에서 남중국해에 이르는 유라시아의 내해는 무역의 컨베이어 벨트 역할을 한다. 유라시아는 동시에 상품, 함대 그리고 군대를 운반하는 모든 대양과 맞닿아 있다. 요컨대 유라시아는 세계에서 그 어떤 보물과도 견줄 수 없는 전략적 핵심 지역이다.

　물론 유라시아의 풍경은 결코 정적인 적이 없었다. 근대 이후 대부분의 시기에 유라시아의 중심은 서유럽이었다. 그러다 제2차 세계대전 이후 일본의 재건, 중국의 눈부신 부상 그리고 아시아 전반의 발전이 세계 경제의 중심축을 동쪽으로 이동시켰다. 유라시아라는 개념이 처음 등장했을 때, 전 세계 지도자들은 석유와 공군의 전략적 의미를 막 깨닫기 시작한 참이었다. 2020년대에 이르러 유라시아와 세계는 새로운 에너지 체제로의 길고도 지난한 전환기에 들어섰고, 디지털 영역에서의 새로운 갈등 가능성에도 직면했다. 한때 유라시아의 주요 해양 분쟁 지대는 영국과 독일이 충돌했던 북해 지역이었지만, 오늘날 가장 불길한 해역은 대만해협과 남중국해를 비롯하여 중국과 미국이 충돌하는 지역들이다.

　이 모든 진화와 혁명적 변화 속에서도 변하지 **않은** 사실이 있다면, 그것은 이 주요한 역사적 사건들이 벌어지는 무대가 여전히 유라시아라는 점이다. 세계 인구의 대부분이 살고, 세계 경제 활동의 중심으로 자리 잡고 있으며, 미국을 제외한 세계의 강대국들이 자리한 곳이 바로 유라시아다. 그리고 유라시아의 핵심 지역과 해역은 가장 치열하면서 지정학적으로 세계를 규정짓는 경쟁의 무대이기도 하다. 그렇기에 세계는 유라시아 초대륙과 그 연안을 둘러싸고 벌어지는 운명적 충돌들로 인해 끊임없이 격랑에 휩싸이고, 재편되고, 때로는 거의 파괴되기까지 했다.

　독일 제국에서 소련에 이르기까지, 야심 찬 독재국가들은 세계의 전략적 핵심을 장악함으로써 패권을 차지하고자 했다. 영국 그리고 나중에는 미국과 같은 해양 너머의 민주주의 국가들은 대륙 내 동맹국들과 협력해 유라시아를 분할함으로써 자유가 번영할 수 있는 세계를 지켜 내고자 했다. 20세기의 가장 치열했던 열전, 냉전 그리고 대리전들은 모두 이러한 패턴의 일부였다. 미국의 새로운 도전자들, 그중에서도 가장 강력한 중국과의 경쟁은 이러한 지정학적 게임의 다음 국면이다.

* * *

많은 이에게 '유라시아'라는 단어가 낯설게 들릴지도 모르겠다. 그러나 이는 단지 냉전 이후 이례적인 평화의 시대에 그 단어를 잊는 호사를 누렸기 때문이다. 유라시아라는 단어 자체의 기원은 지리학자와 정책 설계자들이 2개의 인접 대륙을 하나의 단일한 무대로 바라보기 시작한 19세기 후반으로 거슬러 올라간다. 20세기 역사가 이 거대한 지역에서 일어난 충돌로 정의되면서, 유라시아라는 단어 역시 지식인, 정치 지도자 그리고 군사 전문가들 사이에서 흔히 쓰이게 되었다.

제2차 세계대전이 발발하기 직전, 미국의 대통령부터 나치의 지식인들까지 서로 성격이 전혀 다른 인물들이 모두 비할 데 없는 자원과 힘의 원천으로 유라시아 대륙을 주목했다. 냉전이 시작됐을 때, 미국 정부의 일급비밀 문서들에는 유라시아의 광활한 대지에 대한 언급이 산재했다. 이들 문서는 유라시아 대륙을 미국이 결코 어떤 경쟁국에도 내주어서는 안 될 핵심 지역으로 간주했다. 유라시아라는 개념은 심지어 20세기 가장 유명한 고전 정치 문학에도 퍼졌다. 1949년 조지 오웰이 출판한 고전 소설 《1984》 속에서 유라시아는 끊임없는 전쟁에 휘말린 전체주의 거대 국가로 묘사되었고, 이러한 언급은 더 이상의 설명을 필요로 하지 않았다.

수 세대 동안, 세계정세에 정통한 모든 이가 유라시아야말로 제국들이 서로 충돌하는 격전지라는 사실을 알고 있었다. 그리고 이제 유라시아가 새롭게 경쟁과 갈등의 중심지로 떠오르면서 이 개념은 다시 주목받고 있다.

* * *

그렇다면 유라시아의 시대를 다른 시대와 구분 짓는 것은 무엇일까?

지구의 물리적 특징이 1900년에 갑자기 변화한 것은 물론 아니다. 유라시아가 지독한 격전의 대상이 된 것이 20세기 들어 처음 일어난 일도 역시 아니다. 역사학자 존 다윈이 강조하듯이, 아틸라, 칭기즈칸, 티무르와 같은 역사 속 지도자들은 이미 오래 전에 유라시아의 광대한 땅을 차지하고자 했다.[8] 더 최근의 역사와 비교한다고 해도, 전쟁과 경쟁은 결코 새로운 일이 아니다. 1900년 이전의 수 세기 동안 유럽은 30년 전쟁이나 프랑스혁명에 뒤따른 전쟁과 같은 참혹한 갈등을 경험했다. 현대 중국 정부가 선전하는 것과는 달리, 아시아의 역사 역시 결코 더 평온하지는 않았다.

그러나 1900년 이후의 시기는 분명히 이전과 달랐다. 이 시기는 그 투쟁의 빈도, 격렬함 그리고 범위 면에서 이전의 시대와 두드러지게 구별되었다. 양차 세계대전은 유라시아의 한쪽 끝에서 다른 쪽 끝에 이르기까지 전투가 벌어졌으며, 그 전장은 유라시아를 넘어 다른 대륙과 해양으로도 확산되었다. 이 두 전쟁은 역사상 가장 치명적인 국가 간 전쟁 가운데 둘이었으며(집계 방식에 따라 역사상 가장 치명적인 두 전쟁이라고 볼 수도 있다), 역사학자 매슈 화이트가 적절하게 이름 붙인 '헤모클리즘hemoclysm', 즉 20세기를 특징지은 전례 없는 유혈 사태에서 중심 역할을 했다.[9] 냉전은 적어도 초강대국들에게 있어서만큼은 덜 폭력적이었다. 그러나 개발도상국에서는 또 다른 세계대전을 대신하는 '소규모' 전쟁에서 수백만 명이 사망하는 참혹하기 그지없는 일이 벌어졌다.[10] 그리고 이 전쟁들은 이전의 열전들만큼이나 전 세계적으로 광범위했다. 베를린에서 시나이반도까지, 앙골라에서 한반도까지, 동남아시아에서 중앙아메리카에 걸쳐 주요 전투가 벌어졌다.

이러한 갈등들은 가장 큰 이해관계를 두고 벌어졌다. 정치학자들은 이를 장차 누가 국제 질서를 지배하고 인류의 미래를 결정할지를 둘러싼 헤게모니 투쟁이라 불렀다. 게다가 역사적으로 봤을 때, 이 충돌들은 놀라울 만큼 짧은 기간에 연이어 일어났다. 두 차례의 세계대전이 벌어지고,

수 세대에 걸쳐 이어질 냉전이 시작되기까지 채 30년 남짓밖에 걸리지 않았던 것이다. 20세기는 세계의 패권을 둘러싼 필사적이고도 반복적인 투쟁의 시대였다. 그 싸움들은 종종 충격적일 정도로 처절했고, 전 세계적으로 퍼져 나갔으며, 그 이해관계의 규모는 대서사시와도 같았다. 그리고 그 모든 중심에는 언제나 유라시아가 있었다.

유라시아의 세기는 중대한 변화와 믿기 힘든 극단이 공존했던 시대였다.[11] 강대국 간 전쟁과 경쟁은 통제를 벗어나 마치 거대한 불길처럼 닿는 모든 것을 삼켜 버렸다. 새롭고 끔찍한 전제정이 자국 안팎에서 전례 없는 범죄를 저질렀다. 철도에서 핵무기에 이르는 기술 혁신은 세계 정치를 송두리째 뒤흔들었다. 이 세기는 또한 유라시아의 되풀이된 안보 위기에 대응하는 과정에서 세계적 초강대국으로 부상한 미국에 의해 결정되었다. 그리고 무엇보다, 이 시기의 유례없는 대량 학살은 역설적이게도 인류가 이전에 경험한 어떤 정치체제보다 더 평화롭고, 번영하며, 민주적인 현대 체제를 낳았다. 유라시아의 세기는 그 파괴와 창조 모두에서 독보적인 시대였다.

결국, 많은 방면에서 유라시아의 투쟁이 오늘날의 현대 세계를 형성했다. 왜 이런 일이 일어났는지, 즉 어째서 특정한 지역이 특정한 순간에 역사의 동력이 되었는지를 이해하기 위해서는 이 비범한 시대의 중심에 있었던 한 인물의 삶과 그의 업적을 마주할 필요가 있다.

* * *

해퍼드 매킨더 경은 일반 대중에게 널리 알려진 인물은 아니다. 1861년부터 1947년까지 살았던 박식한 영국인으로, 그는 국제관계를 연구하는 학자들에게 (반드시 좋은 의미로만은 아니지만) 기억되고 있지만, 그 외의 분야에서는 거의 전적으로 잊혔다.[12] 비록 영국 제국에 열정적으로 헌신했지만, 매킨더는 결코 정책을 결정짓는 엘리트 계층에 진입하지는 못했다. 그는 제1차 세계대전 이후 러시아 남부 주재 영국 고등판무관High Commissioner으로서 고위 외교 무대에 도전했지만, 그 결과는 상당한 굴욕을 안긴 실패였다. 그는 경력의 황혼기를 제국해운위원회 위원장과 같은 의미는 있지만, 다소 알려지지 않은 직책을 맡으며 마무리했다.

그러나 영향력이라는 것은 다양한 형태로 나타날 수 있는 법이며, 매킨더는 수많은 정치인, 외교관, 장군들보다 훨씬 더 긴 그림자를 남겼다. 매킨더는 당대에 가장 흥미로운 인물 가운데 하나였다. 그는 때로는 산악인이자 탐험가였으며, 때로는 국회의원이었고, 또 다른 때에는 유서 깊은 학술 기관의 교수였다. 그는 방대한 저술을 남겼으며, 오늘날 대부분의 지식인들이 감히 시도하지 못할 만큼 폭넓은 범위의 주제를 다뤘다. 그러나 매킨더는 결코 단순한 취미 수준의 학자가 아니었다. 그는 지리학을 고유한 학문 분과로 확립하는 데 결정적 기여를 한 인물이다. 또한 지구의 물질적 특징이 어떻게 국가 간 영향력 및 권력 다툼과 맞물리는지를 탐구하는 지리학의 연관 분야, 즉 지정학의 아버지로도 불린다. 1904년 런던 왕립 지리학회에서 행한 강연을 시작으로 매킨더는 다음 세기에서 일어날 일을 그 누구보다 선견지명을 가지고 경고했다.

매킨더는 '역사의 지리적 중심축'이라는 제목의 이 강연에서 강렬한 분석을 선보였다.[13] 그는 기술, 특히 철도의 발전이 어떻게 유라시아의 지리적 장벽을 무력화하고, 그로 인해 단일한 세력이 이 거대한 대륙 전체를 지배할 가능성이 열렸는지를 설명했다. 그에 따르면, 19세기에는 손쉬운 식민지 팽창이 일종의 전략적 안전판 역할을 했지만, 그 안전판이 사라진 20세기에는 강대국들이 서로를 향해 정면으로 충돌하게 되었다. 정치와 지정학은 폭발적인 방법으로 뒤엉키고 있었다. 매킨더의 원래 강연에서는 암시적으로만 제시되었지만 나중에 더 중요하게 부각되었던 주제는 반자유주의 정권들이 현대 산업경제를 통제할 수 있게 되었다는 것이다. 이

는 새로운 형태의 억압과 정복 프로그램을 가능하게 할 수 있었다.[14]

　매킨더는 이러한 모든 흐름이 거대한 충돌로 이어질 것이라고 예견했다. 유라시아를 지배할 수 있을 만큼 강력한 육상 전력을 확보한 개별 국가나 동맹은 곧 전 세계적인 위협이 될 것이었다. 그런 세력은 유라시아 대륙의 자원을 바탕으로 경쟁자가 없는 해양력을 구축할 것이 틀림없기 때문이다. 따라서 미래의 세계 정치는 다음과 같은 구도로 흘러갈 것이 틀림없었다. 한편에서는 의기양양한 대륙 세력들이 유라시아 그리고 더 나아가 전 세계의 패권을 추구하고, 다른 한편에서는 이들을 견제하려는 세력들이 맞선다. 후자는 유라시아의 해안에 위치한 해양 국가들과 대륙 가장자리에 놓인 취약한 국가들로, 이들은 대륙 세력을 봉쇄하기 위해 분투하게 될 것이다.

　매킨더의 예측에는 빗나간 부분도 있었고, 이 때문에 그는 이후의 40여 년을 자신의 주장을 다듬는 데 썼다. 그러나 새로운 세기에 대한 그의 통찰은 큰 줄기에서는 들어맞았다. 그의 생각은 유라시아의 균형을 깨트리려는 지도자들과 이를 보존하려는 자들 모두에게 일종의 시금석이 되었다. 비록 이들 가운데 상당수는 매킨더의 저작을 읽어보기는커녕 그의 이름조차 들어보지 못했을지라도 말이다. 오랜 기간 영국 외무부 관리로 지내면서 독일 제국과의 다가올 충돌을 경고했던 에어 크로나 냉전에 대한 미국의 대응 전략을 설계한 미국의 외교관 조지 케넌 같은 20세기의 핵심 외교관과 정책 설계자들은 매킨더의 사상에서 크게 영향을 받았다. 오늘날 우리가 유라시아의 세기라 불리는 그 격동의 시대를 매킨더가 남긴 동시대 분석을 통해 되짚고 있다는 사실 자체가 그의 지속적인 영향력을 입증한다.

　물론 매킨더 혼자만 그런 것은 아니었다. 유라시아의 세기 동안 일련의 지정학적 사상가들이 자신이 사는 시대에 통찰을 제공함으로써 주목을 받았다. 예컨대, 1890년대와 1900년대 초반에 미국의 해군 장교 앨프리드 세이어 머핸은 패권 경쟁이 치열해지는 세계에서 해양력이 차지하는 역할에 대해 끊임없이 글을 썼다. 그의 핵심 메시지는, 바다가 더 이상 미국을 보호해 주는 해자가 아니라, 불안정한 세계와 미국을 연결하는 고속도로가 되었다는 것이었다. 또한 네덜란드계 미국인으로 사회학자 출신이었던 니컬러스 스파이크먼은 예일대학교에서 국제정치 정책 설계자로 활동하면서, 제2차 세계대전 동안 매킨더의 주요 개념을 반박하면서도 응용했다. 한편 양차 대전 사이에 독일의 가장 저명한 지정학자로 활동한 카를 하우스호퍼는 나치가 매킨더의 생각을 끔찍한 목적을 위해 사용하는 데 일조했는데, 이는 최근 들어 크렘린과 가까운 러시아 지식인들이 행하는 역할과도 유사하다. 이들은 모두 권위주의적 지정학이라는 사조의 예시로서, 이 사조는 민주주의적 지정학으로부터 영향을 받으면서도 동시에 민주주의적 지정학의 목적 자체를 위협해 왔다. 이 위대한 (그리고 덜 위대한) 사상가들 사이의 논쟁을 다시 살펴보면, 우리는 격동의 20세기 그리고 오늘날 무슨 일이 벌어지고 있는지 더 분명하게 이해할 수 있을 것이다.

그러나 사상은 저절로 행동으로 옮겨지지 않는다. 유라시아의 세기는 가장 명예로운 지도자와 가장 불명예스러운 지도자 모두를 낳았다. 한편에는 위대함을 추구한다는 명분 아래 파괴적인 침략을 감행한 악명 높은 폭군들이 있었다. 카이저 빌헬름 2세, 아돌프 히틀러, 도조 히데키와 그의 일본 군부 그리고 이오시프 스탈린은 자국 내에서는 억압을, 외국에서는 침략을 일삼았다. 시진핑과 블라디미르 푸틴은 오늘날 가장 주목할 만한 그들의 계승자들이다. 다른 한편에서는 이러한 권위주의적 도전을 이겨 내기 위해 연합 전선을 형성한 민주주의 지도자들이 있었다. 제2차 세계대전 동안의 우드로 윌슨, 윈스턴 처칠, 프랭클린 루스벨트 그리고 냉전기의 해리 트루먼, 딘 애치슨 그리고 대서양 너머 그들과 동시대인들이 그 주역이었다.

세계 정치는 본래 복잡하고, 때로는 이 둘 사이의 경계 역시 모호해지고는 했다. 스탈린은 히틀러를 무찌르는 데 동참하기 이전에 그가 제2차 세계대전을 일으키는 것을 도왔고, 전쟁이 끝난 후의 냉전에서는 다시 서방과 대립했다. 중국은 자유세계가 그 경쟁에서 승리하는 것을 도왔지만, 오늘날에는 자유세계의 가장 강력한 경쟁국으로 떠올랐다. 유라시아의 세기가 매혹적인 또 다른 이유는, 바로 이처럼 동맹과 적대의 구도가 끊임없이 뒤바뀌는 전환들 속에서 역사가 어떻게 구조적 힘과 거대한 사상 그리고 지도자들의 중대한 선택이 맞물리는 지점에서 만들어지는지를 생생하게 보여주기 때문이다.

＊ ＊ ＊

이 책은 유라시아의 세기에 관한 이야기를 다룬다. 이를 위해 유라시아를 향한 지난 세기의 경쟁에 참여했던 여러 나라의 아카이브 사료와 2차 문헌이 활용되었다. 일본에서 인도, 호주에서 영국에 이르기까지 내가 직접 여행하며 수집한 자료들도 책의 중요한 기반이 되었다. 이 책은 이러한 자료를 통해 유라시아를 20세기 지정학의 중심 무대로 만든 지각 변동을 탐험한다. 기술과 전쟁에서의 혁명, 잔혹한 전체주의 정권의 등장, 정복을 정당화하는 이념 등이 이러한 지각 변동에 속한다. 책은 유라시아의 세기에 펼쳐진 격렬한 전투들을 되짚고, 20세기의 처절한 투쟁이 어떻게 오늘날 위협받고 있는 자유주의적 세계 질서를 낳았는지를 보여준다. 이러한 이야기를 다시 살펴봐야 할 이유는 많지만, 그중에서도 두 가지가 특히 중요하다.

첫 번째로, 유라시아의 패권을 둘러싼 싸움은 곧 세계의 운명과 인류 자유의 미래를 둘러싼 싸움과 다름없다. 이 말이 다소 과장된 것으로 들릴 수도 있지만, 결코 그렇지 않다.

유라시아는 세계 질서의 중심축이다. 유라시아의 핵심 지역을 지배하는 국가나 국가 연합은 세계에서 비할 데 없는 자원, 부 그리고 영향력을 확보한다. 만일 공격적인 독재 정권이나 독재 연합이 유라시아에서 맹위를 떨치게 될 경우, 세계 질서가 근본적으로 재편되고 전 지구적 차원에서 경쟁국들이 압박을 받게 된다. 설령 이 패권 세력이 해외의 민주주의 국가들을 물리적으로 정복하지 못한다고 하더라도, 이들에게 지속적이고도 깊은 불안을 야기함으로써 안전과 자유를 동시에 지키는 것이 점점 더 어려운 일이 되게 만들 수 있다.

이것이 바로 20세기 위대한 민주주의 지도자들이 그토록 두려워한 악몽이었다. 만약 오늘날 중국의 독재 정권이나 복수의 독재국가 연합이 유라시아 대륙과 인접 해양에서 패권을 장악한다면, 똑같은 악몽이 민주주의 국가들을 위협하게 될 것이다. 지난 세기와 마찬가지로 이번 세기의 향방 역시 유라시아를 둘러싼 경쟁을 통해 결정될 것이다. 유라시아를 둘러싼 패권 싸움의 방법과 수단은 시간에 따라 달라질 수 있지만, 그 본질은 결코 바뀌지 않는다.

두 번째로, 미국과 다른 민주주의 국가들이 다가올 두 번째 유라시아의 세기에 얼마나 잘 대처하는지는 이들이 첫 번째 유라시아의 세기로부터 어떤 교훈을 얻느냐에 달려 있다. 이야기를 따라가다 보면, 지리적 결정론으로 치우치게 될지도 모르겠다. 따지고 보면, 유라시아의 절대적 헤게모니를 추구했던 모든 국가는 압도적인 적대 연합의 집단적 힘에 맞닥뜨리면서 최후에는 몰락했다. 일본 제국, 독일(두 차례) 그리고 소련은 모두 이러한 운명을 피하지 못했다. 오늘날 독재 국가들의 연합도 다시금 비슷한 위험을 마주하고 있다. 이것이 유라시아의 강대국들이 봉착하는 고질적 딜레마라고 할 수 있다. 이웃을 압도할 만큼 강력한 힘을 갖게 되는 순간, 그 힘은 동시에 전 세계의 적대감을 부르는 요인이 된다.

그러나 20세기의 투쟁이 반드시 그러한 결말을 맞이해야 했던 것은 아니다. 영국의 역사학자 리처드 오버리가 지적하듯이, 결정적 전투의 향방은 몇 명의 조종사가 가장 중요한 순간에 몇 개의 폭탄을 얼마나 정확하게 투하하는지에 달려 있다.[15] 핵심 정치 지도자들이 중대한 기로에서 다른 전략을 선택했다면, 두 차례의 세계대전도, 냉전도 다른 결말을 맞이했을지도 모른다. 마찬가지로 오늘날의 경쟁 역시 정치적 지도자들의 자질과 그들이 내리는 선택에 따라 달라질 것이다. 바로 그렇기에 앞으로의 격변에 대비하기 위해서라도 지난 120년의 역사에서 얻을 수 있는 통찰을 깊게 받아들여야 한다. 유라시아의 세기를 공부해야 하는 가장 중요한 이유는, 미래의 격동에 대비하는 데 이것보다 더 나은 준비가 없기 때문이다.

1부

지난 유라시아의 시대

1장. 매킨더의 세계

시베리아 횡단철도는 두 대륙을 연결하는 강철 허리띠 같다. 약 9,600킬로미터에 달하는 이 철도는 모스크바에서 블라디보스토크까지 이어지며, 여러 연결선이 유럽 전역과 아시아 동부 해안까지 뻗어 있다. 시베리아 횡단열차는 100년이 넘는 세월 동안 세계에서 가장 외딴, 그리고 때로는 가장 아름다운 지역을 방문하려는 여행객들을 사로잡았다. 이들은 우랄산맥, 바이칼호의 연안 그리고 경이로울 정도로 고립된 러시아의 스텝 지대에 매료되었다. 그러나 1904년에 완성되었을 때만 해도, 시베리아 횡단철도는 제국의 꿈과 지정학적 악몽의 표상이었다.[1]

천문학적 비용을 빚으로 충당하며 건설된 이 철도는 차르 정부가 야심 찬 영광을 꿈꾸며 추진한 사업이었다. 이 철도는 광활하고 자원이 풍부한 시베리아를 본격적으로 개방해 이 지역을 산업화할 예정이었다. 또한 철도를 통해 러시아 제국은 만주, 한반도 그리고 극동 지역에 대한 영향력을 더 강화할 수 있을 것이라고 기대했다. 철도 건설의 가장 열렬한 옹호자였던 세르게이 비테 백작은 이 철도가 대외 팽창과 자국 내의 안정 모두를 촉진할 것이라고 주장했다. 그에 따르면, 이 철도는 "시베리아를 개방할 뿐만 아니라 세계무역에 혁명적 변화를 불러올 것이고, 중국과의 무역에서 수에즈운하가 차지하는 위상을 대체할 것이다. 더불어 러시아가 중국 시장을 자국의 직물과 금속 제품으로 가득 차게 해 주고, 북부 중국 지역에 대한 정치적 지배권을 확보할 수 있게 할 것"이었다.[2]

비록 비테가 바라는 방식대로는 아니었지만, 시베리아 횡단열차는 정말로 세계를 뒤바꾸어 놓았다. 이 지역에서 러시아의 주요 경쟁자였던 일본은 철도 건설의 의미를 정확히 간파하고 있었다. 열차는 병력을 실어 나를 수 있는 수단이기에, 동북아시아로의 교통망이 강화된다는 것은 곧 러시아 제국이 일본의 뒷마당에 영향력을 행사할 수 있게 된다는 것을 의미했다. 일본의 한 장교는 "시베리아 횡단철도가 완성되는 날은 한반도에 위기가 들이닥치는 날이 될 것이다"라고 예측했다. 이어 그는 "한반도에 위기가 발생한다는 것은 곧 동방 지역 전체가 격동에 휩싸이게 된다는 것을 의미한다"라고 덧붙였다.[3] 일본 정부가 그러한 사태가 발생하는 것을 결코 좌시할 생각이 없었다는 데에는 의심의 여지가 없다. 철도의 마지막 구간이 완공되기 불과 몇 달 전, 일본은 뤼순항에 정박해 있는 러시아 함대에 기습 공격을 가하며 전쟁을 일으켰다. 이는 20세기 최초의 열강 간 전쟁으로, 동북아시아에서의 제국의 패권을 둘러싸고 벌어진 싸움이었다.

이 전쟁은 앞으로 닥칠 격동의 시대를 예고하는 불길한 징조였다. 시베리아 횡단철도는 이후 피비린내 나는 한 세기 동안 줄곧 충돌의 도화선이 되었다.

시베리아 횡단철도를 중추로 하는 러시아 철도망의 현대화는 독일 고위 장교들로 하여금 기존에는 느리지만 압도적인 병력으로 간주되던 러시아군이 이제는 보다 현대적인 속도로 동원될 것이라는 확신을 가지게끔 만들었고, 이는 제1차 세계대전의 발발을 재촉하는 요인이 되었다. 독일 제국의 빌헬름 2세는 "러시아의 거대 철도 공사는 전쟁 준비에 다름없다"라고 우려했다.[4]

제1차 세계대전 이후 발발한 내전에서도 러시아의 파벌들은 철도를 둘러싸고 전쟁을 벌였다. 볼셰비키 혹은 독일인들이 철도를 장악할지도 모른다는 우려는 미국과 다른 열강들의 무모한 개입을 부추겼다. 미 국무부의 관료들은 이러한 개입 작전의 목표를 분명히 했다. "시베리아 횡단철도의 유지, 운영 그리고 통제가 가장 우선시해야 할 과제였다."5

시베리아 횡단철도는 제2차 세계대전에서도 중심적인 역할을 했다. 소련이 아직 독일과 동맹 관계였던 1939년부터 1941년까지 이 철도는 추축국의 경제적 고속도로였다. 1941년 봄 무렵, 매일 300톤의 고무가 시베리아 횡단철도를 통해 일본 제국에서 독일로 흘러 들어갔다.6 1941년 6월, 히틀러가 스탈린을 향해 총구를 겨눈 이후에는, 이 철도가 연합국이 독일을 상대로 승리를 확정할 수 있게끔 도왔다. 미국의 무기대여법Land-Lease을 통해 대규모의 무기 물자가 블라디보스토크를 통해 스탈린의 유럽 전선에 도착했다.7 수십 년 후 블라디미르 푸틴이 우크라이나를 침공하려고 준비하던 순간에도, 이 철도는 다시 한번 피비린내 나는 충돌을 위한 무대를 조용히 준비하고 있었다.

제2차 세계대전 이후 유럽의 가장 대규모 충돌이 천천히, 하지만 위협적으로 준비되고 있었을 때, 푸틴은 시베리아 횡단철도를 이용해 유라시아의 한쪽 끝에서 다른 쪽 끝으로 군대의 물자를 이동시켰다. 군용 열차는 전차, 트럭, 보병 그리고 미사일 발사대를 러시아의 극동에서 우크라이나 국경 지대로 운반했다. 그중에는 제64 차량화 소총여단도 있었는데, 이 부대는 이후 키이우 외곽의 부차에서 민간인을 상대로 한 성폭행과 고문, 살인을 자행하여, 부차라는 이름 자체가 러시아의 잔혹함을 상징하는 단어가 되게끔 만들었다.8 이 부대의 한 병사는 "살인을 즐기는 미치광이들이 있다. 그런 자들이 그곳에 있다"라고 말했다.9 1891년에 차르 알렉산드르 3세가 "철도가 있으라"라고 명령한 지 130여 년이 흐른 지금, 시베리아 횡단철도는 여전히 분쟁의 통로로 기능하고 있다.10

여기에는 그만한 이유가 있다. 지리는 좀처럼 변하지 않는다. 영토의 팽창이나 축소가 없는 한, 국가는 늘 그 자리에 있다. 따라서 지리적 조건, 혹은 그것이 부과하는 제약을 바꾸는 개발은 세계정세를 근본적으로 뒤바꿀 수 있다. 수에즈운하의 완공은 제국의 중심에서 변방까지의 이동 시간을 빠르게 줄였다. 이에 따라 아시아와 아프리카를 지배하는 유럽 제국의 건설이 가속화되었다. 19세기에 건설된 미국 대륙횡단철도는 대륙의 양 끝을 연결하여 미국이 20세기에 세계적 강대국으로 도약하는 데 결정적 역할을 했다. 시베리아 횡단철도는 유라시아 대륙 전역에 걸쳐 병력을 신속하게 이동시킬 수 있게 했으며, 이는 훗날 더욱 광범위한 정복을 가능하게 할 기술 혁명의 서막을 예고하는 것이기도 했다. 결국 시베리아 횡단철도의 완공은 전 세계적 규모의 격렬한 충돌의 시대가 오고 있음을 암시하는 사건이었다.

해퍼드 매킨더 경은 새로운 시대의 도래를 예견했다. 새로운 시대가 막 시작되려던 순간, 그는 한 강연에서 자신의 통찰을 제시했다. 이 자리에서 그가 밝힌 사상은 다가올 20세기 내내 반복될 기본적인 갈등의 구도를 미리 보여주었다. 수십 년에 걸쳐 여러 국가에서 벌어진 지정학과 국제 전략에 관한 거대한 논쟁의 중심에 매킨더가 있었다. 그의 사상은 또한 인간의 자유에 걸맞은 세계 질서를 지키려는 이와 파괴하려는 이 모두에게 지속적인 영향을 주었다. 유라시아의 세기를 뒤흔든 거대한 전쟁과 경쟁은 모두 매킨더가 구상한 세계를 누가 지배할 것인가를 둘러싼 투쟁이었다.

* * *

존 메이너드 케인스는 "자신이 그 어떠한 지적인 영향으로부터도 완전히 자유롭다고 믿는 실용주의자는 대개의 경우 이미 사라진 경제학자의 노예일 뿐이다"라고 말한 적이 있다. 그는 한 걸음 더 나아가 "허공에서

헛소리를 들으며 미쳐 가는 권력자는 몇 년 전 어떤 학자가 끄적인 이론에서 그 광기를 증류해 내고 있는 것에 불과하다"라고 일갈했다.[11] 케인스가 말하고자 한 바는, 정책 입안자 본인은 자각하지 못하고 있더라도, 정책은 언제나 어떤 사상에서 비롯된다는 것이었다. 이런 시각은 해퍼드 매킨더의 생애와 유산을 이해하는 실마리를 제공한다.

물론 매킨더는 그저 그런 시시한 학자가 아니었다. 1861년 잉글랜드 중부의 게인즈버러에서 태어난 그는 1947년까지 살았는데, 이때는 유럽 제국주의와 영국의 패권이 절정에 달한 시기였다. 생애 마지막에는 두 차례의 세계대전으로 그 패권이 무너지는 것을 경험했으며, 식민지들의 독립과 냉전의 시작도 목격했다. 소년 시절, 그는 비스마르크의 프로이센이 프랑스를 무찌르고 독일 통일을 이뤘다는 소식을 접하며, 유럽의 중심부에 새롭게 부상하는 통일 제국이 과연 어떠한 파장을 일으킬지를 상상하곤 했다. 그는 아주 놀라운 시대를 살았으며, 60년이 넘는 전문가로서의 생애 동안 놀라운 일들을 해냈다.[12]

매킨더는 자신의 야심과 모험을 추구하기에 좋은 조건을 갖춰서 성장했다. 의사의 아들이었던 그는 기숙학교에서 교육을 받은 후 옥스퍼드에 진학했으며, 언어에 재능이 있어 프랑스어와 독일어를 수월하게 배웠다. 탐험에 대한 본능적 열정은 그를 물리적으로든 지적으로든 전 세계로 이끌었다. 그는 비록 스스로가 말한 대로 책과 지도를 좋아하는 '약간 외로운 소년'이었을지 몰라도, 누구보다 강인했으며, 운동을 좋아했고, 이른 시기부터 지적으로 성숙했다.[13] 1880년대 초 대학에 진학한 매킨더는 역사와 지리학에 대해 본격적으로 탐구하기 시작했다. 또한 옥스퍼드대학교의 토론 모임인 옥스퍼드 유니언에서 연설과 지적 토론에 대한 열정을 키웠다. 동시에 매킨더는 옥스퍼드 육군 지원 예비군과 옥스퍼드 소총 연대에 복무하며 영국 제국을 위해 봉사하기도 했다. 그는 졸업한 직후에는 변호사가 되려고 했으나, 그보다 덜 전형적인 길을 택하기로 결심했다.

부수입을 위해 지리학을 강의하기 시작한 지 얼마 지나지 않아, 그는 어느 강연에서 지리학을 학문적 분야로 정립하는 데 중요한 기여를 했다. 이로 인해 매킨더는 스물다섯 살의 나이에 옥스퍼드대학교의 정식 교수가 되었다. 그는 옥스퍼드 지리학부, 레딩대학교, 런던 정치경제대학교 등 유수한 학문 기관의 설립에 핵심적 역할을 했다. 그는 또한 대중적인 지식인으로서 관세 정책부터 전쟁과 평화의 원인에 이르기까지 다양한 주제를 다루며 글을 썼다. 이후 매킨더는 정계로 진출해, 1910년부터 1922년까지 하원에서 글래스고의 캠라치 지역구를 대표했다. 제1차 세계대전이 끝난 후에는 러시아 남부 주재 영국 고등판무관으로 근무하며 전쟁과 혁명으로 인한 혼란을 정리하고 수습하려 애썼다.

1922년 하원 의원직에서 물러난 후, 매킨더는 다시 공직에 복귀하여, '제국해운위원회Imperial Shipping Committee'와 같은 눈에 띄지는 않지만 중요한 기구의 의장을 맡았다. 이 위원회는 시대의 흐름을 거슬러 영국 제국의 해체를 막고자 설립되었다. 거기에 더해, 매킨더는 최초로 성공적으로 케냐산을 등정한 산악인이기도 했다. 한 목격자는 이 등반을 "정말로 심각했던 산악 탐험"이라고 평가했다. 이 탐험은 목숨을 위협하는 모험이기도 했으며, 비록 입증되지는 않았지만 매킨더가 반란을 일으킨 아프리카인 짐꾼들의 살해에 연루되었다는 소문이 돌기도 했다.[14]

매킨더는 전형적으로 다재다능한 인물이었다. 그는 여러 경력을 하나의 줄기로 자연스럽게 엮어냈다. 그는 스스로를 다음과 같이 평가했다. "나는 정처 없이 떠돌아다닌 적은 없다. 대체로 내가 어디로 가고 있는지 알고 있었기 때문이다. 그러나 한곳에 오래 머문 적도 드물다."[15]

애석하게도 그는 실패도 맛보았다. 누구나 그렇듯, 매킨더 역시 원했던 모든 것을 이루어 내지는 못했다. 그의 가장 큰 열망은 영국 정치계에서 영향력 있는 인물, 즉 사상가이면서 동시에 실천가가 되는 것이었다. 1902년 한 관측통은 그를 다음과 같이 평했다. "기회만 잡는다면, 매킨더는 정상까지 오를 만한 인물이다. 유능한 젊은이가 드문 시대이기 때문이다."16 그러나 결과적으로는 케냐산을 오르는 것이 더 쉬운 일로 판명났다.

추상적이고 지적인 성향의 매킨더는 타고난 정치인은 아니었다. 그는 끝내 내각에 들어가지 못했고, 최고위 정치 엘리트 집단에 합류하는 데도 실패했다. 고등판무관으로서의 근무는 짧았던 데다 영광스럽지도 못했다. 외교 정책에 대한 그의 포괄적인 성찰이 담긴 책《민주주의의 이상과 현실 Democratic Ideals and Reality》은 출간 후 한 세대 가까이 아무런 주목도 받지 못했다. 친구였던 레오 에이머리는, 그가 출세한 동료들에 비해 "더 강인한 인격과 뛰어난 두뇌"를 지녔지만, "한때 사람들이 그에게 기대하던 만큼의 성과는 이루지 못했다"라고 평가했다.17

매킨더는 비록 확고한 권력을 거머쥐는 데는 실패했지만, 그럼에도 오래 남을 발자취를 남겼다. 그는 눈앞의 위기를 넘어 역사적 힘이 어떻게 작용하는지 꿰뚫고, 이를 바탕으로 큰 그림을 그릴 수 있는 자신의 능력을 자랑스러워했다. 그는 민주주의의 지도자라면 "사고 속에서 세계 전역을 자유롭고 즐겁게 넘나들며, 수백만의 사람과 수 세기에 걸친 시간을 단위로 사고할 줄 알아야 한다"라고 썼다."18 그가 가장 정통한 분야에 대해 강연하는 모습을 본 적이 있는 사람이라면 누구도 그의 역량을 의심하지 않았다. 수십 년 뒤, 그의 한 동료는 "크고 꼿꼿하며, 기품 있는" 매킨더가 "메모 한 장 없이도 낭랑한 목소리로 완벽하게 구성된 종합적 논지를 전개해" 학생들을 매료시키던 모습을 회상했다.19 그가 특히 탁월했던 분야는 지정학이었다. 지정학은 지리적 현실과 정치적 힘 사이의 관계를 연구하는 학문이었다.20

매킨더는 지정학에 대해 설명한 '지리학의 범위와 방법론에 대하여'라는 강연에서, 지정학이 단순히 물리적 사실을 기술하는 것에 그쳐서는 안 된다고 강조했다. 그런 무미건조한 시도만으로는 "지도자가 될 만한 자질이 있는 이들의 마음을 사로잡을 수 없다"는 것이었다.[21] 그가 말하는 지리학, 즉 **정치**지리학은 지구의 특성이 장구한 역사 속에서 민족과 사회의 행동 양식에 어떤 영향을 미쳤는지 그리고 그 행동 양식이 다시 지구의 물리적 환경을 어떻게 바꾸었는지를 함께 연구하는 학문이었다. 이는 상상력과 거시적 시야를 필요로 하는 작업이었다. 그는 다음과 같이 말했다. "어떠한 학문이든지 지루한 세부 사항이 대부분을 차지하지만, 그 세부 사항의 벽돌로 궁전을 세울 수 있게 하지 못하는 학문은 결코 사람의 마음을 만족시킬 수 없다."[22] 그리고 매킨더만큼 장엄한 '정신의 궁전'을 세운 이는 드물었다.

가장 많이 읽힌 그의 책은 천연자원의 분포와 유럽 해안에서 떨어진 위치라는 영국의 지리적 조건이 어떻게 작은 섬나라를 부유하고 자유로운 해상 강국 그리고 비할 데 없는 제국으로 성장시켰는지를 보여주었다. 그의 또 다른 저서는 라인강 계곡의 특성이 어떻게 유럽 중부의 장기적인 패권 경쟁에 영향을 주었는지를 논증했다.[23] 그의 핵심 주장은 지리적 조건이 패권을 향한 투쟁을 근본적으로 규정한다는 것이었다. 이는 숙명은 아니었지만, 어떤 정책 설계자도 외면할 수 없는 현실이었다. 그는 "행동을 시작하는 것은 자연이 아니라 인간이지만, 큰 틀에서는 자연이 인간을 통제한다"라고 단언했다.[24] 이는 곧, 세계의 정세가 결정적으로 변하는 시기에 영국이 번영하려면 국민과 지도자들이 지리적으로 사고할 수 있도록 훈련하는 것이 필수적임을 뜻했다.

* * *

매킨더는 영국의 영향력이 전 세계에 맹위를 떨치고 있을 때 자랐다. 19세기 영국은 지구적 헤게모니를 손에 쥐고 있었으며, 사람이 살고 있는 그 어떤 대륙도 영국의 영향력에서 벗어날 수 없었다. 영국 해군은 바다를 순찰하며 무역이 호황을 누리고 본격적인 세계화가 시작될 수 있도록 만들었다. 이런 점에서 영국은 사실상 우리가 오늘날 자유주의적 국제 질서라고 부르는 체제를 주도했다. 민주주의의 첫 국제적 확산은 영국의 패권이 확립된 가운데 영국의 체제를 본뜬 대의민주주의 제도가 뿌리내리면서 이루어졌다.[25] 몇몇 지저분하고 국지적인 전쟁들이 있기는 했으나, 유럽은 나폴레옹 이후 오랜 평화를 누렸다. 이는 영국으로 하여금 대륙의 일에 원치 않게 휘말리는 것을 막아주었고, 그 결과 '화려한 고립'을 즐길 수 있었다. 1897년 빅토리아 여왕의 60주년 기념식에는 제국 각지에서 최강의 병력과 군함이 집결했으며, 이는 영국이 누리는 영광의 절정을 상징적으로 보여주었다. 아널드 토인비는 당시의 분위기를 다음과 같이 회상했다. "여기, 우리가 세계 최고의 자리에 있다. 그리고 우리는 영원히 이 자리에 머물 것이다!"[26]

그러나 실제로는 영국의 힘과 국제 질서의 안정이 조금씩 무너져 내리고 있었다. 영국은 패권을 이루던 중요한 축 하나를 상실했다. 1890년에 이르러서는 더 이상 세계 최대의 경제 대국이 아니었다. 독일, 미국, 일본과 같이 새로 떠오르는 일련의 국가가 자국의 이해관계를 관철하고자 했고, 이를 위해 각지에서 짧지만 강렬한 전쟁을 일으켰다. 1898년 수단에서 영국과 프랑스의 이해관계가 충돌했을 때는 양국의 정면충돌이 일어날 뻔했다. 영국은 다음 해에는 남아프리카에서 보어인들과 끔찍하고 추악한 식민지 전쟁에 휘말렸다. 동유럽에서 남아시아에 이르는 갈등의 접경지대에서 오랜 시간 영국의 숙적이었던 러시아는 경제적으로 그리고 군사적으로 역량을 축적하고 있었다. 영국 제국은 곳곳에서 위기와 직면하고 있었다. 식민지 장관 조지프 체임벌린의 표현대로, "지친 거인은 스스로 감당하기에는 너무 벅찬 운명의 짐에 휘청거리고" 있었다.[27]

지정학적 동요는 이념적 충돌과 함께 발생했다. 물론 서로 대립하는 관념 혹은 경쟁적인 정부 체제를 둘러싼 충돌은 역사 자체만큼이나 오래되었다. 그러나 이런 충돌은 프랑스혁명으로 촉발된 이념적 불꽃이 사그라든 이후 한동안은 잠잠해진 상태였다. 나폴레옹을 물리치고 1814~1815년에 구성된 유럽협조체제Concert of Europe는 질서를 우선시했고, 이는 한동안 각국이 지닌 상이한 정의관을 넘어서는 힘을 발휘했다.[28] 그러나 이 체제는 19세기 후반 무너졌고, 이념적 긴장은 새롭게 불타오르기 시작했다.

그레이트 게임The Great Game*은 단순히 탐욕적인 제국 간의 대결이 아니었다. 민주화로 나아가던 영국과 전제정에 기반을 둔 러시아 사이의 간극은 이 대결이 이념적인 성격을 띠도록 만들었다. 테헤란 주재 영국 공사는 다음과 같이 밝혔다. "우리는 같은 부류가 아니다. 우리는 정부의 차이만큼 서로 다르다."[29] 영국의 또 다른 강력한 경쟁국이었던 독일의 지도자들 역시 전제정과 강압적 통치를 통한 위대함을 추구했다. 독일의 총리였던 오토 폰 비스마르크는 역사가 "연설이나 다수결"이 아니라 "피와 철"을 통해 결정된다고 선언했다. 그에 따르면, 프로이센은 "자유주의와 사상의 자유"가 아니라 "가차 없는 용기"를 가지고 행동한 결단력 있는 권위주의자들에 의해 전성기를 맞이했다.[30] 매킨더와 그의 동시대인들은 20세기의 핵심이 과연 자유주의적 국가와 반자유주의적 도전자들 중 누가 승리할 것인지에 있다고 보았다.

심지어 전쟁 자체도 변화했다. 만성적인 재정난에 시달렸던 유럽의 군주들이 벌였던 굼뜨고 산만한 전쟁은 자취를 감췄다. 프랑스혁명은 총력전의 시대를 열었다. 이제 맹렬한 민족주의에 의해 추동되고 정교한 행정력 및 재정을 갖춘 근대 국가는 적대국의 완전한 파괴를 위해 사회의 힘을 집중시켰다. 1860년대 미국 남북전쟁은 인력, 경제력 그리고 산업 생산력이 전례 없을 정도로 동원되었고, 이는 더 장기적이고, 더 파괴적이며,

---

* 영국과 러시아 제국 사이의 패권경쟁을 의미함.

더 소모적인 전쟁이 가능하게 만들었다. 그 뒤를 이은 더 짧고 소모적인 전쟁들, 즉 독일 통일전쟁, 청일전쟁, 보어전쟁도 근대적 화력과 대량 생산된 무기의 파괴적인 효과를 선명하게 보여주었다. 국제정치 질서가 무질서해질수록, 강대국 간의 충돌은 더 참혹해졌다.[31]

마침내 20세기의 동이 텄을 때, 세계는 점점 더 혼잡해지고, 숨 막히게 답답해졌다. 이 현상의 원인 중 하나는 기술의 진보였다. 증기선, 철도 그리고 전신은 사람과 대륙을 서로 하나로 밀어붙이고 있었다. 또 다른 이유는 정복이었다. 19세기 후반, 유럽의 제국주의적 팽창은 마치 속사포처럼 빠르게 이루어졌다. 한 외교부 장관은 이를 "식민지를 쟁탈하기 위한 장애물 경주"라고 표현했다. 이러한 팽창의 결과 전 세계를 뒤덮는 거대 제국을 낳았으며, 그중에서도 영국이 가장 컸다. 사회진화론 그리고 적자생존의 개념에 입각해, 유럽을 비롯한 전 세계의 참모들은 국가는 반드시 확장해야 하며, 영토와 자원을 불려 나가야만 경쟁국에게 잡아먹히지 않는다고 주장했다. 한 은퇴한 독일 장군은 "강한 국가는 자연의 보편적 질서 속에서 자기의 힘을 입증한다"라고 썼다. "약자는 도태된다."[32] 매킨더가 바라보는 세계는 정치적으로뿐만 아니라 사상적으로도 점점 더 불안정한 화약고가 되어가고 있었다.

1900년대의 첫 10년은 세계 정치 질서에 거대한 지각 변화가 일어난 시기였다. 물론 당대를 살아가는 사람들의 입장에서는 그러한 변화가 정확히 무엇이며, 왜 일어나는지 분명히 파악하기 어려웠다. 1904년 1월 25일 저녁, 런던 왕립 지리학회에서 매킨더가 행한 '역사의 지리학적 전환'이라는 강연의 목적이 이를 설명하는 것이었다.

* * *

매킨더의 강연은 현대의 전략 사상사에서 가장 영향력 있는 텍스트

중 하나로 평가되며, 이후 여러 세대의 군사, 외교, 정치 지도자들에게 지속적으로 깊은 사상적 영향을 끼쳤다. 하지만 동시대인들은 그 의미를 알아차리지 못했다.

매킨더의 강연은 발표 당시에는 큰 반향을 일으키지 못했다. 한 참석자는 "빈자리를 보고 이곳에 온 것을 후회"하기도 했다.[33] 빈자리는 1월의 쌀쌀한 날씨 때문이었을 수도 있었다. 아니면 매킨더의 강연이 모호하게 추상적이었으며, 산만하게 서술되었고, 멀게 느껴지는 역사와 방대한 지리적 세부 사항을 뒤섞고 있었기 때문이었을 수도 있다. 그는 강연에서 강, 초원, 산봉우리, 계절풍 지대에 관해 장황하게 설명했으며, '중심 지역', '내부 초승달', '외부 초승달' 같은 당시로서는 낯설고 모호해 보이는 개념을 다뤘다. 매킨더는 청중들이 이 복잡한 내용을 따라올 수 있을 것이라고 기대했다. 그는 또한 많은 것을 전달했는데, 강연의 분석적 핵심은 유라시아의 세기를 만들어 내는 힘에 대한 깊이 있는 논의였다.

매킨더가 가장 먼저 언급한 것은 일명 '콜럼버스 시대'의 종말이었다. 이는 아메리카 대륙의 발견으로 시작된, 약 400년간의 유럽 탐험과 정복의 시대를 가리키는 말이었다. 그는 다음과 같이 설명했다. "중세 기독교 세계가 좁은 지역 안에 갇혀 외부 야만족의 위협에 시달렸던 반면, 콜럼버스의 시대에는 유럽이 거의 저항 없이 전 세계로 팽창해 나갔다."[34] 유럽의 주요 국가들은 세계를 탐사하고 나누어 통치했으며, 19세기 들어 화력, 의학, 교통수단의 발전으로 아프리카와 아시아 내륙 깊숙이까지 제국주의가 침투하면서 이런 과정이 가속화되었다. 매킨더가 이런 말을 한지 얼마 되지 않아, 영국은 3,100만 제곱킬로미터에 달하는 영토를 통치하게 되었다. 1,250만 제곱킬로미터에 달하는 프랑스 제국의 영토는 프랑스 자체보다 20배 넓었다.[35] 그러나 이제 치명적인 성공의 대가로 콜럼버스 시대가 막을 내리고 있었다.

정복할 세계는 더 이상 남아 있지 않았다. 아프리카는 물론이고, 대부분의 아시아 지역이 굴복했고, 호주, 캐나다, 뉴질랜드 같은 '새로운 유럽'은 모두 영국 제국의 일부였다. 매킨더는 "문명국, 혹은 반半문명국 사이의 전쟁을 치르지 않는다면, 이제 새로 소유권을 주장하기 위해 말뚝을 박을 만한 지역이 거의 남아 있지 않다"라고 말했다.36 영국 제국은 영토 팽창의 광풍에서 가장 큰 이익을 얻었지만, 그럼에도 불구하고 그 함의는 불길하기 그지없었다.

나폴레옹의 몰락 이후, 유럽 제국들은 오랜 시간 전면적인 충돌을 피해 왔다. 이는 부분적으로 팽창이 그들의 공격성을 외부로 돌렸기 때문이었다. 덜 발전한 사회를 향한 '장기전'이 제국들 간의 '장기 평화'를 촉진한 셈이었다.37 그러나 이제 그 안전판은 닫혀 버렸다. "사회적 힘의 폭발은 미지의 공간과 야만의 혼돈 속으로 흩어지는 대신 지구 반대편에서 폭발음을 날카롭게 다시 울려 올 것이다." '닫힌 정치체제closed political system'는 잔혹해질 수밖에 없었고, 열강 간의 관계는 점차 제로섬으로 바뀌어 가고 있었다.38

한편 기술이 지리를 재편하면서, 긴장은 또 다른 요인으로도 고조되었다. 매킨더는 "바다 위에서의 기동성은 육지에서 말과 낙타의 기동성과 본질적으로 경쟁 관계에 있다"라고 확신했다. 콜럼버스 시대의 항해 기술의 혁신에 뒤이은 증기선의 혁신 덕분에 해양 세력이 육상 세력을 압도하게 되었다. 수에즈운하의 개통과 희망봉을 도는 항로와 같은 지름길의 발견과 창출은 해양 세력의 우위를 더욱 강화시켰다. 그 결과 "기독교 세계는 가능한 한 가장 넓은 범위의 힘의 기동성을 손에 넣게 되었다".39 영국과 같은 위대한 해양 국가는 중동, 인도, 중국에서 발판을 확보하며 유라시아를 에워쌌다. 또한 러시아가 세상에서 가장 광대한 대륙의 중심부를 차지하면서 얻는 지리적 이점을 무력화할 수도 있었다. 1853년부터 1856년까지 벌어진 크림전쟁은 대표적인 사례였다. 프랑스, 영국 그리고 쇠퇴하던 오스만 제국과 맞서 싸우면서, 러시아는 비교적 짧은 병참선과 통신망을 갖춘 내부선을 보유하고 있었다. 그러나 이는 거의 의미가 없었다. 영국과 프랑스는 바다를 장악해 전장을 넓힐 수 있었고, 이를 통해 흑해에서 발트해에 이르는 여러 전선에서 러시아를 동시다발적으로 위협할 수 있었다. 모스크바 남쪽에 철도가 전혀 없었다는 것에서도 알 수 있듯이, 러시아의 열악한 교통 기반 시설은 병력의 효율적인 집결을 불가능하게 만들었다. 러시아의 적대국들이 본국에서 크림 반도까지 병력을 이동하는 데는 단 3주가 걸렸지만, 모스크바 근처에 있던 러시아 군이 남쪽으로 이동하는 데는 무려 3개월이 소요되었다. 게다가 해상 봉쇄는 러시아의 곡물 수출을 가로막았고, 이로 인해 러시아 정부의 재정 상태는 파산 직전까지 치달았다.[40] 결국 육상 전력의 열악한 기동성은 러시아의 굴욕을 확정지었으며, 반대로 해상 전력의 우월한 기동성은 영국이 전 세계로 팽창할 수 있는 원동력이 되었다.

그러나 이제 추는 다시 흔들리기 시작했다. 1864년부터 1871년까지 계속된 독일 통일전쟁은 조밀한 철도망이 어떻게 전장에서의 승리뿐만 아니라 지정학적 혁명까지 촉발할 수 있는지를 보여주었다. 비스마르크와 더불어 명성이 자자했던 총참모부의 지휘 아래, 프로이센은 철도를 능숙하게 활용하여 압도적인 병력을 신속하게 집결시켜 적을 물리쳤다.[41] 더불어 매킨더가 강연을 하던 시점에 거의 완공 단계에 이르렀던 시베리아 횡단철도는 그보다 훨씬 더 대규모의 군대와 물자 이동을 가능하게 할지도 모른다고 여겨졌다.

매킨더는 이 점을 인정했다. "물론 지금의 시베리아 횡단철도는 여전히 단선에 불과하고, 이 점 때문에 불안정한 교통망일 뿐이다. 그러나 이번 세기가 지나가기 전에 아시아 전역은 철도로 뒤덮이게 될 것이다."[42] 머지않아 러시아가 힘을 과시할 날이 오리라는 점 역시 분명해 보였다. 한때 낙후되었던 제국은 이제 다시 전진하고 있었다. 1860년과 비교했을 때, 1900년의 러시아는 석탄을 50배 그리고 철강을 무려 2,000배 더 많이 생산했다.[43] 러시아는 또한 캅카스에서 중앙아시아 그리고 시베리아에 이르기까지의 영향력을 점점 더 강화해 나가고 있었다. 매킨더는 이렇게 말했다. "러시아 제국과 몽골이 차지하는 공간은 너무나 광활하며, 이 지역의 인구, 밀, 목화, 연료, 금속의 잠재력은 헤아릴 수 없을 정도로 크기 때문에, 이곳에서는 독자적인 대규모 경제가 필연적으로 형성될 수밖에 없다."[44]

이 모든 것은 강력하고, 지리적으로 중심에 위치한 국가가 유라시아 대륙 전체를 장악할지도 모른다는 가능성을 열어주었다. 매킨더는 "세계 정치의 중심축은 배로는 접근할 수 없지만, 고대에는 기마 유목민들에게 열려 있었고, 오늘날에는 철도망으로 뒤덮이고 있는 광활한 유라시아 지역"이라고 가정했다.[45] 과거에는 칭기즈칸의 군대가 말을 타고 유라시아 전역을 휩쓸었다면, 이제 새로운 세대의 정복자들은 철마, 즉 철도를 타고 영광을 향해 질주할 예정이었다.

유라시아의 패권은 또 다른 요인 때문에라도 어둡고 잔혹할 수밖에 없었다. 그 요인은 다름 아닌 전제정의 근대화였다. 전제 정권은 인류 역사 내내 존재해 왔고, 사실 대부분의 시대에 오히려 지배적 체제였다. 그러나 20세기에 들어서 더 파멸적인 현상이 나타났다. 극도의 억압적 체제와 산업적 역동성 그리고 폭력적 팽창을 결합한 국가들이 등장한 것이다. 매킨더는 이미 1904년에 그 징후를 엿보았다. 그가 특히 주목한 것은 경제적으로는 근대화되면서도 여전히 반자유주의와 군주제를 고수한 러시아 제국이었다. 제국적 독재 체제를 유능한 관료제와 산업력과 결합한 독일의 사례도 주요했다. 그러나 매킨더에게 미래를 훨씬 더 선명하게 보여준 것은 1917년에 권력을 장악한 볼셰비키 정권이었다. 볼셰비키 정권은 집요하고도 정교하게 조직된 채 국내외에서 메시아적 기획을 집요하게 추구한 경찰국가였다.[46] 1930~1940년대의 파시즘 국가들과 마찬가지로, 볼셰비키 혁명 역시 가장 끔찍한 정치적 폭력과 유라시아 팽창이라는 가장 환상적인 꿈이 동일한 전체주의 체제의 일부임을 여실히 보여주었다.

이러한 팽창의 결과가 단순히 지역적 차원이 아니라 전 지구적 차원에서 드러날 것이라는 점은 자명했다. 만일 적대적인 세력이 유라시아를 통합한다면, 바다라는 해자로 보호받고 있는 국가들조차도 위협받게 될 것이었다.

매킨더는 유라시아가 북아메리카의 세 배 크기에 달한다는 점을 지적했다. 1900년대 초, 유라시아의 인구는 전 세계 인구의 3분의 2에 달했으며, 대부분의 산업력을 보유하고 있었다. 따라서 유라시아를 지배하는 국가나 연합은 그 어떠한 경쟁자보다도 훨씬 강력할 수밖에 없었다. 바다에서의 봉쇄나 공격에도 사실상 안전했다. 게다가 육상에서의 패권은 곧 해상에서의 패권으로 이어질 것이다. 국경에서의 위협으로부터 자유로워진 유라시아의 거대한 세력은 누구도 견줄 수 없는 해군 건설에 집중할 수 있게 될 것이다. 매킨더는 유라시아 내에서 "세력 균형이 무너질 경우" 필연적으로 유라시아 너머의 세력 균형까지 위협받을 것이라고 경고했다. "방대한 대륙 자원이 함대 건설에 동원될 수 있으며, 그 결과 세계 제국이 눈앞에 다가올 것"이기 때문이다.[47] 훗날, 매킨더는 자신의 주장을 더 함축적으로 재구성했다. "유라시아의 심장부를 지배하는 자가 세계-섬World-Island을 지배하고, 세계-섬을 지배하는 자가 세계를 지배한다."[48]

이렇게 매킨더가 마지막으로 제시한 통찰은, 이제부터 세계 정치의 핵심 사건은 대륙의 침략자와 해양의 균형자 사이에서 벌어질 운명적 투쟁일 것이라는 점이다. 매킨더가 염두에 둔 러시아 그리고 아마도 러시아와 동맹을 맺을 독일 같은 대륙 세력은 유라시아의 핵심 지역과 그 주위를 둘러싼 '내부 초승달' 지역을 지배하려 들 것이다. 이 내부 초승달은 중국에서 인도 그리고 서유럽에 이르는, 유라시아 중심부를 둘러싼 국가들의 고리였다. 이에 맞서는 해양 세력은 '외부 초승달'을 형성하며, 프랑스나 한국 같은 유라시아의 '교두보'를 지원하고, 패권을 노리는 대륙 세력을 육지와 바다에서 최대한 괴롭힘으로써 세력 균형을 유지하려 할 것이다.[49] 유라시아의 대륙 세력이 바깥으로 팽창할수록, 그 안팎의 적대 세력은 대륙 세력을 봉쇄하기 위해 투쟁하게 될 것이다.

결국 매킨더는 여러 면에서 암울한 미래를 전망했다. 유라시아의 주변부는 중심부에서 뻗어 나오는 '광범위한 전제정'의 위협에 다시 직면할 예정이었다. 그러나 동시에, 이러한 투쟁이 오히려 생산적인 결과를 낳을지도 모른다는 암시도 있었다. '혐오스러운 인물'도 적을 분발시키고 단합하게 만들 때가 있다. 동쪽에서 몰려온 '아시아 유목민(몽골)'과 북서쪽에서 들이닥친 '바다의 해적(바이킹)'이라는 압력 속에서 활력 넘치는 강력한 유럽이 형성되어 왔다. "어느 쪽의 압력도 충분히 압도적이지 않았고, 따라서 두 압력 모두 건설적인 자극을 주었다"라고 매킨더는 진단했다.[50] 어쩌면 새로운 유라시아의 압력도 새로운 형태의 창조를 불러일으킬지도 모를 일이었다.

* * *

매킨더가 혼자서 이 모든 주장을 만들어 낸 것은 아니었다. 그는 뻔뻔하게 여러 사상을 아우르는 인물로서, 훗날 영국 외무부 장관이 되는 커즌 경은 물론이고, H. G. 웰스와 같은 동시대 인물들의 주장을 차용했다.[51] 그의 강연은 또 다른 의미에서 시대의 산물이기도 했다. 매킨더는 자신의 강연을 마무리하며, 만약 중국의 영토가 다른 세력에 의해 효과적으로 통치된다면, 그것은 "세계 자유에 대한 황인종의 위협"이 될 것이라고 경고했다. 그날 밤 강연을 들은 이들 그리고 나중에 그의 논문을 접한 이들 모두는 그의 인종주의적 발언에 동의했든 그렇지 않았든, 매킨더의 사상을 진지하게 검토하게 되었다.[52]

물론 매킨더의 주장에 대한 반론도 만만치 않았다. 콜럼버스 시대에도 펠리페 2세, 루이 14세 그리고 나폴레옹 같은 인물이 유럽의 패권을 노린 적이 있지 않았던가? 라이트 형제가 불과 1년 전에 역사에 남을 첫 비행에 성공했는데, 언젠가는 공군이 육군과 해군을 모두 압도하게 되는 날이 오지 않을까? 유라시아의 핵심 지역으로 여겨지는 중앙아시아는 실제로는 가난에 시달리는 땅이었는데, 이 땅이 정말로 대단한 전략적 요충지가 될 수 있을까? 정치적 불안정으로 들끓는 후발 국가인 러시아가 과연 미래의 지정학적 거인으로 떠오를 수 있을까?[53]

적어도 러시아에 관해서만큼은 매킨더를 비판하는 이들의 말에도 일리가 있었다. 시베리아 횡단철도의 완공은 실제로 바다 건너 경쟁국들과의 충돌을 불러왔다. 매킨더의 강연이 있고 나서 불과 몇 주 후, 러일전쟁이 발발했다. 이것만 보면 매킨더의 예견이 들어맞은 것처럼 보였지만, 전쟁의 결말은 그의 예견을 무색하게 만들었다. 러시아는 전쟁에서 처참한 패배를 겪었다. 패배는 비록 실패로 끝날 혁명을 촉발했지만, 이는 미래에 성공할 혁명의 전조가 되었다. 철도는 전쟁을 도발하기에는 충분했지만 승리를 가져오기에는 역부족인 것으로 드러났다. 단선 철도는 극동 전선에서 큰 타격을 입은 차르의 군대를 제대로 보충하거나 지원하지 못했다.[54] 러시아가 대신 발틱 함대를 유라시아를 크게 돌아 극동으로 파견했을 때, 피로에 지친 해군과 따개비가 가득 붙은 함선은 쓰시마해협에서 몰살당했다. 이후 두 세대 동안 유라시아의 패권을 노린 세력은 중심부에서 바깥으로 뻗어 나가는 핵심 지역이 아니라 독일과 일본처럼 인접 해양에 타격을 가하며 동시에 유라시아의 심장부로 침투한 초승달 국가들이었다.

그러나 매킨더의 오판에도 불구하고, 그의 핵심 주장은 맞아떨어졌다. 그의 강연은 프로이센의 군사 이론가 카를 폰 클라우제비츠가 '혜안 coup d'oeil'이라 지칭한 것, 즉 혼란스러운 전선에서 단번에 본질을 꿰뚫어 보는 능력이라 부른 것의 모범적 사례였다.[55] 유라시아와 인접 해역은 매킨더가 주장한 여러 이유로 인해 곧 살육의 전장이 될 예정이었다. 아이러니하게도, 그 방어선을 지탱하는 데 중요한 역할을 한 것은 매킨더가 한때 두려워했던 성취를 이루어 낸 국가였다.

＊ ＊ ＊

자신이 살고 있던 격동의 시대를 이해하려 애썼던 특출 난 지성인이 매킨더만 있었던 것은 아니었다. 그의 강연은 당대 세계의 전략과 생존을 둘러싼 더 큰 논쟁의 일부였다. 이 논쟁은 수십 년에 걸쳐 대서양의 양편 모두에서 치열하게 전개되었다. 또한 유라시아의 세기를 규정짓는 또 다른 이야기와도 맞물려 있었다. 바로 구대륙의 통합을 저지하는 데 몰두한 신대륙 초강대국의 부상이었다.

매킨더는 1904년의 강연에서 이러한 가능성을 암시하기는 했지만, 그 이상으로 깊게 다루지는 않았다. 이는 아마도 그가 미국에 대해 양가적인 감정을 가지고 있었기 때문이었을 것이다. 미국은 의심할 여지없이 영국이 안정화한 세계 속에서 부유하고 강력한 국가로 성장했다. 영국의 자본은 미국의 철도와 목장 그리고 공장을 건설했고, 이는 미국이 경제 대국으로 성장하는 데 결정적으로 기여했다. 영국과 미국의 문화적, 종교적, 언어적 유대 또한 깊었다. 따라서 매킨더의 동시대 영국인들 중 다수가 점차 성장해 가는 미국 정부가 영국과 함께 자신들에게도 이익이 되는 세계 질서를 수호해 주기를 기대했다. 조지프 체임벌린은 미국인들이 "강력하면서도 관대한 민족"이라고 말했다. "미국인은 우리의 언어를 사용하며, 우리의 혈통 속에서 태어났다. 그들의 법과 문학, 모든 사안에 대한 입장은 우리와 같다. 인류의 대의와 세계의 평화로운 발전에 대한 그들의 관심 역시 우리와 동일하다."[56] 그러나 미국인들이 항상 이에 동의한 것은 아니었다.

영국과 미국의 특별한 관계는 20세기의 산물이었다. 19세기까지만 해도 이러한 특별한 관계는 존재하지 않았다. 미국의 민족주의는 영국 제국과의 두 차례 전쟁을 통해 형성되었으며, 그 이후에도 양국 간의 전쟁 위기와 외교적 분쟁은 여러 세대에 걸쳐 흔하게 발생했다. 미국 정치인들 사이에서 영국의 심기를 건드는 행위가 인기를 끌었던 이유는, 특히 아일랜드계 미국인을 비롯한 미국인 다수가 영국을 극도로 싫어했기 때문이었다. 미국이 강해질수록, 미국의 호전적 태도는 영국과 서반구에 남아 있는 영국의 영향권을 정면으로 향했다. 1894~1895년에는 남아메리카에서의 모호한 국경 분쟁을 두고 미국 정부가 세계 초강대국인 영국과 실제로 전쟁 직전까지 치닫기도 했다. 당시 국무장관이었던 리처드 올니는 "미국은 사실상 이 대륙의 주권을 가진 국가이며, 미국이 개입하는 사안에 대해서는 미국의 결정이 곧 법이다"라고 호통쳤다. 이는 "영국은 이 대륙에서 손을 떼라"는 말이나 다름없었다.[57]

따라서 매킨더가 종종 미국의 부상이 곧 영국의 몰락을 의미할지도 모른다고 우려한 것도 놀라운 일은 아니었다. 1908년, 그는 영국에 있어 가장 중요한 과제는 미국이 캐나다를 집어 삼키는 일을 막는 것이라고 썼다. "만약 북아메리카 전체가 하나의 힘으로 통합된다면, 영국은 난쟁이가 될 것이다." 그리고 새로운 거인은 "바다에 대한 우리의 통제력마저 빼앗아 갈" 것이다.[58] 대륙에서의 지배력은 곧 해상에서의 지배력으로 이어지게 된다는 것이 매킨더의 생각이었다. 이 말이 낯설지 않은 이유는 미국이 바로 하나의 거대한 대륙인 북아메리카에서 이미 그 과정을 대부분 실현했기 때문이었다. 즉 매킨더가 유라시아에서는 막으려 했던 일이, 미국에서 실제로 가능했던 것이다.

역사학자 조지 데인저필드는 미국을 군주제의 세계 속에 찍힌 "더럽고 작은 공화주의의 지문"이라고 묘사한 바 있다.[59] 이에 따르면, 미국은 결코 평온한 고립을 누린 것이 아니라, 적대적인 부족과 제국들로 둘러싸여 있었다. 그러나 미국은 강력한 이점도 지니고 있었다. 급속히 늘어난 이민자 덕분에 빠르게 성장한 인구, 목재와 광물을 비롯한 풍부한 천연자원, 인구가 희박한 서쪽의 광활한 영토가 그것이었다. 더불어 자유의 이념은 외국의 지배자들에게는 공포로 작용했지만 그곳에서 지배받고 있던 민중에게는 매혹적으로 느껴졌으며, 미국의 공화정 정부 실험은 이런 여러 이점을 딱 적절하게 활용할 수 있을 정도로 효율적이었다. 미국이 바다를 사이에 두고 유럽과 떨어져 있었기 때문에 서반구와의 투쟁에서 '홈 어드밴티지'를 충분히 누릴 수 있었다는 점 역시 이점으로 작용했다. 마지막으로, 미국은 강렬한 국가적 야망을 품고 있었다. 훗날 미국의 국무장관이자 대통령이 될 존 퀸시 애덤스는 미국이 "신과 자연의 뜻에 의해 인류 역사상 가장 인구가 많고 강력한 국가가 될 운명을 타고났다"라고 주장했다.[60]

매킨더의 시대가 왔을 때, 애덤스의 예언은 적중한 것으로 보였다. 미국은 대서양에서 태평양까지 영토를 확장했으며, 대륙횡단철도의 건설과 파나마운하의 노선은 그 광범위한 영토를 하나로 연결했다. 19세기 동안 미국의 국내총생산GDP은 무려 40배 증가했고, 영국을 제치고 세계 경제의 선두 주자로 올라섰다. 1913년이 되자, 산업화 시대에 경제적 정교함과 국력을 가늠하는 가장 중요한 지표였던 제조업 생산량에서 미국은 영국과 독일을 합친 것보다 더 뛰어난 성과를 보였다. 한 외국인 방문객은 놀라움을 감추지 못하고 다음과 같이 말했다. "불과 100여 년 전만 해도 황량한 불모지였던 이곳이 순식간에 화려하고 장엄한 신세계로 변신했다."[61]

미국이라는 새로운 거인은 빠른 속도로 서반구를 장악해 나아갔다. 카리브해를 미국의 호수로 만들었고, 이로써 애덤스가 제임스 먼로의 이름으로 공표했던 원칙의 정당성을 입증했다. 미국은 지역적 패권을 확보한 뒤 스페인으로부터 필리핀을 빼앗고, 시어도어 루스벨트가 전 세계에 파견할 전함 함대를 건조함으로써 영향력을 세계적으로 행사하기 시작했다. 미국의 역사학자 프레드릭 잭슨 터너는 1893년에 "이동성movement은 미국인들의 삶에 지배적인 사실이 되었다"라고 논평했다. 일단 대륙을 정복하고 나자, 미국인의 "에너지는 끊임없이 더 넓은 활동 무대를 요구하게 될

것"이었다.[62]

　　매킨더가 구세계의 미래를 걱정하고 있었을 때, 그의 머릿속에는 이처럼 신세계의 최근 역사가 자리하고 있었을지도 모른다. 그리고 미국이 대륙 제국으로서의 힘을 더 먼 곳으로 세력을 확장해 나가는 데 사용하고 있었을 무렵, 앨프리드 세이어 머핸 해군 대령은 미국식 지정학 학파를 발전시키고 있었다.

＊ ＊ ＊

　　머핸이 미국 최초의 위대한 정책 설계자는 아니었다. 알렉산더 해밀턴과 존 퀸시 애덤스는 적대적인 세계 속에서 신생 공화국을 이끌었다. 에이브러햄 링컨은 남북전쟁 동안 연방을 지켜 내며 "지구의 마지막 최선의 희망"을 보존했다. 1860년, 탐험가이자 작가이며 정치가였던 윌리엄 길핀은 미국의 미래를 내다보며, "아시아와 유럽 사이의 중간에 놓인 지리적 위치가 미국에게 그들 사이에서 중재자로서의 역할을 하도록 힘과 의무를 부여한다"라고 주장했다.[63] 그러나 세계 무대에서 미국 힘의 목적을 가장 체계적으로 그리고 방대한 서술로 탐구한 인물은 다름 아닌 머핸이었다.

　　머핸 역시 매킨더와 비슷하게 좀처럼 찾아보기 힘든 인물이었다. 일단 그는 해군 장교였음에도 불구하고 바다에서 영 형편없었다. 한 동료 장교는 그를 두고 "설령 목숨이 걸린 상황이라도 배를 제대로 다룰 줄 몰랐다"라고 비웃을 정도였다.[64] 그는 어디에서나 찾아봄직한 평범한 장교로 경력을 마칠 것처럼 보였으나, 1885년 새로 설립된 해군전쟁대학Naval War College에 교수로 합류하면서 그의 운명은 전환점을 맞이했다. 당시 대학의 총장이었던 스티븐 루스 제독은 지상전에서 앙투안 앙리 조미니가 이론적 체계를 세운 것과 비슷하게 해전에 대한 과학적 체계를 정립해 줄 뛰어난 인재를 찾고 있었다. 머핸은 흔쾌히 도전에 응했다. 그는 해전이 "전쟁 일반의 중요한 한 갈래"임에도 불구하고 그에 대한 지적 수준은 "놀라우리만치 뒤떨어져 있다"라고 한탄하고는 했다.[65] 1890년에 출판된 머핸의 베스트셀러《역사에 있어서 해군력의 영향, 1660~1783The Influence of Sea Power upon History, 1660~1783》과 이후 25년 동안 쏟아낸 방대한 저술에서, 그는 과거의 해양 경쟁을 분석함으로써 해군의 힘에 대한 만고불변의 교훈과 이를 가장 효과적으로 활용할 방법을 탐구했다.

머핸은 해양 강국이 되기 위해서는 지리, 인구 그리고 정치가 적절하게 어우러져야 한다고 확신했다. 긴 해안선과 자연 항만, 풍부한 자원과 같은 유리한 지리적 조건이 필요했고, 교역과 항해에 본능적으로 적응한 대규모 인구 같은 유리한 인구 조건 역시 필수적이었다. 여기에 상선과 해군에 막대한 예산을 거리낌 없이 투입하려는 의지를 갖춘 정부가 갖춰져야 했다. 따라서 머핸은 본능적으로 지정학자였다고 할 수 있다. 그는 한 나라의 '자연적 조건'이 나라가 취할 전략의 성격을 크게 좌우한다고 믿었다.[66] 그러나 매킨더가 육군이 우위를 차지하는 시대를 예견한 데 반해, 머핸은 자신의 지정학에서 바다를 지배하는 자가 세계를 지배한다고 인식했다.[67]

머핸은 바다를 통한 이동이 여전히 가장 효율적이면서도 전 지구적 차원에서 보편적으로 유효한 교통 방식이라고 주장했다. 그에게 바다는 장벽이 아니라 "사람들이 사방으로 오가는 위대한 고속도로이자 광활한 공유지"였다.[68] 해상 무역은 국가 번영과 힘의 생명줄과 같았으며, 바다를 장악한 국가는 육지의 적을 봉쇄하고 궁핍하게 만들 수 있었다. 머핸은 영국 해군과 나폴레옹을 역사적 사례로 들었다. 이에 따르면, 영국 해군은 나폴레옹을 영국 내에 봉쇄하고 자원에 대한 접근을 차단함으로써 세계적 제국을 건설하겠다는 그의 야심을 좌절시켰다. "나폴레옹의 육군은 감히 마주해 보지 못한, 폭풍에 시달린 그 배들이 세계 지배로 나아가는 길을 가로막았다."[69] 머핸이 보기에, 이는 어느 시대에나 마찬가지였다. 제해권을 장악한 국가는 적의 함대를 격침하고, 교역을 파괴하며, 꿈을 망칠 수 있었다. 따라서 머핸은 세계적 차원에서 영향력의 본질을 다음과 같이 규정했다. "바다에서 적의 깃발을 완전히 몰아내거나, 적에게 도주로만 보이게 하는, 바다 위 압도적 힘을 보유하는 것."[70] 한마디로 요약하자면, "해상 무역과 해군의 우위를 통한 제해권의 확보야말로 세계적 차원에서의 지배적 영향력을 뜻한다".[71]

머핸은 사명감을 지닌 역사학자였다. 그는 냉혹한 세계 속에서, 미국이 힘의 원천을 확보하기 위해서라면 그것을 만들든, 사들이든, 심지어는 빼앗든, 무슨 수단이든 써야 한다고 믿었다. 그는 이렇게 주장했다. "솔직히 말하자면, 나는 제국주의자다. 우리의 역사 초기 단계에서는 고립정책이 적절했을지 모르나, 지금은 어떤 나라, 특히 위대한 나라라면 더 이상 고립에 머물러서는 안 된다."[72] 그는 하와이 병합, 파나마운하 확보 그리고 석탄 보급 기지와 식민지 획득을 옹호했다. 또한 전 세계 어디에서든 결정적 해전을 통해 적을 격파할 수 있는 전함 중심의 다양한 해군 창설을 쉼 없이 설파했다. "일단 전쟁이 선포되면, 그것은 공세적으로, 또 공격적으로 수행되어야 한다. 적을 단순히 막아내는 것만으로는 부족하다. 적을 완전히 꺾어 버려야 한다"는 것이 그의 주장이었다.[73]

머핸의 사상은 해군에 열광하는 이들에게는 더없이 큰 위안이었다. 그의 저작은 시어도어 루스벨트, 윈스턴 처칠, 빌헬름 2세와 같은 인물들에게 찬사를 받았다. 한 기자는 "황제는 머핸이 쓴 모든 글에 정통하다"라고 보도하기까지 했다.[74] 반대로 머핸을 비판하는 이들은 그를 제국주의와 전쟁을 부추기는 선동가로 경멸했다. 노먼 에인젤이라는 언론인은 해군에 대한 머핸의 신조를 '야만의 신조'라고 혹평했다.[75] 오늘날의 기준으로 보자면, 머핸이 결코 계몽적인 인물은 아니었다는 점은 분명하다. 그는 갈등을 인간 행위의 본질적 측면으로 보았으며, 그의 저서에는 오늘날의 기준으로 보자면 악독한 발상이 가득했다. 그러나 당대의 기준으로 보자면,

머핸은 꽤 앞서 나간 사상가였다.

머핸은 부에 대한 추구가 경쟁의 원천이 될 수 있다는 사실을 인식하면서도, 무역과 상호의존으로 특징되는 안정적이고도 비교적 개방된 해양 체제를 추구했다.[76] 그는 해군이 육군보다 우월하다고 생각했는데, 해군이 자유를 더 보장한다고 믿었기 때문이었다. 육군은 언제든 자국민을 향해 총부리를 겨눌 수 있었지만, 해군은 "내륙 깊숙이 강제력을 행사할 수 없기 때문에 국민의 자유를 위협하지 않는다"는 것이 그의 생각이었다.[77] 머핸은 또한 "개인의 자유와 권리를 존중하는 사회"가 "개인을 국가에 예속하는 사회"로부터 점점 더 큰 위협을 받는다고 우려하면서도, 장기적으로 봤을 때 결국은 민주주의가 독재정보다 더 나은 선택을 한다는 생각을 일찍이 주장한 사람이었다.[78] 게다가 그는 비록 확고한 민족주의자이기는 했지만, 국가 간의 경쟁이 격화되는 시대에 유라시아가 세계 질서에 위협이 되지 않도록 하기 위해서는 새로운 차원의 국제적 협력이 필요하다고 강조한 인물이었다.

＊ ＊ ＊

머핸의 전략은 1900년에 출간된 그의 저서 《아시아의 문제The Problem of Asia》를 통해 본격적으로 모습을 갖추기 시작했다. 그에 따르면, 세계에서 가장 큰 대륙인 아시아는 사실 서로 구분되는 3개의 지역으로 나뉘어져 있다. 첫째는 추운 기후와 육상의 힘이 지배하는 북부 지대(러시아와 북부 중국), 둘째는 따뜻한 기후와 원활한 해상 교통로를 자랑하는 남부 지대(이집트, 아라비아반도, 남아시아 및 동아시아) 그리고 셋째는 그 중간에 위치한 '이미 쟁점이 되었으며 이후에도 쟁점이 될 수 있는' 지역(중동, 페르시아, 중앙아시아, 중부 중국)들이다. 마지막 지역이 '쟁점이 되는' 이유는 쇠퇴한 중국과 국력이 약한 국가들이 자리 잡은 정치적 재앙의 공간으로 인식되기 때문이었다. 강자는 약자를 먹잇감으로 삼기 마련이었고, 거대한 러시아 제국은 더 따뜻한 바다와 긴 해안선을 차지하기 위해 돌파구를 찾으려할 것이 분명했다. 이를 성공한다면, '거대하고 연속적인 영토를 가진 러시아 제국'이 지중해 동부에서 태평양에 이르는 지역의 패권을 장악하고, 대부분의 바다로 향하는 길과 그에 따른 영향력을 확보하게 될 것임이 틀림없었다. 머핸은 "러시아가 필연적으로 팽창하는 경향을 지닐 수밖에 없으며, 이는 이미 궁극적 목표를 암시할 만큼 뚜렷하게 드러나고 있다"라고보았다.[79]

러시아의 이러한 시도를 저지하기 위해서는 인류 역사상 가장 거대한 동맹이 필요할 것이다. 유라시아 주변부와 그 너머의 열강이 연합하여 러시아가 아시아 시장과 무역을 장악하려는 시도를 봉쇄하고, 이를 통해 지정학적 패권을 뒷받침할 부를 확보하지 못하도록 해야 한다. 이 동맹은 또한 지중해, 인도양, 태평양, 심지어 중국의 거대한 강과 같은 아시아의 측면 바다에 지속적으로 압박을 가해, 러시아의 팽창에 맞서는 현지의 육상 저항 세력을 지원해야 한다. 머핸은 다음과 같이 말했다. "육상 세력은 바다까지 진출해 이를 자기 목적을 위해 활용하고, 해양 세력은 원주민에게 적절한 동기를 부여함으로써 육상에서 지지를 얻어야 한다."[80] 결국 머핸은 유라시아 주변의 해양을 통제하는 것이야말로 그곳에서 위험한 패권국의 등장을 막는 가장 중요한 방법이라고 확신했다.

비록 러일전쟁에서 패하면서 1905년 이후 러시아의 위협은 사라졌지만, 근본적인 문제는 여전히 상존했다. 이번에는 일본이 머핸식 패권을 추구하고 있었기 때문이다. 일본은 러시아를 바다에서 격파하며 대륙 제국으로 팽창하는 길로 나아가고 있었다. 만일 일본이 극동 지역을 장악한다면, 다음 목표는 태평양으로 향할지도 모르는 일이었다. 머핸의 경고는 분명했다. "만약 일본과의 전쟁이 파나마운하 완공 전에 발발한다면, 필리핀과 하와이는 우리가 도착하기도 전에 함락될지도 모른다."[81]

머핸의 시선은 독일로도 향했다. 그는 이미 1897년, "만약 독일이 유럽에서 자유롭게 행동할 수 있게 된다면, 우리 쪽 대서양 연안에 심각한 고민거리를 안겨 줄 가능성이 크다"라고 주장했다.[82] 현재로서는 영국이 "독일을 억제"하고 있었지만, 만약 영국이 위기에 빠진다면 "세계는 다시금 막강한 군대의 지원을 받는 막강한 함대를 보게 될 것"이라는 것이 머핸의 경고였다. 식민지를 충분히 확보하지 못해 굶주려 있는 독일 제국의 손에 이러한 힘이 주어질 것이라는 것이 머핸의 가장 중요한 경고였다.[83]

그렇다면 미국은 어떻게 대응해야 하는가? 해답은 전 지구적 차원에서 외교 전략을 펼치는 것이었다. 먼로주의는 더 이상 유효하지 않았다. 미국은 해외 지역에서 공격적 방어 전략을 수행해야 했다. 머핸은 미국의 목표가 "지배가 아니라 정치적, 군사적 균형 유지"라고 밝혔다.[84] 미국은 러시아나 일본이 유라시아 동반부를 장악하는 것을 용납할 수 없는 것과 마찬가지로 독일이 유라시아 서반부를 장악하는 것도 받아들일 수 없었다. 어느 쪽에서든 적대적 패권이 자리 잡는다면, 그에 인접한 바다는 불안정한 통로가 될 것이 분명했다. 미국 정부의 공식 입장도 점차 이런 생각과 일치하기 시작했다. 1899년, 문호개방정책Open Door Note은 특정 세력이 중국을 경제적, 정치적으로 지배하려는 어떠한 시도도 미국의 반발에 부딪힐 것이라는 점을 천명했다. 이런 모든 점을 고려할 때, 머핸은 미국의 지정학적 미래가 영국의 힘과 보조를 맞추는 방향으로 나아가야 한다고 믿었다.

두 나라 모두 자신의 무역을 위해 거대한 해상 통로가 개방되어 있어야 했다. 또한 두 나라 모두 세계의 중심에 전제 권력이 집중됨으로써 균형이 결정적으로 무너지는 것을 막는 데 중대한 이해관계를 가지고 있었다. 따라서 두 거대한 해양 민주주의 국가는 서로 협력하여 바다를 관리하고, 자신들의 자유주의 전통이 번성할 수 있는 세계 체제를 보존해야 했다. 이런 관점에서 머핸은 다음과 같이 주장했다. "미국이 전 세계를 향한 스스로의 책무를 깨닫게 될 때, 영국을 향해 손을 내밀게 될 것이다. 미국인은 불확실한 미래에 직면하여, 영어를 사용하는 민족 사이에서 마음이 일치하는 것에 인류의 가장 큰 희망이 있다는 점을 깨달을 것이다."[85]

머핸의 분석이 언제나 완벽했던 것은 아니다. 예컨대 그는 '대규모 전열함'만이 진정한 해군력의 형태라고 주장하면서 독단적인 태도를 보였다.[86] 이에 맞서 유럽의 비평가들은 반드시 전함 간의 결정적 전투가 필요하지는 않으며, 무역선을 습격하는 방식만으로도 적국의 무역을 차단할 수 있다고 비판했다. 이런 비판은 제1차 세계대전에서 독일의 잠수함이 영국을 거의 아사 직전까지 몰아넣음으로써 적중했다.[87] 머핸의 역사관 또한 때로는 뒤죽박죽이었다. 영국의 대함대가 나폴레옹을 막은 것은 사실이었지만, 나폴레옹이 최종적으로 패배한 무대는 육지였다. 영국의 역사학자이자 해군 전략가였던 줄리언 코벳은 해군만으로는 충분치 않다는 점을 강조했다. 그는 "인간은 바다가 아니라 육지에서 살아간다"라고 지적하며, 따라서 "전쟁은 대개 자국 육군이 적의 영토에서 무엇을 할 수 있는지, 혹은 자국의 함대가 가능하게 만드는 육군의 행동을 적이 얼마나 두려워하느냐에 따라" 결정된다고 주장했다.[88] 코벳의 지적에는 일리가 있었다. 다가올 세기의 대규모 전쟁에서 승리하기 위해서는 여러 전장에서 동시다발적으로 이루어지는 협동 작전이 필수적이었다.

그러나 머핸이 꿰뚫어 본 것은, 유라시아에서의 패권 경쟁이 여전히 그 주변 해양에 대한 통제권을 둘러싼 투쟁에 의해 좌우될 것이라는 사실이었다. 게다가 머핸과 코벳의 견해 차이는, 양국의 전략적 이해관계가 일치한다는 사실을 가려 버렸다. 머핸은 상대의 패권 추구를 막는 교리에 기초한 미국식 전략을 세우고 있었으며, 동시에 19세기에는 상상하기조차 어려웠을 동맹의 사상적 토대를 닦고 있었다. 이 동맹은 20세기에 여러 차례 위기를 구하는 데 결정적인 역할을 하게 된다.

＊ ＊ ＊

　　머핸은 영국과 미국 주도의 세계 질서가 도래할 것을 예견했다는 점에서 동시대 미국인보다 한발 앞서 있었다. 그는 또한 미국에서 보다 체계적이고 전문적인 정책 설계자 공동체의 선구자이기도 했다. 그는 역사와 지리 등 여러 학문을 활용하여 미국이 자국의 힘을 어떻게 활용해야 될지를 독자적으로 탐구한 학자였다.[89] 이러한 문제의식은 20세기 전반, 미국의 영향력이 커지고 세계가 거듭 붕괴의 위기를 겪는 가운데 등장한 새로운 학문인 전략학strategic studies이 골몰한 바와 맞닿아 있었다. 국제 질서가 연이어 무너지는 위기를 겪으면서 미국은 초강대국으로서의 지적 역량을 축적하게 되었으며, 그 과정의 핵심에는 새로운 기술과 새로운 형태의 전제정치가 세계 질서에 어떤 함의를 갖는지를 묻는 질문이 있었다.[90]

　　국제 질서에 대한 연구는 종종 국제 질서가 붕괴된 것에 대한 대응의 차원에서 시작되고는 한다. 마찬가지로 전략에 대한 연구 역시 기존의 전략이 실패한 이후에 꽃을 피운다. 대서양 공동체에서, 근대적 의미에서의 국제관계학은 제1차 세계대전과 그 이후 좌절된 평화에 대한 대응으로 등장했다. 외교관 출신의 학자 E. H. 카와 같은 저자는 세계 문제를 다루는 새로운 과학적 접근을 내세운 저작들을 연이어 내놓았다. 동시에 갖가지 싱크탱크와 국제 대학원이 새로 생겨나 차세대 엘리트를 길러 내기 시작했다. 1937년, 프랭클린 루스벨트가 "세계적 무법 상태의 전염병"이라고 불렀던 상황 속에서, 격화되는 국제적 무질서에도 불구하고 안전을 모색하려는 새로운 학문 분과가 자리 잡았다.[91]

　　전략학은 두뇌와 자금이라는 두 가지 요소를 결합시켰다. 예일대학교와 프린스턴 고등연구원 같은 고등교육기관이 록펠러와 카네기 같은 거부들의 기부로 설립된 재단과 연결되었다. 전략학은 지리학, 역사학, 경제학,

정치학을 종합하는 일종의 융합 학문이었으며, 군사 문제에 관한 연구를 미국의 민간 학문기관의 품 안으로 끌어들였다.[92] 유럽과 아시아가 폭력의 소용돌이에 휘말리게 되자, 전략학을 이끄는 학자들은 그 어느 때보다 민주주의가 위협받는 상황 속에서 살아남기 위해서는 무엇이 필요한지를 고민했다. 프린스턴 고등연구원의 에드워드 미드 얼은 전체주의 국가들이 "가차 없는 압력"을 가하고 있다고 주장했다. 그에 따르면, "전쟁이 이처럼 강력하게 세계를 지배하는 상황 속에서 앵글로·색슨의 소중한 유산인 정치적 자유가 과연 유지될 수 있을지" 의문이었다.[93]

얼은 1941년에 기술과 이념이 근본적으로 새로운 상황을 만들어 냈다고 썼다. "현대 항공기, 특히 폭격기의 속도, 사거리 그리고 파괴력은 전쟁을 혁명적으로 변화시켰다." 한편 전능한 국가들은 전면적이고 총체적인 전쟁을 수행하고 있었다. 그는 물론 "총력전 자체가 완전히 새로운 것은 아니다"라고 인정하면서도, "무한한 야망과 광신적 민족주의에 사로잡힌 전체주의 정부가 상상력과 대담성을 발휘하여 현대 과학과 산업의 모든 기술 자원을 활용할 때 발생하는 공포스러운 잠재력만은 완전히 새로운 것"이라고 강조했다.[94] 따라서 민주주의 사회는 이러한 도전에 응하기 위해서 군인뿐만 아니라 지식인 역시 필요로 했다.

얼은 말만 한 것이 아니라 몸소 실천에 나섰다. 그가 프린스턴 고등연구원에서 매주 진행한 세미나는 버나드 브로디의《일반인을 위한 해군 전략 입문A Layman's Guide to Naval Strategy》같은 이 분야의 핵심 저작이 탄생하는 데 기여했다. 그는 또한 히틀러의 유럽에서 망명해 온 지식인들을 포함한 20명에 가까운 학자를 다룬《근대 전략의 창조자들: 마키아벨리에서 히틀러에 이르기까지의 군사적 사고Makers of Modern Strategy: Military Thought from Machiavelli to Hitler》라는 획기적인 저서를 기획하여, 미국인들에게 군사적 현실을 교육했다.[95] 제2차 세계대전 동안은 전략사무국Office of Strategic Services과 연합국의 폭격 작전에 자신의 지적 역량을 바쳤으며, 루스벨트 대통령에게 일본에 맞서 태평양전쟁을 어떻게 수행해야 할지 직접 건의하기도 했다.[96] 그의 궁극적인 야망은 전쟁과 평화 속에서 미국의 이익을 보장하기 위한 통합적이고 포괄적인 접근인 '대전략Grand Strategy의 통합 개념'을 확립하는 것이었다.[97] 그러나 그러한 목표에 가장 근접했던 인물은 전략학 연구에서 얼의 경쟁자였던 니컬러스 스파이크먼이라는 인물이었다.

* * *

스파이크먼은 예일대학교 국제문제연구소의 초대 소장으로 명성을 쌓았다. 이 연구소는 1935년, 당시 예일대학교 학생 다수가 지나친 고립주의적 성향을 보인 것에 대한 대응으로 설립되었다.[98] 암스테르담에서 태어나 중동과 아시아 지역에서 언론인으로 활동한 경험이 있던 스파이크먼은 결코 시야가 좁은 인물은 아니었다. 그는 "오스트리아 대공의 암살이 유럽에 100만 명의 병력을 불러왔고, 오스트리아의 한 신용기관이 파산한 일이 미국의 모든 은행이 문을 닫게 했다"라고 평했다. 그는 설사 미국이 세계에 관심이 없더라도, 세계는 미국에 관심이 많다는 점을 분명히 인식하고 있었다.[99] 스파이크먼은 초기에는 사회학자로서 국내 사회에서 권력의 중심성 문제를 연구했지만, 국제 질서가 붕괴함에 따라 점차 세계 정치에서 패권의 중심성을 탐구하는 쪽으로 연구 주제를 전환했다.

권력은 말 그대로 스파이크먼이 집착한 분야였다. 당시 가장 무자비한 국가들이 이웃 나라를 무참히 짓밟고 있던 상황을 고려한다면, 이는 이해할 만한 일이었다. 그는 일련의 영향력 있는 저술에서 현재의 세계가 "핵심 권위가 부재한 사회"라고 설명했다. 즉 질서가 무너진다 해도 이에 대해 신고할 경찰이 없다는 뜻이었다. 따라서 한 국가는 다른 국가의 이익을 침해하면서까지 자국의 패권을 추구할 수밖에 없었다. 이런 상황에서 인류의 형제애 같은 담론은 공허한 신앙심에 불과했다. 국가의 안보를 추구할 때, 도덕은 간과될 수밖에 없었다. 무정부 상태의 세계에서 "국가는 패권을 추구하는 정치에 끊임없이 매달려야만 생존할 수 있었다".[100] 스파이크먼에 따르면, 패권 투쟁을 규정하는 여러 요소 중 '가장 근본적인 조건'은 지리였다. 지리는 "가장 영속적이었다. 장관은 교체되고, 독재자조차 죽지만, 산맥은 아랑곳하지 않고 그대로 남아 있기" 때문이었다.[101]

스파이크먼은 미국이 지리적 조건으로 인해 진즉에 '세계에서 가장 유리한 국가'가 되었다고 믿었다.[102] 온화한 기후, 광대한 영토, 풍부한 자원 그리고 촘촘한 내륙의 수로망은 미국이 경제적 최강자로 떠오르게 만들어 주었다. 대양 및 약하거나 우호적인 이웃과 같은 비교적 온순한 주변 환경은 미국이 인접 지역을 지배하고 나서도 '신대륙 바깥의 활동에 쓸 수 있는 여분의 힘'을 아껴 둘 수 있도록 해 주었다.[103] 그러나 이제 기술은 거리의 개념을 재정의하고 있었다. 현대적 공군력을 지닌 적대국은 지리적으로 멀리 떨어진 라이벌에게도 파괴적인 타격을 가할 수 있었다. 철도가 매킨더를 사로잡았고, 증기선이 머핸을 매료시켰다면, 스파이크먼에게 가장 중요한 것은 제2차 세계대전 기간 본격적으로 떠오른 장거리 폭격기의 그림자였다.

1942년 출간된 베스트셀러 《미국의 세계 정치 전략America's Strategy in World Politics》에서 스파이크먼은 "세계가 다시 불길에 휩싸였다"라고 썼다. "첨단 기술은 더 크고 더 효율적인 대량 살상 무기를 만들어 냈으며, 국가들은 파괴와 몰락이라는 궁극적 목표를 위해 모든 노력을 쏟고 있다"는 것이 그의 진단이었다.[104] 나치에 의한 프랑스의 몰락이 유럽의 균형을 뒤흔든 후 집필된 이 책은, 만약 추축국이 구세계에서 모든 저항을 짓밟는 데 성공한다면 과연 미국이 "서반구에서 독립적인 국가로서의 존재"를 계속 유지할 수 있을지에 관한 긴급한 물음을 다루고 있었다.[105] 스파이크먼의 대답은 단호한 부정이었다. 매킨더가 유라시아의 패권국이 전 세계의 모든 민주주의를 위협할 것이라고 주장했다면, 스파이크먼은 500쪽에 달하는 치밀한 분석을 통해 이러한 주장을 의심할 여지없이 입증하고자 했다.

추축국의 계획에는 결코 한계라는 것이 없다는 것이 스파이크먼의 생각이었다. 독일은 "북해에서 우랄 산맥에 이르는 유럽 대륙 전역"을 정복하려고 했고, 일본은 "시베리아에서 태즈메니아에 이르는 서태평양 연안 지역"까지의 패권을 추구했다. 독일과 일본이 성공한다면, 서반구는 "막대한 전쟁 잠재력을 지닌 두 제국에 의해 포위될" 것이었다. 그렇게 된다면, 추축국의 해상력과 공군력은 양쪽에서 신대륙을 조여 올 것이고, 그 결과 두 적대적 대륙 사이에 놓인 미국의 위치는 치명적 덫이 될 것이었다. 히틀러는 단 한 번도 미국 침공 계획을 운운한 적이 없다는 비판론자들에 대해서도 스파이크먼은 답을 가지고 있었다. 세계의 절반을 정복할 만큼의 야망과 잔혹성을 지닌 국가가 세계의 다른 절반에 존재하는 강력한 적을 오래 두고 보지는 않았을 것이다. 그는 "국제관계의 역사, 혹은 패권 추구의 본성 어디에도 유라시아의 단일한 패권이 완성된 후 더 이상의 패권 투쟁이 저절로 중단될 것이라는 근거는 찾아볼 수 없다"라고 단언했다.[106]

그러나 스파이크먼은 개입에 대해서는 신중한 자세를 취했다. 그는 서반구만을 방어하는 '대륙 방어'와 같은 전략이 당분간은 가능하다는 점을 인정했다. 설령 유라시아가 적대적인 방식으로 통일된다고 해도, 총동원된 미국은 전략적으로 중요한 대서양과 태평양의 섬들을 계속 통제할 수 있었고, 해군과 육상 기반 공군 전력을 동원해 접근하는 적국의 함대를 괴롭힐 수 있을 것이다. 또한 대규모 육군은 자국의 연안을 방어할 수 있었다. 전 대통령이었던 허버트 후버는 독일이 "바다 건너 3,000마일(약 4,800킬로미터)이나 떨어진, 1억 3,000만 명의 국민 그리고 1,000만 명의 병력과 2만 5,000대의 항공기를 가진 나라를 공격하는 것은 불가능하다"라고 단언했다.[107] 문제가 있다면, 이 전략에는 유효기간이 있었다는 점이다. 미국이 실제로 서반구 전체를 장악할 수는 없었기 때문이다.

남아메리카 대부분의 인구와 농업 그리고 자원이 집중되어 있는 '남부 원뿔Southern Cone' 지역은 산맥과 밀림으로 인해 대륙의 다른 지역과 단절되어 있었다. 바다 쪽으로 돌출되어 있는 브라질 때문에 이 지역은 바다로는 뉴욕보다 오히려 프랑스와 더 가까웠다. 이는 미국이 자랑하는 가장 강력한 폭격기의 사거리조차 벗어난 거리였다. 따라서 추축국이 대서양과 태평양의 해상로를 공군과 해군으로 장악할 경우, 미국은 아마존 아래 지역의 정세에 대한 통제력을 상실하게 될 것이었다. 그렇게 될 경우, 미국은 북아메리카와 카리브해 그리고 브라질 돌출부 위의 남아메리카를 포함하는 보다 제한된 '사분구quarter-sphere'에서 '최후의 방어선'을 구축해야만 할 것이다.[108] 그러나 이 사분구는 봉쇄에는 치명적인 약점을 보였고, 결국에는 파멸로 이어질 수밖에 없는 취약성을 지니고 있었다.

이 지점에서 스파이크먼은 군사뿐만 아니라 경제와 정치적 요소까지 포함하여 사고함으로써 **위대한 전략가로서의** 면모를 드러냈다. 1945년, 경제학자 앨버트 허시먼은《국가 권력과 대외무역의 구조National Power and the Structure of Foreign Trade》라는 신랄한 책을 출간하여, 전체주의 국가들이 약소국을 자기 영향 아래 놓기 위하여 약탈적인 무역 전술을 어떻게 활용하는지 분석했다. 허시먼은 만약 마키아벨리가 현대에 다시 태어난다면, "할당제, 외환 통제, 자본 투자 그리고 기타 무역 전쟁의 수단들"을 포괄하는 "새로운 장"을 추가해서 글을 썼을 것이라고 말했다.[109] 그런데 스파이크먼은 독일이 어떻게 자원, 무역, 자본을 이용해 남아메리카 국가들을 경제적, 정치적으로 종속시킬지를 보여줌으로써 허시먼을 앞서나갔다. 그에 따르면, 추축국들은 선전선동, 전복 활동, 이념 전쟁을 통해 현지에 대리 세력을 집권시키려 할 것이었다. 이를 통해 남아메리카를 미국에 적대적인 거점으로 바꾸는 한편, 봉쇄를 통해 주석과 구리 등을 비롯한 필수 자원에 대한 미국의 접근권을 차단할 수 있었다. 스파이크먼은 "역사상 모든 시기에 군사적 전쟁은 항상 정치적 행동과 나란히 진행되었다"라고 주장했다. 결국 미국이 사분구를 방어할 수 없을 만큼 약화되면, 적국들은 마침내 최후의 일격을 가하게 될 것이라는 게 스파이크먼의 생각이었다.[110]

이 모든 것의 함의는 분명했다. 먼 나라의 운명에 무관심하다가는 미국 자신의 생존마저 위태롭게 될 수 있다는 것이었다. "세계는 서로 완전히 차단된 구획으로 나뉘어 있지 않다"는 것이 스파이크먼의 확신이었다. "둥근 지구와 입체적인 전쟁을 전제로 정치적, 전략적 사고를 할 수 있는 정치가만이 거리가 먼 전선에서부터 오는 적의 공격을 막을 수 있다." 따라서 미국은 추축국이 걷잡을 수 없이 기세등등해지기 전에 반드시 그들을 격파해야 했고, 이후에도 유라시아가 분열된 채로 남아 있도록 영구적인 작전을 수행해야 했다. 스파이크먼은 심지어 그 과정에서 미국이 전쟁에서 패배한 독일을 부활시켜야 할지도 모른다고 예견했는데, 이는 소련이 새로운 패권국으로 등장하는 것을 막기 위함이었다. 그는 "우랄산맥에서 북해에 이르는 러시아는 북해에서 우랄산맥에 이르는 독일보다 결코 나을 점이 없다"라고 믿었다.[111] 스파이크먼에게 있어 지정학은 도덕적으로 예민하거나 감성적인 이를 위한 학문이 결코 아니었다. 결국 미국의 안보를 위한 지속적인 조건은 서반구에서의 압도적 우위 그리고 그 외 모든 지역에서의 세력 균형이었다.

* * *

그렇다면 넓디넓은 유라시아에서 가장 중요한 지역은 어디였을까? 이 문제는 오랫동안 논쟁의 대상이었다. 매킨더는 중심 지역을 거점 삼아 강력한 대륙 세력이 유라시아의 패권을 차지할 것이라고 상상했다. 그에 반해 머핸은 바다의 힘을 진정한 힘으로 보았고, 태평양과 인도양을 둘러싼 투쟁에 주목했다. 이에 맞서 스파이크먼은 병으로 요절한 뒤 1943년 출간된 《평화의 지리학The Geography of the Peace》에서 자신만의 독특한 해석을 제시했다. 그에 따르면, 진정한 위협은 영구동토로 뒤덮여 있는 중심 지역이 아니라, 바다와 육지가 정면으로 만나는 '충돌의 거대한 완충지대', 곧 '대륙을 둘러싸고 있는 주변 지역Rimland'에서 나타날 것이었다.[112]

스파이크먼의 주장은 다음과 같았다. "시베리아는 사실상 인구가 거의 없는 반면, 유럽, 인도, 중국에 해당하는 주변 지역은 인구가 빽빽하다. 역사를 보면, 위대한 문명과 세계적 강국은 전자가 아니라 후자에서 나타났다." 매킨더가 말한 내부 초승달 지역과 대체로 일치하는 이 지역에는 유라시아에서 경제적으로 가장 역동적이고 인구 밀도도 높은 국가들이 자리 잡고 있었다. 또한 지중해, 남중국해, 동중국해 같은 핵심 '내해inner seas'와 맞닿아 있었다. 스파이크먼은 대양이 아니라 이 수로들이 세계 해상 교역의 대부분을 차지할 뿐만 아니라 유라시아로 진입할 수 있는 해양 관문을 통제한다고 보았다. 결국 두 차례의 세계대전에서 독일과 일본, 곧 스파이크먼이 말한 주변 지역에 해당하는 세력이 유라시아의 산업이 집중된 주변부를 장악하려 시도하는 동시에, 인접한 해역으로 진출하려 한 것은 결코 우연이 아니었다. 그가 만일 오늘날 미중 경쟁이 주로 동중국해, 남중국해 그리고 대만해협과 같은 내해에서 전개되는 양상을 지켜봤다면, 결코 이를 이상하게 여기지 않았을 것이다.

결국 스파이크먼의 가장 강력한 기여는 매킨더의 논리를 부분적으로 뒤집은 것이었다. 매킨더의 핵심 명제는 유라시아의 심장부를 지배하는 자가 세계를 지배한다는 것이었다. 이에 대한 스파이크먼의 대답은 "주변 지역을 지배하는 자가 유라시아를 지배하고, 유라시아를 지배하는 자가 세계의 운명을 통제한다"는 것이었다.[113]

이러한 주장은 군사 전략과 더불어 오랫동안 이어져 온 대륙과 해양의 힘의 관계에 관한 논쟁에도 중요한 영향을 미쳤다. '주변 지역'이 해상과 육상 양쪽에서 접근이 가능했기 때문에, 그곳을 지배하기 위해 벌어지는 투쟁은 단순히 해양 세력과 대륙 세력 간의 정면충돌이 아니었다. 그보다는 육지와 바다를 아우르는, 상륙전의 성격을 띤 충돌이었다. 해양 세력은 유라시아에 도달하기 위해 해상과 공중 통제권뿐만 아니라 현지에서 적을 제압할 강력한 육군도 필요했다. 코벳의 견해를 되새기며, 스파이크먼은 "해군과 공군은 육지에서의 결전을 달성하기 위한 수단"이라고 주장했다.[114]

모든 이가 스파이크먼의 주장을 환영한 것은 아니었다. 패권에 대한 그의 지칠 줄 모르는 집착은 어두웠고, 겉으로 드러나는 도덕의 결여는 충격적으로 다가올 여지가 다분했다. 얼은 비판적 서평을 쓰면서 스파이크먼의 저작이 종종 "새로운 미국식 프로이센주의의 교본"으로 매도되었다고 밝혔다. 얼은 이러한 입장에는 동의하지 않았지만, 그럼에도 불구하고 미국의 안보를 보장하는 최선의 방법이 유라시아가 영원히 분열 상태에 빠져 있는 것이라는 스파이크먼의 주장에는 경악했다. 얼은 다음과 같이 덧붙이면서 스파이크먼을 비판했다. "전쟁이 끝났을 때, 우리는 더 안정적인 체제나 아니면 모든 체제의 종말이냐, 즉 어떤 형태의 질서와 완전한 무정부 상태 사이에서 결정을 내려야 할 것이다. 세력 균형은 결국 우리 모두를 화장터로 몰아넣을 것이다."[115]

그러나 미국 정부가 결국은 탈나치화된 독일을 이용하여 소련을 견제할 것이라는 스파이크먼의 전망은 적중했다. 전쟁 중에 이루어진 그의 저술은 다른 면에서도 선견지명을 보였다. 그는 어째서 통합된 유라시아가 강대하고 지리적으로 멀리 떨어진 미국에게조차 치명적으로 다가올 수 있는지를 가장 정교하게 논증했다. 이런 주장은 제2차 세계대전과 냉전 시기 내내 미국의 정책 결정자들에 의해 채택되었다. 그는 또한 전체주의 국가들이 전쟁을 어떻게 총력전화하고 있는지를 생생하게 보여주기도 했다. 미국의 외교관이자 역사학자였던 조지 케넌이 냉전 초기 전체주의 국가들이 "인간의 상상력이 발휘할 수 있는 한 무한하며 불쾌한 온갖 술책"을 동원하리라고 경고한 것은 사실상 스파이크먼으로부터 배운 것이었다.[116] 스파이크먼이 설파한 악마의 도덕성조차 표면 그대로의 의미는 아니었다.

스파이크먼은 "모든 문명화된 삶은 결국 마지막에는 힘에 기반을 둔다"라고 주장했다. 그에 따르면, 이 이치를 무시하는 사회는 종국에는 망할 수밖에 없었다.[117] 전략학의 근본적인 질문은, 민주주의가 전 지구적 전쟁이라는 공포의 시대에 어떻게 자신의 방식을 유지할 수 있느냐였다. 이에 대한 스파이크먼의 답은, 자유주의 제도가 살아남을 수 있는 세계를 지키기 위해 냉혹하면서도 집요하게 지정학적 게임을 수행해야 한다는 것이었다.

* * *

서로 간의 견해 차이와는 별개로, 매킨더, 머핸, 스파이크먼 모두 민주주의적 지정학 학파에 속해 있었다. 그들의 목표는 모두 자유주의 국가가 번영할 수 있는 전략을 설계하는 것이었다. 그러나 지정학에는 전혀 다른 목적을 추구하는 권위주의적 학파도 존재했다. 이들에게는 매킨더가 묘사한 세계, 즉 유라시아의 중심에 전제정이 자리 잡는 세계가 전혀 피해야 할 세계가 아니었다. 오히려 실현해야 할 꿈이었다.

역사학자 S. C. M. 페인은 해양 국가의 경우 경제적 번영을 안보의 기반으로 삼을 수 있는 선택지를 지닌다고 주장했다. 이 경우 그들은 무역과 협력을 바탕으로 한 포지티브섬positive-sum 게임을 추구할 수 있다. 이에 반해 대륙 국가는 비좁고 각박한 조건 속에서 존재하며, 가장 확실한 안전보장은 이웃을 도륙 내는 것이다. 비슷한 이유로, 역사적으로 봤을 때 민주주의는 대륙 국가보다는 대규모 육군을 필요로 하지 않는 도서 국가에서 더 뿌리내리기 쉬웠다. 바다는 경제적, 정치적 개방성을 촉진했지만,

비좁은 육지는 공격성과 전제정의 실험실이 되었다.[118] 따라서 민주주의적 지정학 학파가 영국과 미국에서 탄생한 반면에, 대륙 유럽에서는 권위주의적 학파가 부상했다는 것은 자연스러운 일이었다.

사실 어떤 면에서는 권위주의적 학파가 오히려 더 근본적이다. '지정학'이라는 용어 자체가 19세기 말에서 20세기 초에 걸쳐 스웨덴 지식인 루돌프 키엘렌과 독일 지리학자 프리드리히 라첼에 의해 사용되었기 때문이다. 이 사상가들은 사회진화론에 깊이 영향을 받아 국가를 팽창하지 않으면 죽어버리는 유기체로 보았고, 민족을 인종적 범주로 정의했다. 이러한 결과 나타난 지정학은, 한 학자가 지적했듯, '보복적이고 팽창주의적'이었다. 이들은 라첼이 고안한 '생활공간Lebensraum'이라는 개념의 추구를 우선시했다. 이러한 지정학은 독일 제국과 같이 팽창주의적 비전과 반자유주의적 가치가 결합된 곳에서 꽃을 피웠다.[119] 민주주의로 절제된 지정학은 냉혹하기는 하되 드물게만 악마적이었다면, 전제적 권위주의는 그 자체로 순수한 독이었다.

이러한 접근법의 전형은 카를 하우스호퍼 장군이 이끈 '뮌헨 학파'였다. 하우스호퍼는 제1차 세계대전 당시 포병 지휘관이었으며, 독일 제국이 패전한 후에는 우익의 유사 군사 조직에 참여하는 한편 학자로서 새로운 경력을 시작했다. 그가 발간한 지정학 잡지는 1920년대 후반에 이르러 연간 최대 50만 부 가까운 판매량을 보였으며, 월간 라디오 방송은 그의 주장을 더욱 확산시켰다.[120] 사실 하우스호퍼는 날카로운 통찰보다는 다작으로 유명했다. 그는 40여 권의 책을 쓰고 400편의 글을 썼지만, 그중 상당수는 장황하고 반복적이며, 서로 모순되기까지 했다. 그러나 그의 메시지는 베르사유조약으로 굴욕을 느낀 독일 사회 그리고 혁명적 설계에 지적 정당성을 부여하고 싶어 했던 나치 지도부와 잘 맞아떨어졌다.

하우스호퍼에게는 지정학이 곧 팽창 그 자체였다. 제1차 세계대전 후 독일은 '가혹한 절단의 시련'을 겪고 참을 수 없는 억압 속에 갇혀 있었다.

이에 대해 독일이 취할 수 있는 유일한 대응은 "현재의 좁은 생활공간에서 벗어나 세계의 자유 속으로 나아가는 것"이었다. 독일은 유럽과 아프리카를 아우르는 자급자족적 제국을 구축해야 했다. 독일과 비슷하게 억압받고 가진 것 없는 나라들, 특히 소련과 일본도 유라시아와 태평양의 남은 지역에서 마찬가지 길을 걸을 것이었다. 이러한 '범지역pan-region'을 통합해야만, 기존 질서에 도전하는 굶주린 국가들이 그들의 적, 즉 영국을 이길 수 있었다. 이들이 서로 협력할 때, 영국은 더 이상 분할하여 정복하는 방법을 사용할 수 없게 될 것이다. 1939년, 하우스호퍼는 "독일과 러시아가 다시는 '이념적 갈등'으로 서로를 적대시해서는 안 된다"라고 주장했다. 그의 지정학적 목표는 전제적 동맹이 지배하는 유라시아였다.121

이 목표를 달성하기 위해 매우 폭력적인 방법이 필요하다는 사실에는 의심의 여지가 없었다. 하우스호퍼는 세계가 "일종의 정치적 숙청과 힘의 재분배"를 필요로 한다고 썼다. 독일이 나아가야 할 길목에 놓여 있던 동유럽의 신생국가들은 "더 이상 존재할 권리가 없는 국가의 파편"에 불과했다.122 하우스호퍼는 독일의 '생활공간'을 확보하기 위해서는 수백만 명을 죽이는 것이 불가피하다는 사실이 드러났음에도, 1930년대 후반과 1940년대 초반 독일의 침략을 계속해서 지지했다.

하우스호퍼의 저작이 매킨더의 사상을 거꾸로 뒤집은 것처럼 보인다면, 이는 실제로 그렇기 때문이다. 매킨더가 대륙의 패권국이 영국을 압도할지도 모른다고 우려했다면, 하우스호퍼는 바로 그것을 이루어 내려고 했다. 하우스호퍼는 매킨더의 저작을 세심하게 읽고 그 내용을 차용했으며, 심지어 나치-소비에트 동맹의 발상을 매킨더에게서 얻었다고 명시적으로 인정했다. 매킨더는 이미 1904년에 독일과 러시아의 조합이 세계를 파멸로 이끌지도 모른다고 걱정했기 때문이다. "세계사 어디에도 적에게 배워서는 안 된다고 쓰여 있지는 않다"라고 하우스호퍼는 으스댔다. "러시아와 독일은 서로 반대편에서 싸웠기 때문에 지난 전쟁에서 패배했다. 독일과 러시아가 이 사실을 깨닫는 데는 매킨더 경이 예상했던 것보다 훨씬 더 오랜 시간이 걸렸다.”[123] 결국 매킨더는 하우스호퍼에게 영향을 준 ‘학문적 필경사’였고, 하우스호퍼는 다시, 다름 아닌 아돌프 히틀러에게 결정적 영향을 끼쳤다.

＊ ＊ ＊

물론 하우스호퍼가 히틀러에게 끼친 영향은 종종 과대평가되어 왔다. 제2차 세계대전 후 미국 측 전범 기소자들은 하우스호퍼를 히틀러의 ‘지적 대부’라 부르며, 히틀러는 “단지 상징적 존재이자 선동을 담당하는 입의 역할만을 했을 뿐”이라고 주장하기도 했다.[124] 전쟁 중 미국의 전략사무국은 하우스호퍼를 “지정학 연구를 전 세계적 규모의 독일 침략 도구로 바꾸어 놓은 인물”이라고 묘사하기도 했다.[125] 그러나 실제로 하우스호퍼와 나치 정부 사이의 관계는 더 복잡하고 미묘했다. 이는 그가 급진적 나치보다는 구시대적 독일 보수주의자였기 때문이기도 했고, 아내가 반은 유대인이었기 때문이기도 했다. 그는 히틀러가 소련을 공격하기로 한 결정에 대해서도 회의적인 태도를 보였고, 그의 아들은 결국 반히틀러 저항운동에 가담했다가 목숨을 잃기도 했다. 그럼에도 불구하고 하우스호퍼가 나치 지정학이 탄생하는 순간에 함께 있었다는 사실은 분명하다.[126]

둘의 연결고리는 루돌프 헤스라는 인물이었다. 그는 하우스호퍼의 전 비서이자, 히틀러가 1923년 맥주 홀 폭동에서 실패한 이후 함께 수감 생활을 한 동료이기도 했다. 하우스호퍼는 란츠베르크 감옥을 방문할 때마다 히틀러에게 자신의 지정학 이론을 전수했다. 그는 이때의 경험을 가리켜 “군인의 삶을 다 한 뒤, 이렇게 나이 든 학자로서의 역할을 할 수 있다는 건 즐거운 일이다. 비록 젊은 독수리들이 잠시 감옥 안에 갇혀 있다 해도 말이다”라고 표현하기도 했다.[127] 나치가 점점 세력을 확장해 가자, 하우스호퍼는 부총통이 된 헤스와 긴밀한 접촉을 유지했다. 그에게 히틀러는 자신의 지적 푸념을 현실로 바꿔 줄 매개체였다. 하우스호퍼의 아들이 었던 알브레히트는 아버지의 관점을 다음과 같이 설명했다. "좋든 싫든 나치는 이미 권좌에 앉아 있다. 그들을 단순히 밀어내는 것은 불가능한 일이다. 따라서 우리는 그들이 하루빨리 어린아이의 단계를 벗어나 올바른 가르침을 받아들이도록 해야 할 빌어먹을 의무와 책임을 짊어졌다."[128]

하우스호퍼의 가르침은 뚜렷한 흔적을 남겼다. 비록 하우스호퍼가 히틀러의 악명 높은 저작《나의 투쟁Mein Kampf》을 직접 쓰지는 않았지만, 이 책의 내용에 상당한 영향을 끼친 것은 분명하다. 독일의 전간기 국경이 비합리적이며, 동쪽에서 '생활공간'을 찾아야 하고, 이를 위해 유럽 내 경쟁자를 제거해야 한다는 논리는 역사학자 홀거 헤르비히가 표현한 대로 "순수한 하우스호퍼의 것"이었다.[129] 히틀러는 "이 지구상에서 충분히 넓은 공간만이 한 민족에게 실존의 자유를 보장한다. 따라서 독일은 오로지 세계적 강대국으로서만 자신의 미래를 방어할 수 있다"라고 주장했다.[130] 훗날 히틀러가 영국과 미국의 힘에 맞설 해법으로 대륙 제국을 옹호한 것도 멘토였던 하우스호퍼의 사상과 맥을 같이 한다. 지정학 이론가 로버트 스트라우스-후페의 말처럼, "히틀러는 다름 아닌 지정학에서 역사 속 강대국들이 어떻게 형성되었는지 그리고 독일이 어떻게 위대한 국가들의 역사적 행렬 속에서 스스로의 자리를 차지할 수 있는지에 대한 일관적인 설명을 발견했다".[131] 나치의 합병과 침략, 잔혹 행위가 이어질 때, 하우스호퍼는 곁에서 열광적으로 환호했다. 그는 총통을 "지정학의 달인"이자 "샤를마뉴"라고 선언했다.[132]

늙은 학자에게도, 젊은 독수리에게도, 결말은 좋지 않았다. 1940년 무렵, 하우스호퍼는 자신이 통제할 수 없는 세력을 부추겼음을 깨달았다. 그는 아들과 함께 은밀히 영국의 지인들과 접촉해 히틀러가 시작한 전쟁을 끝낼 방도를 타진했다.[133] 이 시도는 실패했고, 1941년 헤스가 단독 평화사절 임무를 맡아 스코틀랜드로 탈출해 버리자, 하우스호퍼 부자는 영향력을 완전히 상실했다. 아버지는 조용히 나치 체제와 거리를 두었고, 아들은 1944년 히틀러 암살 음모에 가담한 뒤 패전이 임박하자 총통의 앞잡이들에 의해 처형되었다. 이후 하우스호퍼 자신도 연합군의 전범 조사 과정에서 스스로 목숨을 끊었다. 그의 유서에는 "나는 잊고 싶고, 잊히고 싶다"라고 적혀 있었다.[134]

그러나 하우스호퍼는 쉽사리 잊히지 않았다. 그의 유산은 오랫동안 지정학이라는 개념 자체와 그 주요 종사자들의 명성을 오염시켰다. 1947년, 한 저자는 매킨더를 가리켜 "히틀러 뒤에 있던 사람의 뒤에 있던 사람"이라고 표현했다. 이어서 "오늘날 매킨더가 대표한 사상에 의해 직간접적으로 영향을 받지 않은 남자나 여자, 혹은 아이는 거의 없다"라고 썼을 때, 이는 결코 칭찬의 의미가 아니었다.[135] 물론 이러한 평가는 히틀러 그리고 그가 대표하는 모든 것을 혐오했던 매킨더에게는 끔찍하게 불공정한 것이었다. 그러나 지정학 자체에 힘과 영원한 투쟁을 강조하고 도덕적 타협도 불사하는 등 어두운 요소가 존재했다는 것은 엄연한 사실이다. 호전적인 독재자들이 주저 없이 이를 이용하리라는 점은 분명했다.

이것 역시 유라시아의 세기에서 유서 깊은 전통으로 자리 잡을 예정이다. 오늘날에도 독재자와 그의 추종자들이 지정학적 원리를 동원해 급진적 팽창을 정당화할 때, 그들은 하우스호퍼의 전통을 따르며, 그리고 역설적으로 매킨더의 사상도 함께 따르는 셈이다.

＊　＊　＊

러시아의 철학자 알렉산드르 두긴을 생각해 보자. 그는 러시아의 부흥을 주창한 이론가로 이름을 날린 지식인이다. 하우스호퍼와 마찬가지로 매킨더의 지적인 제자였던 그는 소련 붕괴 이후 매킨더의 이론을 활용해 옛 제국의 잿더미 속에서 어떻게 새로운 제국이 다시 태어날 수 있을지 설명했다.

두긴에 따르면, 러시아는 미국이 주도하는 '대서양주의Atlanticism' 연합에 의해 실존적 위협을 받아왔으며, 이 연합은 타락한 자유주의적 가치를 전 세계에 주입하려 해 왔다. 이에 대해 러시아가 취할 수 있는 최선의 대책은 "우리 손으로 러시아를 위한 위대한 유라시아 대륙의 미래를 복원하는 것"이었다. 옛 소련 공화국들에 대한 지배를 다시 확립하고, 불만을 가진 다른 국가와 동맹을 맺음으로써 러시아는 미국과 같은 초강대국을 좌절시킬 만한 강력한 블록을 형성할 수 있다는 것이 그의 생각이었다. "러시아의 심장부는 새로운 반부르주아, 반미국 혁명의 전진기지이며, 유라시아 제국은 대서양주의의 부정, 미국에 대한 전략적 통제 그리고 자유주의적 가치의 지배에 대한 거부라는 근본적인 원칙 위에 세워질 것이다."[136]

1990년대부터 두긴은 러시아 군부 내에서 막강한 영향력을 행사하기 시작했고, 그의 지정학 논문은 필독서로 자리 잡았다. 그러나 동시에 그는 광인 같은 모습도 보였다. 2022년, 우크라이나 정보 요원이 두긴을 노리고 벌인 차량 폭탄 테러로 그의 딸이 죽었을 때, 그는 딸이 어린 시절 처음 입에 올린 단어가 "우리 제국"이었다고 주장했다.[137] 한편 펜타곤에서 동료들보다 더 멀리 내다보는 능력을 갖췄다는 평가를 받았던 조용하지만 탁월한 전략가 앤드루 마셜은 두긴과는 다른 성격의 인물이었다. 하지만 그 역시 두긴을 움직였던 그 사상적 전통에 손을 댔다. 그는 부상하는 중국이 곧 현존하는 질서에 도전할 것이라고 경고했다. 미국 정부는 "유라시아 대륙과 태평양 연안에서 영향력과 위상을 두고 벌어질 장기적인 경쟁에 대비해야 한다"는 것이 그의 경고였다.[138]

매킨더의 시대에 지정학을 두고 벌어진 대논쟁은 길고도 짙은 그림자를 남겼다. 한 세기가 지난 후에도 자유주의 세계 질서의 적과 동지 모두 여전히 그것을 지침 삼아 활용하고 있었다.[139] 매킨더와 그의 동시대인들은 일종의 불멸을 이루어 낸 셈이다. 그들의 저작은 뒤이은 세대의 정치 지도자들에게 희망과 두려움을 형성했다.

지금까지 언급된 사상가들은 모두 중요한 기여를 했다. 머핸은 영국과 미국 동맹의 예언자였다. 그는 해양의 통제가 대륙에서 일어나는 패권 경쟁에 어떤 역할을 하게 될지 정확히 이해했다. 스파이크먼은 주변 지역이 심장부 못지않게 위협적일 수 있으며, 세계화 시대에는 지리적 고립이 더 이상 안전을 보장하지 못한다는 점을 보여주었다. 하우스호퍼는 민주적 양심에서 분리된 지정학이 어떻게 무도함에 봉사할 수 있는지 드러냈다. 그러나 이 시기는 무엇보다도 매킨더의 시대였다. 유라시아가 지정학적 중심지로 부상한 것은 그가 인식한 역학 덕분이었다.

전략적 안전판이 차단되자 열강들은 정면충돌하게 되었다. 기술의 진보는 유라시아의 광활한 지리를 압축하는 효과를 낳았다. 산업화된 경제를 갖춘 전체주의 국가의 등장은 침략과 정복을 부추겼다. 이 모든 요인은 유라시아의 패권을 노리는 잠재적 강대국들 그리고 그러한 야망을 무마하지 못하면 자유와 안보를 지킬 수 없는 자유주의 초강대국 간의 충돌을 낳았다. 매킨더의 주장은 유라시아와 더 넓은 세계를 둘러싼 지속적이고 막중한 피할 수 없는 투쟁이 다가오고 있다는 것을 명료하게 보여주었다. 유라시아의 세기에 벌어진 잔혹한 역사는 그가 얼마나 옳았는지를 선명하게 증명해 보였다.

2장. 검고 거대한 토네이도

1907년 1월 1일, 에어 크로가 20세기에서 가장 유명하면서 가장 길기도 한 국가 정책 문서를 완성했을 때, 그는 아마도 매킨더를 염두에 두었을 것이다. 크로는 영국 외무부에서도 특이한 존재였다. 독일 라이프치히에서 외교관이었던 영국인 아버지와 독일인 어머니 사이에서 태어난 그는, 자신이 평생 직업적으로 제압하려고 한 바로 그 나라에서 성장했다. 그는 대부분의 외무부 잘난 집안 출신 인물들과는 달리, 영국의 유명한 사립학교나 명문 대학을 다니지 않았다. 심지어 입시를 준비할 때 영어가 유창하지도 못했다. 이에 동료들은 그의 사고방식이 그의 억양만큼이나 '독일적'이라고 평가했다. 논리적으로 사고했던 그는 주위의 어리석은 이를 잘 참아내지 못했다. 이는 심지어 그 어리석은 이가 외무장관이나 총리같이 자신의 상관일 때도 마찬가지였다. 한 동시대인은 크로를 두고 "촌스럽고, 꼼꼼하고, 양심적인 불가지론자로서, 자신의 두뇌와 영국 말고는 어떤 것도 믿지 않았다"라고 일갈했다.[1]

이런 성격에도 불구하고, 혹은 바로 이런 성격 덕분에, 크로는 인상적인 경력을 쌓았다. 그는 제1차 세계대전 동안 독일에 대한 해상 봉쇄 정책을 총괄했고, 전후 강화 회의에서는 영국의 정책을 결정하는 데 중요한 역할을 했다. 1920년부터 1925년 사망할 때까지는 영국 외무부 최고위 관료인 외무부 차관으로 일했다. 한 동료는 "크로와 외무부는 하나이자 불가분의 관계였다"라고 회고했다.[2] 그러나 1907년의 크로는 아직 외교가에서 입지를 다지는 중이었다. 그는 자발적으로 작성한 무려 1만 6,000단어에 달하는 장문의 제안서에서, 자신이 태어난 나라인 독일이 왕실의 혈통과 이윤이 나는 무역으로 영국과 얽혀 있으면서도 어째서 매번 영국의 이익을 위협하고 있는지를 분석했다.

그 계기는 1905~1906년에 벌어진 모로코에서의 식민지 위기였다. 이때 독일은 프랑스와 외교적 갈등을 일으킨 뒤 프랑스를 굴복시키려 들었다. 크로는 "독일은 프랑스가 전쟁 준비가 전혀 되어 있지 않다는 사실을 노려, 전쟁 위협을 통해 프랑스를 무조건 항복하게 만들려 했다"라고 분석했다.[3] 그러나 정작 크로를 진정으로 걱정하게 만든 것은 독일의 일회적 행동이 아니라, 더 큰 흐름 속에서 드러나는 독일의 전반적인 행태와 능력이었다.

황제 빌헬름 2세 치하의 독일은 말 그대로 각종 분쟁을 일으키고 있었다. 독일은 남태평양에서 남아메리카에 이르기까지 식민지와 제국적 특권을 찾아 나서고 있었고, 발칸, 지중해, 중동 지역에서도 영향력을 넓히고 있었다. 게다가 이미 유럽 최강의 육군을 보유하고 있던 독일이, 이제는 거대한 해군까지 건설하고 있었다. '피와 철'로 독일 제국을 세운 지도자들은 다시금 호전적인 언사로 목소리를 높였다. 외무부 장관 베른하르트 폰 뷜로는 1899년, "다가오는 세기에 독일 민족은 망치나 모루 중 하나가 될 것이다"라고 선언했다.[4] 이 모든 것은 크로로 하여금 독일 제국을 합리적인 야망과 불안을 지닌 나라가 아니라, 세계 질서를 흔들려는 혁명적 국가로 인식하게 만들었다.

물론 크로는 독일이 정확히 어디로 향하고 있는지 말하기 어렵다는 점을 인정했다. 어쩌면 독일인들조차도 이를 알지 못했을 것이다. 그러나 도발을 일삼는 독일의 행태 그리고 점점 강력해지는 독일의 군사력에 직면하여, 단순히 별일 없기만을 바라는 것은 영국에 너무도 위험한 일이었다.

수 세기 동안 영국은 바다에서 상대적으로 온건한 해상의 우위를 확보하고, 유럽 대륙 내 어느 특정한 국가도 '정치적 독재'를 행사하지 못하게 함으로써 자국의 안보를 지켜왔다. 그러나 이제 빌헬름 2세의 국정 운영은 이 두 기둥 모두를 동시에 흔들고 있었다. 독일은 '보편적인 정치적 패권과 해상에서의 지배권'을 노리는 것으로 보였으며, 이는 곧 '이웃 국가들의 독립을 위협하고 궁극적으로는 영국의 존립마저 위태롭게 할 수 있는 것'이었다. 황제는 유럽을 지배하고 바다의 주인이 되려 하고 있었고, 크로는 바로 이 지점에서 모두에게 큰 문제가 발생할 것이라고 경고했다.

독일이 유럽 대륙에서 정말로 패권을 쥔다면, 이는 '유럽의 자유가 무너진 폐허 위에서만' 가능할 것이다. '바다에 대한 독일의 지배권'은 전 세계의 해상로에 의존하는 영국 제국에 치명적인 위협일 수밖에 없었고, 미국의 먼로주의 역시 시험대에 오르게 될 터였다. "가장 강력한 육군과 가장 강력한 해군이 한 국가 안에 동시에 존재한다면, 세계는 그런 괴물을 제거하기 위해 힘을 합칠 수밖에 없을 것"이라는 게 크로의 진단이었다.5 크로의 분석은 그다지 틀리지 않았다. 유라시아의 세기에 일어난 첫 번째 대규모 전쟁이었던 제1차 세계대전은 전쟁이 얼마나 끔찍하고 전면적인 결과를 가져올 수 있는지를 여실히 보여주었다. 그의 암울한 예언은 들어맞았다.

* * *

제1차 세계대전은 그야말로 하나의 서사시 같았다. 사라예보에서의 암살 사건으로 시작된 갈등은 대륙과 대양을 가로질러 확산되었고, 산업화 시대가 만들어 낸 끔찍한 대량 학살의 잠재력을 드러냈다. 전쟁은 2,000만 명의 목숨과 4개의 제국을 앗아갔으며, 유럽 중부에서 중국에 이르는 여러 혁명을 촉발했다. 또한 새로운 공포를 불러일으킬 이념과 원한을 키웠고, 세계화의 시대를 끝냈으며, 세계적인 대학살의 시대를 열었다. 시어도어 루스벨트가 관찰한 대로, 제1차 세계대전은 모든 것을 휩쓸어 간 "검고 거대한 토네이도"였다.[6]

바로 이런 이유로, 제1차 세계대전은 종종 아무 이유 없이 시작되어 아무 성과도 남기지 못한 헛된 소모전의 전형으로 간주되어 왔다. 그러나 이 전쟁은 결코 무의미하지 않았다. 전쟁은 과연 반자유주의적인 독일이, 매킨더가 두려워했던 이중 패권을 쟁취함으로써 20세기의 향방을 주도할 수 있을지 여부를 둘러싼 투쟁이었다.

사실 1904년에 매킨더를 가장 불안하게 만든 나라는 독일이 아니었지만, 실제로는 그랬어야 했다. 1871년 통일된 이후 독일 제국은 전광석화와 같은 속도로 전성기를 맞이했다. 제1차 세계대전 무렵, 독일은 유럽에서 가장 큰 경제 대국이 되어 있었다. 철강 생산량과 철도의 노선 길이는 영국의 두 배에 달했다. 독일의 산업과 대학은 세계 최고 수준이었다. 경제적 역동성은 군사적 역동성을 뒷받침했다. 1880년부터 1914년까지 독일의 국방비 지출은 다섯 배 이상 증가했다. 한 영국인이 강조한 대로, 독일은 한때 "하찮은 영주들이 다스리는 보잘것없는 소국들의 집합체"에 불과했다.[7] 그러나 이제 독일은 유럽의 중심부에 위치한 산업적, 군사적 강국이었으며, 유라시아의 심장부, 대서양 연안 그리고 그 너머까지 팽창할 잠재력을 지녔다.

독일은 이 모든 것을 위한 충분한 동기를 지녔다. 사실 비스마르크만 해도 독일의 통일 자체를 하나의 종착점으로 보았고, 그 결과 급속한 침략 뒤에는 세심한 절제를 이어가며 한 세대를 보냈다. 그러나 비스마르크보다 자제력은 물론 능력도 떨어졌던 후임자들은 통일을 다른 승리로 나아가기 위한 디딤돌로 여겼다. 독일의 팽창주의자들은 독일을 대륙의 최강자로 만들어 줄 거대한 경제적, 정치적 영향권인 **중부유럽**Mitteleuropa을 갈망했다. 팽창하는 **세계정책**Weltpolitik을 통해 독일은 전 세계의 시장과 자원을 노렸다. 중국에 제국의 거점을 마련했으며, 태평양, 아프리카, 남아메리카의 다른 지역에도 눈독을 들였다. 빌헬름 2세는 "수십만 명의 중국인이 독일 제국의 주먹이 그들의 목덜미에 무겁게 내려앉아 있는 것을 느끼며 떨게 될 것"이라고 호언장담했다.[8] 1897년, 외무부 장관 뷜로는 이제 독일이 "태양 아래의 자리"를 차지할 때가 왔다고 선언했다.[9]

이러한 구상은 거대한 야망과 불길한 파국의 예감이 뒤섞인 세계관에서 비롯되었다. 사회진화론과 극단적 민족주의가 독일인의 정신세계를 지배했다. 독일의 지식인과 정책 설계자들은 뒤늦게 부상한 자신들의 제국이 유럽의 다른 거대 제국들에 의해 압도당할 것을 걱정했다. 힘과 경제적 안전이 산업과 농업 기술에 의존하는 냉혹하고 무질서한 세상에서, 그들은 영토와 자원 그리고 시장을 더 이상 팽창시키지 못하는 국가는 결국 몰락하고 말 것이라고 믿었다. 지리적으로 중심에 자리 잡은 독일의 위치 때문에 더 신중한 외교를 펼쳐야 한다고 믿었던 비스마르크와는 달리, 그의 후계자들은 악순환에서 벗어나기 위해서는 오히려 대담한 돌파가 필요하다고 믿었다. 독일의 외교관 쿠르트 리츨러는 제1차 세계대전에 앞서 "세계정책은 반드시 추진되어야 한다. 독일의 정책은 **악순환**circulus vitiosus에서 벗어나야 한다"라고 주장했다.[10] 2명의 저명한 팽창론자는 이를 더 노골적으로 표현했다. 그들에 따르면, "독일은 세계를 지배하지 못할 경우 지도에서 사라지고 말 것이었다".[11]

팽창에 대한 비전은 최첨단 기술과 맞물려 있었다. 이미 오랫동안 강력한 육군을 자랑해 온 독일은 유럽의 어떤 경쟁국도 압도할 수 있는 대규모의 정예 육군을 만들었다. 이전에는 독일이 해양 강국이었던 적이 없었지만, 본격적으로 원양 해군blue-water navy에 투자했다. 그들이 계획한 60척

규모의 전함대는, 독일이 유럽과 더 먼 지역에서 이익을 추구할 때 영국을 위협하여 수동적으로 만들기 위함이었다. 빌헬름 2세는 영국의 해상 지배권이 곧 "역사의 쓰레기 더미 위로 사라질 것"이라고 의기양양하게 말했다.12 이와 같은 독일의 행보는 급부상하는 강대국의 야망은 물론이고 정치체제와 통치자의 성격과도 부합하는 것이었다.

* * *

"이제 정말 확실하다. 우리는 큰일이 날 것이다." 시어도어 루스벨트가 빌헬름 2세를 만난 뒤 직접 내뱉은 말이다.13 빌헬름 2세는 역사적으로 봤을 때 비극적이면서도 기묘한 인물이었다. 그는 제1차 세계대전에서 싸우게 될 러시아와 영국의 통치자들과 사촌 관계였다. 선천적으로 장애를 안고 태어난 그는 과장된 군국주의적 의전으로 이를 보상받으려 했다. 한 장교는 "우리는 황제가 즉위한 후 37번째 제복 교체 작업에 몰두하고 있다"라고 불평하기도 했다.14 여기에 급격한 변덕과 결부된 지정학적 공격성까지 더해졌다. 조용함과 신중함이 국익에 훨씬 도움이 되었을 순간에도 과장된 선언을 하고 충동적인 정책을 펴는 것이 그의 특기였다. 빌헬름 2세가 영국의 제국주의자 세실 로즈에게 "내가 영국에서 인기를 얻으려면 무엇을 해야겠는가?"라고 물었을 때, 세실은 이렇게 답했다. "아무것도 하지 않으시면 됩니다."15

빌헬름 2세의 결점은 황제가 군림하지만 혼란이 지배하는 체제로 인해 더욱 부각되었다. 독일의 혼합적인 정치 구조는 국민이 선출하는 의회에 기반을 두고 있었지만, 동시에 외교 정책에서는 황제와 군사적 모험을 추구하는 참모들에게 막대한 권한이 주어졌다. 독일의 군대는 사회의 다른 어떤 집단보다도 존경받았다. 독일 참모본부는 유럽의 '5대 완벽한 기관' 중 하나로 꼽혔다. 나머지 기관은 로마 교황청, 영국 의회, 러시아 발레

단 그리고 프랑스 오페라단이었다.[16] 그러나 여러 정책을 조율하거나, 육군과 해군, 산업가와 금융가 사이의 파벌 갈등을 조율할 내각은 존재하지 않았다. 이들 세력의 서로 다른 이해관계는 독일의 팽창을 주동했다. 독일의 총리 테오발트 폰 베트만-홀베크는 "모두를 도발하고, 모든 이의 길을 가로막으면서도 실제로는 아무도 약화시키지 못하는 것"이 독일의 관행이라고 탄식했다.[17] 한편 노동조합, 사회주의자 그리고 기타 세력에 의한 동요가 심화되자, 보수 세력은 해외에서의 충돌을 통해 국내 질서를 안정시키고자 했다. 물론 이상적일 경우, 이러한 충돌은 짧고 승리로 끝날 예정이었다.[18]

독일의 시끌벅적한 부상은 유럽 외교가에 혁명을 일으켰다. 발칸과 중동 지역에서 영향력을 확대하려는 독일의 시도는 러시아에 두려움으로 다가왔고, 독일 육군은 프랑스에 실존적 차원의 도전을 제기했으며, 독일 해군은 영국의 세계 제국과 본토를 위협했다. 그 결과 독일의 경쟁국들은 서로 간의 분쟁을 조율하고, 처음에는 각국 간의 협력 관계를 강화하다가 마침내 1907년 느슨한 형태의 '삼국 협상'으로 연합하게 되었다. 빌헬름 2세는 "슬라브족과 게르만족 간의 최후의 투쟁에서 앵글로·색슨족이 슬라브족 편에 서다니!"라며 격노했다.[19] 하지만 이는 온전히 자신의 책임이었다. 독일은 1905년부터 1912년까지 이어지는 일련의 위기에서 프랑스와 러시아에 도전하며 이 고리를 끊어 내려 했으나, 오히려 적들로 하여금 미래에 더욱 굳게 뭉치게 만들었을 뿐이었다.[20] 비스마르크가 경고했던 것처럼, 지리적으로 중앙에 위치한 수정주의 국가는 사방에 적을 만들고 있었다.

사실 역사학자들이 제1차 세계대전이 주로 유럽의 얽히고설킨 동맹, 군비 경쟁 그리고 촉발되기 극도로 쉬운 전쟁 계획 때문에 일어났다고 주장해 왔지만, 이런 구조적 요인의 뿌리에는 결국 강력하고 강고한 독일이 있었다. 독일의 행태는 유럽 대륙을 서로 적대적인 2개의 진영으로 갈라

놓았다. 한쪽에는 삼국 협상이 있었고, 다른 쪽에는 독일, 쇠퇴하며 내부적으로 분열된 오스트리아-헝가리 그리고 믿음직스럽지 못한 이탈리아가 있었다. 이는 모든 외교적 위기가 곧바로 중대한 대결로 비화되는 결과를 낳았다. 결국 독일의 군비 증강은 대륙과 바다 모두에서의 군비 경쟁을 더욱 심화시켰다.[21] 게다가 거의 모든 열강이 공격 위주의 전쟁 계획을 세워두고 있었음을 감안한다 해도, 독일의 슐리펜 계획은 그중에서도 극단적이었다. 이 계획에 따르면, 독일은 중립국인 벨기에를 통과해 6주 안에 프랑스를 무너뜨린 뒤, 다시 동쪽으로 달려가 러시아와 맞붙을 예정이었다.

이 계획은 독일의 지리적 위치와 대외 정책이 불러온 이중 전선의 문제를 해결하기 위해 고안된 것이었다. 그러나 실제로는 독일 정부가 위기 상황에서 외교적 해결을 건너뛰고 서둘러 선제공격을 감행하도록 유도했다. 슐리펜 계획은 영국을 침공하려면 반드시 거쳐야 하는 전략적 요충지인 벨기에와 프랑스 북동부를 점령하는 시나리오를 그렸고, 이 때문에 전쟁이 발발하게 되면 새로운 적을 끌어들이게 될 위험이 컸다. 게다가 정교한 시간 계산에 지나치게 의존했던 이 계획은 독일 지도자들로 하여금 군사 균형의 아주 작은 변화에도 극도로 민감하게 반응하도록 만들었다.[22]

따라서 1914년 무렵, 독일이 유럽 군비 경쟁에서 뒤처지기 직전이었다는 점은 큰 문제였다. 영국은 독일이 전함 1척을 건조할 때마다 2척을 건조하고 있었다. 프랑스와 러시아도 군대를 대대적으로 확충했다. 러시아는 프랑스 자본 25억 프랑을 들여 수천 킬로미터에 달하는 철도를 신설하고 병력 동원에 필요한 시간을 단축하고 있었다. 물론 독일이 불의의 침공을 당할 위험은 없었다. 독일의 한 외교관이 인정한 대로, "만약 우리가 전쟁을 일으키지 않는다면, 다른 누구도 그렇게 하지 않을 것이다".[23] 그러나 독일은 머지않아 적에게 화력에서 뒤처질 예정이었고, 세계 강국의 지위와 **중부유럽**의 구상은 물거품이 될지도 몰랐다.

이런 상황 때문에 '지금 아니면 다시는 기회가 없다'라는 사고방식이 독일 지도부에 자리 잡았다. 세계대전이라는 말이 흔하게 쓰이기 시작했고, '팽창하지 않으면 몰락한다'는 사고방식에 물든 지도자들은 위험한 도박에 유혹을 느꼈다. 헬무트 폰 몰트케는 1914년, "설령 그것이 가까운 장래에 전쟁을 일으키게 되는 위험이 있을지라도, 아직 우리에게 승산이 있을 때 적을 물리쳐야 한다"라고 주장했다.[24] 이는 그해 닥칠 유럽의 위기를 맞이하는 데 있어 최악의 마음가짐이었다.

* * *

"소피, 소피, 나를 두고 죽지 마오. 우리 아이들을 위해 살아야 하오." 피 흘리며 쓰러진 황태자 프란츠 페르디난트가 치명상을 입은 아내에게 간절히 호소했다.[25] 1914년 6월 28일, 두 사람은 사라예보를 방문하던 중 세르비아의 테러리스트 가브릴로 프란치프의 총탄에 맞아 쓰러졌다. 역사상 가장 치명적인 실수를 저지른 운전사 덕분에, 그들은 암살범의 조준선 안에 들어갔다. 그 전까지만 해도 프란치프 일행의 모든 시도가 실패로 돌아간 상태였다. 그러나 그 이후로는 모든 것이 이전과 같을 수 없었다.

이 지점에서 알 수 있듯이, 독일이 직접 7월 위기를 촉발한 것은 아니었다. 위기의 발단은 불안정한 제국의 불안정한 지역에서 발생한 황태자 프란츠 페르디난트에 대한 암살 사건이었다. 사실 발칸은 몰락해 가는 두 다민족 제국, 즉 오스트리아-헝가리 제국과 오스만 제국의 세력권 안에 있으면서, 남슬라브 민족주의를 동원하여 이들을 흔들던 신흥 국가 세르비아의 활동 무대였다.[26] 또한 이 지역은 중동, 동지중해, 수에즈운하로 나아가는 유럽의 관문이었다. 이는 발칸 지역의 분쟁이 쉽게 국제적 위기로 번질 수 있음을 의미했다. 페르디난트의 죽음은 이 도화선에 불을 붙인 것이나 마찬가지였다. 1914년 7월, 긴장이 고조되자, 여러 나라의 수도에서 내려진 일련의 결정이 이 위기를 제1차 세계대전으로 비화시켰다.

오스트리아-헝가리는 세르비아를 짓밟아 자국의 흔들리는 입지를 만회하고자 했다. "군주의 목은 움켜쥐어진 상태였으며, 스스로 질식하도록 내버려둘 수는 없었다"라고 오스트리아의 최고 장군은 말했다.27 프랑스와 러시아는 전쟁을 원하지 않았지만, 둘 중 어느 누구도 독일을 등에 업은 오스트리아-헝가리가 러시아의 위성국을 박살 내고, 러시아를 굴욕에 빠뜨리는 것을 보고만 있을 수는 없었다. 물론 영국은 정작 단호함이 필요할 때 주저하기는 했다. 그러나 발칸반도에서의 충돌이 어떻게 세계 전쟁으로 번졌는지를 이해하기 위해서는 다음의 두 가지 본질적인 요소를 이해해야 한다.

첫째, 이 지역에서 벌어진 사건들은 독일과 연관된 긴장의 올가미에 사로잡혀 있었다. 빌헬름 2세와 측근들은 세르비아에 맞서 오스트리아-헝가리를 지원하지 않을 경우, 후자가 끝장 날 것이고, 그렇게 되면 독일이 홀로 적들과 맞서게 될 것이라고 우려했다. 프랑스와 러시아의 지도자들은 오스트리아-헝가리가 세르비아를 무너뜨릴 경우, 동맹의 주도국인 독일이 발칸 지역은 물론이고, 쇠퇴하는 오스만 제국에까지 영향력을 뻗칠 것을 두려워했다. 그렇게 될 경우 흑해와 에게해를 잇는 좁지만 중요한 다르다넬스해협과 보스포루스해협까지 독일이 장악하게 될지도 모를 일이었다. 특히 빌헬름 2세는 본인의 성격에 걸맞게 얼마 전에 이런 불안감을 직접 자극하기도 했다. 그는 독일군 장교를 오스만 제국에 파견해 근대화를 돕는 한편 "곧 보스포루스 요새 위에 독일 국기가 펄럭이게 될 것"이라고 선언했던 것이다. 이에 러시아 외무부 장관은 "우리 코앞에 프로이센 주둔군을 들이밀다니!"라며 독일에 항의하기도 했다.28

둘째, 독일은 1914년 7월 내내 도발과 선동 말고는 거의 아무것도 하지 않았다. 독일 정부는 오스트리아-헝가리가 세르비아를 공격하도록 은밀히 부추겼고, 심지어 그 결과 러시아 및 프랑스와의 전쟁이 이어진다 하더라도 계속 지원하겠다고 약속했다. 이어 독일은 "세계대전을 피할 유일한 방법"이라는 런던 주재 대사의 경고에도 불구하고 사태의 평화적 해결 방안을 모조리 거부했다.[29] 위기가 고조되자 독일 군부는 벨기에의 중립을 침해하고 프랑스를 제압할, 그러나 동시에 영국의 개입을 불러올지도 모르는 슐리펜 계획을 발동할 준비를 했다. 물론 독일 지도부 내에서는 전쟁을 실제로 기대한 이들과 강압적 외교로 삼국 협상을 와해시키려 한 이들도 있어 의견이 분분했다. 빌헬름 2세는 자신의 사촌인 영국 국왕 조지 5세와 러시아 차르 니콜라이 2세가 "국왕 암살자의 편에 서서 싸우지는 않을 것"이라 희망하며 한 발 물러날 것을 기대했다.[30] 그러나 그의 정부는 전면전의 발발 위험을 키우는 조치만을 계속해서 취했다. 베트만-홀베크는 "그것은 예방 전쟁이었다"라고 인정하며, "지금 전쟁을 벌일 경우 승산이 있지만, 2년 뒤에는 도저히 이기기 불가능할 것이다"라고 말했다.[31]

영국의 실패는 위기 완화의 실패가 아니라 억제의 실패였다. 빌헬름 2세의 독일은 무모하기는 했지만 그렇다고 자기 파괴적이지는 않았다. 독일의 많은 정치인이 프랑스와 러시아를 상대로 한 대륙 전쟁을 감수할 태세였다. 하지만 그들을 주저하게 만들었을지도 모르는 한 가지 요인을 꼽는다면, 그것은 영국이 슐리펜 계획을 무력화할 만한 대규모의 강력한 육군을 투입하여 참전하겠다고 신속하고 단호하게 밝히는 것이었다. 크로 역시 다음과 같이 주장했다. "영국이 프랑스와 러시아 편에 설 것이라는 사실을 독일이 분명히 깨닫게만 할 수 있다면, 아직 독일을 망설이게 만들 여지는 남아 있다."[32] 영국의 외무부 장관 그레이 경은 사태의 중대성을 인식하고 있었다. "독일이 승리한다면, 서유럽 전체가 독일의 수중에 들어갈 것이다."[33] 그러나 그와 같은 영국의 정책은 실행되지 않았다. 애초에 그런 정책을 취할 수 없는 상황이었기 때문이었다.

1914년, 영국은 유럽 대륙에 절반만 발을 담근 상태였다. 영국 원정군British Expeditionary Force은 겨우 6개 사단 규모였고, 프랑스에 대한 지원은 크로가 표현했듯 '도덕적 구속'에 불과했지, 확고한 약속은 아니었다.[34]

게다가 영국 내각은 너무나 분열되어 있어서, 그레이는 사건의 전개와 독일의 군사 준비가 돌이킬 수 없는 단계에 접어들기 전까지 파리에 대한 지지 의사를 공개적으로 밝힐 수도 없었다. 협상국의 근본적 문제이자 20세기 지정학에서 되풀이될 딜레마는, 혹시라도 전쟁을 억제할 수 있었을지도 모르는 완전한 다자적 통합이 전쟁이 이미 발발한 뒤에야 현실화했다는 점이다. 실제로 7월 말의 혼란이 지나간 뒤, 빌헬름 2세는 러시아가 먼저 동원령을 내렸다는 명분을 쌓을 만큼의 시간만 기다린 후 군부가 계획을 강행하도록 허락했다. 이에 한 관계자는 "정부는 마치 우리가 먼저 공격받은 쪽으로 보이게끔 만드는 데 성공했다"라고 기록했다.[35] 그리고 불과 일주일 후, 유럽은 전쟁에 휩싸였다.

독일의 목표에는 조금도 거리낌이 없었다. 1914년 9월, 외무부는 '상상할 수 있는 모든 시간 동안 서쪽과 동쪽에서 독일 제국의 안정을 보장'하는 계획을 작성했다. 프랑스는 '위대한 강대국으로 다시는 일어설 수 없을 정도로 약화'되어야 했으며, 러시아는 '가능한 한 멀리 밀려나야' 했다. 독일은 룩셈부르크와 프랑스 일부를 병합하고, 벨기에와 네덜란드를 위성국으로 만들어, 동유럽에서 저지대 국가들에 이르기까지 끊어지지 않는 경제 제국을 세울 예정이었다.[36] 베트만-홀베크가 선언한 대로, "전쟁의 목적은 유럽에서 독일의 패권을 확립"하는 것이었다.[37] 더 나아가, 이 계획은 미래가 독일에 속한다는 믿음에 의해 구상되었다. 몰트케는 "인류의 정신적 진보는 오직 독일을 통해서만 가능하다. 독일만이 인류를 더 높은 목적지로 이끌 수 있는 사명을 맡은 국가다"라고 말했다.[38] 따라서 제1차 세계대전은 지정학적 의미와 더불어 이념적 의미에서도 독일이 패권을 추구한 전쟁이었다.

＊ ＊ ＊

1914년 말, 탐험가 어니스트 섀클턴은 남극 대륙을 가로지르는 험난한 탐험을 떠났다. 그는 1년 반 뒤 남대서양 사우스조지아섬의 문명 세계로 돌아와 고래잡이 선원들에게 다음과 같이 물었다. "누가 전쟁에서 이겼습니까?" 그러나 돌아온 대답은 그를 충격에 빠뜨렸다. 신속한 승리를 꿈꾸며 시작된 전쟁은 무자비한 소모전으로 이어지고 있었기 때문이다.[39]

섀클턴과 마찬가지로 대부분의 유럽 지도자들도 전쟁이 짧은 시간 내에 끝날 것으로 예상했다. 첫 번째 공세가 충분히 과감하게 추진되기만 하면 결정적인 승리를 가져다줄 것이라고 믿었던 것이다. 빌헬름 2세는 출전하는 병사들을 보며 "잎이 떨어지기 전에 집으로 돌아올 것이다"라고 말했다.[40] 심지어 잠시 동안은 그의 말이 맞는 것처럼 보이기도 했다. 독일군은 벨기에를 격파했으며, 프랑스 북동부를 날카롭게 파고들었다. 이에 영국의 전쟁부 장관 키치너 경은 "우리는 1870년을 다시 겪고 있다"라고 말했다.[41] 영국 정부는 심지어 파견한 군대가 프랑스에 도착하자마자 곧바로 철수시키는 방안까지 고려했다. 프랑스 정부는 독일군이 몰려오자 파리를 비울 계획을 세웠다.

그러나 슐리펜 계획은 결과적으로 실패로 끝났다. 벨기에의 격렬한 저항은 비록 나라를 구하지는 못했지만 몰트케의 시간 계획을 어그러뜨렸다. 예상을 뛰어넘는 러시아의 신속한 공격은 몰트케로 하여금 10만 명의 병력을 동쪽 전선으로 조기 이동하도록 만들었다. 소규모의 영국 원정군은 프랑스의 좌익에서 기대 이상의 활약을 펼쳤다. 그리고 최후의 순간, 프랑스 예비군이 파리 외곽에서 지친 채 과도하게 전진하던 독일군의 틈을 노려 반격했다. 이른바 '마른 강의 기적'은 즉흥적인 승리였다. 전선으로 병력을 실어 나를 열차가 부족해지자, 조제프 갈리에니 장군은 파리 시내의 택시를 동원해 공백을 메웠다. 1914년 말에는 양측이 영국해협에서 스위스 국경에 이르는 전선에서 서로의 측면을 돌아 공격하려 했으나, 결국 승부를 보지 못한 채 참호전의 양상이 굳어졌다. '내일이 없는 전투'

에서 패배한 몰트케는 자신의 심기뿐만 아니라 직업까지 잃었다.[42]

독일의 단기전 전략이 실패한 것과 마찬가지로, 협상국의 전략 역시 실패했다. 1914년 이전의 일부 관측통들은 국가 간의 상호의존이 전쟁을 무의미하게 만든다고 주장했지만, 영국은 상호의존을 오히려 전쟁에서 이길 무기로 인식했다. 갈등이 폭발하기 이전, 영국 정부는 비밀리에 세계무역과 금융에서의 영향력, 즉 은행, 보험, 해운, 통신 케이블에 대한 지배력을 이용해 독일을 국제사회에서 고립시키고, 그 경제를 붕괴시킬 계획을 세웠다. 그러나 애석하게도, 상호의존은 양날의 검이었다. 전쟁은 주식시장의 문을 닫게 하고, 대규모 유동성 위기를 초래하여 세계 경제 전체를 붕괴 직전까지 몰고 갔다. 결국 영국 정부는 한발 물러나 보다 전통적이지만 덜 결정적인 해상 봉쇄 전략을 선택했다. 영국 해군 최고 지휘관이 말했듯, 이러한 봉쇄 전략의 목표는 적을 "천천히 굶기고 무력화하는 것"이었다.[43]

1914년 말이 되자, 전쟁은 매킨더가 분명히 인지했던 유형으로 전개되기 시작했다. 대륙에 기반을 둔 패권 추구 세력이 바다와 육지의 동맹 세력에 맞서는 구도였다. 한쪽에는 독일, 오스트리아-헝가리, 오스만 제국의 동맹국(중앙국)이 있었다. 오스트리아-헝가리와 오스만 제국의 군대는 제국 내의 영토를 통치하기에는 적합했을지 모르나 국가 간 전쟁에 투입되기에는 역부족이었기에, 이 동맹의 명실상부한 주도국은 독일이었다. 게다가 독일만이 진정한 의미에서 먼 바다까지 진출할 수 있는 해군을 보유하고 있었다. 독일의 원양 함대는 영국 해군을 위협할 만큼 강력했으나 영국을 패배시킬 정도는 아니었다. 따라서 독일의 함대는 전쟁 기간 대부분 자국의 바다에 머물렀다. 다만 1916년 북해에서 벌어진 무승부 혈전만이 유일한 예외였다. 하지만 중앙 동맹국이라는 또 다른 이름이 보여주듯, 이 세력은 1915년 말 이후부터는 벨기에에서 중동에 이르는 광활하고 끊김 없는 영토를 장악했다.[44] 동맹국은 발칸에서는 세르비아를, 유라시아 심장부에서는 러시아를, 중동에서는 영국을 그리고 유럽의 대서양 연안에서는 프랑스와 영국을 상대로 압박을 가했다.

이에 맞선 것은 연합국이었다. 여기에는 초기의 협상국과 이후 이탈리아를 비롯한 여러 나라들이 합류했다. 연합국은 동맹국을 포위하듯 둘러쌌고, 육군과 해군의 전력을 모두 활용해 동맹국을 봉쇄했다. 육지에서는 프랑스와 러시아가 전술적으로 우세한 독일군을 저지하기 위해 피를 토하는 희생을 감수해야 했다. 바다에서는 영국 해군이 봉쇄를 주도하며 연합국이 자국의 해외 식민지 및 세계 전체와 계속해서 연결될 수 있도록 해상 교통로를 지켰다. 해군은 또한 연합국이 다르다넬스해협, 발칸반도, 중동 등지에서 동맹국의 배후를 공격할 수 있도록 했으며, 연합국은 이를 통해 독일의 동맹국을 무너뜨리거나 현지에서 새로운 우군을 끌어들이려고 했다. 전장의 중심에서는 독일이 압도적인 힘을 보였기에, 연합국은 전 세계적인 기동성을 무기로 주변부에서 우위를 확보하고자 했다.

그러나 둘 중 어느 쪽도 결정적인 돌파구를 찾지 못했다. 양쪽 모두 각자의 가장 큰 장점을 온전히 살리지 못했기 때문이었다. 영국 해군은 서부전선에서 전쟁을 끝낼 수 없었고, 빌헬름 2세의 군대는 아무리 강력했어도 두 적국에 쉽게 닿을 수 없었다. 끝이 보이지 않는 러시아의 광활한 영토 그리고 영국의 해협과 해군 덕분이었다. 헤닝 폰 홀첸도르프 제독은, 영국은 "연합국 전체의 영혼 그 자체"였으며, "육지에서 정복당하지 않았다"라고 썼다.[45] 비참한 현실은 주영국 미국 대사 월터 페이지가 말한 대로 전쟁의 "끝이 보이지 않는다"는 것이었다.[46] 모든 전쟁이 어떤 진실을 새로 드러낸다면, 제1차 세계대전은 현대전이 얼마나 광범위하고 파괴적인지를 보여주었다.

＊ ＊ ＊

먼저, 한때 창조의 결실이었던 것이 이제는 파괴의 원천이 되었다. 인류 문명을 한 단계 위로 끌어올렸던 기술의 진보가 전쟁에서는 인류를 나락으로 끌어내렸다. 기관총, 이동식 중포, 화염방사기 등으로 대표되는 20세기 화력은 개별 병사와 부대의 살상 능력을 배가시켰다. 콘크리트, 철조망 그리고 빗발치는 총알과 포탄으로 수비되는 현대식 방어선은 공격을 훨씬 어렵게 만들었다. 이런 상황에도 불구하고 보호 장비 없이 대규모 부대를 정면 돌격시키는 19세기의 전술을 고집하면서, 새로운 혁신은 경악할 만한 사상자 수를 낳았다. 한 독일 병사는 "전쟁 역사상 카키색 군복을 입은 병사들로 이루어진 견고한 벽보다 더 완벽한 표적물은 없었다"라고 기록했다.[47]

오스트리아-헝가리와 프랑스는 1914년 말까지 각각 100만 명이 넘는 전사자, 부상자, 실종자를 기록했다.[48] 단일 전투에서 발생한 사상자 수는 이전 시대의 주요 전쟁 사상자 수를 훌쩍 뛰어넘었다. 베르됭 전투에서 90만 명, 솜 전투에서 100만 명 이상 그리고 러시아의 여름 공세에서 140만 명의 사상자가 발생했는데, 이 모든 전투는 1916년에 발생했다.[49] 잠수함, 비행기, 전차 그리고 독가스는 새로운 학살 수단을 제공했고, 각국 정부는 이를 대량 생산하기 위해 과학계와 산업계를 동원했다. 한 인도 병사의 말에 따르면, "이건 전쟁이 아니라, 세상의 종말"이었다.[50]

이 전쟁은 얼마나 오래 지속될 수 있었을까? 두 번째 요인 때문에, 전쟁은 꽤 오래 지속되었다. 막대한 파괴 능력을 지닌 현대 국가들은 동시에 놀라운 인내력도 지니고 있었다.

각국 정부는 강제 동원과 민족주의를 이용하여 막대한 자금, 인력, 군수 물자를 만들어 냈다. 전쟁 기간 프랑스는 790만 명, 영국 제국은 840만 명, 독일은 1,320만 명, 러시아는 1,580만 명의 병사를 동원했다.[51] 나폴레옹이 프랑스 인구의 7%를 군 복무에 동원한 데 반해, 제1차 세계대전 동안 프랑스와 독일은 인구의 20%를 동원했다.[52] 각국의 산업도 장기

전에 맞춰 가동되었다. 영국은 서부전선에서 1억 7,038만 5,295발의 포탄을 발사했고, 프랑스는 1918년 매일 20만 발의 포탄을 생산했다.[53] 정부들은 병력 동원을 감독하고, 소비재를 배급하며, 반대 여론을 감시하기 위한 새로운 부처를 신설했다. 그리고 조세와 차입을 통해 이 모든 막대한 지출을 감당했다. 전쟁이 지속될 수 있었던 것은 각국이 자신들의 사회를 극한까지 몰아붙일 수 있었기 때문이었다.

장기적으로 봤을 때, 이러한 역동성은 교전국들의 정치체제를 뒤바꾸어 놓았다. 시민들에게 더 많은 희생을 요구한 민주주의 국가들은 그 대가로 더 많은 권리와 혜택으로 보상해 주어야 했다. 반대로 전제국가들의 경우, 전쟁으로 인한 궁핍을 국민이 더 이상 견디지 못해 붕괴했다. 동시대인들은 패배를 피하기 위해 감수된 희생에 감탄했다. 전 외무부 장관 랜즈다운 경은 "영국이 회복하려면 몇 세대는 흘러야 할 것이다"라고 한숨을 내쉬며 말했다.[54]

랜즈다운은 더 이상의 희생을 막기 위해 전쟁 중에 타협에 의한 평화를 제안했던 수많은 국가 지도자들 가운데 1명이었다. 그러나 1914년의 사건들은 평화 협상을 사실상 불가능하게 만들었다. 독일은 이미 벨기에의 대부분과 프랑스의 가장 부유한 산업 지역을 장악하고 있었는데, 여기에는 석탄 생산량의 40%와 철광석의 거의 전부가 포함됐다.[55] 1915년 말이 되자, 독일은 한 걸음 더 나아가 폴란드와 발트해 지역의 상당 부분도 점령했다. 연합국의 입장에서는 유럽 대륙에 대한 독일의 패권을 차단하지 않고 이런 토대 위에서 협상을 진행할 수는 없었다. 영국의 관료가 설명한 대로, 이대로라면 "독일은 전쟁에서 추구하던 거의 모든 것을 손에 넣게 될 것"이기 때문이었다.[56] 반대로 독일의 입장에서는 이러한 성과를 포기한다는 것은 모든 희생이 무의미했다는 사실을 인정하는 꼴이 되었기에 물러설 수 없었다. 따라서 양측 모두 더 많은 자원을 투입하고 더 많은 동맹을 끌어들였고, 전쟁 목표 또한 더욱 확대해 이전까지의 고통을 의미 있는 것으로 만들고자 했다.

이로써 세 번째 요인이 등장했다. 사회 전체를 총동원한 전쟁은 공간적으로도 전면전이 되었다. 제1차 세계대전은 육지, 바다, 하늘이라는 세 가지 차원과 영역에서 벌어진 최초의 전쟁이었다. 비행기와 체펠린비행선은 최전선에서 멀리 떨어진 도시를 폭격했고, 잠수함은 제해권을 다투는 새로운 수단을 제공했다. 무선통신과 정찰기의 등장은 장거리 지휘와 통제를 점진적으로 강화했고, 철도는 대규모 병력의 재빠른 이동을 가능하게 했다.[57] 현대 기술은 전장을 확장하면서도 동시에 기동할 수 있는 범위는 오히려 줄이고 있었다. 이는 전쟁이 그토록 빠르게 세계화된 이유 중 하나이기도 했다.

발칸반도에서 일어난 소동은 순식간에 유럽의 주요 강대국을 휘말리게 했고, 곧이어 더 많은 나라가 이 전장에 끌려 들어갔다. 제국 간의 충돌은 불가피하게 다른 지역으로까지 번져 나갔다. 일본과 호주는 중국과 태평양에서 독일의 식민지를 점령했으며, 영국 해군은 인도양과 남대서양에서 독일 함선을 공격했다. 독일의 유보트는 대서양과 지중해를 활보했으며, 독일 스파이들은 이집트와 인도에서 반영국 봉기를 선동하려 했다. 빌헬름 2세는 "우리가 피 흘려 죽게 된다면, 영국도 최소한 인도는 잃어야 할 것이다"라고 선언했다.[58] 전쟁은 또한 아프리카 곳곳을 집어삼켰고, 오스만 제국의 참전은 중동 지역을 불길에 휩싸이게 만들었다. 게다가 전쟁이 장기화됨에 따라, 각 교전국들은 식민지로부터 자원을 끌어왔다. 예컨대 약 168만 명의 인도인이 싱가포르에서 갈리폴리에 이르기까지 영국의 작전 수행에 동원되었으며, 프랑스 역시 50만 명의 병력을 식민지에서 동원했다. 따라서 세계 곳곳이 거대한 전장이 되었다. 현대적이고 상호 연결된 환경 속에서 더 이상 숨을 곳은 없었다.[59]

곧 미국만이 전쟁에 참전하지 않은 유일한 주요 강대국이 되었지만, 미국 역시 경제적으로는 결정적인 역할을 하고 있었다. 또한 전쟁은 계속 확산되면서 마치 독자적인 생명을 가진 듯한 양상을 띠기 시작했다. 제1차 세계대전이 촉발한 여러 지역 분쟁 가운데 다수는 유럽에서의 전쟁이 끝난 이후에도 계속 심화되었다. 영국의 참모총장 헨리 윌슨은 1919년, 다음과 같이 논평했다. "휴전이 체결된 지 1년 3일이 지났지만, 세계 전역에서 20~30개의 전쟁이 계속되고 있다."[60] 제1차 세계대전은 경제적, 정치적 차원뿐만 아니라, 이념적 차원에서도 세계를 재편하고 있었으며, 이것이 바로 네 번째 요인이었다.

제1차 세계대전은 흔히 각자만의 이익을 좇던 제국들이 벌인 비도덕적 영토 쟁탈전으로 인식되고는 한다. 그리고 이러한 인식은 어느 정도 사실이기도 하다. 영국과 프랑스는 전쟁 후 제국의 영토를 확장했으며, 전쟁 중에도 적국의 영토를 어떻게 나눠 가질지 미리 계획을 세워 동맹을 끌어들이고 러시아가 전쟁에서 이탈하지 않도록 막기도 했다.

그럼에도 불구하고 서구의 많은 관찰자들은 이 전쟁이 민주주의와 법치가 폭정과 잔혹함의 정신과 맞붙은 것으로 인식하여 결정적인 의미를 부여했다. 중립국 벨기에를 침공하면서 벌어진 무고한 민간인에 대한 성폭행과 살해는 독일인을 "유럽의 왕좌에 앉은 블레셋인"으로 보이게 만들었다. 독일인은 강력한 힘과 전제적 잔혹함을 동시에 갖추고 있었기에 특히 위험한 민족으로 여겨졌다.[61] 여성과 아이들을 수장시킨 무차별 잠수함 작전, 점령지에서의 강제노동, 오스만 제국에 의한 100만 명이 넘는 아르메니아인 학살과 같은 동맹국의 또 다른 범죄들은 이 전쟁이 문명의 존재 자체를 두고 벌어졌다는 인식을 강화시켰다. 조지 오웰이 훗날 회고했듯, "히틀러가 세상에 알려지기 이미 수십 년 전부터 영국에서 '프로이센'이라는 단어는 '나치'와 거의 같은 의미를 지녔었다".[62] 프랑스 지도자들 또한 '프로이센 군국주의'와는 어떠한 지속적인 평화도 불가능하다는 데 동의했다.[63]

물론 연합국도 여러 잔혹 행위를 저질렀다. 연합국의 봉쇄는 독일과 오스트리아-헝가리에서 40만 명, 오스만 제국에서는 50만 명의 목숨을 앗아갔다.[64] 또한 그들이 억압적이고 봉건적인 러시아와 동맹을 맺었다는 당황스러운 현실도 존재했다. 비록 이러한 요인들이 전쟁의 도덕적 성격을 혼탁하게 만들기는 했지만, 연합국이 이 전쟁을 난폭한 전제정이 미쳐 날뛰는 것을 막기 위한 싸움으로 보았다는 점까지 부정하지는 못했다. 한 독일 장교는 "이번 세계 전쟁은 두 철학 체계 간의 충돌이 되어 버렸다"라고 서술했다. "우리의 적은 진심으로 힘에 의해 짓밟힌 권리를 위해 싸우고 있다고 믿고 있다. 바로 이러한 이유로, 그들은 독일의 패배가 전 세계의 건강하고 행복한 발전을 위해 절대적으로 필요하다고 확신한다."[65]

많은 독일인들도 이번 전쟁이 아주 깊은 이념적 측면을 지니고 있다는 데 동의했다. 역사학자 볼프강 몸젠이 쓴 대로, 그들은 자국의 정치체제가 "서구 민주주의보다 헤아릴 수조차 없을 정도로 우월하다"라고 믿었다. 독일의 지식인들은 '전능한 개인주의의 폭정'을 비웃었고, '정부의 중앙 의지'에 복종하는 시민을 찬미했다. 그들은 "독일 조직의 관념, 즉 민족 사회주의라는 국민적 협동체"가 독일로 하여금 세계의 주인공으로 나아갈 자격을 부여해 준다고 주장했다.[66] 또한 전쟁이 모든 곳에서 피할 수 없는 어두운 필연으로 다가왔을 때, 독일의 지노자늘은 위대함을 향해 나아가는 여정에서 벌어지는 잔혹 행위를 정당화하는 데 주저하지 않았다. 몰트케는 벨기에에서 벌어진 성폭행 사건을 두고, "우리는 생존을 위해 싸우고 있으며, 우리의 앞길을 가로막는 자는 그 대가를 치를 수밖에 없을 것이다"라고 썼다.[67] 이런 점에서 제1차 세계대전은 화력의 전쟁인 만큼이나 이념의 전쟁이었다.

* * *

우리는 결과만 놓고 전쟁의 결말이 이미 정해져 있었던 것처럼 인식하는 유혹에 빠지기 쉽다. 독일은 사방이 적으로 둘러싸여 있었고, 화력

면에서나 산업면에서나 뒤처져 있었다. 미국이 참전한 1918년 무렵, 연합국은 전 세계 제조업 생산량의 51.7%를 차지한 반면, 동맹국의 생산량은 그에 한참 못 미치는 19.2%에 불과했다. 연합국은 동맹국보다 두 배나 많은 철을 생산했고, 전차와 트럭 생산량에 있어서도 독일을 압도했다.68 독일의 핵심 동맹국인 오스트리아-헝가리는 군사적으로 봤을 때 짐 덩어리에 가까웠고 정치적으로도 붕괴 직전 상태였다. 오스만 제국의 상황 역시 이보다 크게 낫지 않았다. 물론 전쟁 전의 독일도 강대국들에 의해 둘러싸여 있었다. 그러나 이때 포위의 목적은 독일을 억제하는 것이었다. 전쟁이 발발한 후의 독일은 더 넓고 강력한 포위망에 갇혔을 뿐만 아니라, 이제 그 포위의 목적은 독일에게 패배를 안겨 주는 것으로 바뀌어 있었다. 영국의 총리 데이비드 로이드 조지는 "독일의 야망 그리고 세계 최악인 독일의 외교가 결합하여 독일을 제외한 모든 나라를 하나로 묶었다. 그 연합은 독일의 세계적 폭정을 끝내려 했다"라고 말했다.69 이런 관점에서 본다면, 위대함을 향해 내달린 독일의 질주는 사실상 파멸로 향하는 발걸음에 불과했다.

　　그러나 당시의 상황으로는 이것이 결코 피할 수 없는 운명으로 보이지 않았다. 1914년, 몰트케의 군대는 단 한 번의 승리만 더하면 파리에 도달할 수 있었다. 독일은 여러 차례 손에 닿을 만큼 승리에 가까이 다가갔다. 1917년, 독일의 잠수함 작전은 미국이 참전하기도 전에 영국을 거의 전쟁에서 이탈하게 만들 뻔했다. 영국 해군 제독 존 젤리코는 "현재 우리는 곧장 재앙으로 달려가고 있다"라고 말하며, 어두운 전황에 대해 경고했다.70 1918년, 독일군의 최후 공세는 파리와 전략적으로 중요한 해협의 항구들을 다시 한번 위험에 빠뜨렸다. 프랑스군의 원수 페르디낭 포슈는 연합군이 "루아르강까지 밀려날 위험"에 처했다고 걱정했다.71

　　전쟁 기간 대부분 희망이 없어 보이던 것은 오히려 **연합국의** 전략이었다. 동부전선에서는 훈련이 잘된 독일군이 용감하지만 보급이 부족했던 러시아군을 짓밟았다. 한 러시아 장군은 "독일은 철을 소비하지만, 우리는 목숨을 소비한다"라고 탄식했다. 1915년 말까지 러시아는 무려 400만 명의 사상자를 냈다. 오직 광대한 영토와 인구 그리고 오스트리아-헝가리처럼 더 무능한 적을 상대로 공격한다는 기회 덕분에 전선에서 간신히 버티고 있었다.[72] 서부전선에서는 영국과 프랑스의 지휘관들이 무의미한 공세로 자국 병사들을 죽음으로 내몰았다. 1915년, 윈스턴 처칠은 "독일의 손에 넘어간 프랑스와 벨기에의 영토는 약 1만 9,500제곱마일(약 5만 500제곱킬로미터)인데 반해, 우리가 되찾은 땅은 겨우 8제곱마일(약 20제곱킬로미터)에 불과하다"라고 기록했다.[73]

연합국 측은 교착 상태를 깨기 위해 독일의 약한 동맹국들을 먼저 꺾는 주변부 전략을 구사했다. 그러나 발칸반도와 다르다넬스해협에서 새로운 전선을 열려는 시도는 대참사로 끝났고, 중동 지역에서의 작전도 전쟁의 판도에 별다른 영향을 주지는 못했다. 설상가상으로, 연합국이 전쟁에서 승리하기 위해 새로 끌어들인 대부분의 세력은 도움보다는 짐이 되었다. 보잘것없는 군사력을 보유하고 있던 이탈리아는 영국과 프랑스의 자원만 갉아먹었고, 1916년 요란하게 참전한 루마니아는 독일군의 맹공에 무너진 뒤 사실상 독일의 경제적 속국으로 전락해 버리고 말았다. 사실 영국의 해상 봉쇄도 초기까지만 해도 독일의 전쟁 수행을 거의 늦추지 못했다. 로이드 조지는 독일이 육군 전력에서 우위를 유지하는 한 "경제적 소모전만으로는 결코 승리의 평화를 누릴 수 없을 것"이라고 절망했다.[74]

사실 독일은 1918년 초, 혁명 직후 무력해진 러시아를 굴복시키고 광대한 영토를 재편하는 평화조약을 강요함으로써 동부전선에서 결정적인 승리를 거뒀다. 브레스트-리토프스크 조약은 러시아 인구의 3분의 1과 더불어 '농지의 32%, 철광석의 73%, 석탄의 89%'를 빼앗았다.[75] 독일은 이제 발트해에서부터 캅카스에 이르는 광대한 영토를 지배하게 되었고, 에너지, 금속, 식량 등 각종 자원으로 가득 찬 유럽 제국을 일구었다. 뿐만 아니라 독일은 무질서한 상태에 빠진 러시아 깊숙이 추가적으로 진출할 수 있는 발판을 마련했으며, 이란에서 인도에 이르는 영국의 거점을 압박할 수 있는 위치를 확보했다. 프랑스의 관료들은 다음과 같이 냉정하게 사태를 진단했다. "발칸, 러시아 그리고 서아시아 전역에서 경제적 패권을 쥐게 된다면, 전쟁은 이미 독일의 승리로 끝난 것이나 마찬가지이며, 독일은 구세계의 지배자가 될 것이다."76 비록 일시적이기는 했지만, 이처럼 역사적 전환점이 될 만한 전략적 변화의 문이 활짝 열리게 되었다.

＊　＊　＊

독일이 이토록 승리에 가까이 다가갈 수 있었던 원인은 무엇이었을까? 첫째 요인은 순수한 군사적 역량이었다. 뛰어난 병참, 훈련 그리고 조직력 덕분에 독일군은 전장에서 가장 치명적으로 효율적인 군대였다. 독일군이 적 1명을 사살할 때마다 독일과 그 동맹국은 1만 1,344달러를 비용으로 치렀지만, 연합군은 똑같은 효과를 위해 세 배에 달하는 대가를 지불해야 했다.77 독일 참모본부는 이념적으로는 광신적일지라도 전술적으로는 뛰어난 인물들을 배출했는데, 에리히 루덴도르프 장군이 대표적인 경우였다. 물론 독일군이 언제나 완벽하게 싸운 것은 결코 아니었다 1916년, 전략적 가치가 거의 없는 프랑스의 소도시 베르됭에서 벌인 공세는 실패로 끝났고, 수적으로 열세였던 독일은 감당하기 힘든 막대한 인명 손실을 봤다. 그럼에도 불구하고 독일은 제1차 세계대전의 교착 상황을 돌파할 해법을 가장 잘 찾아낸 국가였다.

서부전선에서 초기에 프랑스 내 영토를 점령한 뒤, 독일은 종심방어 defense-in-depth 전술을 완전히 익히는 데 성공했다. 베르됭 전투 이후 독일군은 300마일(약 483킬로미터)에 달하는 지크프리트선을 구축했다. 이는 여러 겹의 참호와 콘크리트 벙커, 철조망, 연합군의 공격을 쓸어버릴 화력 그리고 후방에 대기하고 있는 대규모 예비 병력까지 갖춘 방어선이었다. 이후 독일군은 이 방어선까지 전술적 후퇴를 감행했는데, 철수 과정에서 기존에 점령하고 있던 지역을 초토화시켰다. 한 독일군 중위는 다음과 같이 회고했다. "모든 마을은 잿더미가 되었고, 모든 나무는 베어졌으며, 모든 거리는 지뢰로 뒤덮였다. 모든 우물에는 독이 풀렸고, 냇가는 둑으로 막혔으며, 지하는 폭파되거나 숨겨 놓은 폭탄으로 적을 유혹했다. 모든 금속과 기타 물자는 우리의 후방으로 옮겨졌고, 모든 철도와 전화선은 해체되었다. 불에 탈 만한 것은 전부 불태웠다. 요컨대 우리는 적이 진격해 올 땅을 완전히 불모지로 바꾸어 놓았다."[78]

또한 독일군은 방어가 절대적으로 유리한 전쟁 속에서도 어떻게 공세를 취해야 하는지를 적보다 빨리 깨달았다. 이들은 짧지만 맹렬한 포격으로 기습 효과를 완전히 포기하지 않으면서도 적을 압도했고, 소규모 돌격 부대를 보내 전선을 뚫게 한 뒤 곧바로 지원군을 투입했다. 또한 포병, 공군, 보병을 긴밀히 연계시켜, 마치 제2차 세계대전을 예고하는 듯한 전술을 펼쳤다. 물론 이런 전술은 1916~1917년 양쪽 모두에 의해 검토되었다. 그러나 결국 독일이 1918년 서부전선의 교착 상태를 깨뜨렸다. 루덴도르프가 "결국 이 전쟁에서 중요한 것은 단지 서로를 죽이는 일일 뿐이다"라고 말했을 때, 이 일을 누구보다 잘 해낸 것은 독일이었다.[79]

둘째, 적에게 둘러싸여 있었다는 사실이 반드시 나쁜 것은 아니었다. 독일이 오히려 가운데 놓여 있다는 점을 효과적으로 이용했기 때문이다. 촘촘하고 정교한 철도망은 독일로 하여금 매킨더가 구상했던 '기동력 있는 대륙 패권'을 현실화하게 만들었다. 1914년 9월의 탄넨베르크 전투에서 독일군은 철도를 이용해 신속히 병력을 집중시켰고, 이를 통해 진격하던 러시아군을 막아내는 것은 물론 포위하고 섬멸하는 데 성공했다. 전쟁 기간 내내 독일은 전선을 오가며 병력을 재배치했는데, 어떤 경우에는 단일주일 만에 부대를 반대쪽 전선으로 옮기기도 했다.[80] 게다가 지리적 인접성이 주는 힘도 분명했다. 독일은 갈리시아에서 피아베강에 이르는 동맹국의 전선을 반복적으로 지원하고 구원했으며, 대륙 규모의 자원을 동원할 수 있었기에 영국의 해상 봉쇄도 효과가 약화되었다. 베트만-홀베크는 "아라스에서 메소포타미아에 이르는 거대한 경제 단위를 무너뜨릴 수 있는 힘은 없다"라고 호언장담했다.[81]

셋째, 제1차 세계대전은 무자비하고 극단적인 국가가 얼마나 큰 힘을 만들어 낼 수 있는지를 보여주었다. 사실 초기까지만 해도, 독일은 연합국보다 장기전에 대한 준비가 부족한 상태였다. 1913년의 모든 세수를 모아도 1915년의 전투를 고작 두 달밖에는 치를 수 없을 정도였다.[82] 그러나 독일은 적국보다 훨씬 빠르고 철저하게 자원을 짜내는 데 성공했다.

1915년부터 1916년까지, 독일의 중화기 생산량은 무려 10배나 증가했다. 독일의 전쟁청은 전쟁에 필요한 망간과 철광석 등 주요 자원을 확보하기 위해 카르텔을 조직했다. 독일 산업계는 봉쇄로 인한 궁핍을 메우기 위해 합성 제품과 이른바 '대체식품Ersatz'을 개발했다.[83] 물론 단순한 지배와 약탈도 주요했다. 독일은 점령지에서 석탄, 식량, 노동력을 강제로 빼앗아 갔으며, 때로는 주민들이 굶주리게 방치하기도 했다. 또한 오스트리아-헝가리의 군대를 통제하고, 철도, 도로, 공장 등 주요 경제 시설을 장악함으로써 동맹국의 전쟁 수행을 합리화했다.[84] 1916년 이후 루덴도르프와 파울 폰 힌덴부르크가 민간 정부를 사실상 무력화하고 사실상의 군사 독재 체제를 구축했을 때, 그들은 총력전을 통한 완전한 승리를 꿈꿨다.

독일 정부는 더 많은 무기를 생산하기 위해 국민의 뼛속까지 혹사시켰다. 봉쇄 상황 속에서 노동자와 병사에게 먼저 식량을 지급했고, 병자와 노약자는 뒷전으로 밀려났다. 정부는 유대인과 공산주의자의 '세계 파괴적 활동'을 과장해서 경고하고, 독일 민족의 우월성을 내세웠으며, 승리와 그 이후의 약탈에 대한 약속으로 국민을 결집시켰다.[85] 루덴도르프는 "전쟁은 인종적 생명 의지의 최고 표현"이라고 선언했으며, 따라서 독일은 위대함과 생존을 위해 모든 것을 쏟아 부어야 한다고 주장했다.[86] 이러한 총력전 전략은 종국에는 경제를 파탄 내고 독일을 혁명의 물길로 몰아넣었지만, 이는 독일이 연합국을 벼랑 끝까지 몰아붙이고 난 이후의 일이었다.

마지막으로, 독일은 창의적인 전략을 통해 공간적 한계를 보완했다. 단순히 육지에서의 전쟁만으로는 러시아를 무너뜨릴 수 없었지만, 정치적 전쟁을 곁들인다면 이야기가 달라졌다. 1917년의 첫 번째 러시아 혁명은 전쟁으로 이미 허술했던 철도망이 과부하되어 식량 부족 상태가 발생하면서, 무능한 지배층에 대한 누적된 불만이 폭발해 일어났다. 비교적 자유주의적 성격을 지닌 임시정부가 전쟁을 계속하려 하자 재앙적 결과가 발생했고, 결국 러시아는 블라디미르 레닌이 이끄는 두 번째, 전체주의 혁명으로 나아가게 되었다.

레닌의 혁명은 강력한 후원자를 등에 업고 있었다. 독일의 요원들은 임시정부의 가장 급진적 반대 세력을 지원했고, 스위스에서 망명 중이던 레닌이 러시아로 이동하게 해 주었으며, 그의 정치적 선전 활동을 위한 자금을 댔다. 독일의 지도자들은 "우리의 지속적인 지원이 없었다면 볼셰비키 운동이 오늘날처럼 막강한 영향력을 발휘할 수는 없었을 것"이라고 기록했다.[87] 레닌이 자본주의자라면 세계 어디에 있든 혐오했다는 사실을 감안한다면, 이는 악마와의 거래에 가까웠다. 그러나 레닌은 "토지, 빵 그리고 평화"를 내세우며 권력을 잡았고, 이를 위해 독일의 숨 막히는 군사적 압박 속에서 우크라이나, 벨라루스, 폴란드, 발트해 지역 그리고 구러시아의 다른 영토를 브레스트-리토프스크 조약에서 내어줄 의향이 충분했다. 레닌을 지원하는 것은 독일로서는 감수해 볼 만한 도박이었다. 영국의 정보부는 다음과 같이 분석했다. "볼셰비키가 대국으로서의 러시아를 파괴할 수 있다면, 독일 역시 볼셰비키를 무너뜨리는 것은 시간문제에 불과할 것이다."[88]

독일은 잠수함을 이용한 전쟁을 통해 멀리 떨어진 또 다른 적, 영국마저 거의 무너뜨릴 뻔했다. 식민지와 자본이 영국으로 하여금 세계 곳곳의 자원에 손을 뻗을 수 있게 해 주었다면, 반대로 섬나라라는 지리적 조건은 잠수함을 이용한 봉쇄에 치명적으로 취약했다. 전쟁이 시작될 무렵, '영국 본토에서 소비되는 빵 다섯 조각 중 네 조각은 수입된 밀가루로 만든 것'이었다.[89] 바다를 지배하는 나라였지만, 바다 밑에서 가해지는 공격 앞에서는 속수무책이었다.

사실 전쟁이 터지기 전까지만 해도 영국이나 독일이 모두 잠수함 전쟁에는 크게 주목하지 않았다. 1914년 8월, 독일이 보유한 잠수함은 고작 21척이었고, 그중 12척은 이미 효과를 발휘하기 어려운 구식이었다.[90] 그러나 사활이 걸린 전쟁은 언제나 혁신을 가속했다.

독일의 함대가 항구에 묶여 있는 동안, 몇몇 잠수함 지휘관들은 바다로 나가 조금이라도 명예를 만회하려 했다. 1914년 9월 22일, 오토 베디겐 대위가 이끄는 U-9이라는 잠수함 1척이 영국의 순양함 HMS 아부키르를 발견하고는 격침시켰다. 구조 활동을 위해 멈춰 선 다른 2척의 순양함도 U-9에 의해 가라앉았다. 영국은 1,459명의 선원을 잃었고, 독일은 승리로 나아가는 새로운 길을 발견했다.

1915년 2월, 독일이 무제한 잠수함 작전을 도입함으로써 해상 전투의 규칙이 송두리째 바뀌었다. 기습 효과를 극대화하고 자기를 효율적으로 방어하기 위해 독일의 잠수함은 사전 경고 없이 적국의 선박을 침몰시키고 승객을 수장시켰다. 이 전술은 또한 연합국 전략의 핵심을 정면으로 겨냥한 것이기도 했다. 영국 해운부는 "세계 역사상 그 어느 때에도 지금처럼 모든 나라의 운명이 미국과 미국 동맹국 사이의 원활한 연결망 유지에 달려 있었던 적은 없었다"라고 기록했다.[91] 영국 해군은 이러한 위협에 대처하기 위해 고군분투했다. 1916년 9월의 어느 치욕적인 일주일 동안, 영국해협에서 활동하던 단 3척의 잠수함이 구축함 49척, 어뢰정 48척, 보조선 468척의 공격을 피해 연합국 선박 30척을 격침했다.[92] 육지에서 우위를 점한 세력과 해상 통제에 의존한 다른 세력 사이의 균형을 뒤엎을 수 있었기에, 잠수함은 혁명적인 무기라 불렸다.

제1차 세계대전의 결말은 결코 필연적이지 않았다. 이 전쟁은 독재적인 도전자가 얼마나 아슬아슬하게 세계를 제패하고 자신의 의지를 전 세계에 강요할 뻔했는지를 보여주는 대표적 사례였다. 결국 독일에 맞선 세력이 승리하기는 했지만, 이는 아슬아슬한 승리였다. 그마저도 가까운 곳과 먼 곳의 민주주의 국가들 사이에서 전례 없는 협력이 이루어졌기에 가능한 일이었다.

＊ ＊ ＊

협력은 종종 파국의 그림자 속에서 시작된다. 그리고 1918년 3월, 파국의 기운이 연합국 사이에서 퍼지고 있었다. 러시아를 굴복시킨 독일은 50만 명의 병력을 프랑스로 이동시켰다. 승부를 걸겠다는 일념으로 루덴도르프는 67개 사단을 전선에 투입했고, 그 뒤에는 1,000대가 넘는 항공기와 200만 발의 독가스 폭탄이 뒤따랐다.[93] 루덴도르프는 이탈리아와 동부전선에서 다듬어진 돌파 후 돌격 전술을 활용해 프랑스와 영국 사이에 거대한 균열을 냈고, 파리를 압도하고 영국군을 해안가까지 몰아붙이고자 했다. 연합군은 휘청거렸고, 전선은 혼란에 빠졌다. 그러나 절망의 순간, 민주주의 국가들 연합에 새로운 돌파구가 열렸다.

1918년 3월 26일, 영국과 프랑스의 지도자들이 긴급회의를 위해 모였다. 총리 데이비드 로이드 조지와 조르주 클레망소 그리고 더글러스 헤이그와 페르디낭 포슈 장군이 한자리에 모여, 어떠한 희생이 따르더라도 양국 군대가 함께 싸울 것을 다짐했다. 헤이그는 "더는 물러설 곳 없는 버랑 끝에 서 있지만, 우리의 대의가 정당하다는 믿음을 갖고, 모두 끝까지 싸워야 한다"라고 선언했다. 더 중요한 것은 클레망소와 로이드 조지가 포슈를 연합군 총사령관으로 임명하여, 그동안 부족했던 지휘 체계의 통일성을 마련했다는 것이었다. 한 영국 장군은 "포슈가 이제 총사령관이 되었으니, 우리는 그의 명령에 복종해야 한다"라고 기록했다.[94] 국가의 주권은 이제 군사적 생존 앞에서 뒷전으로 밀려났다.

매킨더는 이미 전 지구적 연대가 필요할 것이라고 예견했으며, '힘의 결합'이 패권을 노리는 세력을 꺾을 것이라고 내다봤다.[95] 머핸은 해군 동맹이 침략자를 억제할 수 있을 것이라고 주장했다. 따라서 이런 식의 대항 동맹은 새삼스러운 일이 아니었다. 패권을 무책임하게 휘두를 경우 반발이 뒤따르기 마련이었다. 그러나 제1차 세계대전은 달랐다. 세계대전은 곧 전 세계적인 반패권 동맹을 낳았기 때문이었다.

패배를 막기 위해서는 언제나 집단적 노력이 필요했다. 1914년, 영국 원정군은 프랑스에 결정적인 지원을 제공했고, 러시아의 초기 공세는 독일의 에너지를 분산시켜 슐리펜 계획을 좌절시키는 데 중요한 역할을 했다. 키치너는 러시아가 독일의 "결정타"를 막아냄으로써 "우리를 구했다"라고 논평했다.[96] 일본은 아시아에서 스스로 제국 확장을 위해 싸웠지만, 결과적으로 태평양에서 독일 함대를 쓸어내는 데 기여했다. 9월에는 세 주요 동맹국인 영국, 프랑스, 러시아가 독일과 따로 평화협정을 맺지 않기로 합의했는데, 이는 서로 분열되면 곧바로 정복당할 수도 있다는 사실을 인식하고 있었기 때문이었다. 그러나 이와 같은 노력에도 불구하고, 연합국이 진정한 하나의 팀으로 싸우는 법을 익히기까지는 더 많은 시간과 고난이 필요했다.

서부전선에는 통합된 지휘 체계라는 것이 사실상 존재하지 않았다. 1916년까지도 헤이그는 프랑스 총사령관 조제프 조프르의 지시를 노골적으로 무시했다.[97] 더 넓게 보자면, 한 영국 관리가 스스로 고백했듯 "여러 전선에서 연합국 사이에 실질적인 협력이 전혀 없었다".[98] 이런 조율의 부재는 독일이 맞닥뜨린 전력상의 불리함을 상쇄해 주었다. "연합국은 더 많은 병력, 더 많은 화력, 더 많은 자원을 전 세계에서 동원할 수 있었다. 하지만 독일 황제가 동맹국의 자원을 완벽하게 장악하고 있었기에” 전쟁은 쉽게 연합국의 승리로 끝나지 않았다.[99]

연합국이 작전을 조율하는 데 어려움을 겪는 데에는 근본적인 이유가 있었다. 서로 다른 지리적 상황이 서로 다른 전략적 선호를 낳았기 때문이다. 가장 생산성 높은 영토가 독일에 점령당한 프랑스의 입장에서는 서부전선에서 당장 결정적인 행동을 취해야 했다. 프랑스 총참모부의 믿음대로, 서부전선에 동원되지 않은 “모든 전투 병력은 단지 낭비되고 있을” 뿐이었다.[100] 한편 전통적으로 해군과 동맹국에 대한 지원에 의존해 온 영국은 비록 원정군을 프랑스에 파견하긴 했지만, 더 이상의 대규모 병력을 대량 살상의 현장에 보내지 않고도 전쟁에서 이기길 바랐다. 영국의 지도자들은 적의 측면을 위협하고 경제를 지치게 하는 방식을 선호했고, 다르다넬스에서의 작전이 러시아의 곡물 수출을 회복시켜 러시아가 계속 싸울 수 있도록 만드는 데 필수적이라고 주장했다.[101]

그 결과 탄생한 어정쩡한 절충안은 모든 전선에서의 실패로 끝났다. 1915년 프랑스에서 감행된 연합국의 공세는 막대한 희생만 남긴 채 좌절되었다. 같은 해 다르다넬스에서 벌어진 작전 역시 육군과 해군 사이의 어설픈 조율로 인해 무너졌다. 영국의 지휘관들은 병력을 상륙시켜 해협을 강제로 돌파하려 했던 해군을 제대로 지원하지 못했다. 뒤늦게 상륙한 병력에 대한 지원도 뒤늦게 이루어졌다. 연합국은 진흙 속에 발목이 잡혔고, 그 결과 25만 명의 병력을 잃었다. 이들 중 대부분이 정작 전투가 아니라 질병으로 죽었다. 한 병사의 회고에 따르면, “갑작스러운 죽음은 많지 않았던 반면, 어디에서나 서서히 죽음이 찾아왔었다”.[102] 이 작전은 또한 러시아를 잠시나마 전선에 붙잡아 두는 효과밖에 거두지 못했고, 결국 혁명으로 정권을 잡은 후 레닌은 독일과 별도의 평화협정을 맺었다. 이후 연합국은 자신들의 파멸을 공언한 레닌의 새로운 정부와 **맞서 싸우기 위해** 병력을 러시아로 돌려야 했다.

이런 불협화음에도 불구하고, 독일이 전쟁을 일으킬지도 모른다는 위협이 삼국 협상을 만들어 냈듯, 독일이 전쟁에서 승리할지도 모른다는 위협은 점차 더 응집력 있고 확장된 연합을 탄생시켰다.

중요한 협력 가운데 하나는 경제 분야에서 이루어졌다. 영국 해군은 연합국을 서로, 그리고 세계와 그야말로 물리적으로 이어주었다. 매킨더는 훗날, "전쟁을 위해서 영국과 프랑스의 영토가 하나가 되었다"라고 회고했다.103 이러한 통합은 영국으로 하여금 막대한 경제력을 발휘할 수 있게 해 주었다. 그 결과 영국은 대부분의 장비를 생산하고 약 67억 달러에 달하는 대규모 자금을 대출해 주며, 제국 곳곳에서 연합국이 필요로 하는 식량의 대부분을 공급할 수 있었다. 로이드 조지는 "우리의 금융은 저들의 생명줄이며, 이것 없이는 우리 편이 버틸 수 없었다"라고 말했다.104

시간이 흐를수록 연합국이 더 단단히 뭉칠 수밖에 없었던 것은 전시의 상황이 다른 선택지를 불가능하게 만들었기 때문이었다. 1915년, 협상국은 미국으로부터의 차입 능력을 강화하기 위해 금 보유고를 공동으로 운용하기 시작했다. 처음에는 영국과 프랑스가 번갈아 가며 대출 협상을 담당했지만, 프랑스의 신용도가 떨어지자 영국이 사실상 연합국의 재정을 떠맡았다.105 더불어 전 세계에서 병력과 물자를 끌어와야 했기 때문에, 해운이 곧 전략의 핵심이 되었다. 따라서 연합국은 한정된 선박을 효율적으로 운영하기 위해 연합해상수송위원회를, 식량 수송을 관리하기 위해서는 밀 집행위원회를 설치했다. 한 관계자는 이렇게 회상했다. "미국산 밀을 실으러 서쪽으로 향하던 빈 이탈리아 선박과 호주산 밀을 실으러 동쪽으로 가던 빈 영국 선박이 더 이상 서로 스쳐 지나가지 않게 되었다." 한편 프랑스는 자국의 철도를 영국의 손에 맡겼고, 영국의 철강은 프랑스의 군수 산업을 뒷받침하여 세르비아와 러시아 그리고 점차 미국에까지 무기를 공급했다.106 이런 모든 노력은 눈에 띌 만큼 화려하지는 않았지만, 모두가 필수적인 것이었다. 산업화 시대에 벌어진 세계대전은 무역, 금융, 생산, 물류에서의 협력이 승리를 위한 조건임을 보여주었다.

독일의 숨통을 끊기 위해서는 많은 노력이 필요했다. 1915년까지 독일은 영국의 허술한 봉쇄를 꽤나 잘 버텨 냈는데, 이는 중립으로 남은 유럽의 항구를 통해 물자를 수입한 덕분이었다. 이에 대한 대응을 영국 정부는 봉쇄부Ministry of Blockade 같은 새로운 행정 기구를 앞세워 봉쇄 정책을 강화해 나갔다. 에어 크로는 이를 위한 행정 정책에서 핵심적인 역할을 맡았다. 또한 역사학자 니컬러스 멀더가 보여주듯, 연합국은 "세계무역 체제를 장악하기 위한 초국가적 기획을 완성"했다.107 영국과 프랑스는 전 세계 원자재 재고를 같이 사들였으며, 처음에는 연합국 그리고 나중에는 중립국 은행들까지 압박해 독일과의 거래를 끊게 만들었다. 또한 알루미늄, 삼베, 니켈, 고무 같은 핵심 자원의 대부분을 연합국이 장악하고 있다는 사실을 활용해 독일을 향한 포위망을 더욱 조여 나갔다. 1916년 말 무렵, 봉쇄망은 원활하게 작동하고 있었고, 독일 경제는 신음하기 시작했다. 독일의 하루 식사 배급량은 1인당 1,000칼로리로 줄어들었고, 평화와 정치 개혁을 요구하는 목소리도 계속해서 높아졌다.108

마지막으로, 육지에서의 통합도 중요했다. 프랑스를 돕기 위해 영국은 뒤늦게나마 영국 원정군을 본격적으로 대규모 대륙군으로 전환했다. 비록 1916년 솜 전투에서 그들 중 많은 수가 목숨을 잃었지만, 이 희생 덕분에 베르됭에서 거의 한계에 다다른 프랑스군이 숨을 고를 수 있었다. 1917년에는 프랑스군이 피로와 반란으로 혼란에 빠져 있던 동안 헤이그의 군대가 전선을 지켰다. 헨리 윌슨은 프랑스가 "진정한 동맹이자 진실한 전우였으니, 이제 우리가 같은 방식으로 보답해야 한다"라고 말했다.109

물론 불신도 여전히 남아 있었다. 클레망소는 영국이 "마지막 프랑스군까지 희생시킨 뒤에야 움직일 것"이라고 믿었다. 그럼에도 연합국은 조금씩 앞으로 나아갔다. 1917년에는 최고전쟁위원회Supreme War Council를 설치했고, 1918년에는 핵심적인 지휘, 보급, 군수 체계가 통합되었다. 가을 무렵에는 영국과 프랑스뿐만 아니라 벨기에, 이탈리아, 포르투갈 그리고 마침내 미국까지 진정으로 함께 싸웠다.110 제1차 세계대전은 반독일 세력이 여러 차례 패배의 벼랑 끝에 몰려 있다가도, 마지막 순간에 연대를 다지며 결국 패배를 막아낸 전쟁이었다.

사실 그 이전부터 이미 연합국의 협력은 중요한 차이를 만들고 있었다. 독일이 해상 봉쇄로 고전하고, 오스트리아-헝가리와 오스만 제국이 비틀거리며, 영국이 대규모 군대를 프랑스로 파견하자, 독일 지휘부는 시간이 자신들의 편이 아님을 우려하기 시작했다. 루덴도르프와 힌덴부르크는 1916년 8월, "끊임없이 옛 적과 새로운 적의 인력, 포병, 항공기"에 맞서고 있으며, 해상 봉쇄가 "조금씩 우리를 갉아먹고 있다"라고 보고했다.111 그들의 절망감은 아직 전쟁에 참전하지 않은 한 나라 그리고 그 나라의 지도자가 취할 정책으로 더욱 깊어졌다. 그리고 바로 그 절망이 독일로 하여금 치명적인 실수를 저지르게 만들었다.

* * *

빌헬름 2세가 역사상 가장 파국적인 기행을 보인 군주였다면, 우드로 윌슨은 가장 모순적인 인물 중 하나였다. 미국의 제28대 대통령 윌슨은 아시아와 아프리카에서 사람들의 상상력을 자극했던 인종차별주의자였다. 그는 의회 정치에 정통한 학자였지만 정작 가장 중요한 순간에는 의회를 전혀 다루지 못했다. 그는 고결한 도덕의 언어를 구사했지만 잔혹할 정도로 냉정했다. 오늘날 우리가 기억하는 윌슨의 모습은 타락한 세상을 다시 구하고자 한 몽상적인 이상주의자다. 클레망소는 윌슨을 가리켜 "인류를 개혁하려고 이 땅에 내려온 또 다른 예수 그리스도"라고 빈정거렸다.112 실제의 윌슨은 비록 잠시이기는 했지만 미국을 세계적 군사 강국으로 이끈 인물이었다. 또한 다른 미국인보다 더 일찍 유라시아의 시대에 미국의 힘이 얼마나 중요한지를 자각한 인물이기도 했다.[113]

월슨은 조국이 전쟁에 휘말리는 것을 원하지 않았다. 미국은 1914년 경제적으로는 이미 초강대국이었지만, 군사적으로는 여전히 뒷전이었다. 육군은 초라한 규모였고, 해군의 포부는 세계를 향해 있었지만 정작 실제 영향력은 제한적이었다. 안보 정책을 조율할 국가안보체제도 갖춰져 있지 않았으며, 연방 정부는 규모도 작고 힘도 약했다. 미국인은 평화로운 세계에 대한 희망을 여전히 미국의 패권이 아니라 국제법에서 찾았으며, 미국 예외주의란 유럽을 이끄는 것이 아니라 유럽과 거리를 두는 것으로 정의되었다.[114] 따라서 막상 전쟁이 발발했을 때, 다른 미국인과 마찬가지로 월슨 역시 전쟁을 병들고 몰락해 가는 유럽의 산물로 보았다. 이런 관점에서 봤을 때, 미국이 해야 할 일은 개입이 아니라 거리를 두는 것이었다. 1917년까지도 월슨의 주장은 다음과 같았다. "오늘날 위대한 백인 민족 중 전쟁에서 자유로운 것은 우리뿐이다. 우리가 전쟁에 뛰어드는 것은 문명에 대한 범죄가 될 것이다."[115]

하지만 월슨의 참모 중 많은 이가 대통령과는 생각이 달랐다. 에드워드 하우스 대령은 애초부터 독일이 "수 세대 동안 계속될, 말로 표현할 수 없는 군국주의의 전제정치"를 대표한다고 주장했다.[116] 1915년부터 국무장관으로 있었던 로버트 랜싱은 제1차 세계대전을 "전제정과 민주주의 간의 투쟁"으로 규정하고, "독일의 제국주의적 야망이 전 세계의 자유를 위협하고 있다"라고 목소리를 높였다. 물론 랜싱은 자신이 월슨 대통령에게 "별다른 인상을 주지 못했다"라고 인정했는데, 이는 유럽에 개입할 경우 미국 내 이민 공동체가 서로 갈등을 벌일 것을 월슨이 우려했기 때문이었다.[117] 월슨은 또한 전쟁이 언론과 정치적 결사에 대한 제약, 나아가 경제에 대한 국가의 통제를 불러올 것을 두려워했다. "전쟁은 곧 전제정"이라고 월슨은 경고했다.[118] 이 지점에서 현대 미국사에서 오래 되풀이되어 온

논쟁을 엿볼 수 있다. 유라시아의 분쟁에 개입하지 않을 때 민주주의 제도가 더 위험해지는지, 혹은 개입할 때 더 위험해지는지에 관한 논쟁이었다. 윌슨은 결국에는 개입하는 쪽으로 돌아섰지만, 초기까지만 해도 개입하지 않는다는 원칙을 믿었다.

전쟁 기간 대부분 동안 윌슨의 분노는 독일만큼이나 영국을 향해 있었다. 영국의 해상 봉쇄가 미국의 무역도 방해하면서, 1812년의 전쟁을 불러온 사건들이 되풀이되는 듯한 인상을 주었다. 영국 외무부는 "해양의 패권이 자신들을 겨냥할 때마다 전통적으로 되살아나는 미국인들의 반감이 재현되고 있다"라고 우려 섞인 보고서를 작성했다.[119] 또한 미국이 참전하기 직전까지도, 윌슨의 가장 큰 열망은 타협을 통해 평화를 중재함으로써 전쟁의 광기를 끝내는 것이었다. 그는 1916년 11월 재선에 성공한 뒤 "승리 없는 평화"를 촉구하면서, 현금난에 시달리는 연합국을 압박하기 위해 비록 잠시이기는 했지만 미국의 대출까지 제한했다. 영국과 프랑스는 여러 국면에서, 단지 독일이 전혀 수용 불가능한 조건밖에는 내놓지 않았다는 사실 덕분에 구제될 수 있었다.[120] 그럼에도 불구하고 윌슨의 이와 같은 간섭은 영국 정부로 하여금 그를 "우리가 그리고 연합국이 무엇을 위해 싸우고 있는지를 전혀 이해하지 못하는" 도덕적으로 둔감한 인물로 보게 만들었다.[121]

중재가 별다른 효과를 보지 못한 것과 마찬가지로 중립 또한 막다른 골목에 몰렸다. 미국처럼 강력한 나라가 유럽 문제에 영원히 발을 빼고 있기란 쉽지 않았다. 미국은 자신도 모르게 어느새 중요한 행위자가 되어 있었다. 더구나 전쟁은 유럽에서만 벌어지지도 않았다. 갈수록 확산된 전쟁은 결국 불가피하게 미국을 휘말리게 만들었다. 미국과 영국을 서로 묶어두었던 재정적, 경제적 결속, 해양을 장악한 영국 해군 그리고 윌슨이 대외 무역을 전면 차단하는 것을 원치 않았다는 여러 이유로 인하여, 미국의 중립은 결코 진정한 의미에서의 중립이 아니었다. 봉쇄로 인해 독일과의 무역은 큰 타격을 입은 반면, 연합국과의 무역은 폭발적인 규모로 성장했다. 미국은 연합국에 식량, 의류, 군수품을 판매했을 뿐만 아니라, 연합국이 이를 구입할 수 있도록 자금까지 빌려주었다. 그 결과, 미국은 유럽과의 교역에서 1914년에는 5억 달러 그리고 1917년에는 35억 달러에 달하는 흑자를 기록했다. 또한 전쟁 기간에 미국 정부와 은행은 연합국에 90억 달러 이상을 대출해 주었다.[122] 이러한 교역은 연합국을 버티게 만드는 동시에 독일을 괴롭혔다. 한 영국 정치인은 "미국의 보급이 끊길 경우" 영국은 한 달도 버티지 못할 것이라고 인정했다.[123] 하우스가 보고한 바에 따르면, 독일인에게는 "전장에서 부상당하거나 죽어가는 병사 한 사람 한 사람이 결국은 미국의 총탄이나 포탄에 의해 쓰러지고 있는 것처럼" 보였다.[124]

잠수함 전쟁의 목표는 결국 영국과 미국을 잇는 생명선을 끊는 것이었다. 그러나 그 과정에서 미국인의 희생은 불가피했다. 1915년 5월, 독일 잠수함이 루시타니아호를 격침해 128명의 미국인이 목숨을 잃는 사건이 발생하자, 윌슨은 "문명국이라 자처하는 나라가 어떻게 이런 끔찍한 일을 할 수 있다는 말인가?"라고 외쳤다.[125] 이 사건은, 비록 마지못해 한 것이기는 하더라도, 윌슨이 독일과의 관계를 단절할 수도 있다고 위협하는 첫 계기가 되었다. 물론 독일은 안 그래도 힘겨운 전장에서 새로운 적을 추가하지 않기 위해 잠시 물러났지만, 이 균형은 불안했다.[126] 독일의 지도자들은 미국의 교역이야말로 연합국을 떠받치고 있는 힘이라는 사실을 잘 알고 있었고, 동시에 잠수함을 이용한 전쟁이 미국의 지도자들에게 독일의 승리가 어떤 결과를 초래할지 미리 가르쳐주었기 때문이다.

윌슨의 참모와 시어도어 루스벨트 같은 전임 대통령이 경고한 대로, 유럽을 장악한 독일은 그 힘을 유럽 외부로까지 뻗어 나갈 것이고, 결국에는 서반구에까지 손을 뻗쳐 전쟁 기간 보여줬던 잔혹함을 전 세계적 차원에서 재현할 수도 있었다.[127] 이와 같은 만연한 불안감 속에서 미국이 자국을 지키기 위해서는 스스로 영구적으로 군사화할 수밖에 없었지만, 이는 결국 미국 자신의 민주주의를 질식시킬 수도 있었다. 윌슨이 경고했듯, '군사적 관점'이 지배하는 세계에서 미국은 '무엇이든 대비'해야 했고, '거대한 상비군'을 갖춘 '동원된 국가'가 되어야 했다.[128] 그는 훗날 "우리는 마침내, 우리가 마주하고 있는 문제가 전 세계의 자유 그 자체에 대한 위협이라는 사실을 깨달았다"라고 말했다.[129] 그가 세계의 민주주의가 안전할 수 있도록 미국이 만들어야 한다고 말했을 때의 의도가 바로 이와 같은 것이었다. 그는 모든 독재 정권을 모조리 무너뜨려야 한다고 주장한 것이 아니었다. 그보다는 강력하고 공격적인 전제국가들이 패권을 장악하게 되면, 멀리 떨어진 나라조차 자기들의 자유를 지켜 내기 버거워진다는 뜻이었다.[130]

1917년 2월과 3월, 독일이 무제한 잠수함 작전을 재개하며 미국의 선박을 격침하기 시작하자, 다시 파열이 생겼다. 홀첸도르프는 "중간 지대란 없다"며, 오직 전장의 전면적 확장만이 "전 세계"가 독일의 힘을 존중하게 만들 것이라고 말했다.[131] 외교관들은 이러한 방식이 파멸에 이르는 길이라며 반대했다. 이들은 독일이 "모든 사람의 손이 필요한 미친 개" 취급을 받을 것이라고 경고했다.[132] 그러나 독일 정부는 미국이라는 새로운 적이 신속히 전쟁에 뛰어들지 못할 것이라고 계산했다. 홀첸도르프는 "단 1명의 미국인도 유럽 대륙에 발을 들여놓기 전에" 영국을 굶겨 죽일 수 있을 것이라고 호언장담했다.[133] 이제 모든 것은 이후에도 반복될 문제, 즉 미국이 결정적으로 개입하기 전에 독일이 유럽에서의 전쟁을 끝낼 수 있느냐에 달려 있었다. 승산을 조금이라도 높이기 위해, 빌헬름 2세는 멕시코가 미국을 공격하도록 유도하는 계획에도 동의했다. 영국 정보부에 의해 폭로된 이 사건은, 아메리카 대륙 내에서의 혼란으로 인하여 미국이 어쩌면 유럽의 전쟁에서 손을 뗄지 모른다는 기대에 기반을 둔 것이었다.

독일의 무제한 잠수함 작전은 이대로라면 전쟁에서 질지도 모른다는 걱정에서 이루어진 것이었다. 그러나 만약 자국이 승리에 얼마나 가까웠는지를 알고 있었더라도 독일이 같은 결정을 내렸을까? 1917년 초, 연합국은 심각할 정도로 취약한 상태였다. 차르의 러시아가 무너지는 것은 시간 문제였고, 프랑스는 더 이상 버틸 힘이 남아 있지 않았다. 철저한 국가 기밀로 감춰져 있었지만, 거의 파산 직전이었던 영국은 자산은 물론이고 차입 능력까지 소진해 가고 있었다. 재무부는 '제국이 급속히' 파산의 길로 나아가고 있다고 경고했으며, 6월까지는 어떤 형태든지 평화 조건을 받아들일 수밖에 없을 것이라고 말했다.134 물론 독일도 심각한 문제들에 직면하고 있었지만, 만약 조금만 더 인내했다면 적들보다는 오래 버틸 수 있었을 것이다.

독일이 선택을 내린 뒤에도, 미국은 마지못해 겨우 자신의 선택을 내렸다. 윌슨은 여전히 망설였다. 그는 "다른 대안이 있다면, 제발 그것을 택하자"라고 토로했다.135 반대는 거셌다. 의회의 반대 세력은 윌슨이 미국을 "세계가 지금껏 본 적 없는 거대한 학살장"으로 몰아넣으려 한다며 그를 공격했다.136 그러나 결국 4월 2일, 윌슨은 "무역에 대한 독일의 잠수함 전쟁"이 곧 "인류 전체에 대한 전쟁"이나 마찬가지라는 이유에서 전쟁 선포를 요구했고, 곧 승인을 받았다. 그리고 그는 점차 이 전쟁이 단순한 전쟁이 아니라, 앞으로 어떤 종류의 정부가 세계의 규칙을 정할 것인가를 가르는 중대한 전쟁이라고 인식하기 시작했다. 그는 "평화와 자유에 대한 위협은 조직화된 무력에 의해 뒷받침되는 독재 정권의 존재"에 있다고 선언했다.137 결국 미국을 전쟁으로 이끈 것은, 반자유주의 세력이 지배하는 유라시아에서 불안과 약탈이 걷잡을 수 없이 번져 나갈지도 모른다는 위험이었다.

* * *

미국의 개입은 너무 늦을 뻔했다. 20세기 초 세계 지정학의 딜레마는 다음과 같았다. 유라시아에서의 세력 균형이 유지되려면 미국의 개입이 반드시 필요했지만, 정작 미국은 대서양 건너편에 자리 잡고 있었기에 그 균형이 무너질 지경에 이르러서야 마지못해 개입해 왔다는 것이다. 만약 미국 정부가 2년 전, 루시타니아 참사 직후에 전쟁을 선포했더라면, 처칠의 말마따나 "얼마나 많은 참사를 막을 수 있었을지, 얼마나 많은 집의 빈자리가 여전히 채워져 있었을지 그리고 승자와 패자 모두 어쩔 수 없이 살아가야 하는 이 황폐한 세계가 얼마나 달라져 있었을지" 알 수 없는 법이었다.[138] 심지어 미국은 참전한 이후에도 아직 준비가 완벽하지 않은 상태였다.

우선 연합국과의 공동작전 계획이 없었다. 미국의 지상군은 고작 22만 명의 병사와 해병으로 구성되어 있었고, 미국인 상당수는 전쟁을 선포한다는 것이 곧 유럽으로 군대를 파견한다는 뜻임을 깨닫지 못하고 있었다. 한 상원의원은 펄쩍 뛰며 "세상에, 설마 병사들을 유럽으로 파견하려는 건 아니겠지?"라고 외쳤다. 게다가 미국은 대서양을 건너 병력을 수송할 함선도, 그들을 무장시킬 탱크와 대포, 비행기도 턱없이 부족했다.[139]

결과적으로, 미국의 참전은 처음에는 군사적으로 큰 변화를 이끌어 내지 못했다. 반대로, 그 이후의 몇 달은 전쟁 내내 가장 암울한 시기 가운데 하나였다. 1917년 4월에만 독일의 가차 없는 잠수함 작전으로 연합국 선박 물량 중 80만 톤이 침몰했고, 프랑스와 영국은 밀의 비축량이 불과 몇 주분밖에 남지 않는 상황에까지 내몰렸다.[140] 미국이 계속해서 자금을 댔기 때문에 연합국은 파산을 면할 수 있었지만, 미국이 전쟁에 뛰어든 첫해는 주로 상호 실망하는 데 익숙해지는 과정에 가까웠다. 영국과 프랑스는 미국의 군사적 무능함에 혀를 찼고, 미국 관료들은 영국과 프랑스가 얼마나 궁지에 몰려 있었는지를 알아차렸다.

그러나 미국의 개입 그리고 러시아의 이탈은 이념적 측면에서 큰 변화를 낳았다. 전쟁은 이제 보다 더 민주주의 대 전제정의 정면 싸움에 가까워졌다. 미국의 참전은 심리적으로도 전쟁을 재편했다. 신세계에서 지원이 약속되는 것만으로도 구세계는 더 저항할 힘을 얻었다. 기존 연합국의 입장에서는, 막대한 미국의 자금과 병력이 쏟아져 들어올 때까지 버틸 수만 있다면 승리할 수 있다는 가능성이 생겼기 때문이었다. 이는 반대로 독일의 경우, 1918년 초 가장 많은 영토를 정복한 상태였음에도 불구하고, 이러한 성과를 공고히 할 시간을 갖지 못한다는 것을 뜻했다. 힌덴부르크는 "우리는 항상 미국의 개입 가능성을 염두에 두고 있어야 했기 때문에, 서부전선에서 결정적 전투를 서둘러 시작할 수밖에 없었다"라고 이 시기를 평가했다.[141]

독일은 1918년의 봄 공세를 통해 거의 승리를 거머쥘 뻔했다. 미국 원정군 사령관 존 퍼싱 장군조차 "연합국은 끝났다"라고 표현했을 정도였다.[142] 실제로 대규모 미군이 도착하고 나서야 가까스로 이런 상황을 피할 수 있었다.

미국의 동원은 느렸지만, 한 번 속도가 붙자 막을 수 없었다. 1918년 중엽이 되자, 매일 1만 명의 미군이 유럽에 도착했다. 퍼싱은 초기까지만 해도 미군을 독자적인 지휘 체계 아래 두겠다며 전선에 투입하기를 주저했지만, 결국에는 전선에 포위되었던 영국과 프랑스군에 20만 명가량을 지원하기로 동의했다.[143] 잘 먹고 휴식이 충분했던 미군의 등장은 연합군에게는 큰 힘이 되는 한편 독일군의 사기를 결정적으로 떨어뜨렸다. 이는 마침내 전세를 기울게 할 추가적인 힘을 제공했다.

미군은 캉티니, 샤토티에리, 벨로 숲 등의 방어전에서 치열하게 싸웠다. 한 해병대 대위는 전투가 극도로 참혹해지자 "퇴각하라고? 이제 막 도착했는데 웃기는 소리하지 마라"라고 외쳤다.[144] 7월에는 미군 사단들이 파리 외곽에서 벌어진 제2차 마른 전투에서 독일의 최후 공세를 저지하는 데 결정적인 기여를 했다. 이후 포슈는 연합군의 승리를 가져올 반격을 개시했다. 이 병력의 대부분은 프랑스군이었지만, 미군의 지원 없이 이 같은 반격이 성공할 수는 없었다. 루덴도르프는 "연합군은 우리의 세 배나 되고, 빌어먹을 미국 놈들은 쉬지도 않고 신병을 계속 보내고 있다"라고 절망에 휩싸여 외쳤다.[145]

독일군은 바다에서도 패배했다. 여기에는 새로운 전략이 주요했다. 영국은 뒤늦게나마 호송 체제를 도입했다. 무방비한 상선을 개별적으로 노리던 독일 잠수함들이 이제는 강력한 호위를 뚫고 치명적인 위험을 무릅쓰고 접근해야 했다. 미 해군도 이러한 전략이 유효하도록 도움을 주었다. 전쟁이 끝날 무렵, 미국은 79척의 구축함을 유럽 해역에 배치하여 영국 해군과 긴밀히 협력했다.[146] 머핸이 꿈꾸던, 대서양을 가로지르는 해군 동맹은 현실이 되었고, 이로써 잠수함의 위협은 마침내 사라졌다.

1918년 말, 누구도 예상치 못할 만큼 오래 지속되었던 전쟁은, 이제는 누구도 믿기 어려울 정도로 급작스럽게 막을 내리고 있었다. 8월까지도 연합군은 1919년에나 펼쳐질 본격적인 공세를 계획하고 있었다. 하지만 독일은 9월이 되자 무너져 내렸다. 루덴도르프의 무리한 공세는 연합군을 무너뜨리기는커녕 오히려 독일군을 소진시켰고, 피로에 지친 독일군은 붕괴 직전이었다. 동맹국은 하나둘씩 전장에서 이탈했고, 독일은 이전과는 달리 그 빈자리를 더 이상 메울 수 없었다. 루덴도르프는 "우리가 전 세계를 상대로 싸울 수는 없다"라고 절망했다.[147] 독일은 국내를 포함한 모든 전선에서 패배했다. 불안이 급증하는 가운데 루덴도르프는 사임했고, 전쟁을 거치며 오랫동안 장군들에 가려 존재감을 잃었던 빌헬름 2세도 결국 퇴위했다. 이를 대신해 들어선 더 자유주의적인 정부는 평화를 호소할 수밖에 없었다.

독일을 무너뜨린 연합군은 역사상 유례없던 힘의 결합체였다. 이 연합군은 인류가 거주하는 6개 대륙의 국가와 식민지들 모두에서 참전했으며, 전 세계 산업 생산량의 절반 이상이 동원되었다. 그 중심에는 대서양을 가로지르는 혁신적인 통합이 있었는데, 200만 명에 달하는 미군의 유럽 파병이 이를 상징적으로 보여주었다. 미군은 프랑스제 무기를 들고, 영국 배를 탄 채로 대서양을 건넜다.[148] 그리고 거의 모든 이들이 인식했듯이, 전장에서 결정적인 차이를 만든 것은 미국의 힘이었다.

벨기에의 왕 알베르 1세는 "연합국의 희망은 이제 전적으로 미국에 달려 있었다"라고 말했다.[149] 만약 미국의 개입이 없었다면, 연합국은 서부전선의 교착 상태를 깨는 데도 심대한 어려움을 겪었을 것이고, 동부전선에서 독일의 승리를 막기는 더더욱 불가능했을 것이다. 가장 가능성이 높았던 결과는 독일이 벨기에에서 캅카스에 이르는 땅을 지배하고, 세계적인 패권국가로 도약하는 데 필요한 밀, 철, 석유 등의 모든 자원을 장악하는 것이었다. 독일의 전시 행태는 이러한 세계가 어떠한 모습이었을지 보여준다. 독일군이 점령한 지역은 산업과 원자재, 식량을 빼앗기는 것은 물론이고, 주민들은 독일 공장에 강제로 동원되거나 독일의 식민지 정착에 필요한 토지를 제공했을 것이다. 인종 청소와 대량 학살 역시 충분히 일어날 수 있는 일이었다. 실제로 동유럽 점령지에서 독일군은 주민을 "권리도 정체성도 없는 야만인"으로 취급했다.[150]

만약 제1차 세계대전에서 독일이 승리했다면, 그 결과가 제2차 세계대전에서 독일이 승리했을 경우와 크게 다르지 않았을 것이다. 윌슨에 따르면, "그들의 계획은 유럽 한가운데에서 지중해를 넘어 아시아의 심장부에 이르기까지 군사력과 정치적 지배의 넓은 띠를 두르는 것"이었다. 만약 독일이 성공했다면, "우리 그리고 전 세계는 무장한 채 그들의 다음 침략을 기다릴 수밖에 없었을 것"이었다.[151] 결국 미국의 개입은, 최선의 경우 초강대국이 된 독일과의 극도로 긴장된 장기 대치 상태에 빠지는 일을 막아주었고, 최악의 경우에는 독일이 유라시아를 지배하는 세계가 되는 것을 구해 주었다.

한편 미국은 점차 초강대국으로서의 힘을 드러내기 시작했다. 한 자동차 기업가는 "20세기의 전쟁은 전장에서 흘린 병사의 피가 공장과 제철소, 광산 그리고 들판에서 흘린 국민의 수많은 땀과 더해지기를 요구했다"라고 말했다. 실제로 전쟁이 지속되면서 미국 정부는 동원과 생산을 위해 새로운 기관을 만들고 권한을 확대했다. 전쟁이 끝날 무렵, 미국 조선소의 생산량은 전 세계를 압도했다. 480만 명의 미국인이 군복을 입고 시베리아에서 프랑스에 이르는 땅에 파견되었고, 미 해군은 곧 세계 최대의 규모로 성장할 태세였다.[152] 미국의 참전은 유라시아 대격돌의 성격을 변화시켰을 뿐 아니라, 미국 자체도 바꾸어 놓기 시작했다.

＊ ＊ ＊

문제는 이러한 변화가 과연 지속될 수 있느냐의 여부였다. 즉 전쟁 종결 후에도 전쟁 중처럼 압도적인 연합 세력이 주도하는 지속 가능한 질서가 이어질 것인가, 아니면 클레망소가 두려워했던 것처럼 "폭풍 속 잠시 동안의 숨 고르기"에 그칠 것인가의 문제였다.[153] 불행하게도, 역사는 후자의 방향으로 흘러갔다. 휴전이 성립된 뒤, 승전국들은 베르사유에 모여 역사상 가장 위대한 평화 체제를 설계하려 노력했다. 그러나 한 세대도 채 지나기 전에, 세계는 전체주의의 심연을 마주하게 되었다.

통념에 따르면, 제1차 세계대전 후의 평화조약이 독일에 너무 가혹했다. 이러한 이해에 따르면, 복수심에 찬 승전국은 베르사유조약을 통해서 독일에 배상금뿐만 아니라 굴욕을 떠안겼고, 이는 분노와 급진주의의 소용돌이를 낳아 결국 제2차 세계대전으로 이어졌다.[154] 물론 독일이 관대한 대우를 받지 못했다는 것은 사실이다. 베르사유조약은 독일이 루마니아와 러시아에 강요했던 전시 합의를 무효화했다. 독일은 전쟁 전과 비교해서 전체 영토의 13%와 전체 인구의 10%를 잃었다. 독일은 모든 식민지를 상실했으며, 라인란트는 비무장화되어 일정 기간 점령당했다. 프랑스는 석탄이 풍부한 자르 지방을 15년 동안 지배하게 되었다. 독일은 또한 해군을 잃고 공군을 보유하지 못하게 되었으며, 육군 규모를 심각하게 제한해야 했다. 1,320억 마르크에 달하는 배상금 청구서를 받았고, 전쟁에 대한 모든 도덕적 책임을 떠안아야 했다. 독일의 한 대표는 이를 두고 "독일은 존재 자체를 포기한다"라고 불평했다.[155] 따라서 베르사유조약은 결코 온건한 평화는 아니었다. 하지만 그렇다고 독일을 철저히 멸망시키려는 처벌적 평화도 아니었다.

사실 프랑스는 훨씬 더 가혹한 평화를 원했다. 클레망소와 포슈는 독일의 영토를 분할하고 경제적으로도 독일을 완전히 무력화하고자 했다. 프랑스 외교관들은 "유럽에 영구적인 평화를 보장하려면 비스마르크의 업적을 파괴해야 한다"라고 주장했다.[156] 베르사유조약은 또한 독일이 러시아와 루마니아에 강요했던 조약보다는 훨씬 관대했다. 베르사유조약은 대체로 독일을 온전히 남겨 두었고, 이는 미래의 언젠가에 독일이 다시 유럽에서 가장 강력한 국가로 부상할 수 있음을 의미했다. 무엇보다 동유럽의 제국들이 해체되면서, 독일의 이웃은 대부분 작고 약한 신생국가로 바뀌었다. 이는 지정학적으로 봤을 때 독일이 전쟁 전보다 오히려 더 유리한 입장에 섰다는 것을 의미했다. 심지어 배상금 역시 그리 치명적이지 않았는데, 독일이 1918년부터 1932년까지 실제로 지불한 금액은 220억 마르크에 그쳤기 때문이다.[157] 독일이 점령지에서 저지른 만행 그리고 만약 승리했을 시 계획했던 것을 고려한다면, 이러한 평화는 오히려 지나치게 온건했다고도 말할 수 있다. 그렇다면 베르사유조약 체제는 어째서 무너져 내렸을까?

어쩌면 독일은 충분히 가혹하게 다루어지지 않았을지도 모른다. 왜냐하면 전쟁이 끝난 후에도 독일은 여전히 통일된 상태로 남겨졌기 때문이다. 독일은 유럽에서 패권을 차지하지 않고서는 만족할 수 없을 만큼 공격적이고, 동시에 이를 억제하기에 이웃 국가만으로는 어려울 정도로 강력하다는 본질적인 문제가 여전히 남아 있었다. 또한 전쟁이 끝난 시점에서도 독일군은 여전히 외국 영토에서 싸우고 있었기에, 독일 국민들은 제2차 세계대전 때와는 달리 패배의 현실을 뼈저리게 느끼지 못했다. 따라서 파렴치한 정치 지도자들이 사실 독일은 전장에서 진 적이 없으며, 독일에 강요된 모든 제약은 부당하다고 설파하고 다니기가 너무나 쉬웠다.

한편 여전히 전쟁의 불길이 잔존하는 가운데 평화를 구축하는 데는 어려움도 있었다. 제1차 세계대전은 1918년 11월에 끝났지만, 전쟁이 불러일으킨 수많은 갈등은 쉽게 가라앉지 않았다. 유럽 중부에서 시베리아에 이르기까지 좌익과 우익 세력 간의 무력 충돌이 발생했고, 반제국주의 운동이 고개를 들면서 발칸반도, 소아시아, 중동 지역에서 폭력 사태가 속출했다. 기근과 급진주의가 퍼졌으며, 레닌은 "전 세계를 향해 사회주의 혁명이 다가오고 있다"라고 선언했다.[158] 레닌의 러시아는 군사적 침략과 이념적 불안정성의 근원지가 되었고, 오랫동안 세계 질서의 균형을 잡아온 영국은 전쟁의 결과 제국이 더 확장되었음에도 불구하고 기진맥진한 상태였다. 미국 국무장관 로버트 랜싱은 "세계가 불타고 있다"라고 말했다.[159] 이런 상황에서 과연 어떤 조약이 살아남을 수 있었을까?

그러나 가장 치명적이었던 것은, 전쟁에서 승리를 이끈 대서양을 가로지르는 연합이 평화조약이 채 체결되기도 전에 이미 균열을 드러냈다는 점이다. 베르사유에서 영국과 프랑스는 서로 다른 전략적 현실을 반영한 상이한 이해관계를 가지고 있었다. 독일과 국경을 맞대고 있던 프랑스는 독일이 다시는 이웃을 위협하지 못하도록 완전히 억눌려야 한다고 믿었다. 클레망소는 "미국은 바다 건너에 있고, 나폴레옹조차 건드릴 수 없었던 영국 역시 자연으로부터 보호받고 있다. 그러나 우리는 아니다"라고 말했다.[160] 반면 영국은 독일 해군이 무너지고, 독일이 벨기에에서 철수함으로써 핵심 목표를 이룬 상황이었으므로, 언젠가는 다시 경쟁국이 될지도 모르는 프랑스가 유럽에서 지나치게 강해지지 않기를 원했다. 따라서

로이드 조지는 국제 무역과 공산주의에 대한 방편으로 독일을 복원하기를 원했다. 그는 영국이 다시는 피비린내 나는 전쟁에 휘말리지 않도록 유럽의 균형을 중시했다. 클레망소는 이를 두고 "영국인은 결국 영국인이고, 프랑스인은 결국 프랑스인이다"라고 비꼬았다.[161]

그렇다면 미국은 어땠을까? 1918년 말, 미국의 힘은 그야말로 압도적이었다. 심지어 미국의 우방이었던 호주의 총리 빌리 휴스조차 "윌슨 대통령의 전차 바퀴 뒤에 끌려가게 될까 봐" 두려워했을 정도였다.[162] 윌슨 자신도 누구도 대적할 수 없는 영향력을 누리고 있었다. 전쟁의 원인을 제거하고, 강자만큼이나 약자를 보호할 평화 추구는, 경제학자이자 영국 평화 대표단의 일원이었던 존 메이너드 케인스의 표현에 따르면, "역사상 그 누구도 누려 보지 못한 세계적 명성과 도덕적 영향력"을 그에게 안겨 주었다.[163] 그러나 정작 윌슨이 구상한 평화는 전통과 혁신이 공존하는 것이었다.

윌슨은 독일이 패배했음을 분명히 보여줄 수 있을 강경한 조약을 선호했다. 1918년 10월, 그는 독일이 군부 지도자들을 축출한 이후에야 휴전을 맺을 수 있을 것이라고 요구했고, 이 요구는 독일에 의해 실제로 받아들여졌다. 그러나 윌슨은 동시에 영국과 프랑스 그리고 무엇보다 그들의 제국주의적 야망을 불신했다. 그는 유럽 중심의 낡은 국제 질서가 실패했다고 확신했다. 그는 "독일이 완벽한 산물이었던 기존의 체제를 그대로 유지하든지, 아니면 새로운 체제를 받아들이든지, 둘 중 하나를 선택해야 할 것"이라고 목소리를 높였다.[164]

윌슨은 1918년 1월의 '14개조 평화 원칙'에서 자신이 구상한 새로운 체제의 청사진을 제시했다. 그는 비밀 외교 대신 '공개적인 평화조약'을 요구했고, 자유로운 해양과 상대적으로 개방적인 국제 경제 질서를 지지했으며, 모든 식민지 문제에 있어 피지배민의 의사를 충분히 고려해야 한다고 주장했다. 또한 '보편적인 국가들의 연합'을 구성하여 회원국들의 독립과 영토 보전을 지켜야 한다고 천명했다. 그의 말에 따르면, 미국이 원하는 것은 "모든 평화를 사랑하는 국가들이 유지될 수 있도록 적합하고 안전한 세계"를 만드는 것이었다.[165]

월슨의 고상한 수사는 일부 사람에게는 깊은 감명을 주었지만, 그만큼 다른 이들을 언짢게 만들기도 했다. 휴스는, 월슨에게는 "현실의 시험을 견뎌 낼 만한 제안은 하나도 없었다"라고 비웃었다.[166] 그럼에도 불구하고 월슨의 입장이 겉보기만큼 이상주의적이기만 한 것은 아니었다.

경제적 장벽을 허물자는 월슨의 주장은 제국으로서 영국과 프랑스가 가지는 이점을 약화시키고, 미국이 세계시장에 더 쉽게 접근할 수 있도록 만들 예정이었다. '공개적인 과정을 거쳐 완성된 공개적 조약'이라는 원칙 역시 비밀스러운 약속을 지키기 어려운 민주주의 국가의 특성에 들어맞았다. 현실주의자라는 점을 의심받지 않도록, 월슨은 어떠한 국제기구도 미국의 먼로주의에 간섭해서는 안 된다는 점을 분명히 했다. 또한 세계적 협력을 촉구하면서도 동시에 영국조차 따라오지 못할 강한 해군력 증강을 추진했다.[167] 마지막으로, 월슨은 평화를 유지하기 위해서는 미국의 힘이 뒷받침되어야 하며, 이를 위해서는 국내 정치의 난제를 풀어 나가야 한다는 사실을 명확하게 이해하고 있었다.

이것이 바로 월슨이 "평화 협상 그 자체에서 가장 핵심적인 부분"이라고 부른 국제연맹의 의의였다.[168] 국제연맹의 핵심은 회원국들이 서로에 대한 '외부의 침략'에 공동으로 맞설 것을 요구한 조항에 있었다. 이 구상의 목표는 분명했다. 전쟁을 일으킬 경우 **미국**의 경제력 그리고 어쩌면 군사력까지도 동원될 수 있음을 명확히 함으로써, 그 어떠한 국가도 전쟁을 일으키지 못하도록 만드는 것이었다. "세계를 안정시키고 싶으면, 세상이 안심할 수 있도록 만들어야 한다. 그리고 세상이 안심할 수 있도록 하는 유일한 방법은 세계의 모든 강대국이 평화를 유지하겠다고 분명히 밝히는 것 뿐"이라고 월슨은 선언했다.[169]

그러나 국제연맹에는 한 가지 과제가 남아 있었다. 많은 미국인이 유럽의 비극적 과거와 연관 짓는 낡은 방식의 군사 동맹을 답습하지 않으면서도 국제연맹의 역할을 수행하는 것이었다. 이에 따라 윌슨은 세계가 "힘의 균형"이 아니라 "힘의 공동체"를 필요로 한다고 말하기도 했다. 그래서 그는 국제연맹을 힘의 정치를 위한 도구가 아니라 세계의 통합을 위한 수단으로 설계했다. 그는 미국의 군대를 국제연맹의 직접적 통제 아래 두는 것을 거부했다. 대신 미국의 힘이 억지력으로 작동하기만 한다면, 다시는 소모적인 전쟁을 위해 미국의 힘이 사용되는 일 자체가 없을 것이라고 주장했다. "우리는 세계의 여건이 허락하는 만큼만 우리의 힘을 제공할 수 있다"라고 윌슨은 설명했다. 미국의 힘이 없는 평화란 불가능했지만, 정작 미국의 힘은 오직 창의적이고 간접적인 방식으로만 동원될 수 있었다.[170]

이처럼 서로 상충하는 다양한 입장이 얽히고설킨 끝에 탄생한 것은, 잔혹할 정도로 격렬했던 평화 회의와 누구도 만족하지 못한 절충적 형태의 평화였다. 클레망소는 윌슨을 "독일의 친구"라고 불렀고, 윌슨은 클레망소에게 분노하여 하마터면 귀국할 뻔했다.[171] 독일은 굴복하고 제약을 받아야 했지만, 이는 제한적이고 일시적일 뿐이었다. 민족자결주의는 독립된 폴란드의 탄생으로 이어졌지만, 유럽의 해외 식민지와 제국에서는 관철되지 못했다. 또한 회의 결과 국제연맹이 창설되었지만, 침략의 피해를 입은 국가에 대한 지원책은 어설펐다. 때문에 미국과 영국은 프랑스에 별도로 안전 보장을 제공하겠다는 약속을 해야 했다. 클레망소가 "나는 국제연맹을 좋아하지만, 그것을 믿지는 않는다"라고 한 말이, 이러한 모순을 선명하게 보여준다.[172] 윌슨은 변화된 세계를 주창했지만, 정작 그가 실현한 것은 구질서와 신질서 사이의 어딘가에 위치했다.

* * *

베르사유 체제의 문제는 명백했다. 국제연맹은 어떠한 사안을 결정하는 데 있어서 만장일치를 요구했다. 그렇다면 회원국 중 하나가 침략 행위를 저질렀을 때는 어떻게 이에 대응할 수 있다는 말인가? 국제연맹이 무력한 조직에 불과하다면, 미국이 이를 지지해야 하는 이유는 무엇이겠는가? 반대로 만약 무력하지 않다면, 왜 프랑스에 별도의 안전 보장을 약속해야 했는가? 이러한 결점은 윌슨이 다양한 입장을 균형 있게 반영하려고 시도함으로써 나타난 본질적 한계에서 비롯되었다. 그럼에도 불구하고 만약 미국이 국제연맹에서 주도적 역할을 한다면 (그리고 그렇게 했을 때에만) 지속 가능한 평화가 실현될 가능성이 남아 있었다. 1920년대의 전개가 보여주듯, 오직 미국만이 유럽을 경제적으로 재건하는 데 필요한 자본을 가지고 있었다. 미국만이 영국과 프랑스의 전쟁 부채를 감면해 줄 수 있었고, 그렇게 할 경우에만 독일의 분노를 부른 배상금을 완화할 수 있었다. 또한 미국만이 프랑스에 안보를 보장해 줄 수 있었다. 프랑스는 이것이 보장되는 경우에만 허약한 독일 민주주의를 억누르려고 시도하는 대신 회복을 도울 수 있었다. 국제연맹이 신뢰받도록 만들고, 시간이 지나면서 점점 더 강해질 수 있도록 만드는 것도 미국만이 할 수 있었다. 로이드 조지는 "미국이 기계에 기름을 붓지 않으면, 유럽은 다시 제대로 작동할 수 없다"는 말로 이를 표현했다.[173] 그러나 이를 위해서는 한 가지 조건이 필수적이었다. 1918~1919년 세계를 주름잡는 듯 보였던 윌슨이 자기 국민을 먼저 설득해야 한다는 것이었다.

베르사유 체제는 애초부터 논란이 불가피했다. 많은 유럽인은 국제연맹이 미국을 유럽의 갈등에 충분히 개입시키지 못할 것을 우려한 데 반해, 미국인들은 오히려 미국이 너무 많이 개입하게 될까 두려워했다. 윌리엄 보라 상원의원은 국제연맹을 두고, 미국이 "조지 3세에게서 쟁취한 것을 조지 5세에게 돌려주는 꼴"이라고 힐난했다.[174] 이제 전쟁이 끝나고 당장의 위협이 사라진 마당에, 모든 강대국 중에서도 가장 강했던 미국이

군이 국제 문제에 계속 깊이 관여해야 할 이유가 뭐냐는 의문이 제기되었다. 월슨이 말한 대로, 어쩌면 "미국이 국제연맹을 받아들이기에는 아직 이를지도" 몰랐다. 그에 따르면, "미국은 세계의 마음을 짓밟아야 할 수도 있었다".175

그러나 여기서 간과하지 말아야 할 사실이 있다. 1919년 당시 국제연맹은 미국 내에서 충분히 지지받았다. 월슨은 지정학만큼이나 정치적인 이유에서 조약의 비준에 실패했다. 공화당 내 '완강파irreconcilables'는 어떤 형태로든 국제연맹 가입에 반대했다. 공화당 내 국제주의자들은 월슨이 베르사유에서 관철하려고 한 여러 생각을 지지했고, 심지어는 이전에 월슨에게 이와 관련해서 영감을 주었음에도 불구하고, 그에게 결정적인 정치적 승리를 안겨 주는 것을 꺼렸다. 공화당 상원 원내대표 헨리 캐벗 로지는 국제연맹 비준과 관련해 여러 조항을 교묘히 덧붙여 권한을 약화시켰고, 이는 월슨이 끝내 조약을 거부하도록 유도했다. 월슨은 로지의 전략에 말려들었고, 자신의 위상이 높았고 타협의 가능성이 있었던 시점에도 협상에 나서는 것을 거부했다. 월슨의 고문인 하우스 대령은 "그가 거의 독재적인 권력을 행사하는 데 익숙해져서, 이를 포기하기 힘들 것"이라고 우려했다.176 이 시기 월슨은 건강이 악화되었고, 이와 동시에 더 고집스러워졌다. 월슨은 조약 비준을 위한 전국 유세 중에 치명적인 뇌졸중을 겪었다. 건강에 문제가 생긴 월슨은 자신의 지지자들에게 수정 조약안에 반대표를 던지라고 호소했고, 결국 조약은 미국의 국제연맹 가입과 함께 부결되고 말았다.

1920년대 동안 미국은 경제적으로는 유럽과 아시아에 경제적으로 계속 관여했지만, 그에 상응하는 전략적, 정치적 책임은 감당하지 않았다. 미국은 바다를 지키기 위한 압도적 해군을 건설하기보다는 군비를 축소하고 법적으로 전쟁을 금지함으로써 세계를 평화롭게 만들고자 했다. 또한 유럽에 군대를 계속 주둔시켜 달라는 영국과 프랑스의 간청을 무시하고, 본국으로 철수시켰다. 본질적으로 미국은 19세기 내내 그랬던 것처럼 이미 안정을 이룬 세계가 주는 이익만을 누리려 했다. 그러나 20세기에는 그 안정이 미국이 감당하지 않으려 했던 노력 없이는 실현될 수 없었다는 차이가 있었다. 대공황 시기, 미국이 유럽 문제에서 경제적으로도 발을 빼자, 이미 위태로웠던 유럽의 평화를 지탱하던 마지막 기둥마저 무너졌다. 랜싱은 이미 1919년에 "하늘만이 이 모든 일이 어떻게 끝날지 안다"라고 적었다.[177] 미국의 리더십이 없는 세계는 결코 좋은 결말을 맞이할 수 없었다.

＊ ＊ ＊

매킨더는 이러한 사태가 닥칠 것을 예견했다. 중심 지역에 관한 이론을 발표한 뒤 40년 동안, 세계는 그의 눈앞에서 두 차례나 폭발하듯 전쟁에 휘말렸다. 매킨더는 각각의 전쟁을 자신의 이론을 재검토할 기회로 삼았다. 그는 미국이 "승리의 대가를 분담하지 않은 것"이야말로 "이 시대의 가장 비극적인 일"이라고 밝히면서도, 미국이 "중앙 유럽의 민족들로부터 너무나 멀리 떨어져 살고 있기 때문에" 이는 놀랄 일이 아니라고도 덧붙였다.[178] 사실 매킨더는 그보다 앞서 1919년에 출간되 얇은 책《민주주의의 이상과 현실Democratic Ideals and Reality》에서 평화의 지정학에 관해 논의한 바 있었다.

책의 제목만 봐도 내용의 핵심을 알 수 있었다. 매킨더는 책을 통해서 전후의 질서를 어떻게 지속 가능하게 만들 수 있을지 탐구했으며, 국제연맹이 그 역할을 해낼 수 있을지에 대해서는 회의적인 태도를 취했다. 그에 따르면, "행동에 관한 선한 원칙을 종이 위에 써 놓는 것"만으로는 충분치 않았다. 지속 가능한 평화는 '시간과 공간의 현실' 위에 뿌리 내려야 하며, 전쟁으로 인해 세계가 어떤 위험에 처하는지를 올바르게 이해하는 데서

출발해야 했다.[179]

매킨더는 제1차 세계대전을 "육상 세력과 해상 세력 간의 일대일 대결"이라고 잘못 표현했지만, 실제로 승리를 이끈 것은 양자의 결합이었다는 사실은 인식하고 있었다. 영국의 해군과 프랑스의 육군이 결합함으로써 적의 진격을 막아낼 수 있었기 때문이다. 프랑스군이 흔들릴 때는 영국이 새로 동원한 군대가 그 공백을 메웠고, 임박한 러시아의 패배로 전선 전체가 무너질 위기에 처했을 때는 또 하나의 대서양 민주주의 국가, 미국이 구원에 나섰다. "서유럽만으로는 동부전선에서의 전황을 되돌릴 수 없었기 때문에, 서유럽은 미국의 도움을 요청할 수밖에 없었다."[180] 승리는 이와 같은 노력을 통하고 나서야 간신히 쟁취한 것이었다.

매킨더에 따르면, 독일의 치명적인 실수는 지나친 야망과 우유부단함이 섞인 것, 즉 두 방향에서 동시에 정복을 시도한 것이었다. "만약 독일이 프랑스와 마주한 짧은 국경선에서 방어에만 집중하고, 주력 병력을 러시아에 투입했더라면", 동부에서 승리한 뒤 서부에서 유리한 조건으로 협상을 이끌 수 있었을 것이다. 그랬다면, "오늘날 세계는 명목상 평화로웠겠지만, 아마도 중심 지역 전체를 장악한 동유럽의 독일 아래 놓여 있었을 것이다."[181]

결국 제1차 세계대전은 두 가지 측면에서 매킨더의 사고를 더욱 예리하게 만들었다. 첫째, 윌슨과 마찬가지로, 그는 강대국 간의 경쟁에 있어서 이념적 측면에 더 민감하게 반응하게 되었다. 한편에는 사회의 힘을 동원하기 위해 독재적 수단을 사용하는 '권위주의자'들이 있었다. 그 반대편에는 개인주의와 인간의 권리를 중시하는 '이상주의자'들이 있었다. 이러한 이해에 따르면, 전쟁이 제기한 근본적인 질문은 "국가 안에서 그리고 더 나아가서 국제사회 안에서도 둘 중 어느 쪽이 최종 발언권을 쥐게 될 것"인지였다.[182]

둘째, 볼셰비키 혁명과 브레스트-리토프스크 조약은 매킨더로 하여금 그가 과거에 언뜻 지나가며 언급했던 위험, 즉 독일과 러시아가 힘을 합칠 경우 세계 질서가 심각하게 흔들릴 수도 있다는 점을 상기시켰다. 유럽과 유라시아의 심장 지역을 동시에 지배하는 거대한 괴물을 저지하기란 불가능할지도 모를 일이었다. 이러한 괴물은 산업의 역동성과 농업 자원의 풍요로움을 결합할 것이며, 대포, 항공기, 잠수함 등을 동원해 수에즈 해협에서 스카게라크해협에 이르는 전략적 요충지를 장악하는 동시에 전 세계를 누빌 함대를 건설할 수도 있었다. "만약 언젠가 이 거대한 대륙이 하나로 통합된 해양 강국의 본거지가 된다면 어떻게 될까?" 매킨더는 의문을 제기했다. 그는 이것이야말로 "세계의 자유에 대한 궁극적이고도 중대한 위협"이라고 단언했다.[183] 이러한 인식 때문에 매킨더는 동유럽에 주목하게 되었다. 이 지역은 러시아의 심장부가 북쪽의 얼어붙은 바다나 남쪽의 산악 지역 및 사막과 같은 자연 장벽으로 둘러싸이지 않으면서, 유라시아의 대서양 연안과 직접 맞닿아 있는 평야 지대가 펼쳐진 유일한 지역이었다. 이곳은 한편으로는 팽창주의적 독일이 러시아를 정복하기 위해 이용하는 경로가 될 수 있었고, 다른 한편으로는 메시아적이고 볼셰비키화 된 러시아가 독일을 장악하기 위한 통로가 될 수도 있었다.

따라서 매킨더에게 평화를 위한 가장 핵심적인 요소는 결코 국제연맹이 아니었다. 가장 중요한 것은 러시아와 독일 사이에 완충지대를 설치하는 것이었다. 자신들의 생존을 도모함으로써 유라시아 전체의 세력 균형을 유지할 수 있는 '독립국가들의 완충지대'를 조성하는 것이야말로 유라시아의 평화를 위한 결정적 과제였다.[184]

* * *

대부분의 지식인과는 달리, 매킨더는 자신의 이론을 실제로 검증할 수 있었다. 1919~1920년, 러시아에서는 격렬한 내전이 벌어지고 있었다.

볼셰비키는 수많은 적들과 잔혹하고 치열한 공방전을 벌이고 있었고, 이 전쟁으로 사망한 사람의 수는 900만 명에 이를 것으로 추정된다. 외부 열강은 전시 상황에서의 필요에서부터 노골적인 자기 이익의 추구에 이르기까지 다양한 이유로 러시아에 개입했다. 영국은 처음에는 독일이 레닌의 혁명을 이용하는 것을 막기 위해 개입했지만, 이후에는 공산주의와 그로 인한 혼란이 동유럽과 중동 지역을 위험에 빠뜨리지 못하도록 막기 위해 일시적으로 남아 있었다.

이때 등장한 인물이 다름 아닌 매킨더였다. 1919년 가을, 영국 외무부 장관 커즌 경은 매킨더를 러시아 남부 고등판무관으로 임명했다. 매킨더는 당시 영국이 지원하던 반혁명 세력 중 하나인 안톤 데니킨 장군 휘하의 군대가 장악한 지역을 관리하고, 극심한 혼란에 빠진 이 지역에서 영국 정부의 이익을 지켜 내는 임무를 맡았다.[185]

이 임무는 순조롭게 진행되지 않았다. 참모진의 구성, 겨울 의복 구매, 지휘 체계 정립 등의 문제로 러시아로 향하는 출발조차 지연되었다. 12월 4일, 마침내 영국을 떠난 그는 파리, 바르샤바, 부쿠레슈티, 소피아, 콘스탄티노플을 거쳐 신년 첫날에 노보로시스크에 도착했다. 매킨더는 "여정은 매우 느렸고, 여건은 야만적이었다"라고 불평했다.[186] 그가 도착했을 무렵, 몇 달 전까지만 해도 모스크바 인근까지 진격했던 데니킨의 군대는 혼란에 빠져 흑해 쪽으로 퇴각하고 있었다. 매킨더의 발이 러시아 땅에 닿기도 전에 영국의 개입은 이미 무너지고 있었던 셈이다.[187]

그러나 매킨더는 굴하지 않았다. 그는 데니킨은 물론이고 옛 제정 러시아 영토의 일부에서 새로 탄생한 폴란드의 지도자들에게 협력을 촉구함으로써 반공산주의 동맹을 꾸려 보려 했다. 이후 그는 구축함을 타고 1월 16일 런던으로 돌아와, 이른바 '전방위 정책all-round policy'을 제안했다.[188]

매킨더는 역사의 흐름이 칼날 위에 서 있다고 믿었다. 이는 빌헬름 2

세의 전제적 도전이 끝난 자리에 훨씬 더 무서운 무엇인가가 등장했기 때문이었다. 레닌과 트로츠키는 '중앙집권적이고 관료적인' 폭정, 즉 '귀족적인 권위 대신 자코뱅적' 정신에 바탕을 둔 체제를 만들어 나가고 있었다. 프랑스혁명의 급진파처럼, 그들 역시 국내 사회를 뿌리째 흔드는 동시에 혁명을 외국으로 전파하려 하고 있었다. 물론 당장은 러시아인들이 그 대가를 치르고 있었다. 볼셰비키는 "정상적인 남성 구성원이 부족한 마을"을 발견하면 "그곳의 여성과 아이를 학살했다". 그러나 볼셰비키 군대는 독일의 군사적 전술을 학습하고 있었고, 이 두 버림받은 국가 사이에는 협력의 조짐이 보이고 있었다. '즉각적이고도 강력한 조치'가 이루어지지 않으면, 볼셰비즘은 '초원에 번지는 불'처럼 인도에서 폴란드에 이르는 지역을 집어삼킬지도 모르는 일이었다.[189]

매킨더의 해결책은 문제만큼이나 대담했다. 그는 "핀란드에서 캅카스에 이르는 모든 반볼셰비키 국가를 묶어" 훈련시키고 무장하고자 했다. 영국은 심지어 카스피해 분지와 바쿠에서 바투미에 이르는 방어선을 직접 장악할 준비를 해야 했다. 이러한 전략은 우크라이나에서 발트해까지 이르는 완충 국가들을 낳을 것이며, 영국 정부는 무역 규제, 세금 징수 그리고 볼셰비키가 아닌 러시아 지역의 경제 운영을 통해 자금을 마련할 예정이었다. 대대적인 노력을 가미한다면, 공산주의 세력을 '핀란드에서 아조프해에 이르는 선 너머로' 몰아낼 수 있을지도 몰랐다. 물론 이는 단순히 '볼셰비키를 아시아로 밀어내는 것'에 그쳤고, '궁극적으로는 볼셰비키를 근원에서 제거해야' 했다.[190]

많은 거대 구상이 그렇듯, 매킨더의 이러한 계획 역시 애초 실현 가능성이 없었다. 영국은 이미 패퇴 중인 반혁명 세력에 대한 지원을 줄이고 있었다. 영국 정부는 세계대전이 이미 끝난 상황에서 더 이상 대륙의 일에 휘말리기를 원치 않았고, 유럽의 기근을 막고 무역을 재개하기 위해 볼셰비키와 협상을 통한 평화를 추진했다. 커즌의 말대로, "만약 대규모 군사

작전을 무기한으로 계속한다면, 이와 같은 일은 불가능"했다. 따라서 매킨더의 제안은 정부 내각에서 별 반향을 얻지 못한 채 묻혔고, 그는 곧 자리에서 물러났다. 얼마 지나지 않아 데니킨의 군대도 무너졌다.[191]

매킨더에게 이와 같은 경험은 곤혹스러운 것이었다. 그러나 그는 덕분에 앞으로의 전개를 더 분명히 내다볼 수 있었다. 소련이 곧바로 유럽과 아시아를 휩쓴 것은 아니었지만, 레닌은 세계 혁명을 지향하는 국가를 공고히 하면서 독일과 파우스트식 거래를 맺었다. 이에 따라 두 국가는 1920년대 초부터 비밀리에 군사적, 기술적으로 협력했고, 1939년에는 히틀러와 스탈린이 동유럽 분할에 합의했다. 결국 다음 세계대전은 매킨더가 예견한 바로 그 지점에서 발발했다. 그 주인공들은 기존 질서를 무너뜨리고, 결국은 서로를 파괴하려 했던 두 급진적 수정주의자들이었다.

3장. 전체주의의 심연

1941년 12월 11일, 치욕의 날*이 있고 나서 나흘 뒤, 아돌프 히틀러는 미국에 선전포고를 함으로써 제2차 세계대전을 전 지구적 전쟁으로 확장했다. 이는 기묘하면서도, 궁극적으로는 자멸적인 결정이었다. 이전 2년 동안 히틀러의 군대는 유럽을 정복했고, 1941년 말에는 모스크바의 문 앞까지 다다른 상태였다. 독일의 잠수함은 또다시 영국을 벼랑 끝으로 몰아넣고 있었다. 태평양에서는 일본이 막 진주만을 공격했는데, 독일 외교관들은 일본이 '번개처럼' 공격을 진행했다고 보고했다. 만약 히틀러가 가만히만 있었다면, 미국의 분노는 오롯이 일본을 향했을 수도 있다.[1] 그러나 히틀러는 기어코 자신의 야망을 좌절시킬 유일한 나라와 맞붙기를 선택했다. 이는 그가 왜곡된 방식으로나마 '유라시아의 세기'의 논리를 누구보다 잘 이해하고 있었기 때문이었다.

히틀러는 오래전부터 위대함을 향한 독일의 추구가 궁극적으로 '대륙간 전쟁'으로 귀결될 것이라고 믿었다. 그에 따르면, 오직 독일이 지배하는 유럽만이 북아메리카가 "세계 패권을 장악하는 것을 막아낼" 수 있었다.[2]

---

* 진주만 공격.

1941년 12월 전까지, 히틀러는 독일의 힘을 복구하고 유럽의 경쟁자를 분쇄하는 데 집중했다. 그러나 이 모든 것은 물밑에서 이미 시작된 미국과의 전쟁을 위한 서막에 불과했다.

미국이 1930년대 들어 고립주의의 껍질 속으로 다시 숨어 들어갔을 때, 히틀러는 미국의 존재를 대수롭지 않게 여겼다. 그러나 미국이 일단 다시 무장하고 국제 문제에 개입하자, 상황은 달라졌다. 미국은 히틀러의 의사결정에 커다란 그림자를 드리우기 시작했다. 히틀러는 1940년 12월, 유럽의 모든 문제를 신속하게 매듭지어야 한다고 결정했는데, 이는 "1942년이 되면 미국이 개입할 준비를 마칠 것"이기 때문이었다.[3] 그는 1941년 6월 소련을 침공했는데, 이는 영국을 전쟁에서 이탈시키고 결국에는 미국이 뛰어들 여지를 차단하려는 의도에서 이루어진 것이었다. 독일 외무부는 다음과 같이 설명했다. "소련을 신속히 격파하는 것이야말로 미국으로 하여금 영국의 편에 서는 것이 얼마나 무의미한 일인지 납득시키는 가장 좋은 방법이다. 그렇게만 된다면, 영국은 완전히 고립되고, 세계에서 가장 강력한 적대 세력과 마주하게 될 것이다."[4] 결국 히틀러는 대륙 규모의 전쟁을 피하기 위해 또 다른 대륙 규모의 국가를 침공한 셈이었다.

그러나 1941년 말, 소련은 간신히 버티고 있던 상황이었고, 히틀러는 점차 위협적 흐름으로 나아가는 미국의 정책을 보고 더 이상 기다릴 필요가 없다고 믿었다. 이런 미국의 정책에는 영국과 소련에 대한 중대한 지원, 독일 잠수함에 맞선 프랭클린 루스벨트의 사실상 선전포고 없는 전쟁 그리고 '나치 폭정의 최종 파괴'를 예고한 대서양 헌장의 발표 등이 속했다.[5] 히틀러는 결국 "미국과의 전쟁은 어차피 언젠가는 일어날 수밖에 없다"라고 말했다.[6] 그는 차라리 먼저 주도권을 잡고, 2개의 격렬한 지역 전쟁을 단번에 하나의 세계적 격랑으로 바꾸어 놓았다.

우리는 역사를 흔히 진보의 이야기로 생각한다. 그러나 20세기 전반부의 역사는 한 악몽이 또 다른 악몽으로 이어지는 과정이었다. 1918년,

대서양을 잇는 동맹이 간신히 한 차례 유라시아의 도전을 막아냈지만, 곧 더 사악하고 잔혹한 두 번째 도전이 이어졌다. 제2차 세계대전 최악의 시기에, 추축국은 유라시아의 주변부를 장악하고 있었으며, 심장부를 포위하듯 파고들었고, 적의 생존을 지탱하던 섬 거점들과 해상 보급로를 위협했다. 추축국은 기존의 질서를 허물고, 그 폐허 위에 악의 제국을 세우겠다는 목표로 뭉친 동맹이었다. 결국 1941년 말, 인류의 미래는 다시 한번 치명적인 경쟁의 결과에 달려 있게 되었다. 추축국은 유라시아에서의 지배를 굳건히 하고 미국과의 전면전을 준비하려 했고, 연합국은 그들이 초대륙의 부를 지배해 전 세계로 광폭한 힘을 쏟아내기 전에 이를 저지해야 했다.

제2차 세계대전은 '유라시아의 세기'가 최악의 형태로 드러남과 동시에 매킨더의 예언이 가장 참혹한 방식으로 실현된 시기였다. 전쟁으로 치닫는 과정에서 등장한 정권들은 현대 사회의 힘을 탈취, 노예화, 학살에 동원했다. 새로운 기술과 전쟁 방식은 대규모 정복을 가능하게 했다. 무엇보다, 이 전쟁은 패권을 꿈꾸는 세력의 도발을 초기에 저지하는 것이 얼마나 어려운 일인지 그리고 이를 제때 막지 못했을 때 결국 얼마나 큰 대가를 치르게 되는지를 뼈아픈 교훈으로 알려 주었다. 이 모든 점에서 제2차 세계대전은 뼈저린 교육의 장이었다. 전쟁은 또한 두 차례의 세계대전을 직접 겪으며 자신의 경고가 현실이 되는 것을 목격한 매킨더에게 새로운 전쟁, 즉 제3차 세계대전을 막기 위한 전략을 제시할 기회를 주었다.

* * *

제2차 세계대전에 관한 가장 당황스러운 질문은 '도대체 왜'이다. 추축국은 도대체 왜 역사상 가장 뻔뻔한 영토 확장에 나섰는가? 이 충분히 발전한 국가들은 도대체 왜 극악무도한 야만 행위에 빠졌을까? 이들은 도

대체 왜 다른 국가의 안보를 위협하면서 스스로의 안보를 추구했는가? 이에 대한 답은 현대사의 보다 차가운 면을 드러내며, 또한 지도자가 부재한 세계에서 극악한 모험가들이 무슨 일을 저지를 수 있는지 보여준다.

제2차 세계대전은 언제까지나 그 전쟁을 일으킨 살인자들의 이름과 함께 기억될 것이다. 그 가운데에는 베니토 무솔리니도 있었다. 그는 전략적으로는 어설펐지만, 1920년대에 처음으로 파시즘 정치의 길을 열었고, 10년 뒤에는 무력 침공 역시 성과를 낼 수 있다는 점을 입증함으로써 시대의 분위기를 형성하는 데 일조했다. 한편 아시아에서는 패권을 노리고 돌격했던 도조 히데키와 같은 일본 지도자들도 있었으며, 히틀러와 손잡고 세계에 불을 지른 뒤 다시 히틀러를 무찌르며 그 불을 끄는 데 일조한 이오시프 스탈린도 있었다. 그러나 그 누구보다도 그 중심에는 히틀러가 있었다.

히틀러는 인생 전반부에는 실패자에 가까웠지만, 후반부에는 놀라울 만큼 성공적인 선동가로 변신했다. 1920년대 한 외국 군사 주재관은 히틀러를 두고 다음과 같이 평가했다. "나는 이처럼 논리적이면서도 광신적인 사람을 본 적이 없다. 대중을 사로잡는 그의 힘은 실로 막강하다고 할 수 있다." 히틀러는 분노와 원한의 정치에 정통하여 독일의 민주주의를 산산이 부수는 데 성공했다. 그는 이어서 메시아적 야망, 병적인 유대주의, 탁월한 기회주의를 뒤섞어 결국 세계를 산산조각 냈다.[7]

이 독재자들은 과거 혹은 그 이후의 어떤 지도자들보다 철저하게 자기 시대를 만들어 냈다. 영국의 한 외교관은 히틀러를 두고 "오늘날 세계 평화가 어느 정도로 위태로운지, 또한 어느 정도로 광신적이고 균형을 잃은 한 사람의 손에 좌지우지될 수 있는지 보여주었다"라고 평가했다.[8] 그러나 사람은 언제나 주어진 맥락 속에서 역사를 만들어 나간다는 점을 간과해서는 안 된다. 그렇다면 민주주의를 안전하게 지키기 위해 만들어졌던 세계가 어째서 정치적, 지정학적 극단주의에 의해서 이토록 쉽게 흔들렸던 것일까?

역사가 반드시 이와 같이 전개될 필요는 없었다. 1920년대 대부분의 기간 동안, 제1차 세계대전에서 승리한 자유주의 연합은 여전히 세계 질서를 주도하고 있었다. 유럽의 경제적, 안보적 문제에 대한 해결책은 아직도 실현 가능해 보였고, 민주주의는 여전히 미래를 이끌어 갈 새로운 시대적 흐름으로 여겨졌다. 하지만 그 찬란했던 시기도, 그러한 가능성을 열었던 미국의 결정적 개입처럼, 오래 지속되지는 않았다.

한 가지 원인은 제1차 세계대전이 너무 많은 잠재적 불만 세력을 낳았다는 것이었다. 일본과 이탈리아는 전쟁의 **승자**였지만, 강화 회담에서 기대했던 만큼의 실질적 이익을 얻지 못한 것에 분노했다. 패전국인 독일은 모든 식민지를 잃었고, 그와 함께 유럽의 패권에 대한 야망과 열강으로서의 지위마저 상실했다. 그리고 1920년대의 민주주의 지도자들조차 독일이 다시 열강이 될 수 있다는 점을 진지하게 받아들이지 않았다. 소련 역시 폴란드, 핀란드 등 러시아 제국의 일부였던 지역들이 분리된 것에 굴욕감을 느끼고 있었다. 이러한 굴욕감은 공산주의의 보편적 이념과 영토 회복에 대한 복수심과 결합하여 폭발적인 조합을 형성했다. 결국 핵심적인 갈등의 축은 가진 자들과 갖지 못한 자들 사이에 놓여 있었다. 즉 세계를 지배하는 듯 보이던 나라들과, 그 몫을 빼앗겼다고 느꼈던 나라들 사이에는 깊은 분열이 있었다.[9]

20세기에는 국가의 크기와 힘이 밀접하게 연결되어 있다고 여겨졌기 때문에, 이 갈등은 아주 깊고도 근본적이었다. 거대한 제국이나 대륙을 통제하는 국가는 그 안의 시장, 자원, 인구를 마음껏 착취할 수 있었던 반면에, 작은 국가는 경쟁에서 밀려나기 십상이었다. 그리고 이 세계에서 약함은 곧 패배, 굴욕, 심지어 혁명으로 이어졌다. 제1차 세계대전은 이를 실제로 증명했다. 영국은 자신의 제국이 제공한 자원이 없었다면 결코 승리하지 못했을 것이며, 독일이 겪은 해상 봉쇄는 식량과 자원에 대한 실질적 통제가 얼마나 결정적인지를 보여주었다. 독일의 패배를 면밀히 분석한 일본 지도자들은 1930년대에 접어들면서 동아시아에 '거대한 경제권'을 구축하겠다는 욕망을 키웠다.[10] "스스로의 존립을 외국과의 무역에 의존하는 국가는 뚜렷한 군사적 약점을 갖고 있다." 히틀러 역시 이에 동의했다. 이에 대한 유일한 해결책은 '더 넓은 생활공간을 확보'하는 것이었다.[11]

만약 더 나은 지도자들이 세계를 이끌었다면, 영토 확장만이 유일한 해답은 아니었을 것이다. 제2차 세계대전 이후, 미국은 일본과 독일 같은 국가가 팽창 없이도 안보와 번영을 누릴 수 있는 국제 질서를 만들어 내는 데 성공했다. 개방된 세계 경제가 시장과 자원을 제공했고, 미국이 주도하는 동맹 체제가 평화를 보장했기 때문이었다. 그러나 한 세대 전에는 이러한 역할을 해 줄 주체가 없었다. 미국은 충분한 힘을 갖고 있었지만 세계 문제에 관심을 보이지 않았고, 영국은 관심은 있었지만 그에 필요한 힘을 가지고 있지 않았다. 그 결과 강하지만 불안정한 국가들이 마음대로 움직이게 되었다. 1935년, 일본 정부는 제국의 안전이 "제국의 실질적인 힘에 전적으로 의존한다"라고 공표했다.[12] 이와 같은 인식은 각 국가들이 가장 호전적이고 냉혹한 본성을 드러내도록 부추겼다. 패권국끼리의 다툼에 놓인 세계는 그야말로 잔혹하고 거칠기 이를 데 없는 장소였다.

한편 세계 대공황 당시의 무역 붕괴는 이와 같은 상황을 더욱 악화시켰는데, 사실 세계 대공황의 발생 자체가 국제적 리더십의 공백 속에서 발생한 것이었다. 경제 전쟁은 곧 군사 전쟁의 전조가 되었다. 시장이 닫히고 관세가 치솟자, 자급자족이 가능한 제국을 건설하려는 욕구 역시 강해졌다. 가장 극단적인 사례는 일본이었다. 1930년, 미국이 가혹한 스무트-홀리Smoot-Hawley 관세법을 단행하자, 일본의 수출은 절반으로 급감했다. 그리고 이에 따라 사회적, 정치적 갈등이 격화되었으며, 극단적 민족주의가 호응을 얻고, 중국에서의 평화적 확장은 폭력적 정복으로 급변했다.[13] 역사학자 E. H. 카가 말한 것처럼, "자급자족을 목표로 삼을수록, 각 국가의

단위는 더 거대하질 수밖에" 없었다.[14]

무엇보다 중요한 것은, 제국을 향한 꿈이 갈등을 전제로 한 사상에 의해 뒷받침되었다는 점이다. 불안정한 전후 세계는 이미 대공황 전부터 급진주의와 분노를 낳았다. 그리고 투쟁에서 패배했거나 강화 회담에서 배신당했다고 느낀 국가들이 이러한 시대적 흐름을 이끌었다. 무솔리니는 1920년대에 이탈리아를 파시즘의 길로 이끌었고, 1930년대에 빈곤이 절망을 부추기자 독일과 일본이 그 뒤를 따랐다. 조지 오웰의 말처럼, "지난 10년 동안 인류가 다시 석기시대로 되돌아간 것" 같았다. "수 세기 전에 사라졌다고 여겨졌던 인간 유형들, 즉 신비주의적 열광자, 무력을 든 지배자, 광기에 사로잡힌 선동가들이 정신병원의 수감자가 아니라 세상의 지배자로 다시 나타났다."[15]

파시즘은 인종주의와 깊이 얽혀 있었기에, 결국 시간이 흐르면 추축국끼리도 서로를 갈기갈기 찢는 싸움에 휘말렸을 것이다. 그럼에도 불구하고 전간기의 파시즘 운동들은 몇 가지 핵심적인 특징을 공유하고 있었다. 이들은 우선 개인의 권리를 집단의 의지 아래 종속시켰다. 또한 그 집단의 의지는 늘 선지자격인 지도자라는 인물을 통해 구현되는 것으로 여겼다.[16] 파시즘은 국가의 인종적 순수성을 보존하는 동시에, 동시대 국제 경쟁의 격렬함 속에서 견딜 수 있도록 국가를 무장시키겠다고 약속했다. 또한 민주주의의 나약함과 퇴폐를 사회에서 제거하고자 했으며, 잔혹함과 공포를 미화했다. "말은 정말 아름다운 것이지만, 소총, 기관총, 군함, 비행기, 대포는 더 아름답다"라고 무솔리니는 말했다.[17] 따라서 제2차 세계대전을 앞두고, 이 국가들은 엄청난 규모의 군비 증강에 착수했다. 1938년, 히틀러의 독일은 영국과 해군 경쟁이 가장 치열했던 빌헬름 2세 시기의 독일보다도 5배나 더 많은 국방비를 지출했다.[18] 마지막으로, 파시즘 지도자들은 해외에서의 혁명에 앞서 국내의 혁명이 먼저라고 믿었다. 독일 외무부 장관 요아힘 폰 리벤트로프는 무솔리니에게 "민주주의 국가와 우리 두 전체주의 국가 사이에는 결코 화해할 수 없는 차이가 존재한다"라고 말했다. 그에 따르면, "이 전쟁은 결코 우연히 일어난 것이 아니라, 하나의 체제가 다른 체제를 파괴하려는 굳건한 의지에 의해 만들어진 결과"였다.[19]

실제로 파시즘은 원시적인 야만성을 지니고 있음과 동시에 철저히 현대적인 창조물이기도 했다. 파시즘 정부는 전간기의 혼란과 불안을 극복하겠다며 지지자들에게 힘, 결속 그리고 목표를 제시하고 약속했다. 히틀러와 무솔리니 모두 라디오라는 매체를 능숙하게 활용하여 지지자의 폭을 확대했으며, 무엇보다 중요한 것은 무솔리니가 말했듯 "국가 안에 모든 것이 있고, 국가 바깥에는 아무것도 없으며, 국가에 반하는 것도 없다"는 것이었다.[20] 따라서 전체주의 통치는 국가가 국민 삶의 모든 영역까지 침투할 수 있을 때에만 실현 가능했다. 파시즘 정부의 실제 행보는 극단주의 세력이 고도화된 경제와 강력한 국가 역량을 장악했을 때 무엇이 가능한지를 여실히 보여주었다.

무솔리니는 '과거의 위대함'을 부활시키겠다는 명목 아래 현대적인 수단을 활용했다.[21] 그는 지중해, 중동, 아프리카에 걸친 신로마 제국을 꿈꾸었고, 1935~1936년 에티오피아를 굴복시키기 위해 화학 무기와 폭격을 동원했다. 일본 역시 아시아에서 '새로운 질서'를 추구했으며, 1931년 만주 침공으로 공격의 포문을 연 후 1937년에는 지리멸렬하고 잔혹한 전쟁으로 중국 전역에서 전면전을 벌였다. 그러나 가장 급진적인 것은 독일이었다. 히틀러는 동쪽에서 '향후 100년을 위한 영토'를 확보하고, 서부에서는 민주주의 국가를 짓밟거나 위축시키며, 미국을 능가할 수 있는 구세계의 제국을 건설하고자 했다. 이를 통해 그는 궁극적으로 세계를 지정학적, 인종적 구도로 재편하려 했다.[22] 리벤트로프는 "총통이 아무 계획 없이 정복만을 일삼지 않으며, 계산에 언제나 냉철했고, 수십 년 앞을 내다보며 사고하는 데 익숙한 인물"이라고 평가했다.[23]

1940년, 파시즘 국가들은 삼국동맹조약Tripartite Pact을 맺으며 하나로 결집했다. 이는 민주주의와 기존의 국제 질서를 증오하는 국가들 간의 동맹이었다. 하지만 그 이전부터도 독재자들은 이미 서로에게 공격할 공간을 만들어 주고 있었다. 1935년 이탈리아의 에티오피아 침공이 성공했을 때 이를 저지하지 못하는 국제연맹의 무력함이 드러나자, 이는 히틀러가 1936년 라인란트를 재무장하도록 부추겼다. 이어서 무솔리니는 1938년, 히틀러가 오스트리아와 체코슬로바키아의 주데텐 지역을 합병하는 것을 지지했다. 그 뒤 독일이 유럽 전역을 거침없이 휩쓸자, 일본 역시 아시아에서 자신의 수정주의적 행보에 더 큰 자신감을 얻게 되었다. 미국 재무부 장관 헨리 모건소는 "침략국들이 침공 전술을 너무도 철저히 익힌 나머지, 한 지역에서 승리하면 다른 지역에서도 새로운 침략이 폭발적으로 일어났다"라고 말했다.[24]

국제 질서가 그토록 철저히 무너진 결정적 이유는 베르사유 체제를 부정하는 수정주의 세력이 그 질서 자체를 정면으로 공격했기 때문이었다. 이는 또 하나의 당황스러운 질문으로 이어진다. 왜 아무도, 거의 돌이킬 수 없을 때까지 그들을 막지 못했을까?

＊ ＊ ＊

그 단서를 엿볼 수 있는 한 장면은 1940년 11월 15일의 회담에서 드러난다. 회담이 열린 장소는 베를린, 참가자는 스탈린의 외무부 장관 뱌체슬라프 몰로토프와 히틀러였다. 논의 주제는 다름 아닌 세계 지배였다. 이 자리에서 히틀러는 "세계를 통째로 나눠 가지자"라고 제안했다.[25]

히틀러와 스탈린은 이미 유럽을 나눠 놓은 상태였다. 1939년 8월에 이들이 체결한 불가침조약, 즉 몰로토프-리벤트로프 조약은 독일이 소련의 개입을 걱정하지 않고 폴란드를 침공할 수 있는 길을 열어주었고, 그 결과 유럽 대륙 전체를 뒤흔든 전쟁이 시작되었다. 동부전선에서 배후를 걱정할 필요가 없어진 히틀러는 곧바로 서쪽으로 방향을 틀었고, 1940년 4월과 6월 사이에 덴마크와 노르웨이, 벨기에, 네덜란드, 룩셈부르크 그리고 프랑스를 차례로 무너뜨렸다. 그 사이 스탈린은 나치의 전쟁 수행에 필요한 석유, 니켈, 인산염, 망간, 목재, 식량 등의 핵심 자원을 공급하면서 폴란드의 절반, 발트 3국 전체 그리고 핀란드와 루마니아 일부를 집어삼켰다. 한 영국 관료는 이 사태를 "세상의 모든 '~주의~ism'가 이제 '과거형 wasm'이 되었다"라고 냉소적으로 표현했다.[26] 파시즘과 공산주의라는 서로 적대적 이념을 가진 두 체제가 함께 기존 질서를 파괴하기 위해 손을 맞잡았다. 몰로토프-리벤트로프 체제 아래 유라시아는 약탈자에게 완벽한 낙원이었고, 히틀러와 스탈린은 시베리아에서 대서양에 이르는 영토를 지배했다. 그리고 히틀러는 더 거대한 꿈을 꾸기 시작했다.

독일, 이탈리아, 일본은 얼마 전 삼국동맹조약을 맺은 상태였다. 그렇다면 세계 혁명을 자처하는 또 다른 국가, 소련이 여기에 합류하지 못할 이유가 있을까? 히틀러는 독일과 소련이 "등을 맞대고" 싸운다면, "지구상의 어떠한 세력도" 이를 물리치지 못할 것이라고 몰로토프에게 말했다. 히틀러는 소련이 인도양과 지중해를 향해 남쪽으로 진출함으로써 독일의 전쟁 수행을 지원해야 된다고 생각했다. 대신 자신은 영국을 물리치는 데 집중하겠다고 밝혔다. 그는 이어서 "영국을 정복하고 나면, 영국 제국을 마치 파산한 거대한 세계적 부동산처럼 분할할 수 있을 것"이라고 약속했다. 그렇게만 된다면, 전체주의 국가들의 '세계 연합'이 지구를 나눠 갖게 될 것이었다.[27]

하지만 히틀러의 계획은 실현되지 않았다. 스탈린이 요구한 대가가 너무 컸기 때문이었다. 그는 핀란드에서 터키에 이르는 지역에서의 소련의 영향력을 보장하라는 조건을 내걸었는데, 이는 이미 동쪽 지역에 대한 정복을 꿈꾸던 히틀러로서는 받아들일 수 없는 요구였다.[28] 동맹에 대한 많은 말이 오고 갔지만, 독일과 소련 사이의 긴장은 이미 두 나라 사이에 긴

국가들 전역에서 퍼지고 있었다. 7개월 후, 히틀러는 바르바로사 작전을 감행했는데, 이는 소련을 파괴하고 무력으로 전체주의적 유라시아를 건설하기 위함이었다. 그럼에도 불구하고 히틀러와 몰로토프의 만남은 1930년대 후반 국제 질서의 근본적 취약성을 보여준다. 히틀러에 맞서 싸울 수 있었던 나라 중 하나가 오히려 그와 손을 잡는 길을 선택했기 때문이다.

제1차 세계대전은 유라시아에 집중된 힘은 결국에는 세계적인 저항에 부딪히게 된다는 사실을 보여주었다. 그리고 제2차 세계대전은 그 '결국'이라는 순간이 얼마나 고통스러울 만큼 늦게 찾아올 수 있는지를 보여주었다. 영국과 프랑스는 1939년 9월, 히틀러가 베르사유조약을 짓밟고, 오스트리아와 주데텐란트 지역에 무혈입성하며 이 지역을 병합하고, 체코슬로바키아 전역을 점령한 뒤, 폴란드를 침공한 **후**에야 전쟁을 선포했다. 추축국을 무너뜨릴 '대연합'이 형성된 것도 1941년 말, 히틀러가 이미 유럽 대륙을 정복하고, 일본이 아시아와 태평양을 휩쓸고 다닌 **후**의 일이었다. 히틀러의 선전부 장관 요제프 괴벨스는 훗날 다음과 같이 자랑했다. "그들은 우리를 위험 구역까지 그냥 통과하게 내버려두었다. 그리고 우리가 완전히 무장하고, 그들보다 강해지고 난 후에야 전쟁을 시작했다."[29]

전조가 없었던 것도 아니었다. 1935년, 주영 소련 대사는 독일의 재무장이 "또 다른 세계대전"을 예고한다고 경고했다.[30] 1937년, 파시즘 세력이 스페인 내전에 개입하고 일본의 중국 침략이 벌어지는 가운데, 프랭클린 루스벨트는 국제 질서가 무법 상태로 치닫고 있다며 우려를 표했다.[31] 이듬해 프랑스의 총리 에두아르 달라디에는 더 날카롭게 말했다. 그는 영국의 총리 네빌 체임벌린에게 "유럽의 균형을 파괴하려는 독일의 의도를 알아차리지 못하는 자는 오직 눈먼 자뿐"이라고 경고했다.[32]

저항할 기회도 있었다. 에티오피아 위기 당시, 국제연맹이 이탈리아에 강력한 경제 제재를 가해 굴욕을 안겼다면, 사태의 흐름은 달라졌을지도 모른다. 영국과 프랑스는 히틀러가 재무장을 하고, 라인란트에 진군해,

1938년 오스트리아를 병합했을 때 그를 파멸시킬 수도 있다. 당시 하원 평의원이었던 윈스턴 처칠은 침략에 위협받는 국가들이 "대연합을 결성한 다면 지금이라도 다가오는 전쟁을 멈출 수 있다"라고 주장했다.[33] 그러나 기회를 날린 가장 뼈아픈 사건은 그해 말 뮌헨에서 벌어졌다.

히틀러는 독일어 사용 인구가 밀집해 거주하던 체코슬로바키아의 일 부 지역을 요구한 후, 곧이어 사실상 체코 국가 자체의 파괴를 의미하는 조건을 고집스럽게 밀어붙이면서 뮌헨 위기를 촉발했다.[34] 만약 영국과 프 랑스가 히틀러에 맞서 전쟁을 선택했다면, 아마도 승리했을 것이다. 영국 내에서 큰 공포의 대상이었던 독일의 공군은 사실 겉보기보다 규모도 작 고 실질적인 전력도 약했다. 또한 1940년 프랑스를 무릎 꿇린 기갑부대도 아직 존재하지 않았다. 히틀러의 독일은 무리한 재무장으로 재정적으로 도 불안정한 상황에 빠져 있었다. 만약 그가 전쟁에 휘말리기라도 했다면, 신경이 곤두서 있던 독일 장군들이 그를 강제로 축출했을 가능성도 존재 했다.[35]

그러나 영국과 프랑스는 마지막 순간에 굴복했다. 양국은 히틀러가 주 데텐란트를 병합하고, 이 지역의 경제적, 군사적 자산을 손에 넣으며, 동유 럽의 다른 국가들까지 겁박하여 순응하게 만들고, 다가올 전쟁에서 중대 한 우위를 선점하는 것을 허용하고 말았다. 달라디에는 이미 체임벌린에 게 "독일이 이 시도에 성공한다면, 머지않아 독일이 지배하는 '중부유럽'이 라는 꿈을 실현하려 들 것"이라고 경고한 바 있었다.[36] 히틀러 자신도 뮌헨 위기가 "상황을 엄청나게 유리하도록" 만드는 데 기여했다고 자축했다.[37]

뮌헨 위기는 전략적 도미노의 가장 전형적인 사례였다. 하나의 거점이 무너지자, 다른 거점들도 그 여파로 치명적인 상태에 빠졌다. 또한 이 사건 은 전체주의 국가들의 약탈이 갈수록 흔해지는 와중에도, 국제 질서의 균 형을 제때 유지하기가 왜 그토록 어려웠는지를 잘 보여준다.

모든 것은 지정학적 상상력의 실패에서 시작되었다. 히틀러와 그 일당이 골칫거리라는 점은 누구나 알 수 있었지만, 1936년이나 1938년의 시점에서 그들이 **어느 정도** 골칫거리를 몰고 올지 예측할 수 있는 이는 거의 없었다. 히틀러는 자신의 의도에 대해 거짓말을 함으로써 이 허점을 교묘하게 파고들었다. 그는 자신이 그저 독일을 부당한 평화조약에서 해방시킬 뿐이라거나, 유럽의 국경을 마지막으로 한 번 수정하려는 것뿐이라고 주장했다. 이러한 주장은 민주주의 국가의 정치인들로 하여금 히틀러에 저항해 초래할 끔찍한 전쟁보다는 차라리 유화책이 불러올 불확실한 결과를 택하게 만들었다. 물론 체임벌린조차도 "독일이 매번 저렇게 빠져나가는 걸 보면 피가 끓는다"라고 토로했지만, 그 역시 "끔찍한 결과를 초래할지도 모를 전쟁에 가볍게 발을 들일 수는 없었다".[38]

이와 맞물려 있었던 것은 과거의 그림자였다. 제1차 세계대전은 너무나 참혹했기에, 그 어떤 민주주의 국가의 정치인도 이와 같은 전쟁을 되풀이하길 원하지 않았다. 전쟁 이후 맺어진 평화 체제가 실패로 돌아가는 가운데, 제1차 세계대전이 끔찍한 실수였다는 인식이 널리 퍼졌다는 사실은 미래에 있을 혹시 모를 전쟁에 대한 회의감을 더욱 강화했다. **그 어떤 것도** 제1차 세계대전을 반복하는 것보다는 낫다고 확신했던 민주주의 국가들은 적을 억제하기보다는 스스로를 억제하는 데 더 집중했다. 당시의 지배적인 인식에 대해 루스벨트는 다음과 같이 정리했다. "어떠한 행동도 하지 마라. 행동하면 전면전이 벌어질 것이다." 그 결과 "평화를 향한 갈망이 오히려 전쟁을 불러왔다".[39]

추가적으로, 국제 질서가 모든 곳에서 흔들리는 상황이어서 어느 곳에서도 방어선을 지키는 것이 어려웠다. 1939년에 이르러, 프랑스는 3개의 국경, 즉 독일, 이탈리아, 스페인과의 국경에서 파시즘 국가와 마주하고 있었다. 극동에서는 일본, 지중해와 아프리카에서는 이탈리아, 유럽에서는 독일과 맞서게 됨으로써 결과적으로 과도하게 팽창한 꼴이 된 영국 제국은 1930년대 내내 하나의 전선에서 전쟁이 터질 경우, 다른 지역에서도 심각한 취약 지대가 발생할 수밖에 없음을 알고 있었다.[40] 이처럼 동시다발적인 도전이 쏟아지는 상황은 기존 질서를 뒤엎으려는 국가에게 유리하게 작용했고, 현상을 유지하려는 세력은 전략적 판단을 함에 있어서 심각한 혼선을 겪게 되었다.

마지막 요인은 가장 치명적이었는데, 통합이 요구되는 순간에 분열이 지배했다는 것이다. 대공황의 폐해는 서방 민주주의 국가들을 이념적으로 양극화시키고 전략적으로 무기력하게 만들었다. 소련은 또 다른 종류의 분열을 겪고 있었는데, 스탈린이 자신의 군대를 숙청하고, 국민을 굶주리게 했으며, 잠재적 정적을 폭력적으로 제거했기 때문이었다. 이러한 행동은 많은 민주주의 국가로 하여금 독일만큼이나 소련을 두려워하게 만들었다.

스탈린이 1930년대에 히틀러보다 더 많은 사람을 죽였다는 사실에는 의심의 여지가 없다. 그는 또한 히틀러처럼 유럽의 세력 균형 체제에 적대적이었는데, 그는 "그 체제가 독일뿐 아니라 소련도 억압해 왔다"라고 믿었다. 물론 스탈린은 이러한 체제를 파괴하는 데 있어 히틀러만큼 급하지는 않았다.[41] 그의 전략은 소련을 자본주의와의 최종 대결에 대비해 사회주의 초강대국으로 만드는 것이었고, 이를 위한 전술은 최적의 시기가 올 때까지 가장 불가능해 보이는 동맹까지도 활용하려는 냉혹한 기회주의였다. 스탈린은 히틀러가 위험한 인물이라는 사실을 알고 있었다. 그는 스페인 내전에서는 히틀러에 맞서 일종의 대리전을 벌였고, 뮌헨 위기 당시에는 히틀러와 싸우는 것도 진지하게 고려했다. 그러나 뮌헨에서의 실패 이후, 그는 히틀러와의 미래 충돌에 대비해 시간과 공간을 벌기 위해 차라리 독일과 거래하는 것을 택했다.[42] 유럽이 파시즘이라는 하나의 급진주의에만 시달렸다면, 이에 맞서 연합하는 것이 가능했을지도 모른다. 그러나 파시즘과 공산주의라는 두 급진주의가 몰아치는 유럽에서는 더 이상 균형이 유지되지 못했다.

해외의 민주주의 국가, 즉 미국은 거의 아무런 도움도 주려 하지 않았다. 미국은 마치 지리적 위치가 자국의 안전을 보장해 줄 것처럼 행동하기로 결정했다. 제1차 세계대전을 해군 차관보로서 경험했던 루스벨트는 이것이 사실이 아님을 잘 알고 있음에도 그러한 결정을 내렸다. 그는 "그런 전쟁이 발발하지 않도록 미국이 나서게 만들 힘이 내게는 사실상 거의 없다"라고 탄식했다.[43] 1930년대 대부분의 기간 동안, 미국은 군사적으로 아무런 존재감이 없었다. 예컨대 1937년 미국은 국방비로 국민 소득의 1.5%만을 지출했는데, 이에 반해 일본은 28.2%, 독일은 23.5%, 이탈리아는 14.5%를 국방에 쏟아부었다.[44] 세계 질서의 완전한 붕괴는 결국 미국을 다시 국제무대로 불러냈지만, 이는 점점 악화되는 국제 정서가 대부분의 미국인으로 하여금 국제 문제에 관여하지 않는 것이 더 현명하다고 믿게 만든 이후의 일이었다. 따라서 1930년대 후반 영국과 프랑스가 절실하게 도움이 필요했을 때, 미국은 그 자리에 없었다. 체임벌린은 이러한 미국의 태도를 다음과 같이 냉소적으로 평가했다. "미국인에게는 말을 제외하고 **그 어떠한 것도** 기대하지 않는 것이 가장 안전하고 최선이다."[45]

이 모든 것의 결과, 연쇄적인 책무 회피 현상이 발생했다. 미국의 고립주의는 영국의 유화정책을 부추겼고, 이는 다시 프랑스를 고립시켰으며, 결국 스탈린에게 서방 민주주의 국가들이 신뢰할 수 없는 파트너처럼 보이게 만들었다. 독일 또한 이 신호를 감지했다. 미국이 개입할 "조짐이 전혀 없다"라고 히틀러의 워싱턴 주재 대사가 본국에 보고한 것이다.[46]

세력 균형은 결코 자동으로 작동하거나 저절로 조절되는 것이 아니다. 충분한 의지와 공동의 목적이 없다면, 세력 균형은 재앙적으로 실패할 수 있다. 훗날의 세대는 이 **교훈**을 잊지 않았다. 다만 그들이 치른 수업료는 그 규모와 파괴성에서 잊을 수 없을 만큼 극심한 전쟁이었다.

＊　＊　＊

카를 마르크스는 다음과 같은 말을 남겼다. "역사는 두 번 반복된다. 한 번은 비극으로 그리고 다음 한 번은 희극으로." 겉보기에, 제2차 세계대전은 제1차 세계대전의 형편없는 리메이크로 보였다. 전장이 겹치는 경우도 있었고, 등장인물도 상당수가 같았다. 달라디에가 지적했듯, 히틀러는 빌헬름 2세의 중부유럽을 추구했고, 때로는 그보다 더 많은 것을 원했다. 독일은 다시 한번 프랑스와 영국과 싸우고 있었다. 따라서 일부 사람들은 제2차 유라시아 전쟁도 제1차 전쟁과 비슷한 양상으로 전개될 것이라고 예상했을지도 모른다. 그러나 실상은 전혀 그렇지 않았다.

제2차 세계대전은 처음부터 전장의 극적인 속도와 기동성 면에서 이전과는 그 양상이 전혀 달랐다. 1939년 9월, 히틀러는 불과 몇 주 만에 폴란드를 초토화했다. 짧은 겨울 휴식기 이후, 그는 불과 두 달이 조금 넘는 시간 동안 서유럽 대부분을 무너뜨렸고, 1941년에는 소련을 침공하기 전에 그리스와 유고슬라비아까지 점령했다. 그 무렵, 일본 또한 아시아 대륙의 광범위한 지역을 정복하고 있었으며, 1941년 12월 이후 몇 달 만에 웨이크섬부터 인도 국경까지의 거점을 추가로 점령했다.

이토록 거대한 세력이 이처럼 넓은 거리를 이렇게 빠르게 점령한 적은 역사상 없었다. 1942년 초 추축국의 팽창이 최고조에 달했을 때, 전체주의 정권들이 유라시아 대륙 전체, 나아가 전 세계를 지배하는 일도 현실적으로 충분히 가능해 보였다. 그리고 유라시아의 세기의 첫 번째 대전이 현대전의 파괴력을 보여주었다면, 두 번째 전쟁은 전체주의의 공격 아래 놓인 세계 질서의 취약성을 드러냈다.

우선 제2차 세계대전은 시간과 공간의 급격한 압축을 드러냈다. 기술은 거리를 단축함으로써 침공을 더욱 가속화했다. 제1차 세계대전에서는 기술의 진보가 전장의 참혹성을 증대시켰을지언정 기동성까지 증가시키지는 못했다. 그러나 제2차 세계대전에서는 새로운 무기와 함께 도입된 새로운 개념들이 전투 양상을 근본적으로 뒤바꾸어 놓았다.

극동 지역에서는 항공모함이 일본에게 놀라운 수준의 기동 타격 능력을 제공했다. 일본 제국 해군의 주력 항모 기동 부대였던 키도 부타이는 평평한 갑판을 가진 함선으로 구성되어 있었고, 이는 전투기, 폭격기, 어뢰기를 실은 떠다니는 활주로 역할을 했다. 이 부대는 육지와 해상의 목표물 모두에게 치명적인 위협으로 다가왔으며, 광대한 작전 지역의 한쪽 끝에서 다른 쪽 끝까지 빠르게, 때로는 은밀하게 이동할 수 있었다. 그 위력은 1941년 12월부터 4월까지 단 4개월 동안 일본 항모에서 출격한 항공기들이 미국 태평양 함대를 진주만에서 초토화하고, 동남아시아부터 중앙 태평양에 이르는 영토를 점령했으며, 호주 북부를 폭격하고, 인도양의 선박과 기지를 공격하는 데 성공함으로써 명확히 드러났다.[47]

유럽에서는 전격전이 대륙을 열어젖히는 열쇠였다. 1940년 당시 전차와 급강하 폭격기를 보유한 국가는 독일만이 아니었고, 독일군의 무기는 후대의 신화적 이미지에서 보이는 것만큼 첨단이었던 것도 아니었다. 독일군을 차별화한 요소는 기갑부대와 공군의 창의적 활용이었다. 그 결과 독일군은 적의 전선을 관통하고, 후방을 파괴하며, 방어선의 중추를 무너뜨리는 데 성공했다. 또한 하급 지휘관에게 자율성과 판단권을 부여하는 문화와 더불어 이동식 무전기의 보급은 전장에서의 임기응변과 주도성을 장려했으며, 공수부대 투입과 같은 혁신적 전술도 전격전의 주요 구성 요소였다. 전격전은 전략적 깊이가 부족하거나, 급변하는 혼란 상황에 제대로 대처하지 못하는 적을 압도하기에 적절한 방식이었다. 히틀러의 전차가 프랑스를 휩쓸던 그 순간, 한 관찰자는 프랑스의 막강한 육군이 "더 이상 군대가 아니며, 그저 흩어진 덩어리들로 변해 버리고 말았다"라고 경악했다.[48]

물론 히틀러의 정복이 불가피했던 것은 아니었다. 거대한 전쟁조차도 사소한 요소들에 의해 언제든지 방향이 바뀔 수 있었다. 히틀러가 서유럽을 휩쓴 것이 충격적이었던 이유는, 독일이 연합국보다 명백히 우세하지 않았기 때문이었다. 서부전선에서 독일은 전차, 항공기, 병력 모두에서 영국과 프랑스보다 수적으로 열세였다. 그럼에도 불구하고 독일이 프랑스의 방어선과 유럽의 세력 균형을 무너뜨릴 수 있었던 것은 여러 가지 우연한 사건들의 조합 덕분이었다. 예컨대 살인적인 포화 속에서 독일군 한 부대가 뫼즈강을 영웅적으로 돌파한 일, 연합군이 아르덴숲에 정체된 독일군 기갑부대를 폭격하거나 제대로 공격하지 않은 실책, 불운과 잘못된 정보가 겹친 결과 히틀러의 선봉 기갑부대가 프랑스 방어선의 약점을 정확히 찌르며, 연합군의 방어 전체를 무력화하고 파리로 가는 길을 열게 된 것 등이다.[49]

프랑스의 함락은 정복이 누적될 수 있으며, 침략은 보상을 가져다줄 수 있다는 점을 드러냈다. 1937년, 독일군 최고 사령관 루트비히 벡 장군은 "독일은 대규모 전쟁을 수행할 만한 경제적, 군사적 기반이 없다"라고 경고했다.[50] 하지만 히틀러는 이 문제를 약탈형 경제로 해결했다. 이는 적국이 재무장하기 전에 빠르게 먼저 무장한 후, 정복한 국가의 자원을 약탈해 독일 경제에 보태는 방식이었다. 그는 오스트리아와 체코슬로바키아를 병합하면서 경제 붕괴를 피하고자 그들의 화폐, 원자재, 노동력을 강탈했다. 예를 들어 체코슬로바키아에서는 소총 150만 정, 야포 2,000문, 항공기 750대 그리고 전차 600대를 확보했다.[51]

이와 같은 전리품은, 히틀러가 스탈린으로부터 획득한 자원과 더불어, 서유럽을 공포에 몰아넣은 군사력을 만드는 데 기여했다. 이후 독일은 자원 수탈, 강제노동, 혹독한 점령세 부과를 통해 정복한 지역을 철저히 착취했다. 히틀러의 전쟁 경제 책임자이자 공군 총사령관이었던 헤르만 괴링은 "나는 약탈할 것이며, 아주 대대적으로 약탈할 것"이라고 천명했다.[52] 물론 이와 같은 일종의 전략적 폰지 사기는 영원히 지속되지는 못했다. 그러나 한동안 효과적이었던 것은 분명하며, 그 결과 단 하나의 국가가 유라시아 서부의 대부분을 장악할 수 있었다.

　　한편 수탈과 착취 정책은 그보다 더 어두운 진실을 보여주었는데, 전체주의가 지배하는 유라시아가 세계에 전략적이자 도덕적인 대재앙이 될 것이라는 점이었다. 도조 히데키는 "대동아전쟁은 악을 파괴하고 정의를 드러내는 전쟁"이라고 선언했다.53 하지만 이보다 더 진실과 거리가 먼 말은 없었다.

　　일본군이 1937년 난징을 점령했을 때, 약 20만 명의 민간인이 일본에 의해 학살되었다. 이후 일본 정부는 "모두 죽이고, 모두 불태우며, 모두 파괴하는" 삼광(三光) 정책을 시행했으며, 그 결과 중국 일부 지역의 인구는 절반 가까이 줄어들었다.54 성적, 경제적 노예화, 화학 및 생물학 전쟁, 전쟁 포로에 대한 광범위한 학살은 일본이 지배한 아시아 전역에서 만연했으며, 이는 인종적 우월주의의 신념과 지정학적 영광에 대한 환상이 결합된 정책의 산물이었다.

　　독일은 일본을 능가했다. 600만 명의 유대인을 학살하고, 약 800만 명의 '외국인 노동자'를 노예화한 사실은 히틀러 체제하의 유럽이 어떻게 운영되었을지를 보여준다. 히틀러는 한때 동맹국이었던 소련에 대한 철저한 절멸 전쟁을 벌일 계획이었으며, 그 구체적인 방식은 점령 지역의 주민을 굶겨 죽이는 것이었다. 독일 관료들은 "이 지역의 수천만 명은 불필요한 존재가 되어 죽거나 시베리아로 추방될 것이다"라고 적었다.55

　　집단학살과 지정학은 서로 얽혀 있는 악의 두 축이었다. 제거 정책은 히틀러가 원하는 생활공간을 확보하는 동시에 독일의 힘을 약화시킬 수 있는 원치 않는 인종 집단을 제거하는 수단이기도 했다. 히틀러는 "유럽에 유대인이 더 이상 없다면, 유럽 국가들의 통합은 더 이상 방해받지 않을 것이다"라고 말했다.56 그리고 유럽 유대인의 대부분이 독일 밖에 살고 있었다는 점을 감안한다면, 히틀러가 그들을 손아귀에 넣기 위해서는 정복이 필수적이었다. 이러한 정책의 실천은 극단주의와 효율성을 결합한 정부가 대규모로 학살을 자행할 수 있다는 가능성을 사실로 입증했다. 또한 처칠이 1941년에 의미심장하게 말한 것처럼, 이는 히틀러가 승리할 시 "지구상의 모든 대륙"에 닥칠 공포에 대한 경고이기도 했다.[57]

이 시점에 이르러 제1차 세계대전은 총력전의 영역에 도달했을 때 도덕적 제약이 얼마나 빠르게 사라질 수 있는지를 보여주는 교훈이 되었다. 전장에서는 정복의 규모가 전례 없이 광범위한 지역과 인구를 무방비하게 만들었고, 이들은 군사적 방어선이 무너진 후 사회를 파괴하려는 적군의 유린에 그대로 노출되었다. 전장 위에서는 공군이 영토를 점령하지 않아도 국가의 경제를 파괴하고 시민들을 공포에 몰아넣을 수 있는 새로운 가능성을 보여주었다. 추축국은 이러한 공습의 선구자였다. 1930년대 스페인과 중국 주요 도시에 대한 폭격은 공중 학살의 시대를 열었다. 하지만 산업 전쟁의 무자비한 논리를 따른 민주주의 국가들 또한 곧 공중에서 죽음을 선물하는 데 능숙한 전문가가 되었다.[58]

마지막으로, 제2차 세계대전은 유라시아의 세력 균형이 일단 무너지면, 불안정성이 얼마나 쉽게 외부로 확산하는지를 이미 전쟁 초기부터 명확히 보여주었다. 유럽을 정복한 독일은 곧 영국, 중동, 북아프리카, 지중해를 위협했다. 프랑스와 노르웨이의 기지에서 출항한 독일의 유보트는 대서양에서 전투를 벌이며 영국을 생존의 벼랑 끝으로 몰아넣었다. 독일이 정복지를 완전히 흡수하게 된다면, 전 세계적 초강대국으로 성장할 수 있었다. 히틀러는 "우리가 유럽을 지배하기만 하면, 전 세계에서 지배적 위치에 오를 수 있을 것"이라고 예언했다.[59] 또한 1941년 12월, 일본이 항공모함 기반의 공군력을 바탕으로 하와이를 공격한 사건은 유라시아의 패권이 어떻게 세계적 팽창의 발판이 될 수 있는지를 더 이상 가설의 차원이 아니라 실제로 입증했다. 이로써 전 세계 거의 모든 국가를 폭력의 소용돌이 속으로 빨려 들어가게 한 아찔한 일련의 사태가 정점에 도달했다.

* * *

되돌아보면, 전쟁의 세계화는 불가피했던 것으로 보인다. 전 세계를 정복하려는 국가는 결국 전 세계와 싸우기 마련이다. 그러나 추축국이 결과적으로 역사상 가장 거대하고, 이념적으로 극히 달랐던 연합을 불러냈다 하더라도, 사태가 반드시 이렇게 흘러갈 필요는 없었다.

전쟁 중의 동맹 구도는 1939년에서 1941년 사이 전장만큼이나 현기증이 날 정도의 속도로 빠르게 바뀌었다. 처음에는 프랑스와 영국이 독일에 맞서는 전쟁으로 시작했지만, 프랑스가 패한 뒤에는 이탈리아와 독일이 영국과 싸우는 전쟁이 되었고, 그 후에는 소련, 미국, 영국이 추축국과 싸우는 전쟁으로 바뀌었다. 단, 소련의 경우 1945년까지 일본과 싸우기를 회피하기는 했다. 어쨌든 만약 전쟁 중 다른 선택이 있었다면, 전쟁의 결과 역시 완전히 달랐을지도 모른다.

사실 1940년 초, 영국과 프랑스는 소련을 공격하는 방안을 검토했다. 소련은 민주주의 국가인 핀란드를 침공했고, 실제로 이때까지는 히틀러와 협력 관계에 있었기 때문이다. 당시 영국 해군성 장관은 "우리는 머지않아 소련과 전쟁 상태에 놓일지도 모른다"라고 밝혔다.[60] 게다가 만약 1940년 후반에 영국이 항복했더라면, 점령된 유럽은 다시 반격할 거점을 잃게 되었을 것이고, 연합국은 결성되지 못했을지도 모른다. 그로부터 1년 뒤, 미국이 점차 증가하는 독일과의 갈등 속에서 일본과의 전면전을 선택하지 않았거나, 히틀러가 이에 반응해 미국에 선전포고를 하지 않았더라면, 2개의 서로 다른 지역 전쟁이 하나로 합쳐지는 일도 없었을 수 있다. 결국 전쟁이 세계화된 것은 결코 필연적인 일은 아니었다. 이는 무너져 내리는 세계 질서 속에서, 핵심적인 지도자들과 그들의 결정이 지정학의 구도에 어떻게 영향을 주는지를 보여준다.[61]

프랑스가 무너진 뒤에도 영국이 계속해서 싸울 것이라는 보장은 없었다. 당시 외무부 장관 핼리팩스 경이 이끄는 일부 세력은 독일과의 타협적 평화를 모색하자고 주장하기도 했다. 실제로 침공의 위협이 현실적이었기 때문이다. 영국군은 임기응변에 따른 즉흥적인 프랑스에서의 철수 작전 덕분에 간신히 살아남을 수 있었고, 독일의 유보트 전쟁은 점점 격화되고 있었으며, 이탈리아까지 합세해 지중해에서 영국의 보급선을 공격하고 있었다. 한 각료는 영국이 "유럽 대륙에서 독일에 맞설 수 있는 대규모 군사 저항이 붕괴했다는 사실 그리고 이제 독일의 전면적인 맹공이 영국 본토를 향할 것이라는 전망"에 직면하고 있다고 썼다.[62] 그럼에도 영국이 살아남을 수 있었던 데에는 몇 가지 요인이 중요한 역할을 했다. 우선 지리적으로, 영국은 히틀러의 육군이 즉시 침공할 수 없는 바다 건너에 위치해 있었다. 또한 해군의 우위를 통해 바다를 통한 침공으로부터 섬을 방어할 수 있었다. 더불어 기술 발전, 정확히 말하면 레이더 기술의 진보로 영국 공군이 영국 상공의 제공권을 확보할 수 있었다. 마지막으로, 새로 취임한 총리의 개인적 특성이 주요했는데, 이는 앞에 언급된 모든 이점을 결정적으로 증폭시켰다.[63]

윈스턴 처칠은 마치 과거에서 온 인물처럼 보였다. 한 동시대인은 그를 두고 "역사적 규모의 모험주의자이자, 영국 제국주의와 전쟁에 대한 낭만주의자"라고 평했다.[64] 그러나 처칠은 사실 당시의 결정적인 순간에 꼭 맞는 인물이었다. 영국인 아버지와 미국인 어머니 사이에서 태어난 그는, 영국의 구원이 달려 있던 대서양 양쪽의 통합을 상징하는 인물이었다. 군사 전략에 대한 그의 생각은 비록 종종 아마추어적이기는 했지만, 전쟁의 본질과 그 중대성에 대한 통찰은 매우 예리했다. 무엇보다 처칠은 탁월한 웅변과 불굴의 끈기라는 공존하기 힘든 요소를 모두 겸비한 매우 드문 인물이었다. 한 동료는 그를 두고 "이 순간을 위해, 우리가 가진 유일한 사람"이라고 말했다.[65]

처칠의 초기 기여는 주로 심리적인 측면에서 이루어졌다. 그는 먼저 핼리팩스를 반박했는데, 히틀러와의 평화는 단지 궁극적으로는 처리해야 할 일을 잠시 미루는 것일 뿐이라고 지적했다. 그는 "신세계가 모든 힘과 위엄을 가지고 구세계를 구출하고 해방하기 위해 나설 때까지” 영국이 그 어떤 대가를 치르더라도 싸움을 계속할 것이라고 선언했다.[66] 이는 미국의 개입을 호소하는 말이자, 혹여 영국이 결국 항복해 버릴 것을 두려워하여 지원을 주저할지도 모르는 미국에 하는 약속이기도 했다. 무엇보다도 처칠은 영국이 저항해야 하는 본질적 이유를 설명함으로써 국민의 용기를 이끌어 냈다. 그는 만약 영국이 독일에 저항하지 않으면, “세계는 새로운 암흑시대의 심연으로 빠져들 것”이라고 말하며, 영국이 지지만 않으면 결국에는 승리할 것이라고 약속했다. 처칠은 “히틀러는 우리를 이 섬에서 굴복시키지 못하면 궁극적으로 전쟁에서 패배할 것이라는 사실을 알고 있다”라고 주장했다.[67]

히틀러는 영국을 무너뜨리지 못했다. 1940년 7월과 10월 사이, 영국 공군의 스핏파이어와 허리케인 전투기들이 영국 본토의 항공전에서 독일 공군의 포커와 메서슈미트 전투기들을 간발의 차로 무찔렀다. 독일 측의 실수도 주요했다. 히틀러는 충동적으로 영국 공군을 공격하던 것을 멈추고, 대신 영국의 도시를 폭격하라고 명령했다. 이는 비록 영국 국민을 공포에 빠뜨리기는 했지만, 영국 공군이 절실히 필요로 하던 재정비의 시간을 제공했다.[68] 이 승리로 영국은 독일의 침공이라는 직접적인 위협을 막아내는 데 성공했고, 히틀러가 결코 무적이 아님을 전 세계에 보여주었다. 그러나 영국은 여전히 위기에 처해 있었다. 히틀러의 잠수함이 해상 보급로를 차단한다면 식량이 바닥나거나 전쟁 수행을 위해 필요한 자금이 모자랄 수도 있었다. 처칠이 언급했듯, “빠르고 압도적인 타격”의 위협은 이제 “길고, 점차 무르익어 가는 위험”으로 바뀌었다.[69] 또한 영국이 구체적으로 어떻게 반격에 나설 수 있을지에 대해서는 여전히 아무도 답을 제시하지 못했다.

동맹을 확보하는 것은 필수적이었다. 영국 군 수뇌부는 미국의 협력이 없다면 “승리의 희망은 희박하다”라고 진단했다.[70] 그러나 처칠의 더 즉각적인 희망은 스탈린이 히틀러를 배신하는 것이었다. 혁명적이고 팽창주의적인 두 체제가 공존하기는 어렵고, 결국 한 체제의 목표는 다른 체제의 생존을 위협하기 마련이었기 때문이었다. 1940년 6월, 처칠은 스탈린에게 메시지를 보내 "독일이 유럽 대륙의 패권을 차지할 가능성"이라는 공통의 위협을 강조하며, 유럽의 양 끝에 위치한 영국과 소련이 히틀러를 양쪽에서 협공하자고 제안했다.[71]

당시 스탈린은 히틀러와의 동맹을 통해 상당한 이익을 보고 있었기 때문에 처칠의 제안에 아무런 응답도 하지 않았다. 그러나 처칠의 예감은 틀리지 않았다. 1940년 말이 되자, 독일과 소련의 동맹은 흔들리기 시작했다. 이는 특히 서부전선에서 영국의 끈질긴 저항에 가로막힌 히틀러가 동쪽에서 새로운 해법을 찾으려 했기 때문이었다.

1941년 6월 히틀러의 소련 침공은 오랜 시간 예견되어 온 일이었다. 이는 방대한 영토와 자원을 보유함으로써 강력한 제국을 건설하려는 그의 구상 속 일부였다. 그는 "인도가 영국에게 한 역할을 러시아의 영토가 우리에게 할 것이다"라고 말한 바 있었다.[72] 그러나 히틀러는 단순한 제국 건설을 넘어, 영국을 굴복시키기 위해서라도 소련을 무너뜨려야 한다고 믿었다. 소련이 전쟁에 개입할지도 모른다는 희망이 영국으로 하여금 아직 전쟁을 포기하지 않게끔 만드는 이유라고 믿었기 때문이다. 히틀러는 무솔리니에게 "영국은 지금까지 항상 유럽 대륙의 지원을 받아 전쟁을 수행해 왔다"라고 말했다.[73] 결국 영국을 무너뜨리기 위해서는 소련의 원조 가능성에 대한 희망 자체를 파괴해야 했다.

이 도박은 거의 성공할 뻔했는데, 그 이유는 스탈린이 처칠의 공격 임박 경고를 전형적인 자본주의자의 기만행위라고 무시했기 때문이다. 제대로 준비가 되어 있지 않았던 붉은 군대는 당시로서는 적수가 없던 독일군을 급작스럽게 맞닥뜨렸고, 그 결과 수백만의 병력을 잃었다. 가을 말까지 히틀러의 전차와 병력은 레닌그라드에서 로스토프에 이르는 전선을 점령했다. 스탈린이 살아남을 수 있었던 것은 혹독한 겨울과 급히 구성된 모스크바 방어선 덕분이었다. 여기에 히틀러가 어느 진격 방향에 우선순위를 둘지를 두고 시간을 우유부단하게 허비한 것도 독일에 치명적으로 작용했다. 히틀러는 "모든 전쟁의 시작은 마치 어두운 방의 문을 여는 것과 같다"라고 말했는데, 이 침공은 실제로 놀라운 결과를 낳았다.[74]

한때 공포정치로 자신의 인민을 억눌러 왔지만, 스탈린은 이제 인민을 구하는 애국자이자 민족의 구원자로 변모했다. 그는 "소련 인민이 자유롭게 남을 것인가, 아니면 노예 상태로 전락할 것인가가 당면한 문제"라고 선언했다.[75] 소련과 영국 사이의 동맹은 한때 불가능한 일처럼 보였지만, 이제는 현실이 되었다. 처칠은 "독일을 박살 내기 위해서라면, 나는 그 누구와도, 심지어는 악마와도 동맹을 맺겠다!"라고 발표했다.[76] 그러나 가장 중요한 것은, 모스크바 외곽에서 이루어진 소련의 저항이 미국의 시기적절한 지원 덕분에 가능했다는 사실이다. 미국에서 보낸 전차, 트럭, 연료, 기타 물자는 소련의 방어에 결정적인 역할을 했고, 이는 미국이 다시 한번 유럽 전쟁의 최종 결정권자가 되었음을 보여주었다.

* * *

1941년 중반이 되자, 거의 모든 이가 가장 멀리 떨어진 강대국, 즉 미국이 잠재적으로 가장 중요한 역할을 할 수 있을 것이라는 사실을 인지하고 있었다. 스탈린은 미국의 특사 해리 홉킨스에게 "미국이 전쟁을 선포한다면, 그것만으로도 히틀러를 무너뜨릴 수 있을 것이며, 어쩌면 단 한 발의 총알도 쏘지 않아도 될지도 모른다"라고 말했다.[77] 히틀러 역시 미국의 움직임을 주시하고 있었다. 소련에 대한 그의 공격은 사실 미국의 개입을 사전에 차단하려는 의도에서 비롯된 것이었다. 그러나 여기에는 한 가지 문제가 있었다. 공격이 성공한다면 미국의 참전을 막을 수 있겠지만, 실패할 경우 오히려 미국의 개입을 재촉하게 될 것이라는 점이었다.

프랭클린 루스벨트는 전쟁 지도자로서는 어울리지 않는 인물처럼 보였다. 성인기에 발병한 소아마비로 인해 신체적 장애를 갖게 된 그는 종종 과소평가를 당했다. 무솔리니는 그를 가리켜 "화장실이나 식당에 가기 위해서는 다른 사람의 도움을 받아야 하는 불구자"라고 비하하기도 했다.[78] 그러나 백악관에 입성한 대통령 중 아마도 가장 노련한 정치인이었을 그는 스스로는 결코 적을 과소평가하지 않았다. 이는 설령 미국 내 고립주의 정서 때문에 적들과 직접 맞설 일이 없을 때에도 마찬가지였다. 그는 오래전부터 히틀러를 '악의 전조'로 간주해 왔고, 증오와 폭력에 기반을 둔 정권은 언젠가 그 고통을 세계로 수출하게 된다는 점을 꿰뚫어 보았다.[79] 그는 1940년, "추축국은 그들과 우리의 통치 철학 사이에 궁극적인 평화란 있을 수 없다고 주장한다"라고 밝혔다.[80] 세계가 전쟁으로 불타오르기 시작하자, 루스벨트는 미국이 그 불길을 그냥 내버려둘 수는 없다고 국민들을 설득하려 했다.

프랑스가 함락되면서, 루스벨트의 대국민 교육 캠페인은 더 시급한 과제가 되었다. 이제 독일과 서반구 사이를 가로막는 유일한 방어선은 영국 해군뿐이었기 때문이다. 그는 연설, 라디오를 통한 노변담화爐邊談話, 기자회견 등을 통해 유라시아를 정복한 세력이 어째서 유라시아를 넘어 계속 팽창했는지를 설명했다. "유라시아 대부분을 정복한 자들이 '나는 이미 세계의 3분의 2를 차지했고, 무장도 다 갖췄는데, 왜 나머지 3분의 1인 아메리카 대륙까지는 가지 말아야 하지?'라고 생각하는 건 인간 본성이다."[81] 그는 매킨더의 이론을 따라 육지에서의 패권이 곧 해상에서의 패권으로 이어진다고 주장했다. "만약 아메리카 대륙 바깥의 세계가 추축국의 지배 아래 들어간다면", 독일의 조선 능력은 서반구 전체보다 두세 배 더 강력해질 것이며, 그 정도면 "승리하기에 충분할 것"이었다.[82] 그는 또한 스파이크먼의 말을 예상해, 독일이 새롭게 얻은 경제력을 이용해 남미 국

가들을 베를린의 꼭두각시로 만들 수도 있다고 경고했다.[83]

루스벨트에 따르면, 추축국이 지배하는 질서로 세계가 재편될 경우 미국 국민은 "감옥에 갇혀 수갑을 찬 채 굶주리고, 다른 대륙의 냉소적이고 무정한 주인으로부터 매일 철창 사이로 먹을 것을 받는 처지가 될 것"이라고 말했다.[84] 그는 설령 미국이라는 국가 자체는 생존하더라도, 미국의 자유는 유지되지 못할 것이라고 보았다. "그런 세계에서 살아남으려면, 우리는 영구적으로 전시 경제를 기반으로 둔 군국주의 국가로 전환해야" 한다.[85] 다시 말해, 벌거벗고 고립된 미국은 스스로를 방어하기 위해 스스로를 파괴해야 할지도 몰랐다.

많은 미국인이 루스벨트의 주장에 동의하지 않았다. 1930년대 동안, 미국 의회는 중립이라는 이름을 내세워 사실상 고립주의를 법제화했다. 예컨대 미국 정부가 교전국에 무기를 판매하거나 전쟁 중인 국가를 지원하는 것을 금지하는 여러 엄격한 법률들이 제정되었다. 제2차 세계대전의 발발은 또다시 격렬한 국내 논쟁을 촉발했다. 찰스 린드버그와 같은 비판자들은 '유럽의 영원한 전쟁'에 개입하는 것은 무의미하며, 미국이 절망에 빠진 유대인과 음모를 꾸미는 영국인들에게 속고 있다고 경고했다.[86] 저명한 지식인과 고위급 군 관계자들 역시, 미국이 제대로만 준비한다면 적대적인 세력으로부터 서반구를 충분히 방어할 수 있으며, 영국을 지원하게 되면 정작 자국에 필요한 자원을 낭비하게 될 것이라고 주장했다.[87] 무엇보다도 비개입주의자들은 민주주의를 수호하기 위한 전쟁이라는 개념 자체를 모순이라고 여겼다. 버튼 휠러 상원의원은 징병제와 다른 강제적인 조치들이 "살아남은 마지막 민주주의의 목을 벨 것"이며, "이는 히틀러에게 있어 가장 크고 값싼 승리가 될 것"이라고 외쳤다.[88] 이는 미국 내부에서 오랫동안 계속되어 온 대논쟁의 반복으로, 유라시아의 전쟁에 개입하는 것과 개입하지 않는 것 중 어느 것이 미국적인 삶의 방식에 더 큰 위협을 주는 것인지에 관한 논쟁이었다.

　　루스벨트의 과제는 추축국의 팽창으로 인해 다시는 끼어들 수 없게 되기 전에 분열되어 있는 미국을 붕괴해 가는 세계로 이끌어 가는 것이었다. 그의 전략은 여론을 움직이되, 결코 여론을 앞질러 가지는 않는 것에 있었다. "앞에서 누군가를 이끌어 나가려고 할 때, 고개를 돌려 뒤를 보았는데 아무도 따라오고 있지 않는 것만큼 끔찍한 일은 없다"라고 그는 말했다.[89]

　　루스벨트는 중립법을 완화해 연합국에 무기 판매를 허용하거나, 전시가 아님에도 전례 없는 수준의 군비 확장을 통해 미국을 재무장하는 정책을 전쟁을 피하기 위한 조치로 이용했다. 또한 그는 전통적이지 않은 방식을 통해 원조를 제공하기도 했다. 예컨대 독일 잠수함의 공격으로 위기에 처한 영국에 미국의 구식 구축함을 넘겨주는 대신, 뉴펀들랜드에서 카리브해에 이르는 영국 영토에 미군 기지를 건설할 수 있는 권리를 얻는 방식이었다. 그의 가장 대담한 구상은 바로 무기대여법이었다. 이는 돈이 부족한 영국에 무기 및 물자를 무상으로 제공하는 것이었고, 나중에는 소련도 대상에 포함되었다. 그러나 루스벨트는 일상적인 비유를 사용하여 이 급진적인 조치를 상식처럼 보이도록 만들었다. 이웃집이 불타고 있는 것을 보면, 그에게 소방 호스를 판매할 것이 아니라, 내 집까지 불타기 전에 그가 호스를 쓸 수 있도록 해 줘야 한다는 것이었다. 그 와중에 루스벨트는 전례 없는 3선 연임에 성공했다. 이는 세계에서의 민주주의를 지키기 위해 자국 내 민주주의 규범을 어느 정도 어긴 것이었다.[90]

　　1941년 말, 미국은 '민주주의의 무기고'가 되어 있었다. 미국은 아직 공식적으로 참전하지는 않았지만, 전쟁의 향방에 분명히 영향을 미치고 있었다. 미국은 다시 한번 군사적인 초강대국으로 거듭나고 있었다. 1940년, 루스벨트는 연간 5만 대의 항공기 생산을 승인했고, 그 사이 미 해군은 9척의 전함, 11척의 항공모함, 8척의 중순양함, 31척의 경순양함 그리고 181척의 구축함 건조를 발주했다. 미 해군은 대서양에서 상선 호송 작전을 수행하고 있었고, 루스벨트는 독일 잠수함에 대한 '발견 즉시 사격' 정책을 채택했다.[91] 루스벨트의 참모총장인 윌리엄 리히 제독은 "이 명령을 이행하는 것은 추축국과의 비공식적 전쟁 상태를 초래할 것"이라고 썼다.[92] 따라서 루스벨트는 처칠의 기대에 미칠 정도로 빠르지는 않았을지 몰라도, 히틀러를 자극하기에는 충분한 조치를 취하고 있었다.

독일의 워싱턴 주재 대사는 루스벨트가 히틀러를 "광적인 증오심"을 가지고 바라봤다고 기록했다.[93] 히틀러 본인도 무기대여법을 "전쟁 행위"로 규정했다.[94] 미국과 독일은 1917년과 같은 이유로 충돌하고 있었는데, 대서양 건너편에서의 지원이 독일의 적을 살려 내고 있었던 것이다. 그러나 루스벨트도, 히틀러도, 아직은 즉각적인 전쟁을 원했던 것은 아니었다. 전자의 경우, 대부분의 미국인이 **다른 나라들**이 독일을 이기도록 돕는 것을 원하고 있었기 때문이고, 후자의 경우 미국의 힘이 과거에 이미 독일을 패배로 이끈 적이 있었기에 조심했기 때문이다. 따라서 해상에서의 충돌 사건이 점점 쌓여 가고 있었음에도 불구하고, 히틀러는 미국의 개입을 지연시키기 위해 유보트 지휘관들에게 자제하라고 명령했다. 그와 동시에, 세계의 다른 한쪽에서 미국의 또 다른 적을 부추겨 주의를 분산시키려 했다.[95]

미국과 일본의 관계는 중국에서의 전쟁 때문에 악화되고 있었다. "우리가 아시아에서 마지막 짐까지 모두 철수할 준비가 되어 있지 않다면, 정면충돌은 불가피할 것"이라고 미국 대사 조지프 그루는 말했다.[96] 하지만 대서양에서와 마찬가지로, 어느 쪽도 전면전을 원하지는 않았다. 일본은 자신들이 경제적으로 미국보다 훨씬 열세임을 정확히 이해하고 있었다. 1941년, 미국의 GDP는 일본의 12배에 달했다.[97] 루스벨트는 히틀러가 더 큰 위협이라는 점을 인식하고 있었다. 그는 "말 그대로 해군이 부족해서 모든 곳을 방어할 수 없다"라고 말했다.[98] 따라서 루스벨트는 1940년 내내 중국의 장제스 정부에 제한적인 지원만 제공했고, 일본에는 다소 온건한 경제 제재를 가했으며, 전면적인 석유 금수 조치 같은 더 큰 피해를 줄수도 있지만 훨씬 도발적인 방법들을 아직 아껴 두었다.

그럼에도 전쟁은 결국 일어났다. 이는 유럽에서 시작되어, 아시아에반향을 일으켰고, 다시 원점으로 돌아온 일련의 사건들 때문이었다. 1940년 히틀러의 승리는 일본으로 하여금 독일과 이탈리아와 동맹을 맺고, 패배한 프랑스, 절망에 빠진 영국, 주의가 분산된 미국을 틈타 인도차이나로 남진하도록 유혹했다.[99] 그러나 일본 관료들이 삼국동맹조약이 미국을 억제할 것이라 믿었다면, 상황을 오판한 것이었다. 동맹은 단지 일본이세계를 파괴하고 있는 승냥이 떼에 합류했음을 명백히 보여줬을 뿐이었다.[100] 1941년 중반, 일본이 인도차이나 남부를 점령하자, 미국은 전면적인 석유 금수 조치와 일본 자산에 대한 동결로 대응했다. 이러한 제재는자원을 빨아먹는 중국에서의 전쟁이 역설적으로 일본으로 하여금 미국산석유, 고철, 항공 연료에 더욱 의존하게 만들었음을 드러냈다. 따라서 금수 조치는 일본의 전쟁 수행이 멈출 수밖에 없는 카운트다운을 시작했고, 이는 동아시아의 석유를 확보하려는 공격과 더불어 미국 함대를 무력화하기 위한 진주만 공격으로 이어지게 되었다.[101]

"이 얼마나 무모한 전쟁이란 말인가!" 히로히토 천황은 이전에 이렇게 외친 바 있었다.[102] 진주만 공격을 설계했던 야마모토 이소로쿠 제독도이에 동의했다. "디트로이트의 자동차 공장과 텍사스의 유전을 두 눈으로본 사람이라면, 일본이 미국과 해군 경쟁을 벌일 국가적 역량이 없다는 것을 안다."[103] 그러나 일본 지도자들은 팽창하지 않으면 질식할 것이라고믿었다. 그들은 평화를 위한 대가로 굴욕과 후퇴를 받아들일 마음이 없었다. 일본은 또한 나름 군사적으로 유리한 위치에 있었다. 당시 일본은 항공모함 10척을 보유했던 반면, 미국은 태평양에 단 3척을 가지고 있었다. 하지만 이 기회는 미국이 산업적 역량을 선박을 대량 생산하는 데 집중한다면 금방 사라질 것이었다.[104] 따라서 일본은 모든 것을 걸고, 미 해군을 타격한 뒤, 섬으로 이루어진 강력한 거점망인 '태평양 요새Fortress Pacific'를 구축하려는 도박에 나섰다. 이는 일본이 쇠약하고 민주적인 미국은 정면으로 맞서려 하지 않을 것이라고 기대했기 때문이다. 일본이 아시아 제국을 상실하느니 차라리 국가의 파괴 가능성을 택한 것은, 당시 일본의 정치 문화뿐만 아니라 20세기 지정학의 본질을 보여준다.

상황이 이렇게 될 때까지, 루스벨트는 무슨 생각을 하고 있었을까? 그가 독일이라는 더 큰 위협을 다루면서도 일본을 확실하게 도발할 정책을 추진했다는 사실은 육군 참모총장 조지 마셜 같은 그의 최측근들조차 경악하도록 만들었다.[105] 어쩌면 정치적 술수의 달인이었던 루스벨트는 유럽 전쟁으로 들어가는 '뒷문'을 찾고 있었는지도 모른다. 실제로 진주만 공격 후 나흘 만에 히틀러가 그 문을 열어버리고 말았다. 하지만 현실은 훨씬 단순했다. 루스벨트는 기존 질서가 너무나도 흔들렸기 때문에, 어느 전선에서든 추가적인 공격이 발생한다면 그 질서 자체가 완전히 무너질 수 있다고 우려했다.

루스벨트는 "유럽, 아프리카, 아시아에서 벌어지는 거대한 갈등이 모두 하나의 세계적 충돌의 일부"라고 믿었다. 서로 얽혀 있는 지역적 팽창이 전 세계를 불안정하게 만들고 있다는 것이었다.[106] 그는 또한 중국이 패배하도록 내버려둘 경우, 일본군이 중국을 지나 이미 고전하고 있던 소련을 침공하거나 결국 파멸시킬 수도 있다고 두려워했다. 따라서 루스벨트는 일본이 넘어서는 안 될 선을 제시했고, 그 선을 넘을지 말지에 대한 최종 결정은 일본에 맡겼다. 그는 일본이 "우리를 지나치게 위험에 빠뜨리지 않으면서도" 먼저 싸움을 시작하기를 원했다.[107] 물론 진주만 공격은 루스벨트가 지불하려던 대가를 초과하는 일이었다. 우연히 부재중이었던 미국 항공모함은 살아남았지만, 방심하고 있던 태평양 함대를 궤멸시켰기 때문이다. 하지만 진주만 공격의 결과, 즉각적으로 대일전쟁에 대한 미국 내 전국민적 합의가 이루어졌고, 히틀러가 곧 전쟁을 선포함에 따라 독일과의 전쟁에 대한 합의도 뒤따랐다.

비록 전투가 서로 다른 장소에서 벌어졌고, 우선순위가 갈리며 자원 배분에 갈등이 있었지만, 사실은 그 모든 것이 하나의 지구적 전쟁의 퍼즐 조각처럼 맞물려 있었다. 히틀러의 프랑스 정복은 일본을 삼국동맹조약에 가입하도록 만들었다. 또한 일본이 동남아시아로 진출하고 미국과 충돌하는 계기로 작용했다. 미국은 주로 독일의 세력 확장에 대응하기 위해 재무장을 시작했지만, 그 과정에서 일본의 기회는 점점 줄어들었다. 히틀러는 일본이 미국을 공격하도록 부추기려 했고, 진주만 공격이 그 효과를 거두었다고 믿었을 때 전쟁을 선포했다. 리벤트로프가 환호하며 말한 대로, "이는 미국에게는 큰 타격이었고, 영국에는 그보다 더한 것이었다". 그에 따르면, 이는 "전쟁이 시작된 이래 가장 중요한 사건"이었다.[108] 1941년 12월 무렵, 순수하게 지역적인 위기란 더 이상 존재하지 않았다. 분쟁으로 가득한 세계에서 사건과 선택들은 미친 듯이 튕겨 나가며 상호 충돌했다.

* * *

훗날 처칠은, 진주만 공습 이후 "구원받고 감사하는 자의 마음으로 잠을 잤다"라고 기록했다. 그에 따르면, 비록 전투는 남아 있었지만, 전쟁은 끝난 것이나 마찬가지였다. "히틀러의 운명은 결정됐다. 무솔리니의 운명 역시 마찬가지였다. 일본인의 경우, 그들은 가루가 되도록 으깨질 것이다. 나머지는 단지 압도적인 힘을 적절히 적용하는 문제일 뿐이었다."[109] 이후의 생산 통계를 보면, 이와 같은 판단은 옳아 보인다. 1943년, 미국의 산업 생산량은 독일의 4배였다. 연합국은 15만 1,000대의 항공기를 생산한 반면, 독일은 4만 3,000대를 생산했다.[110] 히틀러는 이제 미국, 러시아 그리고 영국으로 구성된 거대한 동맹과 싸우고 있었으며, 처칠은 이를 "세상이 본 적 없는 가장 위대한 힘의 집중"이라고 의기양양하게 표현했다.[111]

그러나 실제로는 처칠 역시 그가 훗날 주장한 것만큼 편안히 잠들 수는 없었다. 진주만 이후 1년 동안은 전쟁의 결과가 매우 불확실했기 때문이었다.

이때까지만 해도 추축국이 경제적으로 몰락할 수밖에 없는 운명이었다는 점이 그리 명확하지 않았다. 유럽 대부분을 포함하는 '대독일'은 인구와 GDP가 미국보다 더 많았을 것이며, 중공업, 원자재, 풍부한 노동력 등 '강력한 경제 블록'을 구성하는 모든 요소를 갖추었을 것이다.[112] 한편 일본은 동남아시아에서 석유, 고무 그리고 기타 여러 자원을 확보하고 있었다. 리처드 오버리는 "1942년까지는 추축국에 유리한 전세가 유지되었으며, 미국의 경제력이 본격적으로 동원되기 전에는 그들이 승리할 가능성도 충분히 있었다"라고 평가했다.[113] 따라서 가장 중요한 문제는 연합국이 반격을 가하기 전에 추축국이 점령 지역의 문을 닫아버릴 수 있느냐였다.

유럽과 중동 지역에서는 전망이 불투명했다. 1941년 말, 루스벨트는 "모든 상황이 끔찍하다"라고 적었다.[114] 소련은 간신히 버티고 있었고, 1942년 나치의 공세가 재개되면서 스탈린그라드와 더불어 결정적으로 중요한 캅카스 유전지대가 위험에 처했다. 독일은 1941년 그리스를, 1942년 토브루크를 점령하며, 동지중해를 장악했다. 에르빈 로멜 장군의 기갑부대가 이집트로 진격하자, 히틀러는 '승리의 여신'이 자신에게 미소 짓고 있다고 느꼈다.[115] 유럽 본토에서 이미 주변부로 밀려나 있던 연합국은, 언젠가 유럽에 재진입하려 할 때 반드시 필요한 전초기지와 보급로마저 상실할 위기에 처했다.

연합국은 또한 대서양마저 잃을 위기에 있었다. 무제한으로 작전 중이던 히틀러의 유보트는 서반구 해역을 활보했고, 준비가 형편없었던 미국은 동부 해안 도시의 등화관제와 같은 기본적인 조치조차 하지 못했다. 항로에서의 대학살은 멈출 기미가 없었고, 1942년 12월에 영국 해군이 사용할 수 있는 연료는 단 2개월분밖에 남지 않았다.[116] 북극해의 상황도 마찬가지로 심각했다. 노르웨이를 거점으로 삼은 나치의 습격선과 폭격기들이 아르한겔스크로 향하는 연합군 보급선단을 괴멸시켰기 때문이었다. 그중 하나인 PQ17 호송대는 34척 중 23척을 잃었고, 그 배 안에 있던 3,350대의 차량, 430대의 전차, 210대의 폭격기도 함께 손실되었다. 미국이 아무리 초강대국이었다고 해도, 그 전력이 전장에서 사용되지 못한다면 승리를 보장하지 못했다. 처칠은 루스벨트에게 "당신의 방패였던 바다가 이제 당신을 가두는 감옥이 되려 하고 있다"라고 말했다.[117]

그다음으로 태평양 전선이 있었다. 당초 연합국은 우선 독일에 집중할 계획으로 태평양에서는 단순히 방어하는 데 그치고자 했다. 그러나 미 해군 작전부장 어니스트 킹 제독은 이러한 관점을 수정했다. "일본은 우리가 '방어'하도록 방관하지 않을 것이며, 전면전으로 몰아붙일 것이다."[118] 진주만 공격 이후 불과 4개월 만에 일본은 싱가포르와 필리핀, 버마에서 뉴기니에 이르는 동남아시아 그리고 거의 날짜변경선에 이르기까지의 태평양을 점령했으며, 단 1척의 주요 군함도 잃지 않았다. 한 일본 제독은 이를 두고 "전 세계가 이제 우리 제국을 중심으로 돌아가게 될 것"이라고 기뻐했다.[119] 하와이와 캘리포니아의 주요 항공기 생산 시설은 위협받고 있었다. 또한 향후 반격을 위한 핵심 거점인 호주조차 호주 총리의 말대로 "심각한 위협에 놓여" 있었다.[120]

제2차 세계대전에서의 승리는 단순히 산업 생산력의 숫자놀음만으로 결정되지 않았다. 연합국은 자신들보다 더 잘 훈련되고, 더 잘 무장하고, 더 실전 경험이 많은 적의 공격을 막아내야 했다. 그들은 또한 전 세계적인 보급선을 방어하고, 위험한 해역을 가로질러 병력을 이동시켜야 했다. 유럽과 태평양 상공의 격전지를 장악해야 했고, 적이 차지한 지역을 되찾기 위해 수십 차례의 격렬한 상륙작전을 수행해야 했다. 이는 궁극적으로 적의 심장부까지 도달하기 위함이었다. 루스벨트의 말대로, "이 전쟁은 새로운 성격의 전쟁"이었다. "전 세계의 모든 대륙, 모든 섬, 모든 바다, 모든 항로가 포함되는 전쟁"이었던 것이다. 물론 연합국은 '막대한 잠재력'을 보유하고 있었지만, 만약 연합국이 '서로 고립되거나' 전 지구적 전쟁이 제기하는 난관에 좌초되었다면, 그 힘은 아무런 의미가 없었을 것이다.[121]

설상가상으로, 겉보기에는 무한해 보이던 미국의 힘이 당시로서는 아직 상당히 제한적이었다는 점이다. 1941년이 될 때까지 루스벨트는 여전히 미군을 유럽에 파병하는 것조차 제대로 구상하지 않은 상태였다.[122] 미국은 군대를 영국이나 그 너머의 적국 해안으로 실어 나를 수 있는 수송선조차 부족했다. 훗날 일본과 독일을 초토화할 폭격기 함대는 아직 건조 중이었다. 처칠이 지적했듯, 미국은 막대한 군사적 **잠재력**을 지녔지만, 실제 가용 가능한 **군사력**은 제한적이었다. "우리 두 나라 모두 잔혹한 전쟁술에 대해 배울 것이 아직 많다"는 것이 그의 평가였다.[123]

만약 추축국이 더 영리했다면, 배우는 과정이 훨씬 더 가혹했을지도 모른다. 히틀러가 1940년 중반 파시즘 스페인의 참전 제안을 수락했더라면, 추축국은 지브롤터를 점령하고, 지중해를 봉쇄해, 북아프리카에서 영국군을 격파했을 수도 있다.[124] 만약 1941년 일본과 독일이 함께 소련을 공격했다면, 민주주의 국가들은 유라시아 전체가 추축국 세력 아래 통합되는 상황을 눈뜨고 지켜보게 되었을 수도 있다. 또한 1941년 12월, 일본군이 경비가 허술했던 오아후섬을 점령했다면, 미국은 하와이를 빼앗기고 태평양 전선에서 서부 해안까지 후퇴해야 했을지도 모른다.[125] 이 중 아무것도 실제로 일어나지 않았지만, 모두 현실적으로 충분히 가능한 일이었다.

최악의 시나리오는 추축국이 중동 지역과 인도양으로 진출하는 것이었다. 1942년 4월, 일본은 인도양에 항공모함을 투입함으로써 처칠을 경악하게 만들었다.[126] 같은 시기 독일은 북아프리카와 캅카스를 통해 중동 지역에 접근하고 있었다. 루스벨트는 독일군이 돌파에 성공할 경우, "독일과 일본이 합류할 것이며 인도양을 잃을지도 모를 가능성"에 대해 우려했다.[127] 추축국끼리 연결되는 것은 호주와 영국의 연결을 차단하고, 중국 및 소련과의 연결도 단절되며, 중동의 석유가 적의 손에 넘어가고, 연합국이 전쟁을 벌이고 있던 여러 전선이 사실상 고립되는 것을 의미했다. 세계대전에서 승리하려면 전 지구적 차원에서의 소통과 기동 능력이 필수적이었다. 그렇기에 적의 작전 중 가장 위협적이었던 것은 연합국을 분열시키고 전선을 끊어놓을 수 있는 작전이었다.

* * *

연합국은 가까스로 그 위험을 모면했다. 1942년 6월, 일본의 공세를 저지하고 호주로 향하는 생명줄을 지켜 낸 미드웨이 해전에서, 수적으로 열세였고 항공기 성능도 뒤떨어졌던 미 해군이 승리할 수 있었던 것은 압도적인 전력 덕분이 아니었다. 오히려, 미국의 암호 해독자들이 일본의 공격 시점을 정확히 파악하여 기습에 성공했고, 조종사들이 결정적인 순간에 정밀한 폭격으로 일본 항공모함 4척을 격침시킨 덕분이었다. 마셜은 "운이 조금만 따르지 않았더라도 결과는 정반대였을 수 있다"며, 그렇게 됐다면 "미국 서부 해안 전체가 위험에 노출되었을 것"이라고 말했다.[128]

동부전선에서 미드웨이 해전에 비견될 만한 전투, 즉 1942년 중반부터 1943년 2월까지 이어진 스탈린그라드 전투 또한 결코 결과가 확실한 승리는 아니었다. 이 전투는 전쟁에서 결정적인 승리를 쟁취하기 위한 히틀러의 전략, 즉 캅카스 공세의 일환이었다. 거리, 민가, 공장 등에서 격렬한 전투가 벌어졌고, 결국에는 보급이 끊기고 육체적으로도 지친 양측 군대가 벌이는 처절한 사투로 이어졌다. 소련군은 때로는 칼과 총검으로 싸워야 했을 정도로 엄청난 용기를 발휘해 나치의 공격을 저지했고, 이는 완고한 히틀러를 분노하게 만들었다. 또한 결국 겨울에 독일 제6군을 포위하는 계기를 마련했다. 이 사건은 동부전선의 전세를 완전히 뒤바꿔 놓은 결정적인 전환점이었다. 이처럼 스탈린그라드와 미드웨이 전투 모두 간발의 차로 거둔 승리였지만, 이러한 승리가 더 큰 추세의 일부였다는 점을 간과해서는 안 된다.

태평양의 산호해, 미드웨이, 과달카날, 동부전선의 스탈린그라드와 쿠르스크, 이집트의 엘 알라마인, 모로코와 알제리에서의 미군 상륙작전 그리고 대서양에서의 전투 등 1942년 중반부터 1943년 중반까지 벌어진 주요 전투에서 연합군은 절대로 잃을 수 없는 전략 거점들을 방어해 냈고, 동시에 본격적인 공세에 나서기 시작했다. 영국군 지휘부는 "구멍 난 곳을 메우기만 하는 시대는 끝났다"라고 당당하게 말했으며, 이제 목표는 "빠르고 단호한 승리"였다.[129]

승리는 비록 빠르지는 않았지만, 결정적이었다. 1943년에서 1944년에 걸쳐 연합국은 일본을 향한 섬 점령 작전, 북아프리카의 완전 장악과 이탈리아 침공, 동부전선의 대규모 전투 그리고 격화되는 공중전 등을 통해 점차 포위망을 조여 들어갔다. 마침내 1944년에서 1945년 사이, 연합국은 여러 방향과 영역에서 지친 적들에게 총공세를 퍼부을 수 있게 됐으며, 독일과 일본은 제1차 세계대전 때의 동맹국보다 훨씬 더 철저하게 파괴되었다. 양국은 인류 역사상 가장 전면적이고 소모적인 충돌을 겪고 나서야 항복했다.

이 임무를 완수하는 것은 극도로 힘든 일이었다. 소련은 3,000만 명이 넘는 병력을 동원해, 처음에는 스칸디나비아에서 캅카스로 이어지는 전선을 방어했고, 이후에는 독일군을 베를린까지 몰아내기 위해서 밀어붙였다. 마지막 공세에만 670만 명의 병력이 투입되었다. 해양의 지배권을 장악하기 위해, 미국은 1940년부터 1945년 사이에 항공모함 141척, 순양함, 구축함, 호위 구축함 807척, 잠수함 203척 그리고 수천 척의 수송선을 건조했다. 또한 여러 대륙에 걸쳐 치러진 공중전에서 승리하기 위해 총 32

만 4,750대의 항공기를 생산했다. 한편 영국은 인구의 절반 이상을 군 복무나 전쟁 산업에 동원해야 했다.[130] 제2차 세계대전은 인류 최악의 범죄이면서 가장 위대한 성취였다. 이런 인적 및 경제적 자원의 총동원은 전례 없는 것이었다.

전투의 지리적 규모 또한 유례없었다. 1943년 쿠르크스 전투에서 독일과 소련군의 전차 약 7,000대가 잉글랜드의 절반에 해당하는 면적에서 격돌했다.[131] 1944년 필리핀 해전에서는 미국과 일본의 항공모함 24척이 동원되었고, 필리핀, 하와이 및 그 밖의 여러 지역에서 집결한 기타 병력도 함께했다. 제2차 세계대전은 4개의 대양, 6개의 대륙, 9개의 주요 전선을 아우르는 '초전장super-battlefield'을 만들어 냈다.[132] 이 모든 것은 단순한 군사력에 의한 성과 못지않게 군수, 정보, 연합 관리라는 비전투 영역의 성과 또한 중요했음을 의미했다.

가장 상징적인 전투, 즉 1944년 6월의 노르망디 상륙 작전은 이러한 새로운 상황이 얼마나 엄청난 규모의 도전을 야기했는지 보여준다. 3개국에서 총 13만 명이 넘는 병력이 5개의 서로 다른 해변에 상륙했고, 그보다 앞서 2만 명이 넘는 공수부대가 낙하산으로 침투했으며, 7,000척에 달하는 선박이 침공을 지원했다. 또한 1만 1,590대의 항공기가 1만 5,000회에 가깝게 출격하여 길을 열었다.[133] 그리고 인류 역사상 최대 규모의 상륙작전이었던 오버로드 작전은 군사적, 물류적, 경제적 역량이 집약된 거대한 빙산의 일각에 불과했다.

노르망디 상륙작전은 연합군이 프랑스 상공에서 독일 공군을 격퇴한 이후에야 가능했다. 이를 위해서는 막대한 규모의 군함과 수송선을 구축해야 했고, 영국을 육군과 공군을 위한 거대한 기지로 만들어야 했으며, 대서양과 지중해의 해상 항로를 확보해야 했다. 상륙작전은 또한 아프리카와 이탈리아에서 힘들게 얻은 실전 경험 없이는 불가능했을 것이며, 전쟁사에서 가장 복잡한 기만 작전을 필요로 했다. 노르망디 상륙작전은 에

스토니아에서 루마니아에 이르는 소련의 대규모 공세와 동시에 이루어졌다. 한편 이 침공은 이후 몇 달 동안 영국해협을 건널 250만 명의 병력, 50만 대의 차량, 400만 톤의 보급품을 예고하는 것이기도 했다. 좀처럼 쉽게 감명을 받지 않는 스탈린조차 이 침공의 과감함에 감탄했다. 그는 "전쟁의 역사상 이토록 웅대한 작전은 본 적이 없다"라고 말했다.[134]

오버로드 작전의 지휘관이었던 드와이트 아이젠하워 장군은 이 작전의 성공이 필연적이라고는 결코 생각하지 않았다. 그는 사전에 실패에 대한 책임을 자신이 진다는 내용의 성명서를 미리 작성해 두기까지 했다. 실제로 1944년 6월 6일, 몇 시간 동안 아이젠하워의 병력은 오마하 해변에서 바다로 밀려날 위기에 처해 있었다. 결국 제2차 세계대전의 주요 전투는 모두 대가가 컸을 뿐 아니라, 우연성과 상황적 조건에 크게 좌지우지되었다. 그러나 연합국은 충분히 많은 전투에서 승리하여 전세를 뒤집었고, 포위망을 좁혀, 적국을 항복시킬 정도로 공략하는 데 성공했다. 그렇다면 패배의 위기를 눈앞에 두었던 그들이 단 3년 만에 압도적인 승리를 거둘 수 있었던 요인은 무엇이었을까?

＊ ＊ ＊

국가의 규모는 중요했다. 이는 가장 취약한 시점에서 패하지 않는다면, 연합국이 결국에는 승리할 가능성을 높여 주었다. 추축국이 거의 모든 곳에서 적을 만들었다는 사실은, 독일과 일본이 병력을 결정적인 곳에 집중하는 대신 분산시킬 수밖에 없도록 강제했다. 그 결과 추축국은 자신들의 파괴를 결의한 적에게 둘러싸이게 되었다. "독일이 '절멸의 전쟁'을 원한다면, 그들이 원하는 대로 해 주겠다!"라고 스탈린은 선언했다.[135] 이는 또한 추축국을 미국과의 생존을 건 결투로 몰아넣었다. 그러나 미국은 타의 추종을 불허하는 경제력 덕분에 혼자서도 경쟁국들을 능가하는 생산력을 보유하고 있었고, 지리적으로도 거의 공격이 불가능한 위치에 있었다.

히틀러는 미국에 선전포고를 한 뒤, 자신이 사실 "아직은 미국을 어떻게 이길 수 있을지" 방법을 모른다고 고백했다.[136] 그리고 그는 끝내 그 해답을 찾지 못했다. 미국의 생산력은 점차 본격적으로 가동되었는데, 이는 정부가 전시 경제 상황에서 규제를 가하면서도 아낌없이 자금을 투입하는 동시에, 산업 자체는 대부분 민간에 맡겨 시장의 힘을 활용한 덕분이었다.[137] 미국의 산업이 최고 속도로 가동되고, 대서양에서의 안전이 확보되었으며, 추축국의 경제가 폭격과 봉쇄로 타격을 입자, 양측 사이의 힘의 격차는 더 이상 메울 수 없는 수준이 되었다.

1944년, 미국의 조선소는 총 2,247척의 해군 선박을 진수했는데, 이는 다른 모든 나라를 합친 것보다 많은 수치였다. 1945년 무렵이 되자 미국의 경제적 생산력은 추축국 전체의 3배에 달했다. 또한 미국의 산업이 단지 자국 군대만을 지원한 것도 아니었다. 미국은 특히 영국과 소련 같은 동맹국에 3만 7,000대 이상의 전차, 79만 2,000대의 트럭, 4만 3,000대의 항공기 그리고 식량, 연료, 대포, 탄약 등을 공급했다.[138] 스탈린이 말한 대로, "전쟁에서 가장 중요한 것은 기계이며, 미국은 기계의 나라"였다.[139]

수적 우위가 승리를 보장하지는 않았지만, 연합국에는 추축국이 갖지 못했던 여유, 즉 실수의 여지를 제공했다. 노르망디에 있었던 한 독일 지휘관은 다음과 같이 탄식했다. "나는 이 미국 놈들을 도저히 이해할 수가 없다. 매일 밤, 우리는 그들을 산산조각 내고, 엄청난 사상자를 만들고, 수송 장비를 쓸어버린다. 그런데 다음 날 아침이 되면, 우리는 갑자기 새로운 대대와 완벽히 보충된 병력, 기계, 식량 그리고 무기를 마주하게 된다."[140] 이와 같은 일이 전 세계 곳곳의 전장에서 마찬가지로 벌어졌다.

하지만 단순히 연합국의 우월한 규모만이 중요했던 것은 아니다. 그 조합 또한 중요했다. 연합국은 필요한 전체를 갖춘 완전체에 가까웠다. 한쪽에서는 유라시아 대륙에서 독일과 일본이 자유롭게 행동하지 못하도록 막을 수 있는 대륙 국가들이 있었고, 다른 쪽에서는 공중과 해상을 장악할 수 있는 해양 국가들도 있었다.

한편 오늘날 대부분의 미국인은 제2차 세계대전에서 소련이 한 역할에 대해 제대로 알지 못한다. 이는 애석한 일이다. 동부전선에서의 전쟁은 말로 형언할 수 없이 잔혹했다. 소련 인민 8명 중 1명이 사망했을 정도였고, 비교할 수 없을 정도로 중요했다. 스탈린의 군대는 독일 병력의 75~80%를 붙잡아 두었고, 전체 독일군 사상자의 80%를 발생시켰다. 이로 인해 히틀러는 대서양 전투나 유럽 본토를 방어하기 위해 투입했을지 모르는 자원을 소모할 수밖에 없었다.[141] 루스벨트가 소련군이 계속 싸울 수 있도록 지원하는 데 최우선 순위를 둔 이유가 여기에 있었다. 미국은 1941년 12월의 모스크바 방어전에서 소련의 방어에 결정적인 도움을 준 차량의 4분의 1과 대부분의 연료를 제공했다. 스탈린그라드 전투에서는 독일군이 상대한 차량의 절반이 미국산이었다.[142] 공산주의 군대는 닷지, 스튜드베이커, 포드 등 미국 자본주의의 상징을 타고 승리를 향해 달려 나갔다. 루스벨트는 "소련이 무너지는 것만큼 끔찍한 일은 없다"라고 설명했다. 오직 유라시아 대륙이 분열되어 있는 상태에서만 민주주의 국가들은 승리를 기대할 수 있었다.[143]

제2차 세계대전이 소련을 비할 데 없는 육상 강국으로 만들었던 반면, 부패하고 분열된 중국은 그 누구에게도 강력해 보이지 않았다. 그러나 장제스의 정권은 살아남는 것만으로도 아시아에서 연합국의 기반이 되었다. 중국은 전쟁 기간 중 단 1년을 제외하고는 미국보다 더 많은 일본군을 상대했다. 약 1,400만 명의 희생을 치른 중국의 저항은 일본이 아시아 대륙 깊숙이 진출하거나 태평양 전선에 집중하는 것을 막았다. 킹은 "러시아의 지리적 위치와 인적 자원이 독일을 물리치는 데 결정적이었다면, 중국의 지리적 위치와 인적 자원은 일본을 무너뜨리는 데 그만큼 중요했다"라고 평가했다.[144] 루스벨트는 장제스가 간신히 버틸 수 있을 정도로, 즉 무기대여법을 통한 최소한의 원조만을 제공했다. 이러한 원조는 때로는 위험하고 치명적이기도 했던 히말라야 항공 보급선을 거쳐 인도에서 중국으로 실어 날라야 했다.

이러한 항공편이 입증했듯, 항공 및 해상의 우위 없는 육상 전력은 거의 의미가 없었다. 세계대전은 이동의 전쟁이었다. 전쟁의 향방은 어느 쪽이 더 효과적으로 전력을 투사하고, 전례 없는 거리 너머로 파괴력을 발휘할 수 있는지에 따라 결정되었다.[145] 연합국은 힘겹게 그 이동의 자유를 쟁취했고, 동시에 추축국에는 이를 허용하지 않았다. 공중과 해상의 지배권은 전 세계적 동맹을 계속해서 결속시키는 한편 적을 분열시켰다.

태평양 전쟁에서 미국은 전형적인 이동의 전쟁을 수행했다. 일본은 미국 함대를 일단 무력화한 뒤, 난공불락의 요새 섬들로 둘러싸인 태평양을 일본의 호수로 만드는 전략으로 전쟁에서 승리하고자 했다. 하지만 미국은 일본이 예상한 것보다 훨씬 빨리 반격에 나섰으며, 가장 견고하게 방어된 섬들을 우회하는 전략으로 일본의 계획을 무너뜨렸다. 남서태평양 연합군 최고사령관 더글러스 맥아더 장군은 이러한 전략이 "무시무시한 인명 피해를 동반하는 정면 공격을 피하고, 일본의 거점을 우회하여 보급선을 끊기 위함"이라고 밝혔다. 이는 "전장에서 일본군을 고립시켜 굶주리게 만들고, 전설적인 야구 선수 윌리 킬러의 말처럼 '적이 없는 곳을 노리는 방식'"이었다.[146]

이러한 섬 건너뛰기 전략은 빠른 항공모함 전투단의 위력을 드러냈다. 전투단은 평평한 갑판을 가진 거대한 항공모함을 중심으로 순양함, 구축함, 잠수함, 보급선들이 둘러싸고 있는 형태였다. 이들은 태평양 전역을 누비며 적의 기지를 습격하고, 상륙작전을 지원하며, 일본의 해군과 공군을 격파했다. 이는 미국이 물류에 투자해 놓은 바를 활용하여, 군대를 목표 지점까지 이동시킨 후 탈환한 섬을 다음 공격을 위한 기지나 일본 본토를 공습할 장거리 폭격기의 전진기지로 전환하는 전략이었다. 미국의 잠수함은 태평양을 활보하며 일본의 상선을 파괴했고, 이를 통해 일본 본토를 굶주리게 만들었다. 그 결과 1945년 무렵, 미국의 폭격기는 일본 도시들을 불태우고 있었고, 일본 본토의 섬들 사이 바다에는 기뢰가 설치되었다. 일본은 항복하는 날에도 여전히 광대한 제국을 지배하고 있었지만, 일단 제국이 하나의 통합된 전략체로 작동할 수 없게 되자 치명적으로 약해졌다.[147]

연합군은 독일에 대해서도 이와 유사한 성과를 거두었는데, 히틀러의 제국이 주로 대륙에 기반을 두고 있었음을 감안한다면 이는 놀라운 일이었다. 이를 위한 첫 번째 단계는 대서양을 물의 무덤이 아니라 안전한 해상 고속도로로 바꾸는 것이었다. 처칠은 "전쟁의 승부는 사실상 해상 수송, 특히 대양을 가로지르는 수송 능력에 따라 결정될 것"이라고 적었다.[148] 1943년 2월까지도, 히틀러의 유보트는 우세를 점하고 있었다. 하지만 연합군은 다양한 노력을 결합한 맹렬한 대응을 통해 다시 우위를 빼앗았다. 여기에는 독일 잠수함의 위치를 추적해 내는 암호 해독, 더 정밀한 레이더와 수중 음파 탐지기 그리고 보다 더 치명적인 잠수함 추적 기술의 개발, 유보트가 미국의 배를 침몰시키는 속도보다 더 빠르게 선박을 건조할 수 있었던 미국 산업의 능력 등이 포함되었다. 연합국은 또한 하늘을 이용해 바다를 통제했다. 장거리 순찰기는 '대서양 중부의 치명적인 공백 지역'을 메웠으며, 소형 레이더를 장착한 비행기는 수면 위로 떠오른 잠수함을 공격했다. 연합국의 폭격기는 유럽의 잠수함 격납고와 생산 공장을 타격했다. 이 모든 일이 벌어지는 동안 연합국의 수송대는 '늑대 떼 전술'을 구사하는 독일군과 격렬한 교전을 벌였다.[149] 1943년 중반 무렵, 독일의 유보트는 무더기로 격침되었다. 그리고 이제 미국의 산업이 유럽 전선의 승패를 좌우할 수 있는 정도가 되었다.

한편 연합국의 폭격 작전은 독일을 마비시켰다. 이는 길고도 피비린내 나는 작전의 연속이었다. 영국 공군 폭격사령부에서 복무한 12만

5,000명의 병사 중 절반 이상이 전사하거나, 부상당하거나, 포로가 되었다.[150] 그럼에도 불구하고 낮에는 미국 폭격기가, 밤에는 영국 폭격기가 출격하며 히틀러의 독일을 24시간 내내 압박했다. 이 폭격은 독일의 석유 공급과 주요 산업을 심각하게 교란했으며, 전선 뒤 깊숙한 지역까지 방어하도록 강요함으로써 안 그래도 부족한 독일의 자원을 더욱 분산시켰다. 그 결과 1943년경에는 히틀러의 전시 경제 중 약 60%가 공중전 대응에 할당될 정도였다.[151] 미국 육군 항공대 사령관 헨리 아널드 장군은 "전쟁은 이제 수직적이 되었다"라고 선언했다. "우리는 매일같이, 어떤 적국이든 그 내부 깊숙이까지 하늘에서 내려가 그 전쟁 수행 능력을 파괴할 능력이 있음을 보여주고 있다."[152] 실제로 연합국은 유럽 대륙 바깥으로 밀려나던 시기에도 공중전을 통해 독일 내부 깊숙이로 전장을 옮길 수 있었다. 그리고 일단 유럽 대륙으로 복귀하자, 공중전은 지상에서의 승리에 결정적인 도움이 되었다.

이론상으로 히틀러는 내부 교통망을 보유하고 있었기 때문에 병력을 한 지점에서 다른 지점으로 쉽게 이동할 수 있었다. 그러나 1944~1945년이 되자, 현실은 달라졌다. 미국과 영국의 항공기들은 유럽의 철도망을 파괴했고, 강에 기뢰를 매설했다. 또한 전선으로 향하는 석탄 및 석유 수송을 파괴했으며, 노르망디 상륙작전 이후에는 프랑스에서 필요로 하던 로멜의 기갑사단을 무력화했다.[153] 결과적으로 전쟁이 끝날 무렵, 독일은 지구 반대편에서 도착한 미군의 진격을 막기 위해 핵심 부대를 수백 킬로미터 이동시키는 일조차 버거워하던 상태였다. 독일군 참모총장 알프레트 요들은 "연합군이 제공권을 완전히 장악함으로써 전쟁 전체의 향방을 결정지었다"라고 말했다.[154]

전쟁 수행에 있어서 연합국의 모든 노력이 합쳐졌을 때, 그 효과는 빠르고 결정적이었다. 노르망디 상륙작전 이후, 민주주의 국가들은 독일을 서쪽과 남쪽에서 공격했고, 소련은 동쪽에서 히틀러의 군대를 갉아먹었다. 또한 미국과 영국의 공군은 하늘에서 나치의 전쟁 수행 능력에 궤멸적인 피해를 입혔다. 처칠은 "야수를 포위해 들어갈 때, 좁혀지는 포위망의 모든 지점이 전투로 불타올라야 한다"라고 말하며 군을 독려했다.[155] 1945년 중반, 연합국이 일본에 대해서도 똑같은 방식으로 행동했을 때, 즉 미국이 공중과 해상에서 일본을 공격하는 가운데 소련이 아시아에서의 전쟁에 참여했을 때, 일본은 버티지 못하고 항복했다. 현대전은 압도적인 힘을 협력적으로 결합해 적용할 것을 요구했다. 이는 연합국이 승리한 또 다른 이유를 보여주기도 한다. 역사상 가장 기묘한 동맹 중 하나였던 이 연합이, 어째서인지, 가장 생산적인 연합이기도 했기 때문이다.

＊ ＊ ＊

매킨더가 구상했던 것처럼 지리적으로 다양하게 분포된 동맹은 당연히 몇몇 기묘한 조합을 수반하기 마련이다. 그러나 그가 제2차 세계대전에서의 연합국과 같은 대연합Grand Alliance을 실제로 예견했는지는 분명치 않다. 소련은 최종적으로 공산주의가 승리하는 세계를 꿈꾸고 있었고, 이는 민주주의 동맹국들뿐만 아니라 파시즘의 궁극적인 파괴도 목표로 삼고 있었다는 뜻이었다. 처칠은 이를 꿰뚫고, "승전국들 사이를 묶어준 유일한 요소는 공통의 증오일 뿐"이라고 썼다.[156]

1943년 테헤란에서 열린 3대 지도자들의 첫 회담에서, 스탈린은 비록 농담이라고 주장하기는 했지만, 독일 군국주의를 제거하기 위해 연합국이 독일 장교 5만 명 내지는 10만 명을 그냥 처형해 버리자고 주장함으로써 처칠을 경악시켰다.[157] 1945년 얄타에서 있었던 마지막 회담 때는 스탈린이 동유럽에서 히틀러의 패권을 자신의 패권으로 대체하려 한다는 징후가 다수 나타났다. 따라서 이 대연합이 전쟁이 끝난 뒤에는 유지되지 못한 것도 놀라운 일은 아니다. 대연합이 전쟁에서 승리했다는 사실은, 유라시아의 세기에서 생존하기 위해서는 깊은 연대와 추악한 타협의 혼합이 필요했음을 보여주었다.

이때 연대는 영어권 민주주의 국가들의 영역에 속했으며, 처칠과 루스벨트의 관계로 구체화되었다. 이 관계는 동등한 지위의 동맹도, 비슷한 성격을 지닌 두 인물의 파트너십도 아니었다. 한 참모는 "만약 둘 중 마키아벨리의 제자라고 할 만한 사람이 있다면 그건 루스벨트였으며, 도자기 가게에 들어간 황소 같다고 할 만한 사람이 있다면 그건 처칠이었다"라고 말하며 둘 사이의 차이를 명확히 했다.[158] 둘 사이의 관계가 완전히 조화로운 것도 아니었다. 처칠은 영국 제국의 열렬한 수호자였던 반면, 루스벨트는 바로 그 제국을 해체하기를 바랐다. 그러나 두 지도자 모두 전쟁을 바라보는 세계적인 시각을 지니고 있었으며, 세계대전을 본질적으로 인류가 지금껏 맞서온 가장 흉포한 적으로부터 인류의 자유를 수호하기 위한 투쟁으로 인식했다. 또한 처칠의 말대로, 둘 다 그들의 나라가 운명적으로 "어느 정도는 뒤섞여 함께할 수밖에 없다"는 사실을 이해했다.[159] 즉 연합국의 힘을 극대화하기 위해서는 각국의 주권을 어느 정도 제한할 필요가 있다는 사실을 이해한 것이다.

이 과정은 협력의 기반을 구축하는 것에서 시작되었다. 제1차 세계대전 당시, 연합국이 진정한 의미에서 하나의 팀으로 작동하기까지는 수년이 걸렸다. 그러나 제2차 세계대전에서는 고작 몇 주밖에 걸리지 않았다.

미국과 영국의 군 참모진은 미국이 참전하기 전부터 이미 비밀리에 함께 작전 계획을 세우고 있었다. 진주만 공습 이후, 이들은 최고 수준에서 전략을 공동으로 논의하기 위해 연합참모본부를 창설했다. 이뿐만 아니라 작전 계획, 보급, 병력 동원, 정보 등 여러 분야에서 공동 기구들이 만들어졌다. 각 전장마다 통합 지휘부가 설치되었고, 미국과 영국의 최고 군 관계자들은 지속적으로 연락을 주고받았다. 처칠은 "참모총장들이 긴밀히 접촉했고, 같은 호텔에서 지냈다"라고 회상했다. 그에 따르면, "각자

는 상대 국가의 참모총장과 개인적인 친구 사이"까지 되었다.[160] 물론 이
는 과장된 표현이었다. 루스벨트의 군 참모진 사이에는 실제로 반영 정서
가 깊게 깔려 있었다. 양국의 군대는 루스벨트와 처칠의 리더십에 따라 움
직였을 뿐이었다. 두 정상은 전쟁 중 열 번이나 직접 회담을 가졌고, 그러
면서도 솔직하고 방대한 서신 교류를 이어갔다.[161]

　이에 따른 가장 중요한 결과는 앞으로 취해야 할 전략에 대한 광범위
한 합의, 즉 독일에 우선 대응한다는 원칙이 세워진 것이었다. 이는 히틀
러가 가장 위험한 적이었고, 미국, 영국, 소련이 모두 싸우고 있는 공통의
적이었기 때문이었다. 동시에 태평양 전선에도 독일 다음으로 상당한 자
원이 투입되었는데, 일본이 너무 깊게 침투하여 아시아에 뿌리내리는 것
을 막아야 한다는 이유가 주요했다. 루스벨트는 상황을 정확히 이해하고
있었다. "일본을 패배시킨다고 해서 독일이 패배하는 것은 아니지만", 만
약 독일이 먼저 무너진다면, 일본의 몰락은 시간문제일 뿐이었다.[162]

　이와 같은 전략적 논의들은 유럽에 제2의 전선을 개척할 시기 그리
고 전면적인 공격과 주변부 공격 중 어느 쪽이 더 나은가를 놓고 격렬한
논쟁을 불러일으켰다. 제1차 세계대전의 악몽에 사로잡힌 영국은 유럽 대
륙의 주변부부터 조금씩 잠식하는 방식을 선호했다. 반면에, 히틀러가 유
럽의 자원을 모조리 장악할까 두려웠던 미국은 핵심 지역을 곧장 타격하
는 전면전을 선호했다. 그러나 이러한 논쟁은 결과적으로 성공적인 타협
을 낳았다. 1942~1943년에 북아프리카와 이탈리아에서의 주변부 상륙작
전으로 연합국이 지중해를 자유롭게 항해할 수 있게 되고, 해상 수송은
물론이고 방어가 덜 견고한 적을 상대로 전투 경험을 쌓게 되었는데, 이것
이 1944년 독일군의 중심부를 직접 타격하는 공격으로 이어졌기 때문이
다.[163] 우리는 흔히 전략이란 1명의 지도자에 의해 가장 잘 수립된다고 생
각하지만, 제2차 세계대전의 경우에는 집단의 지혜가 빛을 발했다.

　실제로 미국과 영국은 모든 단계에서 '서로 뒤섞여' 있었다. 양국은 레

이더는 물론이고 항공기 및 기타 민감한 기술 정보를 공유했다. 또한 원자재와 군사 시설을 공동으로 사용했으며, 미국은 무기대여법을 통해 영국 경제에도 깊숙이 얽히게 되었다. 더 나아가 양국은 수송선 배정과 기타 물류에 관한 결정도 공동으로 내렸는데, 수송선이나 전차의 확보 여부가 전쟁의 승패를 가를 수 있다는 점을 분명히 인식했기 때문이었다. 정보전 또한 전 세계의 전장에서 적을 탐지하고 격파하는 데 필수적이었다. 따라서 미국과 영국은 추축국의 암호를 해독하는 데 협력했고, 역사상 그 어떤 두 강대국이 이룬 것보다도 더 긴밀한 정보 협력 체계를 구축했다.[164]

연합국은 추축국이 끝내 이해하지 못한 점을 이해했다. 전쟁의 승패가 단순히 어느 동맹이 더 많은 힘을 가졌는가에 의해 결정되는 것이 아니라, 그 힘을 얼마나 효율적이고, 정밀하게 공동으로 행사하느냐에 따라 결정된다는 점이었다. 이 점은 영미권 민주국가들이 전쟁 중 가장 벅찬 도전 과제들에 어떻게 대응했는지를 보면 명백히 드러난다.

대서양 전투는 대표적인 사례였는데, 영국의 암호 해독가들이 이룬 성과를 토대로 미국의 B-24 폭격기와 호위 항공모함이 독일 잠수함을 공격했던 것이다. 양국은 공중전에서도 이와 유사한 방식으로 승리했다. 연합국은 독일 공군을 무찌르기 전까지는 유럽을 침공하거나 독일 경제를 붕괴시킬 수 없었다. 또한 폭격기에 대한 장거리 호위 전투기 없이는 독일 공군을 무찌를 수 없었다. 그리고 미국산 P-51 전투기에 영국제 롤스로이스 엔진을 장착하기 전까지는 장거리 호위 전투기를 개발할 수 없었다. 다시 이를 위해서는 양국 개발자의 끈질긴 열정은 물론이고, 루스벨트에 대한 처칠의 개인적인 요청도 필요했다.[165] 괴링은 훗날 이렇게 말했다. "당신들의 장거리 전투기가 폭격기를 호위하며 베를린 상공에 나타났을 때, 나는 독일이 전쟁에서 패배했음을 깨달았소."[166] 세계대전은 문제를 해결하는 경쟁에 다름없었고, 이 점에서 영미권 국가는 그 누구보다도 뛰어난 성과를 거두었다.

미국과 영국의 관계는 두 나라가 동일하지는 않더라도 양립 가능한 세계 질서에 대한 비전을 가졌고, 타협과 대화를 중시하는 민주주의적 습관을 자랑했기 때문에 작동할 수 있었다. 두 나라는 또한 서로 간의 어떤 불일치도, 공통의 적을 무찌르려는 공동의 이익 앞에서는 사소하다는 것을 이해했다. 소련에는 세 가지 요인 중 오직 마지막 요인만이 해당되었다. 그로 인해 소련과의 관계는 훨씬 더 불안정했으며, 어쩔 수 없이 감행해야 했던 상호 양보도 훨씬 더 근본적인 것이었다.

스탈린과 히틀러가 유라시아의 균형을 파괴하기 위해 하나의 파우스트적 거래를 맺었다면, 스탈린과 세계 자본주의의 수장들은 그 균형을 회복하기 위해 또 하나의 거래를 맺었다. 대립되는 이념에 뿌리를 둔 불신이 그 관계 전반에 스며 있었다. 스탈린은 영국과 미국에 대한 불신을 다음과 같이 냉소적으로 표현했다. "처칠은 감시하지 않으면 언제든지 당신의 주머니에서 코페이카 한 닢이라도 슬쩍 할 자인 반면, 루스벨트는 그렇지 않다. 그는 더 큰 동전을 노릴 때에만 손을 댄다."[167] 루스벨트의 입장에서는 소련과 미국 사이의 교류를 통해 소련 체제가 더 유화적으로 바뀌기를 바랐다. 그는 전시의 협력이 전쟁에서 승리한 이후에도 지속되기를 바란 것이다. 그러나 그가 좋아하던 불가리아 속담에 따르면 상황은 그다지 낙관적이지 않았다. "다리까지는 악마와 함께 걸을 수 있지만, 그 뒤에는 악마를 뒤에 남겨 놓고 가야 한다."[168] 그러므로 대연합의 근본적인 시험은, 우선 베를린과 도쿄까지 도달할 수 있느냐 하는 것이었다.

루스벨트와 처칠은 할 수 있는 모든 합리적 노력을 아끼지 않았다. 전시 상황에서 여행하는 것이 위험함에도 불구하고, 루스벨트, 처칠, 스탈린은 테헤란과 얄타, 총 두 차례에 걸쳐 회동했다. 더 나아가 처칠은 따로 두 차례 모스크바를 방문하기도 했다. 몸이 이미 쇠약해진 루스벨트가 대연합을 위해 목숨을 바쳤다고 해도 지나친 과장은 아닐 것이다. 스탈린의 안방으로 향한 그의 두 번째 길고 고된 여정은, 아마도 1945년 4월 그의 죽음을 앞당기는 데 일조했을 것이다. "나는 대연합을 유지해야 할 책임이 있다"라고 루스벨트는 고백했다.[169]

이 목표는 루스벨트의 외교술에서 북극성과도 같은 존재였다. 독일 우선 전략이나 무조건적인 항복 요구와 같은 근본적인 결정조차, 적어도 부분적으로는 동맹 관리의 일환이었다. 이러한 결정은 연합국이 서로 공유한 군사적 목표에 집중하게 했고, 동시에 어느 한쪽이 타협에 의한 평화를 추구할지도 모른다는 두려움을 완화했다. 물론 스탈린은 서방 민주주의 국가들이 제2의 전선을 개척하는 데 느슨했던 것에 불만을 품었다. 그는 소비에트의 피야말로 대의를 위한 자신들의 압도적 기여를 보여주는 증거라고 지적했다. 루스벨트가 무기대여법과 미국의 기술을 통한 지원에 아낌이 없었던 것 역시 소련이 막대한 인명 손실이라는 대가를 치르고 있음을 잘 알고 있었기 때문이었다.[170]

이러한 접근법은 최악의 악몽 같은 시나리오, 즉 연합군 사이에 균열이 발생하여 히틀러가 빠져나갈 수도 있는 상황을 피하게 해 주었다. 역설적이게도, 이러한 접근법은 비교우위의 원칙에 기초한 파트너십을 만들어 냈다. 소련이 유럽 전선의 주요 전투를 떠맡는 가운데, 미국은 90개 사단이라는 비교적 소규모 병력만을 동원했다. 그 대신 미국은 인력을 산업 생산에 집중시켜 전체 연합군을 승리로 이끈 물자를 쏟아냈다.[171] 대연합은 또한 가장 중요한 지점에서는 적절한 수준의 직접적 조율을 해내는 데에도 성공했다. 전쟁 말기, 연합군의 폭격은 다뉴브강의 독일군 수송로를 마비시켰고, 이는 히틀러가 무너져 가는 동부전선을 강화하는 것을 어렵게 만들었다. 또한 1944년 6월 연합군이 프랑스에 상륙한 뒤, 소련은 바그라티온 작전이라는 대규모 공세를 전개하여 히틀러가 서부전선으로 병력을 신속하게 이동시키는 것을 막았다.[172] 다음 해 4월, 히틀러가 사방에서 적이 몰려오는 가운데 자살한 것은 상징적으로도 적절한 일이었다.

이와 같은 결집은 도덕적으로나 전략적으로나 결코 값싼 것이 아니었다. 미국이 소련과 동맹을 맺었을 때, 이는 동시에 지구상에서 가장 끔찍한 폭군 중 하나의 공모자가 되는 일이기도 했다. 루스벨트가 새로운 동맹의 이미지를 부지런히 세탁해야 한다고 느낀 것도 무리가 아니었다. 수백만을 학살한 피의 독재자 스탈린은 '조 삼촌Uncle Joe'이라는 이름 아래 자유세계의 용감한 일원으로 둔갑했다. 미국과 영국은 또한 소련의 전시 간첩 활동을 상당 부분 용인했다. 그들은 명시적으로든 암묵적으로든, 히틀러의 패배와 함께 무너진 파시즘 제국을 대체할 공산주의 제국이 동유럽에 세워지는 것을 받아들였다.[173] 상황이 절박할수록, 타협은 더욱 고통스러웠다. 그리고 이는 마지막 사례도 아니었다. 때때로 인간의 자유를 지키는 유일한 방법은 가장 끔찍한 적과 손을 잡는 것이었다.

* * *

그렇다면 반대쪽 동맹의 상황은 어땠을까? 추축국 지도자들은 정복의 절정기에도 승리로 가는 길이 협소하다는 것을 알고 있었다. 리벤트로프가 "삼국동맹의 모든 활시위를 팽팽하게 당겨야만 그 잠재력을 완전히 실현할 수 있을 것"이라고 말한 것도 이 때문이었다.[174] 그러나 결국 세계 지배를 추구하게 만든 많은 동력이 오히려 그 성공 가능성을 가로막는 요인이 되었다.

물론 추축국이 유리한 지점도 있었다. 독일과 일본은 창의적인 군사 개념의 선구자였다. 독일은 제트 전투기, 유도 미사일 그리고 그 밖의 획기적인 무기를 생산했다. 다시 한번 순수한 군사적 효율성 면에서는 지배적인 위치에 오른 것이다. 한 분석에 따르면, 독일 병사 1명은 미군이나 영국군 병사 1.2명에 해당하는 가치가 있었다.[175] 이념적 광신도 전투력을 증폭하는 요인이었다. 태평양 전쟁에서, 미국 군인들은 죽기 직전까지 맹렬하게 싸우는 적군의 격렬함에 경악하고는 했다. 그러나 모든 강점은 심각하고, 심지어 치명적이기까지 한 약점들에 의해 상쇄되었다.

그중 하나는 의사결정의 문제였다. 스탈린을 배신한 히틀러의 결정, 혹은 일본의 진주만 공격과 같은 전략적 도박은 추축국 지도자들이 살고 있던 정신적 세계 안에서는 나름대로 일리가 있었다. 하지만 모든 것을 종합하면, 이는 자기 파괴의 교본이나 다름없었다. 추축국이 승리에 얼마나 가까이 다가갔든, 또한 그들의 군대가 아무리 인상적인 전과를 올렸든 간에, 만약 패배할 경우 파멸을 초래할 수도 있는 광적인 패권 추구에 모든 것을 건 이 전략들에는 무엇인가 비정상적인 측면이 있었다. 그리고 결정이 비정상이었다면, 그런 결정을 내리게 된 과정 역시 마찬가지로 비정상적이었다.

극단적으로 개인화된 히틀러의 정권은 그가 1936년부터 1941년까지 연이어 성공을 거둘 수 있도록 만들어 주었다. 큰 도박도 서슴지 않는 절대 권력자는 지정학적으로 최고의 연승 가도를 달려 나갔다. 그러나 시간이 지나면서, 이러한 체제는 이를 이끈 광적인 지도자의 결함을 더욱 증폭시켰다.

모든 권한이 1명의 지도자에게 집중된 체제에서는 전쟁 계획을 비판적으로 시험하거나 체계적으로 검토할 여지가 거의 없었다. 히틀러는 아예 대놓고 "나의 진짜 의도는 알 수 없을 것"이라고 자신의 참모총장을 놀리며 말하기까지 했다.[176] 전세가 기울자, 고립되고 편집증에 사로잡힌 히틀러는 포위된 병력을 후퇴시켜 귀중한 인력을 보존하는 것을 거부했다. 이런 어처구니없는 상황은, 노르망디 상륙작전 당시 로멜이 예비 병력을 연합군의 상륙 지점에 투입할 수 없었던 사건에서 정점에 달했다. 이러한 조치를 위해 필요한 승인을 내릴 히틀러를 누구도 깨울 수 없었기 때문이었다.[177] 민주주의 국가는 비록 완벽하지 않은 지도자를 배출했지만, 그들의 판단력을 날카롭게 할 수 있는 제도를 만들었다. 그러나 독재 체제에서는 그러한 안전장치가 존재하지 않았고, 그에 대한 대가는 혹독했다.

추축국은 또한 자신들의 잔혹함에 대한 대가도 치렀다. 사실 스탈린 치하에서의 경험을 고려할 때, 많은 소련 인민이 어쩌면 나치 독일을 일종의 해방자로 환영했을 수도 있다. 그러나 그들은 곧 그들이 선택할 수 있는 것이 저항 아니면 죽음뿐이라는 사실을 깨달았고, 이내 마음을 바꾸었다. 일본 역시, 만약 아시아 지역을 그토록 노골적으로 수탈하지만 않았다면, 어쩌면 더 많은 열성적인 부역자를 얻을 수도 있었을 것이다. 괴벨스는 추축국의 도덕관을 다음과 같이 정리했다. "우리가 승리하면, 정의는 곧 우리 편이 된다."[178] 그럴 수도 있겠지만, 바로 그 정의가 처음부터 누가 이길지를 결정하는 데 영향을 주었다. 한 스페인 관료는 "진심으로 독일을 따르는 나라는 단 하나도 없었다"라고 말했다.[179] 따라서 추축국에 저항할 수 있던 대부분의 나라는 결국 실제로 그렇게 했다.

여기에 추축국의 동원 방식에 있어서의 병폐도 존재했다. 물론 이 분야에서 완벽한 국가는 없었다. 당시 미주리주의 무명 상원의원이었던 해리 트루먼은 워싱턴의 낭비를 폭로하면서 전국적인 명성을 얻었다. 그러나 파시즘 국가에서는 그러한 폭로 자체가 불가능했으며, 그들의 전시 비효율성은 미국의 체제를 상대적으로 훨씬 훌륭해 보이도록 만들었다.

이탈리아의 전쟁 수행은 부패와 연줄로 얼룩진 무능으로 인해 조롱거리의 대상이 되었다. 일본은 거의 모든 가정을 전시 동원에 끌어들였지만, 서로 경쟁하는 군부 내 여러 병과들 사이의 분열이나 군과 민간 사이의 심각한 갈등을 끝내 해결하지 못했다. 히틀러는 '전격전 경제blitzkrieg economics'에 대한 신념 때문에 총력전을 위한 동원을 지나치게 늦췄다. 독일 산업이 전쟁을 위해 본격적으로 가동되기 시작했을 때조차, 행정적 혼란을 선호한 히틀러의 통치 방식으로 끝없는 내분과 혼선이 지속되었다.[180] 게다가 모든 추축국은 병참과 보급을 등한시했는데, 이는 전투에 병력을 투입하고 그 병력을 전선에서 유지하는 것이 가장 중요한 세계대전에서 치명적인 실수였다. 이는 또한 전체주의 지도자들이 정작 자신의 병력을 얼

마나 무관심하게 다뤘는지를 보여주었다.[181]

물론 그들은 동맹국조차 제대로 대우하지 않았다. 원칙적으로 추축국 지도자들 역시 서로 뭉쳐야 한다는 사실은 알고 있었다. 히틀러는 "상대의 약점은 각개격파 당하는 데 있다"라고 말하기도 했다.[182] 그러나 실제로는 독일과 일본이 정작 서로를 열등한 존재로 여긴 탓에, 본인들이 그러한 운명을 피하지 못했다. 히틀러는 히로히토를 "칠을 한 반원숭이"라고 부르기까지 했다.[183]

연합국의 기술 협력이 실제 변화를 이끌어 낸 반면, 추축국의 기술 협력은 사사로운 수준에 불과했다. 추축국은 중동이나 인도양에서 공동 작전을 추진한 적도 없었고, 서로의 계획에 대한 기본적인 정보조차 공유하지 않았다. 히틀러는 소련 침공 계획조차 일본에 알리지 않았고, 1년 전 무솔리니 역시 그리스 침공 당시 히틀러에게 언질을 주지 않았다. 무솔리니는 "히틀러가 언제나 이미 벌어진 **기정사실**fait accompli만을 내게 들이민다"라고 불평했고, "이번에는 내가 똑같이 갚아 주겠다"라고 말했다.[184]

이러한 일종의 동족상잔은 큰 대가를 치르게 했다. 독일과 이탈리아는 유럽 남동부의 자원을 약탈하기 위해 서로 경쟁했으며, 스탈린그라드에서 상황이 절박해지자 독일 병사들은 루마니아 동맹군의 보급품까지 훔쳐 갔다.[185] 연합국이 때때로 '형제 같은 동맹'보다는 '사돈 같은 동맹'에 가까웠다면, 추축국은 애초에 동맹으로 보이지도 않았다.

파시즘 지도자들은 퇴폐적인 민주주의 국가들이 전쟁에 필요한 결의와 희생을 결코 끌어낼 수 없다고 믿었다. 히틀러는 언젠가 "미국이란 게 도대체 뭔가? 백만장자, 미인대회, 멍청한 음반 그리고 할리우드밖에 더 있나?"라는 질문을 남긴 적이 있다.[186] 그러나 실제로는 지배라는 냉혹한 논리에 뿌리를 둔 파시즘 정권이 오히려 제2차 세계대전처럼 복잡한 전쟁을 수행하는 데 필수적인 정성적 능력을 터득하는 데 실패했다. 연합국은 협력을 이끌고, 전략적 선택을 통해 전 세계적인 전쟁을 효과적으로 수행했으며, 자신들이 보유한 힘을 제대로 활용했다. 그에 반해 추축국은 전체가 각 부분의 합보다도 못한 전쟁을 치렀다.

＊ ＊ ＊

"이제 나는 죽음이요, 세상의 파괴자가 되었도다." 1945년 7월, 첫 번째 원자폭탄 실험을 지켜보던 물리학자 J. 로버트 오펜하이머의 머릿속에는 힌두교 경전에서 유래한 이 문장이 떠올랐다.[187] 그로부터 얼마 지나지 않아, 미국의 B-29 폭격기들이 히로시마와 나가사키에 원자폭탄을 투하하며, 수많은 참혹한 죽음을 안겨 주었다. 그런데 이러한 파괴를 명령한 미국 새 대통령의 머릿속에도 다른 성서의 한 구절이 떠올랐다. 트루먼은 이렇게 적었다. "우리는 인류 역사상 가장 끔찍한 폭탄을 발명했다. 이것이 어쩌면, 노아와 그의 방주 이후 유프라테스 계곡 시대에 예언된 불의 심판일지도 모른다."[188]

제2차 세계대전을 이보다 더 극적으로 끝맺을 수 있는 사건은 없었을 것이다. 창조와 파괴가 이토록 얽혀 있는 사건 또한 드물기 때문이다. 원자폭탄 자체는 미국의 승리를 가능하게 한 방대한 과학 및 산업적 역량의 산물이었다. 맨해튼 프로젝트는 미국 전체의 자동차 산업에 버금가는 노동력과 산업 기반을 동원했다.[189] 마리아나제도에서 출격한 폭격기는 엄청난 수준의 군수 물류와 군사적 투사 능력을 입증했다. 히로시마와 나가사키에 대한 공격은 일본 도시들을 초토화하고, '기아 작전Operation Starvation'이라 이름 붙은 봉쇄 작전으로 일본을 고립시키며, 수십만 민간인을 죽음에 이르게 한 가차 없는 강압적 공세의 정점이었다.[190] 무엇보다도 이 폭격은 제2차 세계대전이 남긴 마지막 교훈을 여실히 보여주었다. 한번 무너진 지정학적 균형을 복원하는 데 얼마나 고통스럽고 막대한 대가가 따르는지를 말이다.

그 대가는 6,000만 명에 달하는 인명 손실로도, 혹은 유럽의 대서양 연안에서 아시아의 해안 지역에 이르기까지 파괴된 국가들의 모습으로도 측정될 수 있다. 이는 침략자들의 무수한 범죄뿐 아니라, 적 도시의 폭격이나 미국 내 일본계 미국인의 강제 수용과 같은 민주주의 국가들의 도덕적 탈선에서도 드러난다. 이런 의미에서 원자폭탄의 사용은 민간인 학살이 전쟁 속에서 어떻게 '정상화' 되었는지를 확인시켜 주는 사건이었다. 영국 공습 작전의 설계자 아서 해리스의 과속을 제지한 한 경찰관이 "선생님, 방금 누군가를 다치게 할 수도 있었던 거 아십니까?"라고 묻자, 해리스는 다음과 같이 답했다고 알려져 있다. "젊은이여, 나는 매일 밤 수천 명의 사람을 죽인다네."[191] 그러나 무엇보다도 전쟁의 대가는 그것이 남긴 전략적 유산으로도 측정할 수 있다.

루스벨트에 따르면, 소련은 "세계의 어떤 독재 체제보다도 절대적인 독재 정권"이었다.[192] 이 체제는 히틀러 못지않게 철저하면서도 더 점진적인 방식으로 전 세계에서의 혁명을 추구했다. 전쟁이 끝났을 무렵, 스탈린의 군대는 유럽의 절반을 점령하고 있었고, 소련은 폐허가 된 유라시아 대륙의 중심에서 압도적인 지위를 점하고 있었다. 영국의 외무부 장관 어니스트 베빈은 "소련의 세력권이 뤼벡에서 포트아서에 이르기까지 뻗어 있다"라고 평가했다.[193] 게다가 스탈린이 다르다넬스해협에서 만주 지역까지 영향력을 확대하려 들면서, 그 세력권은 더욱 확장될 조짐을 보였다. 그루는 "미래에 있을 소련과의 전쟁은 세상에서 가장 확실한 일 중 하나"라고 썼다.[194] 그러나 원자폭탄의 시대에 인류가 그런 전쟁 속에서 살아남을 수 있을지는 훨씬 의심스러웠다.

민주주의 국가들은 이러한 도전에 대비되어 있지 않았다. 공정함을 위해 말하자면, 루스벨트는 전후 세계에서 자신이 무엇을 원하는지를 분명히 알고 있었다. 그는 윌슨의 실패한 국제연맹을 대신할 새로운 국제기구인 국제연합, 즉 유엔을 원했다. 또한 공동의 번영을 위한 개방적인 세계 경제와 평화를 유지할 열강 간의 협조 체제를 구상했다. 그러나 그는 유럽의 안정을 위한 실질적인 방안을 마련하지 못했고, 연합국 간의 전시 우호가 전쟁 후 적대감으로 바뀌었을 경우를 대비한 대책도 없었다.

루스벨트는 전쟁 도중 연합국이 "독일 국민을 그냥 거세해 버려야 한다"라고 생각한 적이 있었다.[195] 그는 독일을 영구적으로 비산업화하자는 계획을 승인했으며, 이를 통해 반복적으로 침략을 일삼은 국가를 억누르고자 했다. 그러나 이는 동시에 경쟁 세력이 유혹을 느낄 수밖에 없는 힘의 공백을 초래하는 방안이었다. 또한 미군의 조기 철수가 유럽을 스탈린의 손아귀에 맡기는 결과를 가져올까 우려한 처칠과는 달리, 루스벨트는 사망하기 전 이미 바로 그렇게 하겠다고 약속한 상태였다. "당신들 자식은 당신들이 알아서 키우고 훈육해야 한다"는 것이 루스벨트가 처칠에게 남긴 말이었다.[196] 이는 유럽이 미국의 보호 대상이 아니라는 일축이었다. 다행히도 루스벨트를 제외한 나머지 이들은 전후의 지정학에 대해 더 진지하게 고민하고 있었다.

＊ ＊ ＊

1941년, 팔순을 맞이한 매킨더는 영국에서 전쟁의 전개를 지켜보고 있었다. 그는 모스크바의 영향력이 지닌 위협적인 진실을 간파했다. "소련이 이 전쟁을 통해 독일을 정복한 자로 부상한다면, 그 나라는 세계에서 가장 강력한 대륙 세력으로 등극할 것이다."[197] 루스벨트와 마찬가지로, 매킨더 역시 대연합이 계속 유지되기를 바랐고, 전후에 또다시 독일이 부활할 가능성에 대해 우려했다. 하지만 그는 1943년, 궁극적으로 **어떠한** 세력도 히틀러와 같은 행보를 반복하지 못하게 만들 전략을 제시했다.

매킨더는 저명한 잡지인 《포린 어페어스Foreign Affairs》의 전설적인 편집장 해밀턴 피시 암스트롱의 초청으로 글을 게재했다. 암스트롱은 매킨더에게 "중앙 유럽이 유라시아의 심장부와 정치적으로 통합될 경우 초래될 끔찍한 위험성"에 초점을 맞춰 그의 이전 주장을 새롭게 다듬어 달라고 요청했다.198 이에 매킨더는 〈둥근 세계와 평화의 쟁취The Round World and the Winning of the Peace〉라는 제목의 에세이를 발표했다.

이 글은 부분적으로는 자서전에 가까웠다. 매킨더는 프로이센이 프랑스를 이긴 사건 기사를 처음 읽었던 시점부터, 자신의 중심축 이론이 어떻게 시작되고 발전해 왔는지를 설명했다. 이 글은 동시에 자신의 이론이 충분히 '중심적'이지 않다고 비판하며 명성을 얻은 스파이크먼과 같은 비판가들에게 보내는 반론이기도 했다. 그러나 무엇보다도 이 에세이는 지정학을 건강한 세계 질서의 기반으로 삼고자 했던 매킨더의 마지막 시도였다.

제2차 세계대전은 세계적 연합이 너무 느리게 결집할 경우, 유라시아로부터 시작되는 패권에 대한 도전이 어쩌면 성공할지도 모른다는 것을 보여주었다. 이에 대한 매킨더의 답은 전시 동맹을 지속적인 전략 공동체로 전환하자는 것이었다.

이 공동체는 "프랑스의 교두보, 영국의 바다로 둘러싸인 비행장 그리고 미국 동부와 캐나다의 숙련된 인력, 농업, 산업 기반"으로 구성될 것이었다. 대서양은 더 이상 장벽이 아니라 양쪽에서 같은 생각을 지닌 국가들을 잇는 '중간 바다'로 간주되어야 했다. 대서양을 횡단하는 이러한 연합은 미래의 유럽 국가들이 침략에 개별적으로 각개격파 당하지 않고, 즉각적이고 공동으로 저항할 수 있도록 만들기 위해 필요했다. 이 글을 집필하면서 매킨더는 사적으로는 "프랑스가 '핵심적인 위치'에 있지만, 미국으로부터 확실한 지원을 받지 않는 한 용기를 내지 못할 것"이라고 썼다.199 이러한 연합이 있어야만 유라시아의 어떤 침략자도 육상, 공중, 해상에서 신속한 반격에 직면하게 될 것이었다.

이 모든 것은 다시는 미국이 세계 문제에서 손을 떼서는 안 된다는 것을 의미했다. 지속적인 평화는 민주주의 사회 간의 '지속적인 협력'을 필요로 했다. 매킨더는 오직 그러한 협력만이 '균형 잡힌 인류의 지구'를 보장할 수 있다고 결론지었다. 그리고 "균형 잡혔기에 자유로울 수 있고, 그렇기에 행복할 수 있는 것"이라는 말을 덧붙였다.[200]

매킨더의 에세이를 받은 암스트롱은 "우리가 지금까지 게재한 글 중 가장 흥미롭고 중요한 글이라고 생각한다"라고 전보를 보냈다.[201] 편집상의 미사여구는 차치하더라도, 매킨더의 예측력이 이전의 다른 경우보다 더 정확했던 것은 아니었다. 그는 전후에도 여전히 독일이 소련을 견제하는 것이 아니라, 반대로 소련이 독일을 견제하는 균형추 역할을 할 것이라 기대했다. 그 이유 중 하나는 "독일을 점령한 민주주의 국가들"이 그곳에 충분히 오래 주둔하지 않아 "악령(전체주의의 잔재)을 몰아낼 수 없을 것"이라고 보았기 때문이었다.[202] 하지만 매킨더의 생애가 보여주듯, 구체적인 세부 사항에서 부족함이 있더라도 거대한 개념 자체는 중대한 의미를 가질 수 있다.

새로 부활할 독일을 견제하기 위해 매킨더가 제안한 계획은, 훗날 개혁된 서독을 포함하여 대서양을 사이에 둔 민주주의 국가들이 구상한 것과 크게 다르지 않았다. 매킨더가 미래의 히틀러를 가두기 위해 설계했던 지정학적 감옥은, 아이러니하게도 스탈린에 맞서 자유세계가 채택한 대응 전략이 되었다. 제2차 세계대전은 비극적으로 또 다른 유라시아 전쟁의 조건을 만들어 냈다. 하지만 동시에 또 다른 세계대전을 치르지 않고도 서방이 승리할 수 있도록 만들어 줄 미래의 전략 역시 이 전쟁에서 비롯되었다.

4. 황금기

"이 세계는 이제 한계에 도달했으며, 우리가 '삶'이라 부르는 모든 것의 끝이 가까이 다가왔다."[1] H. G. 웰스는 1946년 사망하기 직전 이렇게 썼다. 아인슈타인도 여기에 동의했다. 인간 스스로 삶의 방식을 바꾸지 않는 한, "우리는 틀림없이 파멸할 것이다".[2] 아인슈타인은 루스벨트에게 원자폭탄 개발 아이디어를 제안했던 인물이었지만, 그 계획을 완성한 오펜하이머만큼이나 비관적이었다. 1950년, 그는 다음과 같이 말했다. "솔직히 말하자면, 미래에 대한 전망 중 가장 가능성이 높은 것은 전쟁, 계속해서 터지는 원자폭탄, 죽음 그리고 대부분의 자유가 끝장난 세상이다."[3] 세계의 가장 위대한 지성들 중 일부는 다음에 다가올 세계적 패권 경쟁이 인류의 마지막이 될 것이라고 확신하고 있었다.

이들이 그렇게 생각한 이유는 충분히 이해할 수 있다. 20세기의 전반부는 점점 격화되는 대학살과 혼란의 연속이었다. 유라시아를 둘러싼 두 차례의 세계대전은 약 8,000만 명의 목숨을 앗아갔고, 인류 역사상 가장 파괴적이었던 전쟁은 인류 역사상 가장 파괴적인 무기의 사용으로 막을 내렸다. 그러나 그 전쟁은 평화조차 가져오지 못했다. 제2차 세계대전의 승전국들은 이제 서로를 향해 등을 돌리고 있었고, 문명의 종말로 이어질

지도 모를 세 번째 대결을 예고했다.

실제로 패권을 둘러싼 또 한 번의 충돌이 일어났다. 1950년 무렵, 그 충돌은 분단된 베를린에서 한반도에 이르기까지 곳곳에서 격렬하게 벌어졌다. 이 대결은 소련이 지배하는 심장부 주변의 위태로운 주변 지역에서 시작되었고, 전 세계의 배후와 측면으로 번져 나갔다. 다시 한번 국내에서 권력을 중앙집권화한 국가가 그 통제력을 외부로 확장하려 했다. 그리고 다시 한번 해양에 위치한 자유주의 초강대국이 주도하는 연합이 이를 필사적으로 저지했다. 또한 다시 한번 미래가 암울해 보이는 순간이 찾아왔다. 해리 트루먼 대통령의 국무장관이 된 조지 마셜은 1948년, "우리가 알고 있던 삶의 방식은 말 그대로 백척간두에 서 있으며, 서구 문명의 기반이 무너지고 있다"라고 밝혔다.[4]

뒤이을 두 세대에 걸쳐, 공포스러운 위기와 열띤 군비 경쟁 그리고 잔혹한 대리전이 국제 정치의 날줄과 씨줄을 이루었다. 세계를 파괴할지도 모를 폭력의 위협은 피할 수 없는 현실이었다. 냉전은 결국 그 이전 두 차례의 세계대전보다 더 오래 지속되었고, 더 세계적인 양상을 띠었다. 대결의 주체는 바뀌었지만, 지정학의 암울한 패턴은 여전히 반복되었다.

물론 어느 정도까지만 그랬다. 온갖 잔혹함과 부조리에도 불구하고, 냉전은 또 다른 열강 간의 전면전으로 비화하지는 않았다. 유라시아의 또 다른 붕괴를 초래하지도 않았고, 전 세계에 핵을 쏟아 붓지도 않았다. 냉전은 비교적 평화로운 방식으로 소련이 패배하고, 그 이전보다 훨씬 더 번영하고, 인간적이며, 민주적인 세계가 등장하는 결과로 이어졌다. 이번만큼은 유라시아의 패권 경쟁이 인류의 몰락을 불러온 원인이 아니라, 새로운 황금기의 기원이 되었다.[5]

이는 이전까지의 역사로부터 혁명적인 탈피였고, 따라서 미국이 취해야 될 전략에도 혁명적인 전환을 요구했다. 소련은 매킨더가 처음에 그려낸 악몽 속 모습과 매우 흡사해 보였다. 그리고 이에 대한 자유세계의 대응은 유라시아, 어쩌면 전 세계를 둘러싼 폭력적 충돌의 순환을 끊어낼 수 있는 민주주의 안보 공동체에 대한 그의 비전과 매우 흡사해 보였다.

* * *

매킨더는 1947년 3월 6일, 향년 86세로 사망했다. 그 시점은 기이할 정도로 절묘했다. 엿새 후, 트루먼은 상하원 합동 회의에서 연설했다. 그는 "거의 모든 국가는 서로 다른 삶의 방식 중 하나를 선택해야 하며", 미국은 "소수의 무장 세력이나 외부 압력에 저항하는 자유민을 지원할 것"이라고 선언했다.6 트루먼은 소련을 직접 언급하지는 않았다. 그가 의회에 요청한 것은 지중해 연안에 위치한 위기에 처한 전초기지인 그리스와 터키에 대한 원조였다. 그러나 그의 연설은 매킨더가 오랫동안 경고해 온 유라시아 심장부의 위협을 체현體現하는 국가에 대한 미국의 냉전 선언과 다름없었다.

스탈린 치하의 소련은 근본적인 변혁을 추구하는 전제 국가였다. 국내에서는 강압적인 방식의 근대화를 통해 국가를 산업 강국으로 탈바꿈했으며, 외교 정책으로는 공산주의의 선민사상과 차르 제국의 제국주의를 결합했다. 제2차 세계대전 동안 소련은 유라시아의 중심부에 자리한 군사 강국으로 부상했으며, 지리적 위치 덕분에 산업화되었거나 자원이 풍부한 초승달 지대 전역에 접근할 수 있었다. 미국의 정보 분석가들은 러시아가 "유럽과 아시아에서 단연 가장 강력한 국가가 되어가고 있으며, 만약 미국이 물러선다면" 양 대륙을 모두 지배할 수도 있을 것이라고 경고했다.7 그리고 무엇보다도 소련은 거대한 야망과 끝없는 불안감을 동시에 지닌 인물에 의해 통치되고 있었다.

스탈린은 심지어 전임자인 레닌조차 불안하게 만들 정도의 사악함으로 소련 체제의 정점에 올랐다. 그는 실제이든 상상이든, 수백만 명의 '적'

을 죽임으로써 자신의 권력을 확고히 했다. 그의 장기적인 목표는, 이상적으로는 자본주의의 자멸을 통해 사회주의 세계의 승리를 이끄는 것이었으며, 단기적인 목표는 소련 국가의 생존과 강화였다. 제2차 세계대전에서 이 목표를 달성한 후, 스탈린은 이제 중기적인 목표를 추구할 수 있었다. 그것은 소련을 초강대국으로 만들고, 그 지위를 누구도 흔들 수 없도록 만드는 일이었다. 그의 후임자 니키타 흐루쇼프는 "스탈린은 자신이 나폴레옹을 물리친 이후의 알렉산드르 1세와 같은 위치에 섰다고 믿었다"며, "유럽 전역에 자신이 믿는 규칙을 강제할 수 있다고 여겼다"라고 회고했다.[8]

분명히 말하자면, 스탈린은 결코 전쟁을 원하지는 **않았다**. 직전의 전쟁에서 소련은 2,000만 명을 잃었고, 1946년까지도 스탈린은 서방의 경제적 지원을 간절히 원했다. 그러나 이러한 전술적 유연성이 그의 뿌리 깊은 적대감을 감추지는 못했다. "우리는 오늘날 하나의 진영과 손잡고 다른 진영과 싸우고 있지만, 미래에는 자본주의 진영과도 싸우게 될 것"이라고 그는 말했다.[9] 몰로토프는 "스탈린이 다음과 같이 생각했다"라고 밝혔는데, "제1차 세계대전은 자본주의의 노예 상태에서 한 나라를 해방시켰고, 제2차 세계대전은 사회주의 체제를 만들어 냈으며, 제3차 세계대전은 제국주의를 영원히 끝장낼" 예정이었다.[10] 그리고 피비린내 나는 절정에 이르지 않더라도, 스탈린은 소련의 영향력을 확장할 기회를 충분히 가지고 있었다.

제2차 세계대전 이후, 스탈린은 동유럽 지역에서 일어난 소련에 대한 저항을 철저히 진압했다. 이어서 그는 마오쩌둥이 중국 내전에서 승리한 후 중국과 동맹을 맺었고, 이로써 동독에서 태평양에 이르는 공산주의 블록을 형성하는 데 성공했다. 그는 또한 비공산권 세계의 주변부를 끊임없이 시험했다. 이란, 터키, 그리스, 스칸디나비아, 한반도 그리고 리비아 등지에서 반란 세력을 지원하고, 양보를 요구하거나, 다른 방식으로 이득을 취하려 했다. 전 외무부 장관이었던 막심 리트비노프가 설명했듯, 그의 욕망은 끝이 없었으며, 그의 기회주의는 가차 없었다. 만약 세계가 '굴복하여 소련의 모든 요구를 들어준다면', 곧이어 '새로운 요구사항'들이 주어질 것이다.11 게다가 스탈린이 스스로의 팽창에 한계를 두지만 않는다면, 이를 제한할 자연적 경계 또한 거의 없었다.

붉은 군대는 위압적이었다. 특히 전쟁 후 미군이 해산되던 시기에는 더욱 그랬다. 미국의 중앙정보국CIA은 "소련이 유라시아 대륙에서 즉각 동원 가능한 압도적인 군사력을 보유하고 있다"라고 보고했다. 이에 따르면, 경우에 따라서 스탈린은 총 한 발 쏘지 않고도 유라시아 주변부를 점령할 수도 있었다.12

전후 아시아는 인도네시아 군도에서 한반도에 이르기까지 혁명의 불길에 휩싸였다. 유럽은 폐허 위에서 굶주림과 급진주의에 시달리고 있었고, 프랑스와 이탈리아를 비롯한 여러 나라에서는 공산당이 권력을 쟁취하기 위해 다투고 있었다. 만약 이러한 세력이 무장으로든 선거를 통해서든 집권하게 된다면, 서유럽은 스탈린의 손아귀에 넘겨질 수도 있었다. 그렇게 된다면 나머지 민주주의 국가들은 1940년만큼이나 절망적인 상황에 처할 수도 있었다.13

프랑스 당국자들은 미국이 신속하게 행동하지 않으면, "유럽의 경제가 붕괴하고" 소련이 "조직적으로 잘 정비된 공산당을 앞세워 서유럽 국가들을 장악하게 될 것"이라고 예언했다.14 영국 지도자들도 위기에 빠진 국가들이 정복당하거나, 내부에서 전복되거나, 위협에 굴복하게 될 것이라고 경고했다. 베빈은 그렇게 될 경우 민주주의 세계가 "히틀러와의 경험"을 다시 겪게 될 것이며, 전면전 외에는 선택의 여지가 없어질 때까지 "입지가 점진적으로 약화될 것"이라고 우려했다.15

결국 1940년대 후반, 스탈린이 히틀러보다도 더 거대한 제국을 손에 넣을 가능성은 결코 허상이 아니었다. 하지만 그런 시나리오는 실현되지 않았다. 이는 한편으로 스탈린은 히틀러가 아니었기 때문이었고, 다른 한 편으로는 스탈린의 적들이 고통스러운 경험을 통해 당장 유라시아의 균형을 유지하기 위해 조직적으로 대응하는 것이 나중에 급하게 사태를 수습하는 것보다는 낫다는 점을 깨달았기 때문이었다.

* * *

모든 전체주의 정권이 똑같지는 않으며, 모든 세계적 혁명의 계획이 동일하지도 않다. 스탈린은 히틀러만큼이나 많은 사람을 죽였으며, 자본주의 사회를 **모든 곳에서** 전복하고자 했던 그의 꿈은 추축국이 구상했던 것만큼이나 디스토피아적인 '새로운 질서'였다. 그러나 스탈린과 그의 후계자들이 히틀러보다 더 자신감이 있었던 만큼, 동시에 더 억제 가능하기도 했다. 마르크스-레닌주의가 **결국에는** 승리할 것이라는 '과학적' 확신은 그들로 하여금 너무 이른 시점에 전쟁을 일으키는 것을 경계하게 만들었다. 이러한 경계심 덕분에 조지 케넌이라는 미국 외교관은 재앙적인 전쟁을 피하기 위한 열쇠로서 날카롭고 장기적인 경쟁이라는 전략을 제안할 수 있었다.

케넌은 어떠한 면에서는 미국의 에어 크로 같은 인물이었다. 크로처럼 그는 통찰력으로 가득한 방대한 보고서를 작성한 직업적 외교관이었다. 또한 크로처럼 그도 자신보다 지적 수준이 낮다고 여긴 상사들과 충돌하고는 했다. 하지만 크로와는 달리, 케넌은 지적으로는 뛰어났지만 감정적으로는 매우 연약했다. 바로 그 점 때문에 그는 짧은 순간 역사적인 영향력을 누린 이후, 수십 년 동안 자신이 만든 교리에 대한 고통스러운 반대 의견에 시달려야 했다.[16]

케넌은 1920~1930년대 미국 국무부에서 양성된 러시아 전문가 집단의 일원이었다. 제2차 세계대전 이전 모스크바에 주재하면서, 그는 스탈린의 탐욕스럽고 잔혹한 폭정을 직접 목격했다. 1945년, 아마도 매킨더의 저서를 읽은 후, 그는 다음과 같은 '근본적인 갈등'을 예고했다. 즉 "유럽 대륙에서 활기차고 독립적인 정치적 삶을 유지하려는 대서양 해양 세력의 이익"과 "언제나 자신의 영향력을 확대하려는 열띤 유라시아 대륙 세력의 이익" 사이의 갈등이었다.[17] 이러한 자문은 대연합의 유지를 바랐던 루스벨트 대통령에게는 전혀 반가운 내용이 아니었다. 그러나 일본의 항복 이후 미소 관계가 급격히 악화되자, 미국 정부는 케넌이 제시할 수 있는 해답을 찾아 나서기 시작했다.

케넌은 1946년에서 1947년 사이에 발표한 일련의 획기적인 분석을 통해 전후 협력에 대한 꿈에 종지부를 찍었다. 편집증적 경향이 극심했던 스탈린은 어떤 안심의 말도 통하지 않는 인물이었다. "미국의 공군 및 해군을 소련에 넘기는 완전한 군사적 해체와 미국 공산당에게 통치권을 넘기는 것을 제외"하고는 그 어떠한 것도 스탈린의 불안을 누그러뜨릴 수 없었다.[18] 게다가 러시아의 노출된 지리적 환경은 통치자들로 하여금 확장을 통해서만 자신을 보호할 수 있다고 믿게 만들었고, 여기에 공산주의 이념이 결합되면서 평화로운 공존은 환상에 불과했다. 이에 따르면, 소련의 지도자들은 오직 "경쟁 세력의 완전한 파괴를 위한 인내심 있지만 치명적인 투쟁 속에서만 안보를 추구"할 것이었다.[19]

하지만 협력이 불가능하다고 해서 갈등이 필연적인 것은 아니었다. 히틀러와의 경험은 많은 동시대인으로 하여금, 공격적인 절대주의 체제에 맞설 수 있는 길은 유화 정책이거나 전쟁, 둘 중 하나뿐이라고 생각하게 만들었다. 그러나 케넌은 그 사이에 놓인 제3의 길을 제시했다.[20]

스탈린은 미국을 증오했지만, 그 힘만큼은 존중했다. 싫으나 좋으나, 제2차 세계대전이 끝났을 무렵 미국은 전 세계 생산량의 거의 절반을 만들어 냈다.[21] 또한 스탈린의 믿음에 따르면, 자본주의는 어쨌든 결국 몰락할 것이었기 때문에, 소련은 인내심을 가지고 미국의 멸망을 기다릴 수 있었다. 물론 소련은 끊임없이 유리한 고지를 점하려 들었고, 여건이 맞을 경우 무력을 사용할 수도 있었다. 하지만 저항에 부딪히면 신중하게 물러설 줄도 알았다. 케넌은 소련의 힘을 "능숙하고 경계심 많은, 대등한 힘의 반격을 통해 억제"할 수 있다고 믿었다.[22] 서방의 힘은 전쟁을 불필요하게 만들 수 있었고, 그럴 경우 시간은, 스탈린의 생각과는 다르게, 크렘린의 적이 될 수 있었다.

공산주의자들은 자본주의의 쇠퇴를 신나게 이야기했지만, 사실 더 심각한 내부적 약점을 지닌 쪽은 소련이었다. 비효율적인 중앙집권적 명령 경제, 피로에 지친 억압받는 대중, 자기 자신을 갉아먹는 정치체제가 그것이었다. 만약 비공산권 국가들이 소련의 팽창을 저지할 수 있다면, 소련이 가장 강력한 무기로 삼고 있던 역사의 필연성이라는 감각을 무력화하고, 대신 소련이 내부의 모순을 직면하도록 만들 수도 있었다. 케넌에 따르면, 그렇게 될 경우 미국은 소련의 정책에 가해지는 "엄청난 압박을 증가"시킬 수 있으며, 그 결과 "소련 권력의 붕괴 혹은 점진적인 온건화"를 이끌어 낼 수 있었다.[23] 이에 따라 다음 유라시아의 패권 경쟁에서 총 한 발 쏘지 않고 승리할 수 있는 쪽은 소련이 아니라 미국일지도 몰랐다.

이를 위해 미국은 이때까지 예상치 못한 일을 해야 했다. 바로 번영하는 서방세계를 건설하는 것이었다. 스탈린은 적에게 희망이 없다고 보았기에 자신의 승리가 확실하다고 믿었다. 전후의 새로운 대공황은 자본주의 경제를 붕괴시킬 것이고, 탐욕스러운 제국주의자들은 서로를 파멸시킬 것이라는 예상이었다. 스탈린의 표현을 그대로 빌리자면, 독일과 일본은 "다시 일어나", 미국을 "박살"낼 것이며, 심지어 영국과 프랑스도 그 싸움에 뛰어들 것이었다.[24] 이에 따라 몰락이나 전쟁이 필연적으로 닥쳐오면, 소련은 그 전리품을 간단하게 차지하면 되었다.

케넌은 "세계 공산주의는 병든 조직만을 먹고 자라는 악성 기생충과 같다"라고 믿었다. 따라서 소련의 팽창을 저지하려면 단결된 힘으로 소련을 포위해야 했다.25 이것이야말로 케넌의 가장 뛰어난 선견지명이었다. 그러나 그가 이렇게 썼을 때만 해도, 그조차 자신이 말하는 바가 진정 무엇을 의미하게 될지는 전혀 몰랐다.

＊ ＊ ＊

물론 이는 누구나 마찬가지였다. 당시 미국 관료 대부분은 고립주의로의 회귀가 재앙적인 결과를 낳을 것이라는 데 동의했다. 그들은 세계가 다시 공황과 침략에 휘말리도록 좌시할 생각은 전혀 없었다. 그러나 미국과 소련 간의 긴장이 고조되고 있었을 때도, 트루먼 대통령은 대륙을 재건하거나, 전 세계적인 동맹망을 구축하거나, 초강대국으로서의 책임을 영구히 받아들일 계획을 갖고 있지는 않았다. 미국의 위대한 외교관이었던 딘 애치슨은 훗날 회고록에 냉전 초기는 "그 시기를 살아간 이들에게 지극히 모호한 시대"였다고 썼다. 미국의 관료들은 "지금 와서는 자명해 보이는 일조차 쉽게 받아들이지 못했다".26 소련을 봉쇄한다는 하나의 생각을 구체적인 전략으로 탈바꿈시킨 것은 연달아 터진 특별한 위기 상황들이었다. 이 위기들이 미국으로 하여금 특별한 책임을 떠안게 만들었다. 그리고 트루먼 행정부 시기 국무부 차관이자 장관으로 활동했던 애치슨은 대부분 그 위기 한가운데에 있었다.

그로튼, 예일, 하버드 등에서 교육을 받은 애치슨은 미국 동부 엘리트의 전형처럼 보였다. 강한 지적 능력을 지닌 유능한 변호사였던 그는 예리한 지성만큼이나 오만하기도 한 인물이었다. 그러나 그를 진정으로 돋보이게 한 것은 전후 세계가 미국 정부에 요구하는 새로운 과제를 누구보다 빠르게 간파하는 능력 그리고 그 과제를 **즉각적인** 실천으로 해결하려는 성향이었다. 역사학자 윌슨 미스캠블의 표현을 빌리자면, 케넌이 비록 때때로 좌절하는 봉쇄 정책의 설계자였다면, 애치슨은 그러한 전략의 진정

한 '건축가master builder'였다.[27]

　　여러 위기 중 첫 번째는 지중해에서 영국의 영향력 붕괴였다. 1945년에서 1946년까지 대부분의 미국 관료들은 영국이 여전히 세계적인 강대국이라고 생각하고 있었다. 그러나 제1차 세계대전으로 영국의 쇠락이 시작되었다면, 제2차 세계대전은 그 쇠락을 완성했다. 1927년, 영국 정부는 공산주의 반군과 싸우는 그리스를 더 이상 지원할 수 없다는 소식을 전해 왔다. 또한 흑해와 지중해를 잇는 해협의 통제권을 두고 스탈린의 압박을 받는 튀르키예도 더 이상 도울 수 없다는 내용을 덧붙였다. 당시 국무부 차관이었던 애치슨은 이와 같은 소식의 의미를 즉시 간파했다. 이 두 전초기지가 무너진다면, "무려 3개의 대륙이 소련의 침투에 노출되게 되고", 전쟁의 여파로 이미 지친 채 공포에 휩싸인 세계 곳곳의 나라들은 이제 공산주의의 물결을 막을 수 없다고 느끼게 될 것이었다.[28] 한 영국 외교관이 보고한 바에 따르면, 미국 정부의 결론은 "식어가는 영국의 손에서 세계 지도자의 횃불을 한시라도 빨리 받아내야 한다"는 것이었다.[29]

　　애치슨과 그의 동료들이 주말 내내 분주히 논의한 후 구상한 트루먼의 대응은 그리스와 튀르키예를 원조하기 위한 4억 달러의 예산을 의회에 요청하는 것이었다. 이를 위해 트루먼은 상황의 심각성을 가능한 한 명확하게 의회에 설명하고자 했다. 그는 자주권을 지닌 국가들이 강압 당하고 전복될 수 있는 세계는 아주 빠른 속도로 험악한 곳이 되고 말 것이라고 경고했다. 그는 새로운 냉전 질서를 자유와 폭정의 투쟁이라는 도식으로 규정했다. 무엇보다 중요한 것은, 그가 앞으로 더 규모가 크고 더 피비린내 나는 개입을 피하기 위해서는 미국이 선제적으로 평화와 안정에 투자해야 한다고 강조했다는 점이다. 트루먼은 그리스와 터키에 대한 원조가 미국이 제2차 세계대전을 승리로 이끌기 위해 지출한 비용의 "1,000분의 1이 조금 넘는 수준"에 불과하다는 점을 강조했다. 이 정도의 소규모 투자로 제3차 세계대전으로 빨려 들어가는 것을 막을 수만 있다면, 그럴 만한 가치가 있지 않겠느냐는 것이 트루먼의 입장이었다.[30] 의회는 트루먼의 원조 요청을 승인했지만, 그의 사전 예방 기조는 서유럽 전역의 정세가 벼랑 끝으로 치달으면서 불과 몇 주 만에 진정한 시험대에 올랐다. 혹독한 겨울은 경제적, 정치적 불안을 더 악화시켰다. 한편 애치슨의 상관이었던 조지 마셜은 독일 경제를 회복시켜 유럽 전반의 회복을 유도하고자 했지만, 이는 소련의 강력한 반대에 부딪혔다. 약하고 불안정한 유럽은 스탈린에게 이상적인 토양을 제공했기 때문이었다. 크렘린궁전에서 자정에 열린 회담 중 스탈린은 늘 그렇듯 상대방을 위협하듯 늑대 그림을 낙서로 그렸다. 그는 마셜에게 독일이 분단된 상황은 전혀 '비극'이 아니라는 말을 덧붙였다.[31]

그러나 마셜은 위협을 느낀 것이 아니라 오히려 동기부여를 받았다. 그는 사악한 정권이 전략적 요충지를 장악했을 때 어떤 일이 벌어지는지 잘 이해하고 있었다. 그는 미국으로 돌아온 후 "의사들이 탁상공론을 벌이는 동안 환자의 상태는 악화되고 있다"라고 선언했다. "즉각적인 조치가 필요하다"는 것이었다.[32]

애치슨, 케넌 그리고 윌 클레이튼과 같은 마셜의 참모들은 불과 몇 주 만에 '유럽 부흥 계획European Recovery Program'이라는 급진적인 구상을 만들어 냈으며, 이는 곧 마셜 플랜이라는 이름으로 알려지게 되었다. 영국의 어니스트 베빈은 수년에 걸친 130억 달러 규모의 이 원조 프로젝트가 "침몰하는 사람들에게 던져진 생명줄 같았다"라고 극찬했다. 미국은 자신의 부, 기술 그리고 노하우를 이용해 죽어가는 유럽을 다시 살려 내고자 했다.[33] 미국 정부는 또한 1948년에 일본에 대해서도 유사한 정책을 추진했다. 애치슨은 "유럽과 아시아의 가장 거대한 공장" 두 곳을 재건하는 것만이 소련의 팽창으로부터 유라시아의 주변부를 지켜 내는 유일한 방법이라고 주장했다.[34]

마셜 플랜은 미국 정책의 세 번째 측면, 즉 민주주의적 가치로 결속된 자유세계의 공동체를 조성하는 데 큰 역할을 했다. 이 계획은 경제적 수단을 통해 서구 문명의 요람에서 민주주의가 무너지는 것을 막았다. 이는 또한 교정 불가능한 전제정을 처벌하는 것에서, 이를 우호적인 민주 국가로 되살리는 방향으로 정책의 방향을 전환하는 과정 중 일부이기도 했다.

일본 점령군 최고사령관 더글러스 맥아더의 말에 따르면, 일본은 "한 민족을 해방시키기 위한 세계 최대 규모의 실험실"이 되었다.[35] 미국 관료들은 일본의 헌법을 새로 작성하고, 군대를 해체했으며, 선출된 지도자에게 권한을 부여하고 독재적인 엘리트를 숙청했다. 독일에서는 루키우스 클레이 장군이 자유로운 언론을 구축하고, 정기적으로 열리는 선거제도를 재도입했으며, 민주적 개혁을 지원했다. 중요한 것은 양국 모두 탈산업화 이후 경제적 재건이 이어졌다는 점이다. 미국이 이러한 방향성을 선택한 이유는 분명했다. 일본과 독일의 번영 없이는 세계의 안정이 있을 수 없었고, 또한 애치슨이 주장했듯, '전쟁에 대한 의지'를 평화에 대한 헌신으로 전환하기 위해서는 근본적인 정치적 변화가 필요했기 때문이었다.[36]

하지만 1947~1948년에도 평화는 여전히 요원한 듯 보였다. 이는 마셜 플랜이 유럽 안보에 심각한 위기를 초래했기 때문이었다. 이 계획을 실행하기 위해서는 서유럽 정부 내 공산당 소속의 장관들을 해임해야 했고, 이에 대해 좌파 진영은 혼란과 파업으로 맞섰다. 게다가 서독의 재건이 유럽 전체의 재건에 필수적이었다고는 해도, 이는 프랑스를 공포에 떨게 했으며 스탈린을 분노하게 만들었다. 스탈린은 1948년 6월, 분단된 베를린에서 서방 세력을 몰아내려는 목적으로 서베를린에 대한 육상 봉쇄 조치를 명령했다. 그는 이전에도 미국이 서유럽을 지원하고 있다는 사실에 대응해 동유럽에 대한 통제를 강화해 왔다. 예컨대 1948년 2월에는 체코슬로바키아의 민주 정부를 스탈린의 대리인들이 전복시키기도 했다. 따라서 다시금 전쟁의 기운이 짙어졌고, 유럽은 일종의 공황 상태에 빠졌다. 마

셜은 "유럽인들은 완전히 제정신이 아니고, 신경이 곤두선 채 하루하루를 버티고 있었다"라고 말했다.37

이번에는 유럽인들로부터 해결책이 나왔다. 그들은 방위 동맹을 결성한 뒤, 미국이 여기에 참여하도록 간청하고, 설득하고, 애원했다. 1949년 4월, 이제 국무장관이 된 애치슨은 "평화를 원하는 이들에게 북대서양조약은 안식처이자 힘을 제공한다"라고 선언했다. 반면 침략을 꿈꾸는 이들에게는 "다가올 재앙을 경고하는 신호"이기도 했다.38

매킨더의 구상처럼 북대서양조약은 미국의 산업적 역량을 유럽의 안보를 위해 투입하는 결과를 낳았다. 한 국무부 관료의 말처럼, 유럽의 민주주의 국가들은 "피츠버그와 디트로이트의 잠재력"을 등에 업은 셈이었다.39 중요한 점은, 이 조약이 외부뿐 아니라 내부의 위협도 억제한다는 것이었다. 히틀러의 피해자들을 보호함으로써, 이들이 새롭게 탄생한 서독을 단순히 억누르기보다는 오히려 키워 낼 수 있도록 도왔다. 그러나 무엇보다 중요한 것은, 이 조약이 이전에 유럽의 유화정책을 부추겨 마비 상태에 가까웠던 불확실성을 줄여 주었다. 베빈의 말대로, 미국의 우방국들은 "만약 문제가 생긴다면 1940년과는 달리 방치되지 않을 것"이었다.40 결국이 동맹은 유럽이 소련의 압력에 맞서 버틸 수 있게 해 주었고, 미국이 유라시아의 전략적 균형을 주도할 수 있는 발판을 마련했다. 지난 150년 동안 평화 시기에는 동맹을 피해 왔던 신세계가 이제는 구세계의 지정학을 주도하는 심판자로 나섰다.

그러나 이 조약이 자유세계의 문제를 일거에 해결해 준 것은 아니었다. 초기까지만 해도, 이 동맹은 말 그대로 서류상의 동맹에 불과했다. 미국이 유럽에 추가적으로 상시 주둔군을 배치한 것도 아니었고, 미국의 안보 공약이 전 세계로 확장될 조짐도 보이지 않았다. 실제로 아시아에서는 트루먼이 장제스의 중국을 포기하고, 한국과 대만을 공개적으로 버릴 준비를 하고 있었다. 게다가 이 조약이 체결될 무렵, 미군은 역사적 수준의 군비 축소를 겪고 있었다. 국방비 지출은 1945년 830억 달러에서 1948년 91억 달러로 급감했다.[41] 애치슨은 훗날 서방세계가 "실과 껌 그리고 안전 핀"으로 간신히 유지되고 있었다고 회고했다.[42] 결국 봉쇄 정책을 실질적으로 작동하게 하고, 미국의 자유세계 프로젝트를 전 세계로 확장하기 위해서는 또 한 번의 중대한 위기가 필요했다.

한국전쟁은 유럽에서 발이 묶인 스탈린이 아시아에서 새로운 기회를 엿보았기 때문에 발발했다. 북한의 건국 독재자 김일성은 오랫동안 남한을 무력으로 통일하려는 계획을 추진했고, 이를 위한 소련의 승인을 요청해 왔다. 그러나 스탈린은 여러 조건이 충족된 후에야 이를 승인했다. 우선 마오쩌둥이 중국을 정복함으로써 아시아 전역에 혁명적 흐름이 형성되고, 소련과 중국이라는 두 공산주의 대국이 결속했다. 다음으로 소련이 1949년 8월에 처음으로 원자폭탄 실험에 성공하여 전략적 입지를 강화했다. 마지막으로 애치슨이 정확하기는 하지만 현명하다고는 할 수 없는 방식으로, 미국이 한국의 방위를 책임지지 않는다는 점을 공표했다.[43] 스탈린은 미국이 개입하지 않을 것이라고 판단했고, 설령 개입하더라도 너무 늦게 도착할 것이라고 기대했다. 그는 또한 북한의 성공적인 공격이 소련에 대한 미국의 봉쇄망을 붕괴시킬 것이라 믿었다. 그러나 모든 지점에서 그는 상황을 오판했다.

미국이 북한의 침공을 **저지할 수 있었던** 까닭은 이미 일본에 주둔군을 두고 있었기 때문이다. 또한 트루먼이 **개입하기로** 결정한 이유는 그가 1930년대의 교훈을 너무도 잘 기억하고 있었기 때문이었다. 그는 만약 민주주의 국가들이 한국을 버린다면, "어느 작은 나라도 위협과 침략 앞에서 저항할 용기를 잃게 될 것"이라고 믿었다.[44] 자유세계가 즉시 반격하지 않으면, 앞으로 더 심각한 침략을 자초하게 될 뿐이라는 것이었다. 따라서 미국은 즉시 병력을 한국에 파견했고, 북한 인근의 좁은 방어선을 지킨 뒤 인천 상륙작전을 통해 전세를 뒤집었다. 그러나 이 놀라운 반격은 오히려 미국의 중대한 오판으로 이어졌다. 한반도 전체를 해방하겠다는 기대 속에 미군은 압록강까지 진격했고, 이는 마오쩌둥의 중국이 개입하도록 만들었다. 결국 미국은 피비린내 나는 수렁에 빠지게 되었다.[45] 그러나 이미 그 전에, 전쟁은 놀라운 정치적 효과를 불러왔다.

애치슨은 "한국이 우리를 구했다"라고 말했다.[46] 한국전쟁은 애치슨이 트루먼의 최고 참모로서 주도한 전 세계적 공세를 촉발했다. 북대서양조약은 단순한 협정을 넘어 **북대서양조약기구**NATO로 발전했고, 25개 사단 규모의 통합된 지휘 체계를 갖추게 되었다. 트루먼은 미군이 상시적으로 유럽에 주둔하도록 만들었고, 동맹국들은 군비 지출을 대폭 늘리는 한편 민주주의 국가로서 서독의 재무장을 원칙적으로 승인했다. 유라시아의 반대편에서도 애치슨은 일본, 필리핀, 호주, 뉴질랜드와 일련의 안보 조약을 체결했다. 그리고 이 모든 조치는 대규모 군사력 강화 계획을 기반으로 하고 있었다.[47]

미국의 국방비 지출은 세 배로 늘어나 GDP의 14%에 달했다. 또한 핵무기와 재래식 무기 모두 전쟁 중 두 배 이상 증가했다. "실질적으로 존재하고 즉시 동원 가능한 압도적 군사력이 없다면, 봉쇄 정책은 단지 허세에 불과하다"는 것이 애치슨의 감독하에 작성된 최고 기밀문서인 NSC-68의 내용이었다.[48] 애치슨의 표현을 빌리자면, 미국 정부는 유라시아의 양쪽 끝에 '힘의 지형'을 구축하고 있었다.[49] 미국은 이제 하나의 대양이 아니라 두 대양을 가로지르는 안보 공동체를 만들어 내고 있었다.

* * *

봉쇄 정책이 형성된 시기는 끊임없는 위기의 연속으로 점철되었다. 미국은 충격적인 전략적 충돌들에 대한 해답을 찾아 나서며 때로는 비틀거리기도 했다. 그러나 1950년대 초에 이르러 미국 정부는 새로운 세계 질서를 구축해 나가고 있었다. 이 모든 구상이 혼란 속에서 이루어졌기 때문에, 동시대인들은 그것이 얼마나 역사적으로 중요한 일이었는지를 간과하기 쉬웠다.

이전 수십 년 사이에 세계는 두 차례나 폭력적인 무정부 상태에 빠진 바 있었다. 아이젠하워가 언급했듯, "서방 국가들은 마치 레닌이 쓴 연극 속에서 자신도 모르게 역할을 수행하는 것처럼" 보였다.[50] 제2차 세계대전 이후에도 이와 같은 일이 반복될 수 있었으나, 이번에는 달랐다. 애치슨의 표현을 빌리자면, "세계의 절반, 즉 자유로운 절반"이 출현했고, 이 자유 진영은 소련이 가할 수 있는 압력보다 더 큰 압력을 소련에 가했다.[51] 아이젠하워의 표현을 비틀자면, 레닌의 각본에는 그런 전개가 **없었**다. 결정적인 변수는 외딴 곳에 있는 초강대국, 즉 미국이 세계의 지정학적 핵심부에 개입하는 방식의 변화였다.

미국은 또 다른 전체주의가 유라시아를 휩쓰는 사태를 방치하지는 않을 예정이었다. 이를 위해 치명적인 세력 불균형이 전쟁으로 이어지지 않도록 평시에 미리 전략적 연결망을 구축할 계획이었다. 미국은 또한 침체된 지역을 되살리고, 자유주의적 가치에 뿌리를 둔 자유세계를 육성하며, 스탈린의 손쉬운 팽창을 저지하고 비공산권 국가들이 번영할 수 있는 방어막을 만들어 낼 예정이었다. 애치슨은 미국은 "약함이 아니라 강함을 창조할 것"이며, 결국 소련은 "현실을 제대로 인식하게 될 것"이라고 자신만만하게 말했다.[52]

이러한 전략은 고결한 이상주의와 냉혹한 지정학을 뒤섞은 것이었다. 미국은 서유럽, 중동 그리고 동아시아 지역에서 소련의 팽창을 저지하는 데 초점을 맞췄다. 이 지역들은 세계적 균형을 흔들 수 있을 만큼 경제적 잠재력이 컸고, 소련이 대서양, 태평양, 지중해로 접근하는 것을 차단할 수 있는 전략적 위치에 놓여 있었다. 미국은 제2차 세계대전의 동맹국이었던 소련을 억제하기 위해 전쟁 때의 적국들과 손을 잡았으며, 과거의 침략국들을 신뢰할 수 있는 민주주의 국가로 탈바꿈시켰다. 미국은 또한 취약한 국가를 보호하는 동맹을 형성함과 동시에, 그들의 인적 자원, 물자, 지정학적 조건을 활용할 수 있는 기반도 마련했다. 더 나아가 미국은 동맹국들과의 협력에서 관대한, 양쪽이 모두 이득을 얻을 수 있는 비전을 추구했지만, 적국과의 경쟁에서는 무자비한 제로섬 전략을 구사했다. 그 결과 유라시아는 물론 그 너머의 국제 질서도 근본적으로 바뀌었다.

미국의 동맹망은 유라시아 주변부 지역 내부의 역사적 적대감을 제거함으로써 이 지역에 위치한 국가들이 유라시아 중심부의 위협에 맞서 중대한 협력을 이룰 수 있도록 만들었다. 미국은 또한 호황의 국제 경제를 뒷받침함으로써, 서독이나 일본이 자원과 시장을 확보하기 위해 살인적인 난동을 부릴 **필요성**을 제거했으며, 유럽과 동아시아에 확실히 주둔함으로써 수정주의적 행동의 **기회** 자체를 없앴다. 미국의 군사적 보호, 외교적 주도권, 경제적 지원이 결합되면서, 민주주의의 안전과 번영이 뒷받침되었고, 이는 결국 공산주의를 침체시키는 데 결정적 역할을 했다. 마지막으로 대륙을 가로지르며 소련을 효과적으로 포위한 비공산주의 블록의 형성은 자유세계의 압도적 우위를 만들어 냈고, 이러한 균형의 붕괴는 종국에는 소련의 몰락을 불러왔다.

애치슨의 후임자인 존 포스터 덜레스는 "우리의 동맹 체계는 세계의 주요 지역을 지정해 놓은 후 이 지역들을 미국과 결합해 버렸다"라고 말했다.[53] 1945년 이전까지 미국은 전시에만 임시로 연합에 참여했지만, 1945년 이후에는 평화를 유지하기 위해 지속적이면서도 대양을 넘나드는 연합의 중심축이 되었다.

이러한 역할을 수행할 수 있는 나라는 오직 미국뿐이었다. 오직 미국만이 멀리 떨어진 초대륙의 양 극단에서 벌어지는 사건들 모두에 결정적인 영향을 미칠 수 있었다. 또한 오직 미국만이 유럽, 동아시아, 중동 등의 외부 지역으로 힘을 투사하는 데 집중할 수 있을 만큼 자국의 안보가 충분히 보장되어 있었다. 마지막으로 미국만이 지리적 조건과 이념의 결합을 통해 자국의 힘이 공포라기보다는 심적 안정을 주는 요소로 받아들여지게 만들 수 있었다.

멀리 떨어진 미국은 유라시아 국가들을 물리적으로 정복하고 영구적으로 지배할 위협이 없었기에, 근처에 있는 침략국에 맞서 싸울 동맹국으로 더 매력적이었다. 민주주의 국가인 미국은 협의와 타협의 전통을 갖고 있었고, 이는 미국의 힘을 비교적 온건한 것으로 보이게 만들었다. 1950년대가 되자 미국은 거대한 비공식적 제국을 구축하고 있었고, 심지어 대체로는 해당 국가들의 간절한 요청에 따라 그렇게 하고 있었다. 프랑스의 지식인 레몽 아롱은 "반스탈린주의자에게는 미국의 지도를 받아들이는 것 외에 다른 선택지는 없다"라는 말로 이 상황을 표현했다.[54]

한편 미국은 지도자로서의 역할이 요구하는 의무로부터 도망칠 방법이 없었다. 제2차 세계대전이 끝난 후에도 미군은 완전히 귀환하지 않았다. 1950년대 초, 미국은 유럽과 아시아에 약 90만 명의 군사 인력을 주둔시키고 있었다. 유럽과 아시아에 제공한 원조는 1948년 기준으로 미국 GDP의 5%에 달했다.[55] 이후 수십 년 동안 미국은 국제 경제가 원활히 작동할 수 있도록 만들고, 자유세계의 연합을 조정하는 책임을 떠맡았다. 그리고 이런 책임은 실로 큰 부담이었다.

이와 같이 전 세계를 연결하는 평화 시기의 동맹 체제는 역사상 존재한 적이 없었다. 그 다양성은 놀라운 힘을 만들어 내는 동시에 끝없는 골칫거리도 낳았다. 이미 1940년대 후반부터, 미국은 핵전략에서부터 국제 통화제도에 이르기까지 자신의 가장 가까운 우방국들과 끊임없이 갈등을 빚어왔다. 1950년대 독일의 재무장을 둘러싼 논쟁이나 1970년대 경제 위기의 시기에는 자유세계 전체가 붕괴할 수도 있을 것처럼 보였다.

자유세계는 여러 요소들 덕분에 유지될 수 있었는데, 예컨대 나토는 외교적 긴장이 존재하더라도 일상적 협력을 가능하게 했고, 민주주의적 가치는 상호 존중의 기반을 제공했으며, 소련의 패권에 대한 두려움은 미국의 패권을 감내할 수 있게 만들었다. 그러나 자유세계를 지탱한 가장 핵심적인 요소는 무엇보다 미국의 통찰력 있는 지도 전략이었다.

미국은 동맹국들이 그들의 시장을 개방하기 전에 먼저 자국 시장을 열어주었다. 심지어 자국의 이익을 희생하면서까지 그들이 경제적 경쟁력을 회복할 수 있도록 도왔다. 안보 문제에서는 언제나 주도적인 목소리를 냈지만, 동맹국의 의견과 주도권 또한 받아들였고, 대체로 동맹국에게 일방적으로 지시할 수도 있다는 유혹을 참아왔다. 요컨대 미국은 동맹국에 대해 자국의 권력을 일부러 과소 사용함으로써, 적대세력에 맞서는 집단적 역량을 극대화하려 했다. 수십 년 동안, 워싱턴은 자유세계의 번영과 평화라는 전례 없는 목표를 위해 전례 없는 부담을 감내했다.[56]

애치슨은 "파국적인 전쟁 없이도 소련의 팽창을 막아내는 더 나은 방법이 있는지", 자유세계 내부의 갈등을 완화해 "그 힘을 키울 다른 방법"이 있는지, "새로운 세계 질서"를 구축할 다른 방법이 있는지 물었다. 이에 대해 애치슨 세대가 내린 결론은 '없다'는 것이었다.[57] 유라시아의 극심한 혼란이라는 반복되는 역사적 패턴을 끊기 위해서는 과감하고 새로운 미국의 접근 방식이 필요했다.

* * *

물론 이는 결코 쉬운 일은 아니었다. 트루먼이 1953년에 퇴임했을 당시, 그의 행정부 외부에서는 서방이 냉전에서 이기고 있다고 생각하는 사람은 거의 없었다. 한국전쟁은 사람들을 지치고 낙담하게 만들었다. 서방의 경제는 전후 복구와 재무장이라는 부담에 신음하고 있었다. 이에 트루먼의 후임자인 드와이트 아이젠하워는 미국이 재앙으로 향하고 있다고 경고했다. 그에 따르면, "공산주의의 세계적 확산 속도는 1930년대 권위주의의 물결보다 훨씬 빠르고 가차 없었다".58 오늘날의 우리는 냉전을 서방이 바리케이드를 치고 얌전히 적의 붕괴를 기다렸던 시기로 기억할지 모르지만, 실제 대결은 끊임없는 기동전과 탐색전으로 점철되어 있었다. 소련은 봉쇄망을 뚫기 위해 시도했고, 서방은 그에 따른 도전에 대응해 나갔다.

이러한 도전 중 하나는 기술과 지리, 그리고 군사력 사이의 관계에 있었다. 미국은 침공을 허용하지 않는 한계선을 설정하고 자본주의 세계를 하나로 묶는 동맹망을 중심으로 지정학적 전략을 구축했다. 그러나 당연하게도, 이러한 한계선은 스스로 지켜지지 않는다. 냉전 기간 내내 미국 관료들은 군사력의 불균형이 소련으로 하여금 봉쇄선을 뚫고 나오게 하거나, 아니면 미국의 동맹국을 분열시키고 사기를 꺾는 데 이용될 수 있다고 우려했다.

이런 우려는 단순한 피해망상이 아니었다. 1953년 스탈린이 사망한 이후 벌어진 치열한 권력 투쟁에서 승리한 니키타 흐루쇼프는 종종 스탈린보다도 더 위험한 인물로 여겨지곤 했다. 이는 그가 예측 불가능하고 변덕스러운 성격의 인물이었기 때문이었다. 흐루쇼프는 한때 자신의 '가장 간절한 꿈'이 미국을 나토에서 떨어뜨리는 것이라고 말했다. 그는 동서 간 대결에서 주도권을 쥐기 위해 장거리 미사일 개발에 박차를 가했다. "장거리 미사일을 자본주의자들의 머리 위에 다모클레스의 칼*처럼 매달아 두자"는 것이 그의 생각이었다.59 따라서 자유세계를 결속시키고, 냉전이 실제 전쟁으로 비화하지 않도록 하기 위해서는 역사상 가장 극악스러운 군비 경쟁을 감내해야 했다.

그러나 냉전 시기의 군비 경쟁은 항상 하나의 비대칭성에 의해 좌우되었다. 유라시아의 미국 동맹국들은 소련과 매우 가까웠던 반면, 미국 본

---

* 권력자의 머리 위에 언제 떨어질지 모르는 위협을 상징하는 고대 그리스의 은유.

토와는 아주 멀리 떨어져 있었다. 이로 인해 미국은 소련의 바로 눈앞에서 세력 균형을 좌지우지할 수 있었지만, 동시에 세계 최대의 대륙 국가였던 소련은 동서의 분단선 전반에 걸쳐 압도적인 우위를 확보할 수 있었다.[60] 한국전쟁과 그에 뒤이은 서방의 군비 경쟁은 미국이 소련의 전차 1대, 병사 1명마다 일일이 대응하는 방식으로는 그 비용을 감당할 수 없음을 보여주었다. 아이젠하워의 말마따나, "미국이 세계의 모든 곳"을 방어할 수는 없었다.[61] 따라서 미국은 다른 형태의 비대칭성, 예컨대 우월한 기술력, 전 지구적 장악 능력 그리고 무엇보다 재래식 전쟁에서 패배하지 않기 위해 기꺼이 핵전쟁을 불사할 수 있다는 결의 등을 활용할 줄 알아야 했다.

　　이러한 전략적 과업은 모든 측면에서 힘겨운 일이었다. 미국 국방부는 유라시아 주변부를 따라 군사기지를 촘촘히 구축하여 소련을 타격하고 그 뒷마당에까지 영향력을 행사할 수 있는 기반을 마련했다. 또한 서유럽을 가능한 한 전방에서 방어할 수 있도록 철저히 준비했는데, 나토의 어떤 동맹국도 먼저 점령당한 뒤에 해방되는 상황을 원하지 않았기 때문이다. 동시에 대서양을 건너 빠르게 증원군을 보내기 위한 준비도 갖추었다. 물론 이는 또 다른 과제를 낳았다. 소련의 해군을 봉쇄하고 자유 진영의 연결망을 유지하려면, 제해권을 지속적으로 확보해야 했다. 나토에서 발간된 한 전략 문서는 북대서양이 아군의 수중에 있을 때는 "미국과 유럽을 연결하는 가장 핵심적인 연결고리"이지만, 만약 적대국의 수중에 들어갈 경우에는 "바르샤바조약기구가 전 세계에 정치적, 군사적 영향력을 확장할 수 있는 통로"가 될 것이라고 지적했다.[62] 따라서 냉전기의 가장 중요한 투쟁 중 하나는 북대서양으로 진입하려는 소련 잠수함들과 그들을 해상 요충지에서 봉쇄하려는 미국 잠수함들 간의 침묵 속 싸움이었다.[63] 냉전은 근본적인 군사력 균형을 어떻게 재편할 것인가를 둘러싼 수십 년에 걸친 경쟁과 다름없었다. 그리고 핵무기 영역만큼 그 난점이 뚜렷하고 충격적으로 드러난 곳은 없었다.

애초부터 대다수의 미국 정치인들은 핵전쟁을 터무니없는 일로 치부했다. 이 문제와 끊임없이 씨름했던 아이젠하워는 핵전쟁 이후에는 "말 그대로 잿더미 속에서 스스로를 파내고 처음부터 문명을 다시 시작하는 일이 벌어질 것"이라고 말했다.[64] 핵무기의 혁명은 너무나 강력하여 도저히 사용하지 못할 무기를 만들어 냈지만, 그럼에도 불구하고 미국의 지정학적 전략의 핵심에 있어서 핵무기를 대체할 수 있는 방안은 없었다.

아이젠하워 시기와 그 이후의 미국은 전례 없는 속도와 전례 없는 거리를 전례 없는 파괴력으로 가할 수 있는 능력을 구축해 나갔다. 이를 위해 미국은 장거리 폭격기, 지상 발사 미사일 그리고 잠수함 발사 탄도미사일로 구성된 이른바 핵 삼중 체계를 개발했다. 군사 전략가들은 복잡한 핵전략 이론을 세웠고, 소련이 감히 침공을 고려하지 못하게 만들기 위해 미국이 파괴해야 할 소련 산업의 비율과 살상해야 할 인구수를 계산했다. 한 미군 장성의 말에 따르면, 특정한 미국의 공격 계획에서는 대대적인 공습을 통해 소련을 "단 2시간 만에 연기와 방사능에 휩싸인 폐허"로 만들겠다는 내용이 포함되어 있었다. 이러한 가운데 미국의 핵탄두 수는 계속 증가했는데, 1953년 1,169기에서 1965년 3만 2,400기까지 늘어났다.[65] 직접적으로 말하자면, 억지력이란 결국 대량 학살을 일으킬 수 있는 능력이었다. 이를 위한 과정은 전략적인 차원뿐만 아니라 윤리적 차원에서도 고통스러웠다.

전략적 효과성과 경제적 효율성을 추구하며, 아이젠하워는 미국이 보유한 초기 핵 우위를 적극적으로 활용했다. 당시 미국은 소련과 비교했을 때 배치된 핵탄두 수에서 약 10대 1의 우위를 갖고 있었다. 그는 공산주의의 침략이 어디에서 발생하든, 소련 본토를 겨냥한 파괴적인 핵 공격으로 이에 대응하겠다고 밝혔다. 그는 "우리가 승리를 거둘 유일한 방법은 전쟁이 시작되자마자 곧바로 적을 마비시키는 것뿐"이라고 주장했다.[66] 이 전략이 한동안 효과가 있긴 했지만, 얼마 지나지 않아 소련이 자체적인 대륙

간 타격 능력을 갖추면서 무너지기 시작했다. 회의론자들은 아이젠하워의 '대규모 보복 전략'이 자유세계에 자살 아니면 항복이라는 두 가지 선택지만 남길 뿐이라고 우려했다.[67] 따라서 케네디 행정부는 '유연한 대응' 전략으로 전환했는데, 이는 재래식 전력을 강화하는 한편 핵 대응 또한 더 세밀하게 조절하는 방식에 기반을 두고 있었다. 그러나 베트남 전쟁은 재래식 전력을 강화하는 데 엄청난 비용이 필요하다는 사실을 드러냈다. 또한 극심한 위기 상황에서는 핵 확전을 통제할 수 있으리라는 기대가 사실상 실현 불가능할 수도 있다는 점을 깨닫게 했다. 국방부 장관 로버트 맥너마라는 "비핵전쟁과 핵전쟁 사이의 경계는 분명하고 관측 가능하다"라고 말하면서도, "그 선을 넘기로 중대한 결정을 내리는 순간, 모든 것은 훨씬 더 혼란스러워진다"라고 인정했다.[68]

남은 냉전 기간 동안, 미국은 전쟁 억지력이 실질적으로 작동할 수 있도록 제한적 핵 공격, 장기 핵전쟁 전략 등 문명을 파괴할 수 있는 무기의 사용이 실제로 가능하다고 보이게 할 여러 방안을 계속해서 모색했다. 심지어 1970년대 미국 외교관들이 소련과 군비통제 협상을 진행하는 동안에도, 미국 국방부는 기술적 우월성에서 전략적 우위를 끌어내기 위해 정밀 타격 미사일과 침투형 폭격기 등 여러 수단에 막대한 투자를 계속했다. 한 국방부 장관은 "대규모 핵전쟁이 결코 국가 정책의 합리적이고 의도적인 수단"이 될 수는 없을 것이라고 말했지만, 적어도 미국의 대통령들은 소련은 물론 스스로에게도 그것이 실제로 가능하다는 확신을 심어주어야만 했다.[69] 핵무기를 사용할 수 없는 세계는 소련이 유라시아를 침공하는 것을 막을 수 없는 세계나 다름없었기 때문이다.

하지만 미국이 이 경쟁에서 승리하리라는 보장은 없었다. 1970년대에 이르러 소련은 장거리 전력의 지속적인 증강을 통해 전략 핵무기 분야에서 미국과 동등한 수준을 달성했다. 소련은 또한 새로운 중거리 미사일인 SS-20을 배치했는데, 한 소련 장성은 이 미사일이 "유럽 전체를 인질로 삼을 수 있다"라고 말했다.[70] 또한 붉은 군대는 나토의 방어선을 뚫기 위해 전차, 병참 능력, 공격기 등 향상된 재래식 전력을 속속 배치하는 한편 항공모함과 잠수함을 비롯하여 기타 전 지구적 작전 수행을 위한 역량에 장기적으로 투자하고 있었다. 이에 따라 1976년 당시 국방부 장관이던 도널드 럼스펠드는 "우리는 거대한 힘의 이동을 목격하고 있다"라고 주장했다. 소련은 "진정한 초강대국으로 변모하고 있었다".[71]

미국 관료들이 우려했던 최악의 시나리오는 소련의 군사력이 강해질수록 나토의 재래식 전력의 열세가 심화되고, 서방의 핵 대응 방안이 무력화되며, 소련이 전 세계에서 미국의 영향력을 맞대응할 수 있게 될 거라는 점이었다. 소련이 점점 강해지는 군사력을 실제 침공에 사용할지 여부와는 무관하게, 미국의 안전 보장이 무용지물임을 드러냄으로써 이를 서유럽에 대한 위협과 강요의 수단으로 사용할 가능성은 매우 현실적인 것이었다. 훗날 한 프랑스 대통령은 이를 두고 "소련은 전쟁을 하지 않고도 모든 서유럽 국가를 하나씩 무력화했을 수도 있었다"라고 평했다.[72] 따라서 서방은 1980년대 새로운 군비 경쟁으로 이에 대응하게 된다.

이러한 군비 경쟁은 때때로 광기의 소산처럼 보이기도 했다. 아이젠하워는 "미국은 자국의 궁극적인 안전을 결코 보장해 주지 못할 것을 알면서도 무기를 계속 쌓아가고 있다"라고 말했다. "단지 다른 방법을 알지 못하기 때문에 일단 계속 무기를 쌓아 올릴 뿐"이라는 것이었다.[73] 그러나 아이젠하워와 그 뒤를 이은 대통령들이 무리한 군비 경쟁에 아무리 거부감을 느낀다 한들, 군사적 약세가 가져올 결과만큼 끔찍하지는 않았다. 핵 전쟁의 시대에 억지력을 유지하기 위해 요구되는 조건들은 결코 아름답지 않았지만, 억지력이 실패할 경우의 결과는 훨씬 더 참혹할 것이었다.

* * *

군비 경쟁에서 승리하기 위해서는 위기 상황에서 강하지만, 결코 어리석지는 않게 행동해야 한다는 두 번째 과제를 해결해야 했다. 초강대국들은 자신들이 보유한 막강한 핵무기를 실제로 사용하지는 않았지만, 동서 진영의 분열을 따라 위험한 대치 상황에서 이를 과시하는 데에는 주저하지 않았다. 소련과 동맹국들은 지리적 이점을 기반으로 한 정밀하게 계산된 압박을 통해 봉쇄 전략을 무너뜨리려는 시도를 계속했다. 이에 대해 미국은 지나치지 않으면서도 단호하게 대응해야 했다.

냉전의 가장 핵심적인 지점은 흐루쇼프가 '서방의 급소'라고 표현한 분단된 베를린이었다.[74] 베를린은 자본주의와 공산주의라는 두 체제가 공개적으로 맞붙고 있었기 때문에 상징적으로 중요한 도시였다. 또한 동독 한가운데에 위치해 있으면서 소련군에 둘러싸여 있었기 때문에 지리적으로도 민감한 지역이었다. 따라서 소련이 어떤 정치적 메시지를 분명하게 전달하고자 할 때는 항상 서베를린을 '조이기' 시작했다. 또한 군비 경쟁에서 일정한 성과를 거두었을 때, 소련은 다름 아닌 베를린에서 이를 외교적 성과로 전환하려고 했다.

1948년, 스탈린은 서독 국가의 탄생을 저지하기 위해 서베를린을 봉쇄했다. 뒤이어 1958년부터 1961년 사이, 소련이 비록 초기 단계에서 그 위력이 과장된 대륙 간 탄도미사일 전력을 갖추게 되었을 때, 흐루쇼프는 서방 세력을 베를린에서 몰아내기 위해 두 차례의 위기를 조성했다. 그는 나토가 저항할 경우 미사일이 비처럼 쏟아질 것이라고 위협했다. 그는 베를린이 "지리의 문제"이며, "그 지리적 위치를 적극적으로 소련의 전략에 활용하겠다"라고 밝혔다.[75]

한편 마오쩌둥도 대만해협에서 이와 유사한 시도를 벌이고 있었다. 그는 자국민에게 가한 폭력의 규모에 있어서만큼은 흐루쇼프보다도 더 진정한 의미에서 스탈린의 후계자였다. "3억 명이 죽어도 어쨌든 3억 명은 남는다"는 핵전쟁에 대한 그의 무모한 태도는 심지어 소련조차 경악하게 만들었다.76 마오쩌둥은 당초 내전의 마무리로 장제스의 국민당이 지배하고 있는 대만을 점령할 계획이었다. 하지만 한국전쟁이 발발하자, 미국 해군은 대만해협을 '중립화'함으로써 장제스를 구했다. 따라서 마오쩌둥은 1954~1955년과 1958년에 중국 본토에서 불과 몇 킬로미터 떨어진 대만의 소규모 외곽 섬들을 포격하는 선에서 만족해야 했다. 그는 이 섬들이 "미국의 목에 걸린 올가미"라고 표현했다. 지리적 근접성을 이용해, 중국이 이 노출되어 있는 미국의 전초기지들을 극도로 압박할 수 있다는 것이었다.77 흐루쇼프와 마찬가지로 마오쩌둥은 공산주의의 강권 바로 아래 놓인 거점을 지키기 위해 미국이 과연 모든 것을 걸 준비가 되어 있는지를 시험해 보고 있었다.

흐루쇼프와 마오쩌둥이 직면했던 미국 대통령, 즉 아이젠하워와 케네디는 그럼에도 불구하고 미국이 이를 감내해야 한다고 생각했다. 미국처럼 세계 곳곳에 안보 공약을 펼치고 있는 나라에게 있어 신뢰성이란 전부이거나 전무인 양자택일의 문제로 여겼기 때문이다. 만약 미국의 동맹국들이 미국이 고립된 하나의 거점을 지킬 의지가 없다고 판단하게 된다면, 다른 거점은 지켜줄 것이라고 어찌 믿을 수 있겠는가? 케네디는 "우리가 서베를린을 포기한다면, 이는 곧 유럽 전체를 포기하게 되는 것"이라고 말한 바 있다.78 문제는 이러한 거점을 실제로 방어하는 일이 곧 종말을 초래할 수도 있다는 것이었다. 미국의 지정학 전문가들은 대만의 외곽 섬들을 재래식 무기로는 지켜 낼 수 없다고 판단했다. 이에 따르면, 중국의 공격을 격퇴하기 위해서는 중국 본토에 대한 핵 공격, 더 나아가 '미국과 소련 사이의 전면적인 핵전쟁'이 필요할지도 몰랐다.79 고립된 베를린을 방어하는 일 역시 핵의 사용 없이는 어려웠는데, 이 생각은 공포를 자아냈다. 핵무기의 사용은 애초에 안심시키려 했던 동맹국들을 거꾸로 파괴해 버릴 수도 있었기 때문이다.

굴욕과 파멸 **모두**를 피하기 위해서는 정교한 균형 감각이 필요했다.

미국은 물러서지 않을 태세였다. 아이젠하워는 필요할 경우 "미국이 가진 모든 것을 걸 것"이라고 말했다.[80] 그러한 위협이 허언이 아님을 보여주기 위해, 미국 대통령들 역시 덜레스가 "벼랑 끝 전술"이라 부른 무력시위에 나섰다. 1955년, 아이젠하워는 대만해협에서의 군사 행동을 승인하는 의회 결의안을 통과시켰다. 1961년에는 케네디가 예비군을 소집하고, 자신의 부하로 하여금 흐루쇼프의 미사일 위협에 맞서 전략적으로 우위에 있는 미국이 여전히 소련을 초토화할 수 있다고 공공연하게 경고하게 했다.[81] 미국은 선을 굳건히 지켰고, 적이 그 선을 시험하기 위해 전면전을 감수할지는 적의 선택에 맡겼다.

하지만 베를린에 대한 접근권이나 아시아 해안의 작은 섬들을 두고 핵전쟁을 위협한다는 것은 어디까지나 어처구니없는 일이었기에, 두 대통령 모두 긴장을 완화할 일종의 퇴로를 마련하려 했다. 1959년, 아이젠하워는 베를린 위기를 진정시키기 위해 소련과 장관 회담은 물론이고 흐루쇼프와의 정상회담 개최에도 동의했다. 한편 1961년, 케네디는 동독 정부가 정통성 문제를 해결하기 위해 선택한 방안, 즉 탈출하는 자국민을 사실상 감금하기 위한 방법으로써 베를린 장벽을 건설하는 것을 묵인했다. 케네디에 따르면, "전쟁보다는 장벽이 훨씬 낫기" 때문이었다.[82]

미국은 파국을 불러일으키는 확전이나 신뢰를 무너뜨리는 후퇴 없이 이러한 위기들을 넘겼다. 분단된 유럽에서 결기의 균형은 대체로 유지되었다. 흐루쇼프 역시 아이젠하워나 케네디만큼 베를린을 위해 죽고 싶지는 않았기 때문이다. 심지어 핵전쟁에 대해 섬뜩한 발언을 일삼던 마오쩌둥조차 실제로 그 결과가 얼마나 끔찍할지 직접 확인하고 싶어 하지는 않았다. 이는 서방이 충분히 강하고 단호하기만 하면, 싸우지 않고도 승리할 수 있다는 케넌의 주장을 뒷받침하는 듯 보였다. 그럼에도 불구하고 이러한 위기들은 실로 두려운 순간들이었다. 한때 케네디는 보좌관들에게 소련을 상대로 한 기습 핵 선제공격 가능성을 비밀리에 검토해 보라고 지시하기도 했다.[83] 결국 봉쇄 전략이 안겨 준 가장 무거운 짐은, 전략적 가치가 그리 크지 않은 지역적 이해관계를 위해 전 지구적 전쟁의 위험을 감수해야 한다는 점에 있었다.

냉전 사상 가장 중대한 위기는 이를 극명하게 보여주었다. 쿠바 미사일 위기를 초래한 연쇄 반응은 1959년 피델 카스트로가 권력을 잡고 쿠바를 사회주의로 이끌면서 시작되었다. 미국과의 관계가 급속히 악화되는 가운데, 그는 소련과의 관계를 강화해 나갔다. 미국은 쿠바 출신의 망명자들을 동원한 졸속 침공으로 이에 대응했는데, 이는 전형적으로 전략적 역풍을 불러온 사례에 해당한다. 이러한 침공의 결과 소련과 쿠바 간의 군사 동맹이 체결되었고, 소련은 비밀리에 쿠바에 미사일을 배치하게 됐다.

흐루쇼프는 동시에 여러 목표를 달성하려 했다. 한편으로, 그는 카스트로의 사회주의 혁명을 보호하여 라틴아메리카 전역에 사회주의가 확산하도록 만들고자 했다. 또한 그는 미국을 타격할 수 있는 중거리 미사일을 배치함으로써 전략적 균형을 바로잡고자 했으며, 차후 베를린을 두고 벌어질 위기 국면에서 협상력을 확보하려 했다. 미사일 배치는 냉전의 지정학적 구도를 뒤집을 수도 있었다. 안전했던 미국의 남쪽 배후를 노출시킴으로써 미국의 뒷마당에 소련의 전략적 영향력을 강화하려는 시도였기 때문이다. 하지만 이 도박은 미국 정찰기의 탐지로 발각되었고, 그 결과 1962년 10월, 전 세계는 13일 동안 극도의 공포가 이어졌다.[84]

국무장관 딘 러스크의 말대로, 쿠바 미사일 위기는 두 초강대국이 "서로의 눈을 마주보게" 만들었다.[85] 위기는 동시에 냉전 시기의 위기관리가 미국에 던지는 근본적인 도전을 드러냈다. 케네디는 단 한 순간도 소련의 미사일 배치를 용인할 생각이 없었다. 만약 이를 용인할 경우, 소련은 미국을 위협할 또 다른 방법을 확보하는 것이었고, 세계 곳곳의 나라들이 미국의 결단력을 의심할 수밖에 없는 결과를 낳을 것이기 때문이었다. 하지만 케네디는 쿠바를 침공하거나 미사일 기지를 폭격할 경우, 카리브해에서 시작된 충돌이 빠르고 통제 불가능한 방식으로 전 세계로 확산될 수 있음을 인식하고 있었다. 핵전쟁의 시대에 전쟁을 택하는 것은 "정말 엄청난 도박"이라는 것이 그의 판단이었다.[86] 따라서 그는 쿠바에 대한 봉쇄를 단행하고 무력 충돌에 대비하는 조치를 눈에 띄게 취하면서도, 갈등을 피하기 위한 양보도 동시에 병행했다. 그는 공개적으로 쿠바를 침공하지 않겠다고 약속하는 한편 비공개적으로는 튀르키예에 배치되어 있던 미국의 구형 미사일을 철수하겠다고 소련에 약속했다.

이 전략은 효과를 발휘했는데, 이는 한편으로는 미국이 여전히 소련보다 약 7대 1의 핵 우위를 유지하고 있었고, 다른 한편으로는 카리브해에서 재래식 전력에 우위를 점하고 있었던 덕분이었다. 흐루쇼프는 소련은 "전쟁을 일으키고 싶지 않다"며, 단지 "우리는 쿠바에 대한 미국의 행동을 위협하고 억제하고 싶었을 뿐"이었다고 인정했다.[87] 만약 소련이 정말로 싸울 생각이었다면, 쿠바 미사일 위기보다 더 나쁜 시점이나 장소는 없었을 것이다. 하지만 이 위기는 **모든** 당사자에게 경각심을 안겨 주었으며, 실제 전쟁이 일어날 위험은 흐루쇼프나 케네디가 인식했던 것보다 훨씬 컸을지도 모른다. 미군 정찰기가 쿠바 상공에서 격추된 사건, 미국 해군 군함과 소련 잠수함 간의 대치 상황 등 여러 사건 중 단 하나라도 다른 방향으로 흘러갔다면, 상황은 걷잡을 수 없이 악화되었을 가능성이 있다.[88]

결과적으로 쿠바 미사일 위기는 냉전의 가장 위험했던 시기를 종식시키는 데 기여했다. 케네디는 흐루쇼프에게 보내는 편지에서 "핵의 시대에 더 이상 전쟁이 일어나서는 안 된다는 인식에 있어 당신과 나 사이에는 생각의 차이가 없어 보입니다"라고 썼다. "아마도 이 무기를 통제할 책임을 지닌 사람들만이, 이 무기가 실제로 사용될 경우 발생할 끔찍한 파괴력을 진정으로 실감할 것입니다."[89] 이후 몇 년 동안, 양측은 군비통제 조약과 협정을 통해 전쟁의 가능성을 줄여 나갔고, 베를린과 쿠바에서는 비록 불편하더라도 현상 유지를 수용하기로 사실상 합의했다. 또한 서로의 정찰 위성을 격추하지 **않기로** 비공식적으로 합의했는데, 기습 공격에 대한 공포가 그 자체로 예기치 않게 실제 전쟁을 유발할 수 있다는 점을 우려했기 때문이었다.[90] 다른 한편으로, 소련 정치국은 위기를 발생시키던 흐루쇼프를 몰아내고, 야망만큼은 그에 뒤지지 않더라도 덜 호전적이었던 레오니트 브레즈네프로 대체했다.

결국 끝까지 물러서지 않은 것에 대한 보상은 한층 억제된 냉전이었다. 1962년 이후 소련은 핵 위협을 무모하게 주고받는 도박에 대해 한층 신중해졌다. 그러나 애석하게도, 소련은 다른 분야에서는 이제 막 새로운 싸움을 시작하려던 참이었다.

* * *

미국 냉전 전략의 핵심은 간단했다. 유라시아 주변부 지역의 산업 중심지에 유리한 세력 구도를 구축하는 것이었다. 그러나 세 번째 과제는 냉전이 빠르게 전이되었다는 점에 있었다. 이로 인해 미국의 약점 또한 여실히 드러났다.

이 약점의 근원은 개발도상국 세계를 휩쓴 거대한 변화의 쓰나미였다. 유럽 제국들의 붕괴로 인해 불과 25년 만에 거의 100개에 달하는 새로운 국가들이 탄생했다. 새롭게 등장한 글로벌 사우스* 전역에는 이념적 급진주의와 반서구적 정서가 강하게 흐르고 있었고, 라틴아메리카에서 동남아시아에 이르기까지 무질서가 발생할 여지는 무궁무진해 보였다. 언론인 월터 리프먼은 다음과 같이 경고했다. "소련은 이미 혼란에 빠진 국가들을 더욱 혼란스럽게 만들고, 내분에 시달리는 민족들을 더욱 분열시

---

* 개발도상국 또는 제삼세계 국가들을 통칭하는 용어.

키며, 이미 팽배한 불만을 더욱 부추김으로써 우리를 무너뜨릴지도 모른다.”91

기회를 노리는 적이라면 실제로 이러한 방법을 시도했을 것이다. 스탈린은 초기까지만 해도 제삼세계 국가들에 큰 관심을 두지 않았는데, 이는 마르크스주의적 해석에 따를 경우 혁명을 위한 준비가 되지 않은 나라들에서는 큰 가능성을 찾을 수 없다고 보았기 때문이었다. 그는 “역사 발전의 법칙을 가지고 장난을 칠 수는 없는 법”이라며 냉소적으로 말했다.92 하지만 중국에서 마오쩌둥이 승리하자, 소련 지도자들은 방어가 탄탄한 국제 세계의 중심부보다는 취약한 주변부에서 팽창의 기회가 더 열려 있다는 점을 확신하게 되었다. 이에 따라 흐루쇼프는 개발도상국 전역을 휩쓴 ‘민족 해방’ 운동을 전폭적으로 지지했고, 탈식민화의 물결이 “제국주의를 무릎 꿇게 만들 것”이라고 예언했다.93 이러한 새로운 전략에 따르면, 소련이 비록 봉쇄를 정면 돌파할 수는 없더라도, 자유세계의 측면을 우회하여 흔들 수는 있을 것이었다.

이에 반해 미국은 글로벌 사우스에 관여하지 않기를 바랐다. 하지만 세계는 이미 분열돼 있다고 하더라도 서로 연결돼 있을 수밖에 없었고, 이 때문에 중요한 지역과 그렇지 않은 지역을 명확히 구분하는 일은 결코 쉽지 않았다.

산업 자원이 없는 국가들도 자원을 가진 지역으로 이어지는 공급선의 요충지를 차지하고 있을 수 있었으며, 가난한 국가들도 부유한 국가들이 필요로 하는 석유, 고무, 기타 자원을 보유하고 있을 수 있었다. 한편 만약 소련이 라틴아메리카에 침투한다면, 미국을 세계 강대국으로 만들어 준 반구의 면역 지대가 무너질 수 있었다. 또한 소련이 제삼세계에서 연이은 승리를 거둔다면, 소련이 세계사의 흐름을 주도한다는 인식이 퍼지면서 더 중요한 지역들에서까지 미국의 입지가 약화될 수도 있었다. 따라서 냉전은 이전의 열전들처럼 걷잡을 수 없이 확산되었으며, 케네디는

1961년, "오늘날 자유를 방어하고 확산하는 데 있어 지구의 남반구 전체가 거대한 전쟁터가 되었다"라고 선언했다.[94]

이 무렵 미국은 명백히 수세에 몰려 있었다. 흐루쇼프는 중동에서 소련의 영향력을 강화했으며, 체코슬로바키아를 통해 무기를 판매하는 방식으로 이집트의 지도자 가말 압델 나세르를 지원했다. 나세르가 1956년 수에즈운하를 국유화한 것에 반발해 영국과 프랑스가 이집트를 공격하자, 흐루쇼프는 파리와 런던을 불바다로 만들겠다고 위협했다. 쿠바에서는 소련의 라틴아메리카 전초기지가 건설되고 있었고, 동남아시아에서는 중국과 소련의 원조 덕분에 베트남이 1954년 프랑스를 물리칠 수 있었다. 이후에도 소련과 중국의 지원은 북베트남이 미국과의 전쟁을 지속하는 데 결정적인 역할을 했다. 1960~1970년대에는 초강대국 간의 긴장감이 남반구 전역에 불붙으면서 소련, 중국, 쿠바 모두가 아프리카에서 영향력을 확대하려 했다.[95]

이 시기에 냉전은 수많은 열전을 동반했다. 각종 내전, 한국, 베트남, 중동에서 벌어진 대규모 재래식 전쟁, 수많은 대리전 및 반란 등이 일어났다. 초강대국들은 우호국을 확보하고 적대국을 전복하려 했으며, 한때 전혀 주목받지 않았던 앙골라나 아프가니스탄 같은 지역에서도 영향력을 놓고 경쟁을 벌였다. 확전의 가능성도 실제로 엄연히 존재했다. 1973년 10월, 이스라엘과 아랍 국가들 간의 전쟁이 격화되자 미국은 이스라엘을 지원하기 위해 대규모 공수작전을 벌였다. 이에 대응해 소련이 군사적으로 개입하겠다고 위협하자, 미국은 다시 이에 대응해 핵 경계 태세까지 발령했다. 이러한 충돌이 야기한 참상은 그야말로 참혹했다. 냉전 시기 아시아 지역에서만 약 1,400만 명이 목숨을 잃었다.[96] 미국에게 있어 제삼세계는, 봉쇄 전략이 세련되고 지역적으로 한정된 접근법에서 점차 무제한적이고 도덕적으로 훨씬 지저분한 양상으로 진화해 나간 전장이었다.

미국이 처음부터 폭군들과 손을 잡기를 **원했던** 것은 아니었다. 베트남에서 베네수엘라에 이르기까지, 미국은 주기적으로 과감한 개혁을 통해 불안정한 사회를 안정화하려 시도했다. 하지만 정치적 양극화와 극심한 **불안정**이 만연한 지역에서는, 불순한 자들과 협력하는 것 말고는 현실적인 대안이 없었던 경우도 많았다. 이해관계가 중대하고, 위협이 임박했으며, 선택지가 극히 제한적인 상황에서는, 미국 지도자들도 어쩔 수 없이 더 존중받을 수 없는 방법들을 선택했다. 여기에는 예컨대 미국에 우호적인 독재자에 대한 지원, 적대적 지도자에 대한 암살 시도나 전복 공작, 잔혹한 반란 진압, 심지어 군사적 개입까지 포함되었다. 1953년 이란, 1954년 과테말라, 1973년 칠레에서 벌어진 미국의 개입은 일정 기간 반공 질서를 유지하는 데 기여하기도 했다. 하지만 1961년 쿠바 피그만 침공처럼 곧바로 역효과를 낳은 사례도 있었다. 한 미국 관료의 말처럼, 이 모든 행위는 "악에도 정도가 있다"는 신념에 바탕을 두고 있었다. 이는 더 큰 악을 막기 위해서는 덜 나쁜 자들과 손잡는 것도 불가피하다는 것이었다.[97]

이는 단순한 자기합리화가 아니었다. 이 국가들이 공산주의 세력의 손에 넘어가지 않도록 함으로써, 미국은 이들이 훗날 민주주의로 전환할 가능성을 보존했다. 실제로 많은 국가가 1970~1980년대에 민주화의 길을 걸었다. 하지만 그전까지는 이러한 사고방식이 도덕적 무리수를 초래했다. 부패한 수단은 그 목적이 아무리 고귀하다 하더라도 그 정당성을 훼손할 수 있기 때문이다. 뿐만 아니라 전 세계의 거의 모든 지역을 따라 전선을 구축하며 싸우는 전략은 결국 군사적 무리수로 이어지기도 했다.

도덕적, 전략적 무리수라는 두 문제는 베트남에서 절정에 달했다. 미국은 과거에 다른 지역을 성공적으로 재편했던 것과 같은 과도한 야망을 베트남에도 그대로 적용했다. 린든 존슨 대통령은 미국의 임무가 단순히 공산주의 반군을 물리치는 것이 아니라 "1억 명이 넘는 사람의 희망과 삶을 풍요롭게 하는 것"이라고 설명했다.[98] 미국의 개입은 또한 그리스, 튀르키예, 한국에서처럼 공산주의가 마치 도미노처럼 확산될지 모른다는 두려움에 뿌리를 두고 있었다. 다른 곳에서는 이러한 개입이 놀라운 성과를 가져오기도 했지만, 베트남에서만큼은 비극을 불러왔다.

남베트남의 지도자들은 미국 관료들이 강력하게 요구한 개혁을 좀처럼 단행하려 들지 않았다. 이러한 개혁이 자신들의 권력을 약화할 수도 있었기 때문이었다. 이에 대한 미국의 대답은 1963년, 자신들이 스스로 내세웠던 정권의 수장인 응오딘지엠을 몰아내려는 쿠데타 세력을 지원하는 것이었는데, 이는 오히려 역효과를 내고 정세를 불안정하게 만들었다. 미국은 남베트남에 50만 명이 넘는 병력을 파병하고, 1965년부터 1968년 사이에 북베트남에 64만 3,000톤 이상의 폭탄을 투하했지만, 적의 단결된 의지를 꺾지 못했다. 북베트남의 지도자 레주언은 "우리는 대가를 따지지 않을 것이다"라고 단언했다.[99] 미국은 신중하게 손해를 최소화하지도 못했다. "승리는 어떤 대가를 치르더라도 그만한 가치가 있다"는 러스크의 신념은 막대한 비용을 치른 패배로 이어졌다.[100] 이 모든 상황은 모스크바에 전략적 행운을 안겨 주었다. 소련은 방공 체계와 같은 비교적 적은 규모의 지원만으로도 세계의 주변부에서 일어난 이 갈등에서 자신들의 최대의 적을 지치고 패배하게 만들었다. 그러나 비록 세계의 주변부에서 일어났다 하더라도, 이 전쟁은 전 세계적 함의를 지녔다.

베트남전쟁은 미국이 유럽에 주둔해 둔 군대를 동원하게 만들었고, 전 세계적으로 반미 정서를 확산시켰다. 이 전쟁은 또한 미국이 소련의 전략적 군비 증강이나 다른 지역에서의 움직임에 대응하는 데 집중하지 못하도록 했다. 전쟁이 초래한 인명 피해와 도덕적 고통은 미국 내 냉전 시대의 공감대를 무너뜨렸다. 헨리 키신저는 베트남전쟁이 "전후 미국의 외교 정책 전반을 공격한 국가적 악몽"이라고 평가했다.[101] 결과적으로 베트남전쟁은 아무 지역에서나 과도하게 개입할 경우 전 세계 모든 지역에서의 입지가 약화될 수도 있음을 보여주었다. 이에 따라 미국은 곧 닥쳐올 소련의 공세에 제대로 대비하지 못했다.

소련 국가보안위원회KGB의 한 관계자는 훗날 이 시기를 두고 "세계가 우리의 흐름대로 움직이고 있었다"라고 회고했다. 제국주의의 약점은 곧 사회주의의 기회였다.[102] 1966년부터 1975년까지 92억 달러였던 제삼세계 국가들에 대한 소련의 무기 지원은 1978년부터 1982년 사이에는 354억 달러로 급증했다.[103] 1975년부터 1979년 사이, 마르크스주의 혁명 세력은 아프가니스탄, 앙골라, 캄보디아, 에티오피아, 그레나다, 라오스, 모잠비크, 니카라과, 남베트남, 남예멘 등에서 정권을 장악했다. 소련은 앙골라와 아프리카의 뿔* 지역의 분쟁에 소련제 무기를 공급하고 쿠바 병력을 투입함으로써 전황을 자신들의 뜻대로 결정지었다. 가장 놀라웠던 사건은 1979년 아프가니스탄 침공을 위해 약 8만 명의 소련 병력을 투입한 일이었다. 이 작전으로 소련군은 호르무즈해협과 페르시아만 유전 지대를 사정권 안에 두게 되었다. 여기에 인접국인 이란에서 벌어진 반미 이슬람 혁명이 겹치면서, 이 지역은 순식간에 일대 혼란에 빠졌다.

1980년대 초, 소련군과 그들의 대리 세력은 아프리카의 뿔에서 카리브해에 이르는 해상 요충지와 해상로를 위협했다. 미국 관료들은 남아프리카에서 중앙아메리카에 이르기까지 더 많은 동맹국이 패배할 수도 있다고 우려했다. KGB의 수장 유리 안드로포프는 소련이 "단지 세계 혁명을 말하는 데 그치지 않고 실제로 지원하고 있다"라고 자랑했다.[104]

결국 냉전은 전 세계를 무대로 한 패권 투쟁이었다. 따라서 만약 미국이 다른 모든 지역에서 흔들린다면, 유라시아의 산업 지역을 장악하고 있다는 사실도 별 의미가 없게 될 수 있었다.

*　*　*

---

* 　아라비아해로 돌출되어 있는 아프리카의 동쪽 지역.

그리고 마지막 딜레마가 남아 있었는데, 이는 미국이 스스로의 가치를 잃지 않고서도 냉전을 이길 수 있는가 하는 문제였다. 대부분의 미국 정치인들은 "잔혹한 독재의 사막에 둘러싸인 자유의 오아시스"로서는 미국이 살아남을 수 없다는 데 동의했다.105 트루먼은 소련이 유라시아를 지배하게 될 경우 미국이 시장과 자원으로부터 고립될 것이라고 믿었다. 또한 전체주의 진영은 여기저기 고립될 자유세계의 잔존 세력에 가공할 만한 압력을 가하게 될 것이었다. 그럴 경우 "우리는 경제를 사실상 파탄 낼 수도 있는 방어적 조치를 취해야 할지도 모르고, 우리 삶의 방식은 더 이상 미국적인 것이라고 느껴지지 않을 만큼 바뀌게 될 것"이었다.106

이런 시나리오에서는 미국이 냉전에서 패배할 경우 병영국가로 가는 길이 열릴 수 있었다. 그러나 이전과 마찬가지로 비판적인 이들은 냉전의 승패 여부가 아니라 냉전 자체가 미국의 경제를 규제하고 정치를 군사화함으로써 민주주의를 파괴할 수도 있다고 반박했다. 케넌 자신도 "우리가 맞서 싸우는 상대와 닮아가는 것, 그것이야말로 우리가 직면한 가장 큰 위험"이라고 쓴 바 있었다.107 그의 우려는 틀리지 않았다. 냉전은 미국 사회 내부에 깊은 변화를 초래한 장기적인 투쟁이었다.

미국은 역사상 처음으로 평시에도 국가안보 체제를 구축했다. 여기에는 대규모 상비군, 막강한 정보기관 그리고 세계적 권력을 행사하기 위한 다양한 수단들이 포함되었다. 동시에 미국은 무기 생산과 정치적 영향력 행사를 병행하는 군산복합체도 만들어 냈다. 핵전쟁이 실제로 벌어질 경우 의회에 의견을 묻고 있을 시간이 없을 수 있었기에, 권력은 대통령에게 집중되었다. 대통령들은 비밀 작전과 무기 판매는 물론이고, 여러 치열한 술수를 통해 권력을 더욱 움켜쥐었다. 때로는 미국을 위한다는 명분 아래 자신들이 무엇을 하고 있는지에 대해 아예 거짓말을 하기도 했다. 상원의원 J. 윌리엄 풀브라이트는 "만약 미국이 제국이 되고자 한다면, 사실상 독재국가가 되는 과정을 피할 수 없을 것"이라고 주장했다.108

한편 '공산주의자로 낙인찍기Red-bating'는 미국 정치의 상습적이고 혐오스러운 관행이 되었다. 선동가들은 사회 개혁가들을 체제 전복 세력으로 몰아붙였다. 수많은 사람의 삶을 파괴하고, 경력을 끝장내며, 표현의 자유를 억눌렀던 매카시즘은 반공 히스테리가 초래할 수 있는 가장 비극적인 사례였다. 실제로 1950년대 한때는 병영국가의 망령이 현실이 되는 것처럼 보이기도 했다.

특히 한국전쟁 당시 매카시즘이 기승을 부리는 가운데, 천정부지로 솟은 군비 지출은 세금 인상, 물가 통제 그리고 그 외 여러 경제적 왜곡을 야기했다. 트루먼은 더 많은 무기를 생산하기 위해 버터 생산을 줄였고, 철강 노동자들이 전시 임금 억제 조치에 반발하자 제철소를 국유화하고 파업 노동자들을 징집하겠다고 위협했다. 상원의원 로버트 태프트는 "우리는 인류 역사상 가장 위대한 자유의 모험을 파괴할지도 모를 항로에 올라섰다"라고 말했다.[109]

다행히도 미국은 자신이 지키고자 했던 가치를 끝끝내 스스로 파괴하지는 않았다. 매카시는 터무니없는 음모론으로 스스로 신뢰를 잃었고, 트루먼의 경제 정책은 극도로 인기가 없어서 결국 그의 대통령직이 끝나는 데 일조했다. 아이젠하워 대통령은 재정에 민감하게 반응하여 국방비를 GDP의 10% 이하로 낮췄고, 이후 국방비가 다시 그 수준을 넘는 일은 일어나지 않았다.[110] 그러나 가장 중요한 점은 여러 압박 속에서도 미국의 민주주의가 균형을 유지했다는 사실이다.

1950년대 냉전의 엄숙함은 1960년대의 문화적, 지리적 격변으로 이어졌다. 대통령이 도를 넘는 행동을 할 때, 법원과 의회 그리고 시민사회가 이를 제어할 방법을 찾아냈다. 베트남전쟁이나 군비 경쟁에 반대하는 시위로 거리와 대학 캠퍼스가 가득 찬 나라는 분명 반대 의견을 억압하는 나라라고 할 수는 없었다. 결국 냉전은 유라시아에서의 갈등조차 미국을 더욱 자유롭고 강하게 만들 수 있음을 보여주었다.

냉전은 분명히 미국을 더 평등하게 만들었다. 제삼세계를 위한 싸움은 쿠데타와 봉기 진압 작전을 수반했지만, 동시에 연방 정부가 국내에서 인종 차별적 체제를 무너뜨리려는 민권 운동가들을 지원하도록 자극했다. 대법원이 1954년에 학교 내 인종 분리를 금지했을 때, 이러한 판결을 이끈 얼 워런 대법원장은 "미국 체제가 국내외에서 모두 시험대에 올라 있다"라고 믿었다.[111] 또한 1957년에 아이젠하워가 리틀록 학교의 인종 분리 정책을 철폐하고 흑인 학생의 등교를 보장하기 위한 강제적 조치를 취한 것 역시, 미국의 국내 문제를 "우리의 적들이 비웃고 있다"라고 믿었기 때문이었다.[112] 마찬가지로 린든 존슨이 투표권과 민권에 관한 법들을 통과시켜 짐 크로 법*을 끝장냈을 때, 그는 이를 "그 어떤 전장에서의 승리 못지않은 자유의 승리"라고 선언했다.[113] 결국 냉전은 미국이 자국의 이상을 저버릴 때 치러야 하는 대가를 높임으로써, 결과적으로 미국 체제에 선한 압박을 가했다.

유라시아를 둘러싼 분쟁은 다른 방식으로도 미국을 바꿔 놓았다. 연방 정부는 미사일 과학부터 지역학에 이르기까지 승리에 필수적인 학문들을 정복하기 위해 처음으로 미국 대학에 역사적 수준의 막대한 투자를 단행했다. 한 CIA 보고서는 "교육은 국방 다음으로 현대 국가의 가장 큰 사업"이라고 결론지었다.[114] 안보의 중요성은 연방 고속도로 체계의 현대화와 같은 획기적인 기반 시설 개발 계획도 낳았다.

많은 이들이 비판적으로 바라보았던 군산복합체도 전체적으로 봤을 때는 긍정적인 측면이 더 컸다. 군비 지출은 성장 중이던 중산층에 대량의 자금을 공급했고, 실리콘 밸리와 같은 기술 허브와 남부 캘리포니아 같은 국방 산업이 밀집한 지역에 활력을 불어넣었다. 1959년 무렵, 미국의 전자 분야 연구 개발 비용의 약 85%가 정부 자금으로 이루어졌다.[115]

---

* 19세기 후반부터 시행된 인종 분리 법.

이러한 투자는 미사일과 세계를 파괴할 수 있는 여러 무기를 만들어 냈으며, 이는 미국이 소련에 대한 봉쇄 전략을 유지하는 데 필수적이었다. 정부의 투자는 동시에 집적 회로에서 인터넷에 이르는 여러 상업적 파생 기술을 낳았다. 그 결과 미국은 정보화 시대로 성공적으로 진입할 수 있었다. 예컨대 반도체 분야에서 초기 선두 주자였던 페어차일드 세미컨덕터는 미사일용 컴퓨터 칩을 제작하면서 출발했는데, 국방부를 위한 대량 생산은 규모의 경제를 유발하여 제품 가격을 낮추고 민간 시장에 칩을 공급할 수 있게 해 주었다. 역사학자 다이앤 쿤츠는 전례 없는 평시의 군비 지출이 "냉전기의 풍요로운 미국을 가능하게 했다"라고 평가한 것은 이 때문이었다.116 그뿐만 아니라 이 같은 투자는 세계가 대량 생산의 시대에서 디지털 혁신과 첨단 정보기술 시대로 전환하는 과정에서 미국이 경제적, 군사적 우위를 유지할 수 있게 만드는 핵심 요소였다.

20세기 내내 미국인들은 잔혹한 세력이 유라시아를 지배하도록 내버려두는 것과 그들을 저지하기 위해 총력전을 벌이는 것 중 어느 것이 미국의 자유에 더 큰 위협이 되는지를 둘러싼 논쟁을 벌였다. 그러나 냉전은 만약 자유세계가 승리할 수만 있다면, 미국 민주주의가 치열한 패권 싸움 속에서도 살아남고, 심지어 이 과정에서 더 큰 이익을 얻을 수도 있다는 사실을 증명했다.

＊ ＊ ＊

물론 1970년대 후반까지도 이러한 점이 분명하지는 않았다. 소련은 군비 경쟁과 제삼세계를 둘러싼 싸움에서 거세게 치고 올라오고 있었고, 미국은 베트남전쟁과 워터게이트 스캔들 이후 휘청거리고 있었다. 또한 자유세계는 고유가로 인한 경제 침체 속에서 공포에 휩싸여 있었다. 소련의 국방장관 드미트리 우스티노프는 "힘의 관계에 있어 근본적인 변화가 일

어나고 있다"라고 의기양양하게 말했다.[117]

일련의 정상회담과 초강대국 간의 협정으로 냉전의 긴장을 일시적으로 완화한 데탕트 외교는 소련이 우위를 점하고 있다는 인상을 더욱 강화시켰다. 전략무기제한협정Strategic Arms Limitation Treaty, SALT을 통해 미국은 소련을 자국과 대등한 핵보유국으로 사실상 인정했지만, 그 와중에도 소련은 세계 최대 규모의 미사일 전력을 계속 증강하고 있었다. 헬싱키 협정Helsinki Accords에서는 서방이 동유럽 내 소련의 영향력을 사실상 공인했다. 데탕트는 또한 소련이 서방세계의 무역, 기술, 자금에 더 쉽게 접근할 수 있는 길을 열어주었고, 소련은 이를 동구권 경제와 자국의 군산복합체를 강화하는 데 활용했다.

리처드 닉슨과 키신저 같은 미국 지도자들은 데탕트를 변형된 봉쇄 정책의 일환으로 간주했다. 그들은 보상과 제재를 적절히 조합하기만 하면, 소련의 힘이 커지는 와중에도 소련의 태도를 온건화할 수 있을 것이라 믿었다. 하지만 소련은 데탕트를 분명한 승리로 인식했으며, 세계대전을 일으키지 않고도 자신들의 세력을 더욱 키울 기회로 여겼다. 브레즈네프는 데탕트를 가리켜 공산주의의 평화로운 승리를 위한 "더 유리한 조건을 만들어 내는 길"이라고 표현했다.[118]

1980년 무렵, 데탕트는 사실상의 사망 선고를 받았다. 그리고 또 다른 10년이 지나가기도 전에, 소련도 사망 선고를 받았다. 자유세계는 놀라운 헌신과 끊임없는 혁신을 통해 결국 냉전에서 승리했다.

승리를 위한 인내심 자체가 대단한 일이었다. 냉전은 케넌이 예상했던 것보다 훨씬 더 오래 지속되었다. 시작부터 끝까지, 미국의 좌우 진영 모두가 과연 이 싸움이 계속할 만한 가치가 있는지 고민했다. 리프먼은 봉쇄 정책이 소련보다도 미국을 먼저 파괴할지도 모르는 "전략적 괴물"이라고 경고한 바 있었다.[119] 아이젠하워는 과연 미국이 언제쯤 "좀 편하게 쉬어 갈 수 있을지" 고민했다.[120] 특히 베트남전쟁 이후, 많은 미국인이 봉쇄 정책의 비용과 부담에 지쳐 있는 듯 보이는 순간들이 있었다.

하지만 미국은 결국 매번 반격하는 데 성공했다. 여기에는 소련이 일조한 면도 있었다. 아프가니스탄 침공이나 유럽에 치명적인 미사일을 배치했을 때처럼, 소련은 미국이 물러설 경우 세계 질서가 얼마나 빠르게 무너질 수 있는지를 보여주는 데 재주가 있었다. 브렌트 스코크로프트 국가안보보좌관은 소련이 "주기적으로 우리를 우리 자신으로부터 구해 주었다"라고 말했다.[121] 또한 국제 질서가 휘청거리는 것을 보았던 대부분의 미국인들은, 내키지는 않았지만 더 큰 재앙을 막기 위한 일종의 보험이라 여겨 냉전의 대가를 치를 준비가 되어 있었다. 이러한 지속적인 인내심은 결국 투자 이상의 결과를 가져왔는데, 자유세계의 강점과 소련의 약점이 스스로 효과를 발휘할 수 있도록 시간을 벌어주었기 때문이었다.

케넌이 주장한 것처럼, 두 초강대국은 단 한 번도 대등한 상대가 아니었다. 전성기 시절에도 소련 경제는 미국 경제의 3분의 1에서 6분의 1 수준에 불과했다. 미국이 영국, 서독, 일본의 지지를 등에 업은 반면, 소련의 동맹국이라야 동독, 헝가리, 북한 정도였다.[122] 일단 유럽과 동북아시아에서 세력권이 고정되자, 냉전은 역동적인 민주주의 국가들과 빈곤한 독재국가들 간의 대결로 변했다. 결국 자유세계가 스스로 무너지지 않는 한, 소련은 극한의 힘을 쥐어짜야만 냉전의 질서를 계속 유지할 수 있었다.

소련의 군사적 강대국으로서의 위세는 GDP의 20% 이상을 잡아먹는 방위산업 복합체라는 대가를 수반했다. 이 수치는 소련이 어째서 그토록 두려운 경쟁국이었는지 그리고 어째서 결국에는 스스로를 소진하고 말았는지를 설명해 준다.[123] 마찬가지로 소련은 시간이 지나면서 초강대국으로서의 외양을 갖추게 되었는데, 여기에는 해외 우방국들로 구성된 네트워크도 포함되었다. 그러나 이러한 '성과'는 결국 경제적으로 무능하고, 잔혹하게 억압적이며, 공산주의 체제에 **저항하는** 혁명을 자초하는 정권을 소련이 떠안고 지원해야 하는 상황을 초래했다.

아프가니스탄 침공은 대표적인 사례였다. 이는 전략적 묘수와는 거리가 멀었다. 오히려 무능하고 잔혹한 정권을 떠받치기 위한 최후의 발악에 가까웠다. 그 결과 소련은 긴 소모전에 휘말려 군사력의 소모와 국제적 비난을 자초했다. 외교관 아나톨리 도브리닌은 훗날 소련이 한때 미국을 괴롭혔던 "제국의 과잉팽창" 패턴을 전형적으로 반복했다고 탄식했다.[124] 차이가 있다면, 소련의 힘은 미국에 비해 약했다는 것뿐이었다.

전략적 이득처럼 보였던 것이 결국 빛 좋은 개살구에 불과한 것으로 드러난 사례는 이뿐이 아니었다. SS-20 중거리 미사일과 중형 대륙 간 탄도미사일의 배치는 서방을 위협하기 위한 것이었으나, 오히려 서방의 군비 경쟁을 강화하는 결과를 낳았다. 소련권 정권들은 헬싱키 협정에 포함된 인권에 관한 조항을 무시할 계획이었지만, 오랜 세월 억눌려 온 시민들은 그럴 생각이 없었다. 심지어 동서 간 여행의 확대와 같은 일견 무해해 보이는 정책조차 위험했다. 여행은 냉전이 만들어 낸 체제 간 격차를 적나라하게 드러냈고, 소련은 이러한 격차를 더 이상 감당할 수 없었기 때문이다.

물론 자본주의가 공황에 빠지고 민주주의 국가들이 시민들의 기대를 충족시키지 못하던 시기에는 소련 모델도 그리 나빠 보이지 않았다. 그러나 20세기 중반 이후 상황은 달라졌다. 미국의 보호와 지원을 받은 유라시아 주변부 국가들은 자본주의 번영의 모범이 되었고, 1980년대에 이르러 서방세계의 1인당 GDP는 소련권 국가와 비교했을 때 9배에 달했다.[125] 결국 자본주의야말로 공산주의가 약속했던 것을 실제로 실현해 내고 있었던 셈이다. 반대로 소련을 등에 업은 동유럽 정권들은 시민의 기본적인 요구조차 충족시키지 못해, 반복되는 폭력적 탄압을 통해서만 필연적으로 일어나는 반란을 겨우 억누를 수 있었다. 수치심을 느낄 능력이 아직 남아 있던 공산주의 엘리트들에게는 이러한 격차가 매우 수치스러운 것이었고, 이들은 점차 어디서부터 무엇이 잘못되었는지 묻기 시작했

다.126

분명 1970년대의 충격들은 역사의 흐름이 소련 쪽으로 기울고 있다는 인식이 가능하게 만들기는 했다. 다른 누구도 아닌 키신저조차 "서방 세력의 몰락"을 걱정했을 정도였다.127 하지만 회복력이 뛰어났던 자본주의 체제는 금세 적응했고, 서구 민주주의 국가들은 자유세계의 경제를 유지할 정도의 협력을 이끌어 냈다. 1980년대 초에 이르자, 서방은 정보화 시대의 번영으로 도약하고 있었던 반면, 경직된 계획경제 체제는 되돌릴 수 없는 쇠퇴의 길로 접어들고 있었다. 소련의 한 고위 장성은 "미국에서는 아이들이 컴퓨터를 가지고 놀고 있는데, 정작 우리는 국방부 사무실에조차 컴퓨터가 없었다"라고 탄식했다.128 소련은 대량 생산 중심의 산업 경제 시대에는 나름대로 경쟁할 수 있었지만, 다가오는 디지털 시대에서는 완전히 뒤처지고 있었다.

이 무렵, 소련은 중앙집권적 권력과 지정학적 위치에서 비롯된 결정적 약점을 실감하고 있었다. 지리와 이념이라는 두 가지 요인은 미국에 축복이나 다름없었다. 멀리 떨어진 민주주의 국가인 미국과 손을 잡는 것은 다른 국가들에게도 매력적인 선택지였다. 하지만 소련에게는 이와 정반대의 저주가 따랐다. 유라시아 대륙 안에 자리 잡은 거대한 강대국은 그 존재 자체가 주변 국가들에게 위협이었고, 이는 심지어 소련의 동맹국들에게 특히나 더 그러했다. 공산주의 이념 역시 매력적이기보다는 오히려 반발을 부르기 쉬웠다. 오직 단 1명의 지도자만을 인정하는 운동은 추종자들이 생각한 것보다도 과도한 복종을 요구했다. 20세기 내내, 유라시아 대륙의 중심부에서 유라시아에 대한 정복을 시도한 정권들은 결국 자멸의 길을 걸었다. 그리고 이번에는 소련에 의지하던 공산주의 국가들 역시 소련의 몰락을 도왔다.

이러한 움직임은 일찍부터 시작되었다. 1948년, 유고슬로비아의 티토는 스탈린과 결별하고 암묵적인 서방의 동맹국이 되었다. 스탈린은 남은 생애 동안 티토를 제거하려 했으나 결국 실패했다.[129] 이후 스탈린은 마오쩌둥과의 동맹을 다지며 티토와의 결별로 인한 타격을 만회했다. 이후 20여 년 동안 마오쩌둥의 중국은 레닌주의의 극단을 구현했다. 중국은 미국을 상대로 두 차례의 비공식적 전쟁을 벌이는 한편, 4,000만 명의 **자국민**을 학살했다. 하지만 중국이 미국을 공포에 빠뜨리는 동안, 소련 역시 이로 인해 고통받았다. 결국 1950년대 중반이 되자, 두 공산주의 동맹국은 서로 충돌하는 길로 나아갔다.

핵심 쟁점은 이념, 특히 스탈린 사후 누가 국제적으로 공산주의를 이끌 것인가였다. 대륙 크기의 두 이웃 국가의 긴장은 쉽게 폭력 사태로 비화될 수 있는 위험을 내포하고 있었는데, 갈등이 심화되는 데에는 지리적 요인도 중요한 역할을 했다. 미국이 정교하면서도 기만적인 전략으로 여기에 가세하면서 양국의 긴장 관계는 더욱 악화되었다. 덜레스가 표현한 대로, 미국은 중국에 '최대의 압박'을 가해 '그들이 소련에 더 많은 요구를 하도록 강요하고, 그 요구를 소련이 충족하지 못하게 만들 것'이었다.[130] 이러한 오랜 전략은 마침내 1969년 우수리강 국경에서 무력 충돌로 폭발하게 되었으며, 이로 인해 중소 동맹은 붕괴되었고 대신 미중 동맹을 탄생시켰다.

1972년 베이징에서의 축배와 함께 성사된 이 새로운 협력 관계는 실로 기이한 것이었다. 스스로를 "원조 반공주의자"로 부른 닉슨과 닉슨이 "원조 공산주의자"라 부른 마오쩌둥이 같은 편에 선 것이었다.[131] 닉슨은 중국과의 새로운 관계를 통해 적의 진영을 분열시키고 그 내부의 경쟁을 격화하고자 했다. 유라시아 내부의 두 강대국 사이의 갈등에서 미국은 '더 약한 쪽'에 힘을 실어주어 더 강한 쪽을 견제해야 한다는 논리였다.[132] 반대로 마오쩌둥은 미국과의 화해가 '가까운 야만인'을 견제하기 위해 '먼 야만인'을 이용하는 것이라 믿었다.[133] 이는 이념을 초월한 지정학의 논리였다. 다르게 말하자면, 미국은 미국 민주주의와 중국 공산주의를 지키기 위해 괴물과 손을 잡은 셈이었다.

이는 도덕적으로는 논란의 여지가 있었지만, 전략적으로는 중대한 전환이었다. 도브리닌은 미국이 "국제 정치에서 새로운 전략적 세력 구도를 구축하고 있다"라고 우려했다. 미중 협력 관계는 소련으로 하여금 양쪽에서 서로 공모하는 적들을 마주하게 만들었다.[134] 이 관계는 또한 마오쩌둥의 후계자인 덩샤오핑에게 자본주의의 풍요를 엿볼 수 있는 기회를 주었고, 이를 통해 중국은 서방의 무역과 기술에 접근하여 이후 시장 개혁을 가속화할 수 있었다. 몇 년 이내에, 미국 대통령은 모스크바를 방문하면서 점점 번영하는 중국을 가리켜 "경제적 자유의 힘이 전 세계로 퍼지고 있다"라고 주장할 수 있었다.[135] 결국 미중 협력 관계는 전략과 이념 모두에 있어서 소련에 치명타를 입혔다.

1970년대가 저물 무렵, 소련은 겉보기에는 막강해 보였지만 실제로는 허약한 상태였다. 소련 패권의 토대는 무너지고 있었고, 과도한 팽창은 심각한 수준에 이르렀다. CIA의 분석에 따르면, "소련은 마치 안달 난 체스 선수처럼 적에게 공격 노선을 노출했고, 앞서 나간 졸들을 위험에 빠뜨렸으며, 막대한 비용을 치러야 겨우 방어할 수 있는 위치를 점령했다".[136] 그러나 막상 소련을 이런 궁지에 몰아넣은 지도자들은 그 상황에서 빠져나올 능력이 없었다. 거동조차 힘겨워 경호원에게 업혀 다녀야 했던 브레즈네프는 소련의 쇠퇴를 상징적으로 보여주는 인물이었다. 1918년 초 빌헬름 2세와 1941년 말 히틀러의 독일처럼, 소련 역시 패권을 향해 성급하게 도약했지만 그로 인해 결정적인 반격을 허용하고 말았다.

＊ ＊ ＊

이러한 반격은 수년에 걸쳐 여러 인물들에 의해 점차 이루어졌다. 그러나 이를 가장 명확하게 이론화한 인물은 조용한 책벌레였던 앤드루 마셜이라는 인물이었고, 이를 가장 효과적으로 실행에 옮긴 인물은 배우 출신의 로널드 레이건이었다.

마셜은 냉전의 산물이었다. 직업적으로 국방 분야의 지식인이었던 그는 첫 번째 경력을 미국 국방부 산하의 싱크탱크였던 랜드연구소에서 시작하며 소련의 행동과 군비 경쟁을 연구했다. 그의 두 번째 경력은 국방부의 비밀스러운 기관이었던 '총괄 평가국Office of Net Assessment'의 국장이었는데, 그곳에서 그는 대부분의 사람들이 이름조차 들어보지 못했지만 막대한 영향력을 가진 정책 설계자가 되었다. 소련의 관찰자들은 훗날 마셜을 "미국 국방부의 회색 추기경*"이라 불렀는데, 여기에는 그만한 이유가 있었다. 1970년대 내내, 마셜은 미국이 어떻게 전략적 우위를 회복할 수 있는지에 관한 이론을 구상했고, 레이건은 이를 냉전에서 서방의 승리를 이끌 수 있는 전략으로 전환했다.[137]

마셜에 따르면, 미국은 더 이상 "소련을 압도적으로 능가하는 수준으로 지출할 수는 없기" 때문에 "더 뛰어난 사고를 해야" 했다. 특히 미국은 자국의 이점을 극대화하고 소련의 약점을 심화시키는 방식으로 자원을 활용해야 했다. 목적은 "소련의 비용을 증가시키고", 소련이 "경쟁적 위치를 유지하는 데 어려움을 겪도록 만드는 것"이었다. 즉 냉전을 소련이 감당할 수 없을 정도로 막대한 비용이 드는 싸움으로 만들어야 했다. 핵심은 "미국이 비교우위를 지닌 영역"을 찾아, 소련을 그쪽으로 "유도"하는 것이었다. 이에 따르면, 안정은 미국 정책의 목표 중 하나일 수는 있지만, 유일한 목표는 아니었다. 주도권을 되찾기 위해, 미국은 위험을 감수하고 적을 비틀거리게 할 필요가 있었다.[138]

이러한 전략의 단서는 이미 1970년대에도 존재했다. 자원과 정치적

---

*　공식적인 권력은 없지만 막후에서 정책 결정이나 권력 행사에 큰 영향을 미치는 인물을 가리키는 비유적 표현.

의지를 보존하기 위해, 미국은 제삼세계에서의 대규모 군사 개입을 자제하겠다고 선언했다. 대신 조심스럽게 소련과 그 대리인들에 맞서 싸우던 반군을 지원함으로써 각 지역에서의 판세를 뒤집기 시작했다. 지미 카터는 또 다른 핵심적 비대칭성, 즉 정통성의 비대칭성을 활용하기 시작했는데, 그는 소련권 정권들이 자국민을 조직적으로 탄압한다는 사실을 이용했다. 한편 국방부는 최첨단 기술을 활용해 정밀성과 살상력 면에서 혁명적인 진보를 이루는 것을 목표로 한 '상쇄 전략offset strategy'을 고안했다.[139] 하지만 이러한 조치들이 종합적인 공세로 합쳐진 것은 1980년대에 이르러서였다.

레이건은 서방의 전망에 대한 비관적 시각에 얽매이지 않았기에 이러한 공세를 이끌기에 최적의 인물이었다. 그는 또한 초강대국 간의 관계에서 안정성을 맹목적으로 숭배하지 않았다. 영구적인 핵 대치 상태는 "결국 둘 다 죽게 만들 뿐"이라는 것이 그의 생각이었다.[140] 그는 냉전이 영원히 지속되리라 생각하지도 않았다. 소련의 '무능하고 우스꽝스러운 체제'는 변화하거나 사라져야 할 뿐이었다.[141] 레이건의 한 보좌관은 직설적으로 말했다. "대통령은 전체주의 체제가 끝나기를 진심으로 원하지만, 전쟁을 통해서는 아니길 바란다."[142] 1970년대, 데탕트를 비판하던 시절의 레이건은 라디오 방송과 사적인 편지로 소련 체제의 심화되는 약점을 비판했다. 이후 1980년대에 대통령이 된 레이건은 소련을 감당할 수 없을 만큼 힘들게 만들어 후퇴와 개혁을 유도하려 했다.

레이건 전략의 핵심은 군사력이었다. 그는 한국전쟁 이후 최대 규모의 군비 확장을 지시했으며, "상대에게 불균형적인 비용을 부과"하고, "대응하기 어려운" 군사적 개념과 역량을 갖추는 데 초점을 맞췄다.[143] 국방부는 소련의 전차 부대를 궤멸시킬 수 있는 정밀유도무기, 소련 방공망에 탐지되지 않는 혁신적인 스텔스 폭격기, 적의 후방을 초토화할 수 있는 감지 및 타격 체계에 막대한 예산을 투입했다. 육군의 공지전空地戰 및 나토의 후속부대 공격Follow-on Forces Attack은 타격 수단과 센서가 연결된 네트워크를 통해 소련군이 전선에 도달하기 전에 분쇄하는 전략이었다. 한편 해군의 해양 전략은 소련이 유럽에서 전쟁을 시작할 경우, 전 세계적인 타격 능력을 활용해 소련의 보급선과 위성국가는 물론이고 심지어 극동 지역까지도 공격해 위협할 예정이었다. 마셜은 "재래식 경쟁의 역사에 있어서 처음으로 미국이 진정으로 우위를 점하고 있다"라고 평가했다.[144] 미국은 기술과 창의성을 바탕으로 지리적 위치와 수적 우위라는 소련의 전통적 상점을 하나씩 잘라 내고 있었다.

소련은 핵 경쟁에서도 밀려나고 있었다. 카터의 정책 기조를 이어받아, 레이건은 파괴력을 극대화하며 극도의 정밀도를 자랑하는 차세대 해상 및 지상 미사일에 대한 투자를 단행했다. 소련이 동유럽에 SS-20 미사일을 배치하자, 미국은 서유럽에 퍼싱 II 미사일을 배치함으로써 이에 대응했다. 이로써 소련권의 대부분 지역이 몇 분 안에 타격 가능한 사정거리 내에 들어오게 되었다. 레이건은 또한 핵전쟁 수칙을 공격적으로 개편해, 소련의 핵전력과 지휘 체계를 정밀 미사일과 스텔스 폭격기로 타격하는 한편, 공격형 잠수함으로 소련의 핵잠수함을 격침하며 전자전으로 소련의 조기 경보 체계까지 무력화하는 전략을 승인했다.[145] 이로써 장기간 이어졌던 핵 교착 상태는 미국의 우위로 다시 기울기 시작했다. 그리고 1983년, 레이건은 마침내 가장 이례적인 구상을 내놓았다. 바로 전략방위구상Strategic Defense Initiative, SDI이었다.

이 계획은 센서, 컴퓨터 그리고 여타 디지털 시대의 기술에서 미국이 지닌 우위를 활용해 소련 전략의 핵심인 탄도미사일을 '무력화하고 구식으로 만들려는' 목표를 담고 있었다.[146] 비평가들은 초기에 이 아이디어를 조롱했고, 실제로 SDI는 레이건 시대의 다른 군사적 계획들과 마찬가지로 곧바로 가동될 수 있는 것은 아니었다. 하지만 이 모든 투자는 미국이 정보화 시대의 우위를 바탕으로 가난하고 혁신이 부족한 소련을 도저히 따라잡을 수 없는 처지로 몰아넣고 있다는 메시지를 보냈다. 레이건은 "소련이 진정으로 군비 경쟁을 원한다면, 그들은 우리를 따라잡기 위해 등골이 휘게 될 것"이라고 선언했다.[147]

제삼세계에서도 같은 일이 벌어졌다. 카터 행정부 시절 실험적으로 시작되었던 것이 레이건 행정부 아래에서 훨씬 더 치명적인 야망으로 발전했다. 미국은 아프가니스탄, 니카라과, 캄보디아, 앙골라 등지의 반공 게릴라 세력에게 무기, 자금, 기타 자원을 제공했다. 미국은 이들이 가지는 동기의 비대칭성을 이용해 소련에 고통의 비대칭성을 선사했다. 레이건의 참모 리처드 파이프스는 "우리는 소련이 우리에게 해 왔던 일을 이제 그들에게 할 것"이며, "이는 아주 적은 비용으로도 가능"하다고 말했다.[148] 이러한 전략의 핵심은 아프가니스탄이었는데, 이 지역에서 미국은 파키스탄, 사우디아라비아 그리고 기타 동맹국들과 협력하여 점령군인 소련군을 소모시켜 결국 몰아냈다. 그러나 소련군 참모총장 니콜라이 오가르코프가 인정했듯, "모든 대륙에서 문제가 발생"하고 있었다.[149] 결국 미국은 소련이 이미 점유하고 있던 지역을 유지하는 데 엄청난 대가를 치르게 하고 있었다.

마지막으로, 레이건은 소련 패권의 가장 취약한 핵심부를 정조준했다. 그는 소련을 수사적으로 공격하며, 소련이 자국민을 탄압하고 배신하는 "악의 제국"이라고 규탄했다.[150] 그의 행정부는 소련권 내에 전복적인 문학과 라디오 방송을 대거 유통시켰고, 폴란드의 '연대'처럼 동구권을 위협하던 운동을 지원했다. 레이건은 또한 제재를 가하고, 서방 국가들의 대출을 막고, 기술 공급원을 차단함으로써 바르샤바조약 가입국들에 가해지는 경제적 압박을 강화했다. "소련은 경제적으로 이미 궁지에 몰렸으며, 이 기회에 그들을 끝장내야 한다"는 것이 그의 생각이었다.[151] 소련의 가장 큰 약점은 체제 자체의 부패와 무능이었으며, 소련을 물리치는 가장 효과적인 방법은 그 실패를 여실히 드러내는 것이었다.

타이밍은 결정적 요소였다. 10년 전이었다면, 레이건의 전략은 먹히지 않았을 것이다. 하지만 1980년대에 이르러 이미 과도한 부담을 진 소련은 결정적인 압박을 견디기 어려운 상태에 놓여 있었다. 냉전의 모든 지역, 모든 양상에서 소련은 점점 밀리고 있었다. 오가르코프는 "경제 혁명 없이는 우리가 최첨단 무기 체계에서 여러분을 따라잡을 수 없을 것"이라고 인정했다. "그리고 문제는 우리가 정치 혁명 없이 경제 혁명을 이룰 수 있느냐는 것이다."[152] 물론 여전히 해피엔딩이 보장된 것은 아니었지만, 만약 애치슨이 살아 있었다면, 유라시아에서 벌어진 세 번째 패권 투쟁에서 미국이 우위를 확고히 했다는 점을 자랑스러워했을 것이다.

1914년, 독일은 확실히 고통스러울 쇠퇴보다는 혹시 피할 수 있을지도 모를 국가적 파멸의 길을 선택했다. 1941년, 일본 역시 같은 선택을 했다. 1980년대 초 소련 역시 조용히 사라질 생각은 없었다. 오히려 정반대였다. 초강대국 간의 긴장은 고조되었고, 동서 외교는 교착 상태에 빠졌다. 한 소련 관측통은 "소련 지도부는 레이건 행정부가 소련의 체제를 무너뜨리려 한다고 확신하고 있다. 따라서 그들에게는 웅크리고 맞서 싸우는 것 말고는 선택의 여지가 없다"라고 전했다.[153] 전쟁의 가능성도 완전히 배제할 수는 없었다. 1983년 말, 소련 지도자들은 레이건이 나토의 군사 훈련을 기습 공격의 위장막으로 이용하고 있다고 생각했을지도 모른다. 레이건은 초강대국 간의 교착 상태를 깨트렸지만, 동시에 냉전을 더욱 위험한 국면으로 몰고 가고 있었다.

* * *

다행히도 세계는 레이건이 두려워했던 양극단, 즉 "불타는 원자폭탄의 우박"과 "전체주의 악과의 조용하고 무기력한 수용"을 모두 피할 수 있었다.[154] 냉전은 케넌과 마찬가지로 레이건이 희망했던 세 번째 결말, 즉 서방의 압도적이지만 평화로운 승리로 끝났다. 1980년대 말, 소련은 군사적 경쟁과 제삼세계에서의 경쟁 모두에서 손을 들었다. 소련은 또한 동유럽에서 자신들의 제국이 무너지는 것을 지켜보기만 했다. 40년에 걸친 투쟁 끝에 소련은 모든 쟁점에서 항복했다. 한 소련 장성은 소련이 "총 한 발 쏘지 않고 제3차 세계대전에서 패배했다"며 분개했다.[155]

이 장성은 아마도 소련의 전면적인 세력 후퇴를 주도한 고르바초프를 비난했을 것이다. 고르바초프는 노쇠한 브레즈네프 세대의 마지막 잔재들이 물러난 후 1985년에 권력을 잡았다. 둘 사이의 대조는 분명했다. 젊고, 활기차며, 지적으로 유연했던 고르바초프는 전임자들과는 전혀 달랐다. 한 참모는 "그에게 신화와 (이념적인 것까지 포함하여) 금기는 아무 의미가 없다. 그는 어떤 것이든 단숨에 무너뜨릴 수 있는 인물"이라고 평가했다.[156] 서방에서 시간을 보낸 경험이 있던 그는 자국이 얼마나 뒤처져 있는지를 인식하고 있었다. 그는 국제적으로 봉쇄된 소련이 우선 내부로부터 치유를 시작해야 한다는 사실을 이해했다. "계속 이대로 살 수는 없다"는 것이 그의 확신이었다. 소련은 "우리를 짓누르는 압력을 완화해야만" 했다.[157] 고르바초프는 케넌이 오랫동안 기다려온 지도자였으며, 그의 등장은 봉쇄 전략이 성공했음을 보여주는 결과물이었다.

그러나 고르바초프는 냉전을 종식시키거나, 더 나아가 소련 자체를 해체할 계획은 **없었다**. 개혁된 형태일지라도, 그는 공산주의를 믿었다. 그는 흐루쇼프식의 과장된 언동이 아닌 영리한 외교를 통해 미국과 나토를 교란할 수 있기를 바랐다. 그는 또한 소련의 힘을 되살릴 무역, 기술 그리고 그 외의 것들을 가져다줄 새로운 데탕트를 희망했다. CIA는 고르바초프가 "동서 간 적대감을 완화하려 하며, 이는 경쟁 자체를 끝내기 위한 것이 아니라 장기적으로 소련의 입지를 개선하려는 것"이라고 분석했다.[158] 그러나 데탕트는 모든 것을 포기한 다음에야 가능했다.

고르바초프가 피할 수 없던 문제는, 그의 재임 기간에 소련의 패권이 이미 죽음의 소용돌이에 빠져 있었다는 점이다. 레닌주의적 억압에 뿌리를 둔 체제에서 '개혁'은 너무나 치명적이기 때문이다. 그가 경제적 문제를 미세하게나마 손보려 하자, 명령에 따라 움직이던 낡은 경제 체제의 결함은 오히려 악화되었다. 더 극적인 경제 개혁을 위한 여건을 마련하고자 정치적 자유화를 시작한 것은 전체주의적 제국을 지탱해 온 단 하나의 기반, 즉 공산당의 권력을 무너뜨렸다. 이러한 과정은 결국 소련을 치명적으로 분열시켰다. 국내 혼란은 고르바초프로 하여금 국제적으로 소련의 안정성을 확보하기 위해 더 절박하게 방위비를 삭감하게 만들었다. 이 틈을 타 레이건은 온화하면서도 가차 없이 고르바초프가 원하는 바에 대한 대가를 요구했다.159

　　1980년대 후반까지 레이건은 아프가니스탄에서 압박을 지속했다. 그는 군비 통제에 있어 강경한 태도를 취했으며, 고르바초프에게 소련 내부에서도 인권과 개인의 자유를 존중할 것을 요구했다. 또한 서베를린에서는 소련을 향해 "이 장벽을 허물 것"을 촉구했다. 레이건은 자신의 외교 정책이 "우리가 원하는 몇 가지를 얻을 때까지 그냥 기다리는 것"이라고 설명했는데, 여기서 '원하는 것'이란 소련이 국내외 정책을 근본적으로 바꾸는 것이었다.160 1987년이 되자, 좌절한 와중에도 유연했던 고르바초프는 미국과의 거래가 오직 미국이 제시하는 조건에서만 이루어질 수 있음을 깨달았다. 그는 "미국은 점점 더 많은 양보를 강요한다"라고 불만을 토로했고, 그의 대화 상대였던 국무장관 조지 슐츠는 "그 말을 들으니 눈물이 난다"라고 응수했다.161

　　그러나 레이건의 전략이 성공할 수 있었던 것은 강한 힘에 섬세함을 더했기 때문이었다. 그는 처음부터 유리한 위치에서 소련과 대면할 계획이었다.162 1983년의 전쟁 위기 이후, 그는 궁지에 몰리고 굴욕감을 느낀 소련이 굴복하기보다는 반격에 나설 수 있다는 점을 깨달았다. 따라서 강압이 효과를 발휘하도록 유화책을 병행했다.

레이건의 외교는 끈질겼다. 그는 1985년부터 1988년까지 고르바초프와 다섯 차례의 정상회담을 가졌다. 그는 소련 지도자를 존중하는 태도로 대했고, 소련이 물러서더라도 승리의 축배를 들지 않겠다고 약속했다. 그는 "단지 감사의 뜻을 전할 예정"이었다.[163] 레이건은 또한 공개적으로든 비공개적으로든, 소련이 근본적으로 변화하기만 하면 세계와의 관계도 근본적으로 개선될 것임을 분명히 했다. 1987년, 그는 소련이 아프가니스탄을 떠남으로써 "전 세계 선의 있는 사람들로부터 찬사를 받을 수 있을 것"이라고 말했으며, 이는 "퇴각이 아니라 용기 있고 긍정적인 조치로 여겨질 것"임을 확실히 했다.[164]

당근과 채찍을 병행한 외교는 장기간에 걸쳐 때로는 고통스럽고, 때로는 극적인 과정을 수반하기도 했다. 1986년의 레이캬비크 정상회담은 대표적인 사례였다. 이 자리에서 레이건과 고르바초프는 거의 전면적인 핵무기 폐기에 합의할 뻔했지만, 최종적으로 회담은 결렬되었다. 그러나 시간이 지나면서 레이건은 더 이상 선택지가 없어진 고르바초프로 하여금 후퇴가 불가피하다고 깨닫도록 충분한 압박을 가했고, 동시에 후퇴가 받아들여질 수 있도록 충분히 그를 안심시켰다. 고르바초프는 소련이 "미국과 협력할 수밖에 없는 운명"이며, "가장 큰 과제는 대결 사태를 해소하는 것"이라고 천명했다.[165] 이후 단 3년 만에, 두 세대에 걸친 갈등은 외교적 돌파구로 포장된 소련의 대대적 양보로 마무리되었다.

1987년 12월, 미국과 소련은 중거리 핵전력 조약에 서명하여 지상 발사형 중거리 핵미사일을 전면 폐기하기로 합의했다. 이 조약은 두려움의 대상이었던 SS-20 미사일을 금지함으로써 나토를 위협하고 분열시키려던 소련의 오랜 시도에 사실상 종지부를 찍었다. 미국이 배치한 미사일 1기당 소련 4기를 폐기하기로 하면서, 이 협정은 군비 경쟁이 소련의 비대칭적 양보로 끝나고 있음을 보여주었다.[166] 이듬해 고르바초프는 체면을 지키기 위한 형식적 협정을 명분 삼아 아프가니스탄에서의 철수를 시작했다.

또한 그는 1988년 12월 유엔 연설에서 소련이 재래식 무기를 대폭 감축하고 있다고 발표하면서, 모든 국가에 "선택의 자유"를 보장하겠다고 약속했다. 이로써 이념적으로 사실상 백기를 드는 것이었으며, 고르바초프는 소련이 "궁극적 진리"에 대해서 어떠한 주장도 하지 않을 것이라고 선언했다.[167]

이 시점에 고르바초프는 소련 내부에서 여러 시민적, 정치적 자유를 급진적으로 확대하고 있었고, 이러한 개혁에 대한 레이건의 지지를 국내의 반대 세력을 잠재우기 위해 활용했다.[168] 가장 극적인 변화는 1989~1990년 사이에 일어났다. 그는 바르샤바조약기구가 붕괴하고, 베를린 장벽이 무너지며, 독일이 나토 소속으로 통일되는 것을 승인했다. 미국의 한 관료가 말했듯, 이러한 변화는 "소련 안보 체계의 심장을 찢어놓는 일"이었다.[169] 이는 놀라운 결과였으며, 서방세계의 힘, 안보 그리고 매력 덕분에 가능했다.

20세기 동안 두 차례에 걸쳐 일어난 전 세계적인 대재앙은 기존 질서에 도전하던 수정주의 국가들이 날카롭고도 영리한 전쟁을 통해 자신을 조여 오는 올가미에서 벗어날 수 있다고 믿었기 때문에 발생했다. 하지만 말기에 접어든 소련에는 그러한 가능성이 없었다. 소련은 미국의 엄숙한 동맹 공약, 수십 년간의 막대한 군사비 지출 그리고 핵 보복 위협에 의해 뒷받침된 자유세계의 동맹망이라는 여러 요소에 의해 꼼짝할 수 없었다. 이러한 공약과 그에 상응하는 역량은 1980년대에 이르러 군사적 균형이 급격하게 무너짐으로써 더욱 막강해졌다. 소련이 평화적으로 몰락한 것은 미국이 유리한 상황을 주도함으로써, 소련이 전쟁을 통해 쇠퇴를 피할지도 모를 여지를 전혀 주지 않았기 때문이었다.

하지만 소련이 물러설 수 있었던 것은 서방세계가 그것을 편안하게 할 수 있도록 허용했기 때문이기도 했다. 고르바초프는 침체 상태에 빠진 소련이 생기 넘치는 서방 경제에 편입됨으로써 더 번영할 수 있다고 믿었다. 그는 또한 쇠퇴하는 소련이 복수심에 불타는 독일이나 재무장한 일본의 공격을 받을 것을 두려워하지 않았다. 이들 국가는 이제 미국과 긴밀히 연결되어 있는, 스스로의 상태에 만족한 민주주의 국가가 되었기 때문이었다. 고르바초프는 "미군의 주둔은 억지력을 발휘할 수 있다"라고 말했는데, 이러한 이해 방식에 따르면 미국의 안보 체제는 **소련을 포함하여** 유라시아 전체를 더 안전한 곳으로 만들었다.[170] 참모였던 아나톨리 체르냐예프는 소련이 군비 경쟁에서 완전히 손을 뗄 수 있었던 이유에 대해 "우리가 완전히 무장해제 하더라도 아무도 우리를 공격하지 않을 것이기 때문"이었다고 인정했다.[171] 1914년이나 1941년에 도대체 누가 이런 말을 할 수 있었겠는가? 미국의 전후 구상이 이루어 낸 역사적 성취는 최악의 적조차 패배하더라도 안심할 수 있는 세계를 만든 것에 있었다.

* * *

냉전은 연속적인 기적으로 막을 내렸다. 동유럽의 해방, 전 세계 주변부에서 소련의 영향력 감소 그리고 소련의 해체가 그것이다. 그러나 이미 그 이전에 냉전은 세계를 재편해 놓았다.

1940년대 초, 10여 개에 불과했던 민주주의 국가의 수는 1990년까지 76개로 그리고 그로부터 10년 후에는 120개로 증가했다. 전후 체제의 핵심에 자리 잡은 자유주의 제도의 육성은 이러한 제도가 결국 주변 지역에까지 널리 확산되는 것을 가능하게 했다.[172] 미국의 달러와 미국 해군이 세계무역의 안전을 보장하는 세계 속에서 전 세계의 부는 그 어느 시대보다 빠르게 증가했다.[173] 주요 자본주의 강대국 간에 전쟁이 발발할 가능성은 현저하게 줄어들었고, 한때 학살의 현장이었던 서유럽은 번영과 평화의 공간으로 바뀌었다. 유라시아를 둘러싼 세 번째 투쟁은 앞선 두 차례와 마찬가지로 근본적인 변화를 초래했지만, 폭력은 그보다 훨씬 적었다.

　물론 이는 이 모든 것에 따른 대가를 과소평가하자는 뜻은 아니다. 미국은 냉전 기간 국방비로 평균 GDP의 7.5%를 지출했는데, 이는 과거 어떤 '평시'에도 상상하기 어려운 수치였다.[174] 미국은 냉전의 '소규모 전쟁'에서 약 10만 명의 군인을 잃었다. 다른 국가들의 피해는 더욱 컸다. 비록 일부 전쟁은 초강대국 간의 패권 경쟁과 직접적인 관련이 없는 경우도 있었지만, 어쨌든 냉전 시기의 모든 전쟁에서 약 2,000만 명이 사망했다.[175] 인류를 공포에 몰아넣은 핵 군비 경쟁, 서방에 협력한 피노체트, 수하르토 등 독재자들이 자행한 폭정 그리고 그 밖의 비극과 범죄들도 대가에 포함되었다. 냉전처럼 거대한 충돌 속에서 완벽한 승리란 존재할 수 없었다. 이 갈등은 그 영향이 닿은 모든 국가와 지역에 상흔을 남겼다.

　하지만 이러한 희생의 대가를 정당하게 평가하는 방식은 무엇과 비교해서 이러한 희생이 따랐는지를 묻는 것이다. 냉전은 유혈이 낭자하고 비인간성이 활개 친 두 차례의 열전보다 나빴는가? 자본주의 세계가 내분을 겪는 가운데 또 다른 전체주의적 악이 세계를 지배하게 될 가능성보다 끔찍했는가? 조지 오웰은 제2차 세계대전 직후 "미래의 모습을 보고 싶다면, 인간의 얼굴을 영원히 짓밟고 있는 군화를 상상해 보라"라고 적었다.[176] 냉전이 전 세계적 재앙이었으며, 미국에 상처뿐인 승리만을 안겨 줬다는 주장은 짧은 역사적 기억과 부족한 상상력을 드러냈을 뿐이다. 20세기 전반기에 실제로 일어난 일들 그리고 후반기에 일어났을 수도 있었던 일들을 고려한다면, 냉전은 비교적 괜찮은 결과로 보인다.

　역설적으로, 핵무기는 이처럼 괜찮은 결과가 일어나는 데 어느 정도 역할을 했다. 전쟁이 점점 종말론적 양상을 띠면서, 정치의 한 수단으로써 전쟁이 가지는 유용성은 줄어들었다. 하지만 핵 억지력이 저절로 생긴 것은 아니었다. 만약 히틀러나 스탈린, 마오쩌둥이 먼저 핵무기를 손에 넣었다면, 20세기 역사에서 핵무기가 한 안정화의 역할은 전혀 다르게 쓰였을지도 모른다. 세계 최대의 핵보유국이 핵을 이용한 침공을 통해 이익을 얻고자 했던 독재국가가 아니라 침략을 억제하려는 민주주의 국가였다는 사실은 주목할 만하다. 냉전 시기 형성된 핵 억지 체제는 강력한 해양 초강대국이 대륙에 위치한 우방의 방어를 약속하는 새로운 세계 정치 구조의 일부였다. 기술은 다시 한번 유라시아의 세기를 형성했지만, 그 방식은 전략적 선택에 의해 좌우되었다.

자유세계의 안보 체제는 마지막으로 또 하나의 이점을 불러왔다. 초강대국 간의 경쟁이 끝난 이후에도 안정성이 지속되었다는 점이다. 냉전이 끝난 뒤, 새로운 세계 질서를 구축할 필요도 없었다. 그 토대는 오래전에 이미 검증되었다. 일부의 우려처럼, 소련이 붕괴한 후에도 독일과 일본은 과거의 파괴적 행태를 반복하지 않았다. 미국이 주도하는 자유주의 질서 속에 남아 있는 것이 더 큰 이익이 되었기 때문이다. 1991년 이후의 상황은 근현대사에서 유례없는 것이었다. 20세기 들어 처음으로, 어떤 국가나 세력도 유라시아를 장악하고 이를 발판 삼아 세계적 팽창을 꾀할 수 없게 되었다.

냉전이 끝난 후 찾아온 열광의 도가니 속에서, 때로는 끔찍했던 유라시아의 세기가 마침내 막을 내린 듯 보였다. 국제관계 전문지는 세계화로 인해 지정학은 구시대의 유물이 되었다는 주장을 담은 글로 가득했다. 국무장관 제임스 베이커는 냉전이라는 위험한 한 시대가 끝난 뒤, 미국은 이제 전 세계에 걸쳐 "민주적 평화"를 추구할 수 있게 되었다고 선언했다.[177] 냉전이 끝날 무렵, 매킨더는 이미 오래 전에 세상을 떠났고, 어쩌면 그의 사상 또한 역사 속으로 사라진 것처럼 보였다.

하지만 역사는 끝나지 않았고, 유라시아의 세기 역시 마찬가지였다. 50년 전인 1942년, 스파이크먼은 일본만이 서태평양 지역의 안정을 위협하는 유일한 재앙은 아니라고 경고했다. 그는 "현대화되고, 활력 넘치며 군사화된 중국"이 언젠가 이 지역을 지배할지도 모른다고 예상했다.[178] 그보다 38년 전인 1904년, 매킨더는 자신의 강연을 이와 유사한 예언으로 마무리했다. 유라시아 대륙 내에서 팽창하는 중국은 "거대한 대륙의 자원에 더해 해양에 대한 접근권까지 얻게 되므로 세계의 자유에 가장 큰 위험"이 될 수 있다는 것이었다.[179] 냉전이 막 끝난 시점에는 이러한 가능성이 멀게만 느껴졌지만, 오늘날에는 그 위협이 실체를 갖고 눈앞에 다가오고 있다.

2부

돌아온 유라시아의 시대

5장. 두 번째 유라시아의 세기

냉전 이후 유지되어 온 세계 질서는, 2022년 2월 4일 베이징에서 다시 분기점을 맞이했다. 이날 세계에서 가장 강력한 두 독재자, 러시아의 블라디미르 푸틴과 중국의 시진핑이 회담을 가졌다. 이는 마침 베이징 동계올림픽 개막식이 열리던 날이었다. 이른바 '집단학살 올림픽'으로 불린 이 행사에는 신장 위구르족에 대한 중국의 지속적인 탄압으로 인해 서방 민주주의 국가들의 대표단이 예년보다 훨씬 적게 참석했다. 하지만 유라시아의 두 독재자는 완전히 보조를 맞추고 있었다. 두 사람은 연보라색 넥타이를 매어 복장으로도 연대를 과시했으며, 약 6,000단어에 달하는 공동 성명서를 발표해 전략적 결의를 천명했다.

중국과 러시아는 자신들이 '민주주의'라고 주장하는 반자유주의적 정치체제를 서방의 강요로부터 방어하겠다고 선언했다. 두 나라는 또한 유럽과 아시아에 있는 미국 주도의 동맹 체제를 냉전의 유물이라며 규탄했고, 중러 협력에는 "제한도 없고, 금기의 영역도 없다"는 점을 강조했다.[1] 공동 성명서의 내용은 장황했지만, 그 의미는 분명했다. 두 유라시아 강대국은 자유주의 세계의 억압적 패권에 맞서, 시진핑의 표현대로 "등을 맞대고" 싸우고 있었다.[2] 물론 이것이 꼭 몰로토프-리벤트로프 조약이나

1940년의 삼국동맹과 같은 것은 아니었다. 그럼에도 불구하고 이는 반자유주의적 유라시아를 중심으로 한 급진적인 새로운 세계 질서를 요구하는 또 하나의 선언이었다.

이러한 세계가 어떠한 모습일지를 암시하는 징후는 이미 있었다. 2008년과 2014년, 푸틴은 조지아와 우크라이나를 분할하면서 유럽에서의 영토 정복이라는 전통을 부활시켰다. 중국은 남중국해의 광범위한 해역을 불법적으로 자국 영토라고 주장하고, 센카쿠 열도에서부터 히말라야산맥에 이르기까지 여러 충돌을 일으키며 중국 중심의 아시아를 예고했다. 두 나라는 모두 미국과 그 동맹국을 겨냥한 군사력 강화를 추진했고, 대륙의 내륙 지대를 확보하기 위한 새로운 유라시아 전략에 착수했다. 양국은 또한 점점 더 개인화되고 신전체주의적이라고 표현할 수 있는 통치 체제를 갖추기 시작했으며, 외세에 맞서는 대결적 언어를 사용하기 시작했다. 하지만 2022년 2월의 중러 공동 성명을 더 특별히 기억에 남게 만든 것은 그 이전에 있었던 일들이 아니라 그 직후에 벌어질 일들이었다.

2022년 2월 24일, 푸틴은 우크라이나를 향한 전면적인 침공을 개시했다. 이 침공은 목표 면에서 노골적으로 말살을 지향했다. 푸틴은 우크라이나 군대를 궤멸시키고, 정부를 전복해, 그 영토를 흡수하려 했다. 침공의 방식 역시 마찬가지였다. 점령지에서 러시아군은 우크라이나 여성을 강간하고, 아이를 납치했으며, 시민을 학살하는 등 여러 방식으로 우크라이나의 국가 정체성 자체를 말살하려 했다. 수년 전, 러시아의 극단적 지정학 사상가인 알렉산드르 두긴은 러시아가 "위대한 유라시아 대륙의 미래를 우리 손으로 직접 건설해야 한다"라고 주장한 바 있었다.3 우크라이나 전쟁은 그 손이 피로 물들 것임을 시사했다.

다행히도 푸틴의 비전은 거대했지만 실행력은 형편없었다. 러시아의 통치자는 재빠르고 눈부신 승리를 원했지만, 그가 마주한 것은 러시아에 큰 대가를 안긴 길고 고된 소모전이었다. 그럼에도 불구하고 2022년 2월의 사건들은 **역사적 분기점이었다.** 이는 두 번째 유라시아의 세기가 본격적으로 시작되었음을 알리는 신호탄이었다.

2022년 초, 냉전 종식 이후 지속된 민주주의의 우위 시대는 저물고 있었다. 유라시아의 주요 지역은 격변에 휩싸였고, 우크라이나에서 대만에 이르기까지 전쟁의 위협이 공기를 휘감고 있었다. 세계 정치는 수십 년 만에 가장 극단적으로 양분되었고, 유라시아 내부의 권위주의 국가들은 그 주변에 위치한 자유세계 공동체와 대립하고 있었다. 이 대결은 과거 유라시아의 모든 갈등처럼 새로운 기술, 새로운 동맹, 새로운 방식으로 이루어졌다. 하지만 위기의 본질과 위험은 익숙했다. 미국과 동맹국들은 새로운 권위주의 연합에 맞서 새로운 냉전에서 승리해야 한다. 단, 이는 세계를 파괴할지도 모르는 열전을 예방할 수 있는 경우에 한해서다.

＊　＊　＊

냉전 이후의 세계는 이렇게 끝나서는 안 되는 것이었다. 초강대국 간의 투쟁에서 자유세계가 거둔 승리는 팍스 로마나Pax Romana* 이래 가장 뚜렷한 권력 불균형을 낳았다. 그 후 25년간 미국의 목표는 이 상태를 가능한 한 오래 지속하는 것이었다.

냉전의 종식은 국제 질서를 근본적으로 바꾸어 놓았다. 두 초강대국이 공존하던 체제에서 하나의 초강대국이 사라지자, 남은 하나의 초강대국 연합이 세계를 지배하게 되었다. 미국 및 미국의 동맹국들은 전 세계 GDP의 약 70%와 전 세계 군비 지출의 약 75%를 차지했다.[4] 그 어디에도 진정한 의미에서의 경쟁국은 존재하지 않았다. 중국은 이제 막 일어서는 단계였고, 소련 붕괴 후의 러시아는 빈사 상태였다. 또 다른 잠재적인 도

---

* 　로마 제국 시기 200년가량 유지된 최전성기.

전자인 사담 후세인이 1990년 쿠웨이트를 침공하여 중동을 장악하려 했을 때, 이른바 "모든 전투의 어머니"*는 모든 참패의 어머니가 되었고, 이는 정보화 시대 미국의 군대가 얼마나 압도적인지를 보여주는 계기가 되었을 뿐이었다. 이념적 불균형 또한 심했다. 공산주의를 무너뜨린 민주주의는 사실상 더 이상 적수가 없었고, 그 위상은 하늘을 찔렀다.

이런 상황에서 미국이 처음으로 내린 결정은 이 모든 것을 섣불리 내던지지 않는 것이었다. 신고립주의자들은 냉전의 종식이 곧 미국의 글로벌주의의 종식을 의미해야 한다고 주장했다. 한때 강경파였던 한 인물은 미국이 이제 "정상적인 시대의 정상적인 국가"가 될 수 있다고 주장했다.5 하지만 1990년대와 그 이후 대부분의 미국 관료들은, 전후 미국이 구상한 질서의 핵심이 단순히 공산주의를 봉쇄하는 데에만 있었던 것은 아니었음을 잘 알고 있었다. 유라시아 대륙을 두 차례나 폐허로 몰아넣었던 전략적 무질서를 억제하는 것도 그만큼 주요했다. 소련이 무너졌다고 해서, 그 책임까지 사라지는 것은 아니었다. 제임스 베이커는 "우리가 역사를 붙잡지 않으면, 역사가 우리를 붙잡을 것"이라고 말했다.6

미국은 역사가 반복되는 것만큼은 무슨 일이 있더라도 피하고자 했다. 그래서 미국은 냉전 시대의 동맹을 그대로 유지함으로써 주요 지역에서 전략적 안전장치를 확보하려 했다. 이런 맥락에서 미국은 나토를 동유럽 깊숙이까지 확장하여 서유럽에서 형성된 안정 지대를 넓히고자 했다. 여러 행정부를 거치면서 미국은 세계적으로 압도적인 군사력을 유지했는데, 이는 동맹의 신뢰성을 뒷받침하고 새로운 위협을 억제하기 위함이었다. 한 국방부 문서는 "세계 질서는 궁극적으로 미국에 의해 뒷받침되고 있다"라고 명시했다.7

실제로 1990년 사담 후세인이 쿠웨이트를 침공하자, 미국이 주도하는

---

* 후세인이 미군을 저지하겠다는 의지를 담아 한 말.

연합군은 그를 몰아냈다. 또한 발칸반도에서 민족 갈등이 확산되었을 때는 미국과 나토 동맹국들이 불길을 진압했다. 1995~1996년에 중국이 민주화 과정에 있던 대만을 미사일과 군사적 시위로 위협하자, 미국은 항공모함 전단 2개를 파견해 중국을 굴복시켰다. 국방장관 윌리엄 페리는 "중국이 군사 강대국일 수는 있지만, 서태평양에서 가장 강력한 군사력을 지닌 국가는 미국이다"라고 선언했다.8

미국은 경제적 통합을 통해 잠재적 도전자들을 변화시키기 전까지는 군사적 패권을 이용하여 이들을 억제하고자 했다. 미국은 중국과 러시아가 세계무역기구에 가입하는 것을 환영했고, 이들을 급성장하는 세계 경제에 편입시켰다. 이는 고전적인 '황금 족쇄' 전략이었다. 즉 러시아와 중국이 미국 주도의 국제 질서를 지지할 이해관계를 갖게 하고, 동시에 경제 개혁을 유도하여 국민들 안에 억눌려 있던 자유에 대한 열망을 분출시키려는 구상이었다. 이를 통해 미국은 잠재적 경쟁국을 '책임 있는 이해당사자'로 바꾸고, 궁극적으로는 이들 국가가 자신을 부유하게 만들어 준 체제에 맞서 싸우기 전에 평화로운 민주주의 국가로 만들고자 했다.9

마지막으로, 미국은 자유주의를 그 어느 때보다 널리 확산시킴으로써 패권 투쟁의 뿌리를 뽑고자 했다. 1945년 이후, 독일과 일본의 정치체제가 변화하고, 적자생존식 중상주의가 경제 협력으로 대체되면서 유라시아의 지정학적 구도는 달라졌다. 냉전 이후 세대는 동유럽에서 동남아시아에 이르기까지 인권을 강화하고, 민주주의적 개혁을 촉진하며, 무역과 세계화를 장려하면 결과적으로 더 자유롭고, 더 부유하며, 더 안전한 세계가 찾아온다는 교훈을 얻었다. 빌 클린턴 대통령의 국가안보보좌관 토니 레이크는 "봉쇄 전략은 세계 시장민주주의 공동체의 확대 전략으로 계승되어야 한다"라고 말했다.10

이 전략은 야심차긴 했지만, 결코 급진적인 것은 아니었다. 냉전이라는 양극 체제하에서 미국은 자유세계 내부의 안보, 번영, 민주주의를 증진시켰다. 냉전 이후 단극 체제하에서, 미국은 이런 계획을 전 세계로 확대하려 한 것뿐이었다. 조지 W. 부시 대통령은 이러한 목표를 "열강들이 전쟁을 준비하는 대신 평화롭게 경쟁할 수 있는 세계를 만드는 것"이라고 설명했다. 즉 자유주의적 가치와 미국의 온건한 패권을 확고하게 만듦으로써 유라시아의 패권 경쟁을 종식시키려는 시도였다.[11] 안타깝게도 미국의 목표는 이루어지지 않았다. 하지만 냉전 이후 미국 외교 전략의 성과가 전적으로 나빴던 것은 아니며, 이러한 전략이 흔들리게 된 이유 또한 그렇게 단순하지는 않았다.

＊ ＊ ＊

미국의 전략이 달성한 바를 고려하면, 냉전 이후 시대가 꼭 패권 경쟁의 시대 사이에 끼어 있는 비교적 평화롭고 번영한 시기가 되리라는 보장은 없었다. 재통일된 독일과 활력을 되찾은 일본이 주변국을 위협했을 수도 있었다. 실제로 폴란드의 지도자들은 "독일의 침략, 독일의 전차" 망령이 여전히 남아 있다고 경고했다.[12] 정치학자 존 미어샤이머는 세계가 "미래로의 회귀back to the future"로 가고 있다고 예측했는데, 이는 냉전이 억눌러 온 지정학적 악령들이 역사라는 이름으로 다시 풀려나는 상황을 의미했다.[13] 그러나 실제 냉전 이후의 세계는 전 세계적인 소득 증가, 사상 최고 수준의 민주주의 그리고 또 한 차례 25년간의 열강 간 평화라는 결과를 맞이했다. 이 모든 측면에서 미국의 힘은 대체 불가능했다.[14]

무역은 혼란 속에서는 꽃피지 못한다. 냉전 이후 세계화가 가속화될 수 있었던 것은 미국이 제공한 안보 환경 덕분이었다. 이는 19세기 말의 세계화가 영국 제국의 패권에 의해 뒷받침되었던 것과 유사하다. 미국의 패권은 **대체로** 안정한 환경에 기여했다. 동유럽으로 나토가 확장되면서, 이 지역 약소국들은 과거 자신을 억압한 국가로부터 보호받을 수 있었다.

이로써 이 지역에 있었던 분쟁의 불씨를 잠재울 수 있었다. 독일과 일본은 자신들을 보호하고 평화를 유지해 준 미국 동맹의 품에 머물렀다. 얼마 지나지 않아, 이들 국가에 대한 가장 큰 비판은 이들이 국방비를 **너무 적게** 쓴다는 것이었다. 유라시아 전역에서 폭력적 수정주의를 억제하고 신생 민주주의 국가를 지원한 것도 바로 미국이었다. 미어샤이머는 "도대체 오늘날 유럽이 평화로운 이유는 무엇인가"라고 입장을 바꿔 질문을 던졌으며, 그 이유는 미국이 "야간 경비원" 역할을 했기 때문이라고 인정했다.[15]

그렇다면 잘못된 것은 무엇이었을까? 그중 하나는 경제 통합의 재앙적 성공이었다. 붕괴 이후의 참담한 불황을 거친 후 러시아는 회복했다. 러시아의 실질 GDP는 1998년부터 2014년 사이 두 배로 늘었고, 이는 러시아의 군비 지출이 네 배로 증가하는 결과를 낳았다. 한편 중국은 마오쩌둥 이후 개혁에 본격적으로 착수하여 세계시장과 기술을 활용해 발전에 박차를 가했다. 중국의 GDP와 군비 지출은 1990년에서 2016년 사이에 각각 12배와 10배 증가했다.[16] 이를 위해 이용된 드론, 잠수함, 미사일 등은 많은 경우 민주주의 국가로부터 합법적으로든 불법적으로든 취득한 기술로 제작되었다.[17] 만약 미국이 러시아와 중국을 번영하는 세계 경제로 끌어들이지 않았더라면, 그래서 현 상태를 뒤흔들 수 있는 힘을 주지 않았다면, 이 모든 일은 일어나지 않았을 것이다.

러시아와 중국의 경제적 부상은 두 번째 문제만 없었더라면 그렇게 뼈아프게 다가오지는 않았을 것이다. 두 번째 문제는 민주주의가 미국이 기대한 것만큼 저항할 수 없을 매력을 지니지는 않았다는 점이었다. 러시아는 끝내 정치적 전환을 완수하지 못했다. 소련 체제의 구조적 유산, 엘리트의 권위주의적 본능, 1990년대의 경제적 참사는 이 나라를 다시 강권 통치 체제로 되돌려 놓았다. 중국에서도 독재 체제가 지속되었다. 세계 경제로의 편입을 통해 온건해지기는커녕, 중국 공산당은 이를 통해 얻은 번영을 이용해 국민을 매수하고 국가의 억압 능력을 강화했다.[18] 완전히 자유화된 유라시아는 '민주적 평화 지대'가 될 수도 있었다.[19] 하지만 두 핵심 국가에서 반자유주의적 지도자와 그 유산은 끈질기게 살아남았다. 이는 세 번째 문제로 이어졌는데, 과거에 강대국이었던 그리고 미래에도 강대국이 되고자 했던 유라시아의 이 강대국들에게 미국의 패권이 실로 위협적으로 다가왔다 점이었다.

1990년대 초부터 줄곧, 러시아의 지도자들은 **그들**이 동유럽에서 미국의 영향력 확대를 반기지 않는다는 점을 분명히 했다. 영국 외교관들은 1997년, 러시아인들이 나토 확대를 "굴욕적인 패배"로 받아들인다고 보고했다.[20] 1996년 클린턴이 대만을 지지하자, 중국 관료들은 핵무기 사용을 암시하는 위협을 숨기지 않았다.[21] 훗날 중국은 탈냉전 시대를 "끊임없는 전쟁과 분쟁의 시기"라고 표현하기도 했다.[22] 이는 모든 이들이 미국의 패권을 반긴 것은 아니라는 점을 명백하게 보여준다.

그렇다면 구체적으로 무엇이 그렇게 위협적이었던 것일까? 러시아의 어떤 지도자도 당시 군비를 감축하는 데 열을 올리던 나토를 가리켜 러시아를 정복하려 든다고 진지하게 주장하지는 않았다.[23] 또한 미국이 중국을 침공할 가능성도 전혀 없었다. 오히려 미국의 아시아 주둔은 일본이 제약 없이 재무장하는 것을 막아줌으로써 중국을 더 안전하게 만들어 주었다.[24] 어떤 면에서는, 중국과 러시아야말로 미국의 전략으로 가장 큰 이득을 보았다. 중국은 미국이 평화를 유지하는 세계 속에서 부유하고 강력한 국가로 성장했다. 러시아가 그토록 증오한 나토의 확대는 독일을 견제하고, 오랫동안 약탈군의 통로였던 동유럽을 평온하게 만들었다. 물론 러시아는 과거의 제국을 상실했다. 그러나 1914년이나 1941년과 비교했을 때 외부의 공격으로부터 훨씬 안전했다.

진짜 문제는 통치자가 원하는 것이 외부 공격으로부터의 안전만은 아니라는 점이었다. 그들은 영광과 위대함 그리고 제국을 원했다. 그들은 국가의 안전만이 아니라 그들 자신의 안전도 원했다. 바로 **이 지점**에서 갈등이 발생했다.

미국은 자신의 영향권을 유지하고 심지어 확대함으로써, 중국과 러시아가 자체적인 영향권을 형성하는 것을 가로막고 있었다. 나토의 확대는 언젠가 부활할지도 모르는 러시아가 제국을 재건할 가능성을 줄였다. 보리스 옐친 러시아 대통령이 "유럽을 러시아에 넘겨주시오"라고 클린턴에게 요구하자, 클린턴은 "유럽인들이 그걸 좋아할 것 같지는 않소"라고 답했다.25 한때 아시아의 패권국이었던 중국은 미국 해군이 주둔한 상황에서 대만조차 마음대로 차지하지 못하고 있었다. 결국 탈냉전 시대의 질서는 중국과 러시아에 그들이 필요로 했던 것은 제공했을지 몰라도, 그들이 원했던 것은 제공하지 않았다.

이 질서는 또한 중국과 러시아의 정권에도 위협이 되었다. 중국 공산당을 이끄는 지도자들은 결코 어리석지 않았다. 그들은 미국이 경제적 유혹을 통해 정치적 변혁을 유도하고 있다는 사실을 간파하고 있었고, 민주화되는 세계 속에서 독재 정권이 살아남지 못할 수도 있다는 점을 우려했다. 중국의 관료들이 미국이 중국에 대해 "연기 없는 제3차 세계대전"을 벌이고 있다고 주장한 것은 이 때문이었다.26 민주주의 실험이 실패한 이후의 러시아 역시 마찬가지였다. 점점 반자유주의적으로 변하던 푸틴은 우크라이나와 조지아 등 탈소련 국가들이 개혁을 **실제로** 단행하고 서방 쪽으로 기울어가는 흐름 속에서 이념적 전염이 일어날까 봐 두려워했다. 그는 "러시아에서는 이와 비슷한 어떤 일도 일어나지 않도록 필요한 모든 조치를 취해야 한다"라고 명령했다.27 결국 선진 민주주의 국가들에게 있어 미국의 영향력은 대체로 안심이 되는 요인이었지만, 독재 정권들에게 미국의 영향력은 실존적 위협이었다.

이처럼 미국의 정책이 예상보다 더 많은 저항을 불러왔기 때문에, 평화를 유지하기 위해서는 미국이 애초 계획했던 것보다 더 많은 노력이 필요했다. 바로 이 지점에서 마지막 문제가 발생했다. 미국은 모든 좋은 것을 한꺼번에 원했다.

　미국은 전 세계적인 야망을 키우면서도 일종의 '평화 배당금'을 요구했다. 1980년대 GDP의 6%에 달했던 국방비 지출은 1990년대 말에는 3%로 감소했다.[28] 미국의 우위를 넘볼 수 없을 것으로 보였기 때문에, 초기까지만 해도 이는 별문제가 아니었다. 하지만 점차 세력 균형에 분열이 발생하면서, 미국은 전략적 일관성도 잃고 결단력도 약해지기 시작했다.

　전략적 일관성의 문제는 2001년 9월 11일 이후 발생했다. 이날 발생한 테러는 미국이 중동의 안정을 도모하기 위해 사우디아라비아에 군대를 주둔한 데 대한 부산물이었다. 이 주둔은 오사마 빈 라덴과 그의 광신적인 추종자들에게는 심각한 모욕이었다. 미국은 9·11 테러에 대한 대응으로 유라시아 대륙에서 가장 불안정한 이 지역에 더 뿌리 깊은 평화를 정착시키고자 했다. 이는 테러리스트와 불량 국가들을 제거하고 자유주의적 가치를 이식하려는 시도였다. 하지만 그 어떤 것도 철저하게 계획되지 않았다.

　두 차례의 길고도 잘못 설계된 전쟁은 7,000명이 넘는 미국인의 목숨을 앗아갔다. 전쟁은 또한 10년 넘게 미국의 자원을 소모했다. 2008년 금융 위기의 여파와 맞물려, 전쟁의 실망스러운 결과는 미국의 국방 예산이 크게 삭감되는 결과를 낳았다. 이는 또한 버락 오바마와 도널드 트럼프 두 대통령의 임기 동안 해외에서의 질서 구축보다는 '국내에서의 국가 재건'이 우선시되어야 한다는 정서를 불러일으켰다.[29] 미국은 다시금 오래된 후퇴의 유혹에 빠져들고 있었다. 역사를 구속하던 수갑이 점차 풀리려는 그 순간, 유라시아의 거친 세력들이 다시 꿈틀대기 시작했다.

＊ ＊ ＊

　가장 거센 도전은 동시에 가장 새로운 것이기도 하다. 시진핑 체제의 중국은 사회주의를 고수한다고 주장하지만, 실제로는 불평등한 국가주도형 자본주의를 실행하는 레닌주의 정권이다. 중국은 부와 기술력을 분노에 찬 원시적 민족주의와 결합시켰다. 중국은 또한 구시대적 군사적 강압과 최첨단 디지털 독재를 통해 패권을 추구한다. 중국이 이전의 어느 강대국과도 완전히 같지는 않다고 하더라도, 중국의 외교 전략, 즉 하이브리드 패권을 향한 시도 자체는 전혀 새로운 것이 아니다. 그리고 매킨더가 이러한 상황을 예고할 수 있었던 것은 중국의 지리적 조건이 축복이자 동시에 저주이기 때문이다.

중국은 소련과 마찬가지로 유라시아 대륙 깊숙이 뻗은 광대한 영토를 보유하고 있다. 상하이에서 유럽연합 국경까지 중국 영토를 벗어나지 않고 이동할 수 있을 정도다. 게다가 중국은 소련이 갖지 못했던 실질적인 해양 접근권도 가지고 있다.[30] 이러한 지정학적 위치는 끊임없는 문제를 야기한다. 중국은 20여 개의 국가와 국경을 맞대고 있으며, 그중에는 4개의 핵 보유국과 수많은 역사적 적대국이 포함되어 있다. 또한 광대하고 외진 내륙 지역에는 티베트인, 몽골인, 위구르인 들이 살고 있는데, 이들은 중국의 통제를 벗어나고자 한다.[31] 하지만 바로 이런 위치 덕분에 중국은 여러 지역에서 패권을 추구할 수 있는 가장 위협적인 유형의 강대국이 될 수도 있다.

오늘날 중국은 강대국이다. 마오쩌둥 이후 로켓처럼 치솟은 성장 덕분에 중국은 세계의 공장이자 최대 무역국이 되었다. 또한 중국은 권력, 역사, 이념 그리고 지도자의 성격이 복합적으로 뒤섞여 강한 동기부여가 되어 있다.

중국은 부상하는 신흥 강대국이라기보다는, 이미 자리를 굳힌 강대국으로 자신이 만들지 않은 세계 질서를 재편하려는 의지를 가진 나라에 가깝다. 중국은 또한 한때 유라시아의 광범위한 지역과 서태평양의 많은 부분을 지배했던 과거의 제국으로서, 그 지도부는 중화 중심의 세계를 역사가 회귀해야 할 정상적인 상태라고 여긴다. 동시에 중국은 '굴욕의 세기'를 되돌리려는 복수의 마음을 지닌 국가이며, 이를 위해 과거 분열과 약세 속에서 잃었던 영토와 존엄성을 되찾고자 한다. 마지막으로, 중국은 자유주의적 세계의 전복적인 규범을 두려워하는 반자유주의적 국가다.[32] 시진핑 체제에서 중국은 불안정성을 내포한 개인화된 독재 체제로 방향을 틀었다.

오늘날 우리가 알고 있는 공세적인 중국의 흐름은 시진핑이 아니라 그의 전임자 후진타오 시절부터 이미 형성되었다. 그러나 2012년 권력을 잡은 이후, 시진핑은 국내에서 자신의 권위를 제약하던 여러 장치와 국제 무대에서 중국의 행동을 억제해 온 기준들을 체계적으로 무너뜨렸다.[33] 이후 10년 동안, '만물의 주석'이라 불리는 그는 임기 제한을 철폐하고, 정적을 배제했으며, 마오쩌둥 이후 가장 강력한 권력을 거머쥐었다. 2022년 10월의 공산당 대회에서 그는 나이 든 후진타오를 공개석상에서 퇴장시키는 방식으로 자신의 지배력을 과시했다. 이듬해, 그는 몇 달 사이에 외교부장, 국방부장 그리고 핵전력을 총괄하는 장성들까지 연이어 숙청했다. 이처럼 중국의 정치체제를 뒤흔든 동시에, 시진핑은 세계 질서 전반에 걸쳐 자신이 주도하는 대전환을 이루는 것을 자신의 역사적 과제로 삼았다. 2019년, 그는 "그 어떠한 세력도 중국 인민과 중화민국의 전진을 막을 수 없다"라고 선언했다.[34]

중국이 세계 패권을 추구하고 있다는 점은 분명하다. 시진핑이 말하는 "중국 민족의 위대한 부흥"은 사실상 중국이 세계의 정점에 다시 오르겠다는 목표를 에둘러 표현한 것에 불과하다. 한 중국학 전문가는 시진핑이 꿈꾸는 미래에 대해 다음과 같이 설명한다. "중국을 중심으로 한 글로벌 협력 관계의 네트워크가 미국의 조약 기반 동맹 체계를 대체하고, 국제사회는 중국의 권위주의적 통치 모델을 서구식 선거 민주주의보다 우월한 대안으로 받아들이게 되며, 세계는 중국 공산당을 다른 나라가 따라갈 수 있는 평화, 번영, 근대화의 새로운 경로를 제시한 주체로 인정하게 될 것이다."35

이는 비밀스러운 계획이 아니다. 중국은 국제기구에서의 주도권을 확보하고, 개발도상국과 새로운 경제 및 안보 관계를 구축하며, 세계무역과 기술 네트워크의 중심에 자리를 잡고, 미국 주도의 질서를 점차 과거의 유산으로 만들기 위한 전방위적인 세계적 공세를 공개적으로 펼치고 있다. 시진핑은 수년 동안 "자본주의보다 우월한 사회주의를 건설하고, 우리가 주도권을 쥐고 지배적인 위치에 서게 될 미래"를 실현하겠다고 노골적으로 말해 왔다.36 만약 중국이 우선 인접 지역을 제압할 수 있다면, 패권으로 가는 길은 한층 수월해질 것이다.

중국은 세계에서 경제적으로 가장 역동적인 지역이자 중국의 대외 진출 관문인 동아시아와 서태평양에서 스스로의 영향력을 강화하고 있다. 시진핑은 이 계획의 핵심을 "아시아인을 위한 아시아"로 표현한 바 있으며, 미국의 힘이 사라진다면 이 지역은 실제로 중국의 지배하에 들어가게 될 것이다.37 중국은 전 세계무역의 상당량이 지나가는 남중국해 전역과, 그 북쪽 동중국해의 전략적 요충지 그리고 그 사이에 놓인 대만을 자국의 영토라고 주장한다. 시진핑의 말에 따르면, 중국은 이 지역에서 "단 한치도 양보할 수 없다".38 중국은 또한 한국에서 호주에 이르는 국가들이 중국의 뜻에 따를 수밖에 없는 더 크고, 덜 공식적인 영향권의 확장을 꾀하고 있다. 이를 위해서는 미국의 서태평양 동맹망을 해체해야 한다. 중국의 한 제독은 "하와이를 기준으로 선을 그으면 태평양은 중국과 미국이 나눠 쓸 것"이라고 농담처럼 말했다.39

중국이 팽창을 위해 사용하는 수단은 다양하다. 수십 년 동안 중국은 주변국의 경제를 자국의 영향권 안으로 끌어들여, 결국에는 이 국가들이 중국의 영향력으로부터 빠져나올 수 없게 만들려는 전략을 펼쳐왔다. 중국은 또한 아시아의 엘리트를 부패시키거나 포섭하고, 민주주의 국가

내에 허위 정보와 분열을 퍼뜨리는 방식을 선택했다. 남중국해를 확보하기 위해서는 어선에 무장 민병대를 태워 보내는 것에서부터 산호초 위에 인공섬을 건설하는 것에 이르는 다양한 방식을 동원했는데, 한 미국 제독은 이를 두고 "모래로 만든 만리장성"이라고 비판한 바 있다.[40] 이러한 활동을 할 수 있는 기반에는 제2차 세계대전 이후 그 어떤 국가도 하지 못했던 평시의 대규모 군사력 증강이 있다.

1990년대 이후, 중국은 미국의 함정과 항공기를 견제하기 위해 잠수함, 첨단 방공 시스템, 순항 및 탄도 미사일을 대량으로 구축해 왔다. 더불어 첨단 공격기, 중무장 수상함, 항공모함까지 보유하면서 자체적인 전력 투사 능력도 갖추었다. 이제 중국 인민해방군은 극초음속 미사일, 장거리 폭격기 그리고 전략 핵무기 등 세계적 작전 능력을 갖추어 나가는 중이다. 이 모든 것을 위한 군사비 지출의 양은 의도적으로 감춰져 있지만, 그 속도와 규모는 놀라울 정도다. 한때 미국 국방부의 구상에서 뒷전에 머물렀던 중국이었지만, 이제는 세계 최대 규모의 미사일 전력과 함정 수를 자랑하고 있다. 중국의 핵무기 보유량은 2020년에서 2023년 사이에만 두 배로 증가했다.[41] 중국은 서태평양에서 미군 전력에 타격을 가하고, 이 지역의 질서를 자신에게 유리하게 재편할 수 있는 수준에 점점 다가서고 있다. 혹은 이웃 국가를 공격한 뒤 핵 확전 가능성을 무기로 활용해 미국의 개입을 차단하려는 전략도 고려될 수 있다.

중국의 주된 초점은 현재로서는 대만이다. 시진핑은 인민해방군에 2027년까지 대만을 대상으로 한 작전에 대비하라는 명령을 내렸다.[42] 역사적 복수심을 제쳐 둔다면, 대만의 전략적 중요성은 지리적 위치와 기술에서 비롯된다. 기술적으로 말하자면, 대만은 세계 최첨단 반도체 대부분을 생산하는 곳으로, 이는 오늘날 디지털 시대를 움직이는 핵심이다. 한편 대만은 지리적으로 서태평양의 내해를 통제하는 요충지에 있으며, 제1도련선First Island Chain*의 핵심으로서 중국이 그 너머의 바다로 진출하는 것을 차단하고 있다. 한 인민해방군 분석가는 "민주주의 대만은 거대한 용의 목에 걸린 자물쇠"라고 표현한 바 있다.[43] 중국이 대만을 장악하게 될 경우 태평양 전체가 중국에 노출될 것이다.

대만이 일단 함락되면, 중국 해군은 일본의 생명줄과도 같은 해상 보급선을 위협할 수 있게 된다. 한 일본 관료는 나에게 "대만이 무너질 경우 일본의 남서부 섬들은 무방비 상태에 빠질 것"이라고 말한 바 있다. 중국은 남중국해 그리고 남중국해에 경제적으로 의존하는 인도와 호주 같은 국가들을 통제할 수 있게 될 것이다. 동시에 아시아 해역 전역에 걸친 미국의 동맹망을 뒤흔들며, 보다 자유롭게 다른 지역에서의 전략적 임무에 자원을 투입할 수 있게 될 것이기도 하다.[44] 즉 중국에게 대만은 최종 종착지가 아니다. 대만은 지역의 패권을 장악하고 전 세계적 영향력을 확대하기 위한 발판이다. 시진핑은 중국의 운명이 "위대한 해양 강국"이 되기 전까지는 완성되지 않는다고 말한 바 있는데, 머핸이 이 말을 들었다면 흐뭇해했을 것이다.[45]

＊ ＊ ＊

중국이 자국의 대륙 중심적 위치를 최대한 활용하려 한다는 점에서, 매킨더의 이론은 오늘날 중국의 지정학적 전략에도 영향을 미치고 있다. 태평양 방향으로의 동진은 미국의 강력한 군사 거점과의 정면충돌을 요구하기에 상대적으로 서쪽으로의 팽창, 더 정확히는 중국을 중심으로 한 통합된 유라시아의 재건이 더 매력적인 선택지로 여겨진다. 해양과 대륙 두

---

* 일본 열도–오키나와–대만–필리핀을 잇는 선으로, 중국 본토를 해양 세력으로부터 둘러싸는 방어선이자 중국 해군의 태평양 진출을 견제하는 전략적 경계선.

방향을 향한 전략은 동전의 양면과 같아서, 한쪽 측면이 안정될수록 다른 한쪽에 더 많은 자원을 투입할 수 있게 된다. 한 인민해방군 장군이 조언한 바와 같이, 시진핑 체제의 중국은 "세계의 중심을 차지"하려는 방향으로 나아가고 있다.[46]

시진핑은 이미 2013년 카자흐스탄에서 이른바 '세기의 프로젝트'라 칭한 일대일로一帶一路 구상을 야심차게 발표했다.[47] 일대일로와 이후 후속 프로젝트들을 통해, 중국은 동남아시아에서 남유럽을 거쳐 그 너머에 이르는 국가들을 자기 영향력의 그물망 속에 끌어들이고 있다. 파키스탄, 스리랑카, 미얀마에 건설된 기반 시설은 인도를 포위하고 인도양으로 진출할 수 있는 통로를 제공하고 있다. 육상 송유관과 수송망은 페르시아만과 유럽으로의 보다 안전한 접근을 가능하게 하여 중국의 말라카 딜레마, 즉 무역과 에너지 수송의 상당 부분이 해상 병목 지점을 통과한다는 약점을 완화해 준다. 또한 자원 확보를 위한 투자 및 대출 거래는 아프리카, 라틴아메리카, 동남아시아에서 중요한 광물의 안정적 공급을 보장한다. 5G 통신망과 중국의 감시 장비로 무장한 '스마트 시티'가 개발도상국에 보급되면서, 중국의 기술적 영향력도 함께 확대되고 있다.[48] 이 지점에서 무역은 깃발 꽂기보다 앞선다. 중국은 대양함대를 구축하는 동시에, 태국만에서 바브엘만데브해협까지 이어지는 주요 해상로를 따라 글로벌 군사 거점을 구축하려 하고 있으며, 평화 유지 활동, 군사 훈련 프로그램, 해적 퇴치 작전, 준군사 조직 등을 동원해 해외에서의 안보 활동 범위도 확대하고 있다.[49]

이러한 여러 활동은 단기적으로 중국이 개발에 필요한 자원에 더 쉽게 접근할 수 있도록 도울 것이다. 산업을 위한 화석연료, 친환경 에너지 사업을 위한 코발트와 니켈, 인공지능 알고리즘을 위한 디지털 정보 등이 주 대상이다. 장기적으로는 유럽을 중국 중심 초대륙 변방부에 위치한 민주주의 최후의 거점 정도로 밀어내고, 미국마저 중국에 의해 주도되는 체제의 주변부로 밀려나게 만드는 것을 목표로 한다. 학자인 다니엘 마키는

“유라시아의 자원, 시장, 항구에 대한 접근권은 중국을 동아시아의 강대국에서 전 지구적 초강대국으로 탈바꿈시킬 수 있다”라고 지적한다.[50] 이는 중국의 영향력이 이미 빠르게 커지고 있는 라틴아메리카와 북극 지역에 새로운 지평을 열어줄 것이다. 이로 인해 중국은 전 세계에 대한 영향력은 물론이고, 한 걸음 더 나아가 통제력을 한층 더 키울 수 있게 될 것이다.

중국의 이러한 구상은 유라시아 내에 미국인들이 알고 있는 것과는 전혀 다른 체제를 만들어 낼 것이다. 중국의 영향력이 짙은 지역에서 민주주의는 멸종 위기에 처할 것이다. 중앙아시아에서 ‘색깔 혁명’을 억누르기 위해 중국과 러시아가 어떻게 함께 영향력을 행사하는지를 지켜보면 그 단면을 알 수 있다. 경제와 기술면에서 모든 길은 베이징으로 통하게 될 것이다. 중국학자 나데주 롤랑은 2049년이 되면, 유라시아 거주민들이 ‘구글’이 아니라 ‘바이두’를 이용해 정보를 검색하고, CNN이 아니라 중국국제 텔레비전CGTN을 통해 뉴스를 접할 것이라고 예측한다. 또한 이들은 중국판 GPS를 통해 내비게이션을 사용할 것이며, 중국의 ‘만리 방화벽’이 지키는 권위주의적 인터넷에 접속하게 될 것이다.[51]

과장된 면이 있든 없든, 이러한 시나리오는 중국 패권의 다양한 형태를 보여준다. 물론 중국은 때때로 히말라야 접경 지역에서 인도 병사들을 때려죽이는 방식으로 유라시아에서의 영향력을 추구하기도 한다.[52] 하지만 중국의 도전을 더욱 까다롭게 만드는 것은 중국이 무력을 과시하는 동시에 훨씬 더 미묘한 통제 방식까지 결합한다는 점에 있다.

2020년 이후 여러 부실 대출과 ‘부채 함정 외교’에 대한 우려로 일대일로 자체는 어느 정도 위축되었다. 하지만 중국은 여전히 디지털 영향권을 개척해 나가고 있다. 여러 국가가 중국의 5G 기술을 도입하고 있으며, 중국은 데이터 센터, 광섬유 케이블 및 기타 인터넷 기반 시설을 구매하거나 건설하고 있다.[53] 또한 중국은 여전히 대출과 투자를 이용해 여러 국가를 매혹하고 있으며, 전 세계 절반 이상의 국가와 최대 교역 상대국이라는 시장 지위를 활용해 이들 국가의 정책 선택에 영향력을 행사한다. 한편 중국은 세계개발구상Global Development Initiative, GDI과 세계안보구상Global Security Initiative, GSI 같은 새로운 프로젝트도 선보였는데, 이는 특히 글로벌 사우스 국가들을 미국 주도의 기존 경제 및 안보 체제 대신 중국 중심의 대안에 더 밀접하게 결속시키기 위한 것이다. 나아가 경찰 훈련 프로그램, 정보 교환 등의 여러 활동을 통해 부패하거나 권위주의적인 정권이 내부의 반발에 대응할 수 있도록 지원하기도 한다. 그리고 무엇보다도 중국은 세계 경제를 주도하고 지정학적 이점을 극대화할 수 있도록 인공지능, 양자 컴퓨터, 합성생물학 등 첨단 기술 산업을 장악하는 데 최선을 다하고 있다. 시진핑은 "국제적으로 군사 경쟁이 점점 더 치열해지는 상황 속에서 마지막으로 이기는 자는 혁신하는 자뿐이다"라고 말하고 있다.[54]

시진핑의 유라시아 전략에서는 시대를 초월한 열망과 최첨단 역량이 만난다. 그리고 중국의 국내 정치와 외교가 가장 완벽하게 맞물린 곳이 바로 이 지점이다.

중국 정부는 2017년 이후 5년 동안 100만에서 200만 명에 달하는 위구르인을 집단 수용소에 가뒀다. 이들은 광범위한 감시 카메라, 생체 인식 스캐너, DNA 채취 등의 디지털 억압 그리고 검문소, 강제 불임 수술 및 기타 반인도적 범죄 등 물리적 억압이 결합된 방식으로 통제되었다. 이에 따라 신장 지역은 21세기형 전체주의의 전시장이 되었다.[55] 시진핑은 "독재 기관"을 가동해야 한다고 지시했고, 적들에 대해 "그 어떠한 자비도 베풀어서는 안 된다"라고 강조했다.[56]

지정학은 이러한 인도주의적 참사에 깊이 스며들어 있다. 신장 지역은 중앙아시아, 파키스탄 및 기타 유라시아의 분쟁 지역으로 이어지는 교통의 요충지에 위치해 있기 때문에, 이곳에서의 '체제 전복'의 가능성은 물론 그 어떠한 불안정도 용납되지 않는다.[57] 중국은 주변 국가들에 대한 영향력을 활용해 탈출한 위구르인을 강제로 송환하게 하거나 자금과 감시 장비를 동원해 우호적인 독재 정권을 지원함으로써 중국 패권의 확장과 함께 더욱 확산될 잔혹함의 미래를 미리 보여주고 있다.

하지만 안타깝게도 유라시아 그리고 그와 함께 세계 전체의 질서를 재편하려는 국가는 중국뿐만이 아니다.

* * *

2022년 2월 21일, 러시아 안보 회의가 TV로 생중계되는 가운데 벌어진 한 의례적인 망신 주기는 오늘날 러시아의 현실을 잘 보여준다. 회의의 목적은 우크라이나 동부에서 러시아의 지원을 등에 업은 분리주의 세력이 독립하는 것을 승인하려는 푸틴의 결정을 공식화하는 것이었고, 이는 곧 전면적인 침공으로 이어졌다. 그런데 정보국장 세르게이 나리시킨이 발언 도중 머뭇거리며 실수를 하자, 푸틴은 그를 공개적으로 나무랐다. "분명하게 말하라"는 푸틴의 면박에는 반대 의견은 물론이고 정직하게 말하는 것조차 치명적인 실수일 수 있다는 무언의 경고가 담겨 있었다. 푸틴의 러시아에서 최우선의 원칙은 차르와도 같은 푸틴에게 절대적인 충성을 바치고, 그의 지정학적 투쟁에 완전히 복무하는 것이다.[58]

중국과는 달리 러시아는 세계 패권을 꿈꿀 수도 없고, 새로운 세계 질서의 중심이 되기도 어렵다. 러시아의 경제 규모는 보잘것없으며 자원 기반도 약하다. 이런 사실은 푸틴이 우크라이나전쟁에 인력, 자금, 군수 물자를 낭비하기 전부터 이미 그러했다. 하지만 그렇다고 해서 러시아가 국제무대에서 존재감을 완전히 잃는 것은 아니며, 오바마 전 대통령이 비꼬듯 말한 것처럼 단지 "하나의 지역 강국"으로 전락한 것도 아니다.[59] 중국이 한쪽에서 국제 질서를 흔드는 것과 동시에 다른 쪽에서 러시아도 국제 질서의 기반을 약화시킬 수 있기 때문에, 러시아의 도전은 전 세계에 영향을 줄 수 있다. 실제로 푸틴이 추구해 온 목표는 냉전 이후 유지된 유럽의 평화를 허물고 러시아만의 "위대한 유라시아적 미래"를 건설하는 것이었다.

역사는 거대한 구조적 힘과 지극히 개인적인 정치적 선택이 교차하는 지점에서 만들어진다. 역사학자 스티븐 코트킨은 러시아가 언제나 스스로를 "특별한 사명을 부여받은 섭리의 나라"로 여겨 왔다고 말한다.[60] 러시아는 지리적으로 안전한 국경을 확보하지 못했기 때문에, 오래전부터 이웃 국가들을 희생시켜 가면서 자국의 위대함을 추구해 왔다. 푸틴이 이런 사명을 그토록 열정적으로 떠맡은 이유는 바로 이전의 제국인 소련의 붕괴가 그에게 깊은 충격과 상실감을 안겨 주었기 때문이다.[61]

1989년 동독에 파견된 KGB 장교였던 푸틴은 스탈린의 유산이 파괴되는 과정을 직접 목격했다. 그는 훗날 소련의 해체를 비극이 끊이지 않았던 20세기 가운데서도 "가장 큰 지정학적 비극"이라고 불렀다.[62] 세기 전환기에 대통령이 된 푸틴은 동유럽의 완충지대를 잃고, 세계적 영향력과 국가적 자존심마저 상실한 러시아를 통치해야 했다. 권력을 공고히 하며 러시아의 허약한 민주주의를 파괴했을 때, 그는 점차 자유주의화 되는 러시아 국경 주변 나라들이 결국 "미국의 노예"가 되고 말 것이라는 두려움을 품기 시작했다.[63] 오래 지나지 않아, 푸틴은 러시아의 재건을 위한 다각적인 전략을 구상하기 시작했고, 그의 권력이 강화될수록 그 전략도 더욱 대담해졌다.

제국을 다시 세우기 위한 첫 번째 방편은 옛 소련권에서 러시아의 우위를 되찾아오는 것이었다. 수정주의 열강 중 중국이 가장 강력한 국가라면, 러시아는 가장 폭력적인 국가다. 우크라이나와의 정면충돌 이전에도, 푸틴이 통치한 러시아의 역사는 전쟁과 간헐적인 무력 개입의 연속으로 점철되어 있었다. 1999~2000년 체첸, 2008년 조지아, 2014년 이후 우크라이나 그리고 2000년 말부터 2022년 초까지 벨라루스와 카자흐스탄 등에서 푸틴은 축소된 러시아의 영향력을 되돌리려 수차례 시도했다. 러시아의 영광을 되찾으려는 이런 개입은 푸틴이 재건한 재래식 군대의 위력을 과시하는 장이 되었으며, 서방의 개입을 억제하기 위한 현대화된 핵무기의 영향력도 함께 드러났다.[64] 한편 푸틴은 군사력 외에도 다른 수단을 총동원했다. 그는 선거 개입, 친서방 정치인에 대한 독살 시도, 불공평한 무역 협정의 강요, 현지 엘리트 부패 공작 등 다양한 방식으로 옛 소련 국가들을 회유하고 종속시키려 했다. 이처럼 각국의 주권을 해체하는 작업은 러시아 주도의 새로운 질서를 세우기 위한 전제 조건이었다. 2011년, 푸틴은 유라시아 경제연합Eurasian Economic Union이 "현대 세계의 중심축"이 될 것이라고 선언했다.[65]

이 새로운 중심축이 얼마나 강력할지는 부분적으로 서방세계가 얼마나 약화할지에 달려 있었다. 흐루쇼프가 한때 "가장 간절히 꿈꾼 것"이 미국과 유럽을 갈라놓는 일이었다면, 푸틴 역시 러시아의 영향력을 억제해 온 대서양 동맹을 무너뜨리려 애썼다. 우크라이나를 침공하기에 앞서, 푸틴은 평화의 대가로 분열된 유럽을 요구했다. 이는 나토를 냉전 당시의 경계선까지 후퇴시키고, 유럽의 절반을 러시아의 위협에 노출시켜 달라는 것이었다.[66] 그리고 이 말은 그동안 조용히 감추어 두었던 속내를 노골적으로 드러낸 것에 불과했다.

러시아는 이미 2000년대 후반부터 각종 사이버 공격, 선거 개입, 파괴 공작 그리고 정치적 수단 등을 동원해 나토와 유럽연합을 교묘하게 뒤흔들기 시작했는데, 이는 전직 정보요원이 즐겨 쓸 법한 방식이었다. 푸틴은 유럽 국가들을 러시아의 석유와 가스에 의존하게 만들어 지정학적으로 무력화하려 했다. 실제로 그는 국영 에너지 기업인 가스프롬을 가리켜 "세계에 대한 강력한 정치적, 경제적 영향력의 지렛대"라고 표현한 바 있다.[67] 동시에 러시아는 빅토르 오르반의 헝가리나 레제프 타이이프 에르도안의 튀르키예 같은 반자유주의 성향의 국가들과 긴밀한 관계를 맺으며, 이들을 나토 내부의 트로이 목마로 삼았다. 그는 심지어 미국과 가까워지려는 유럽 국가들을 전복하려 한 적도 있었다. 2016년 미국 대선에 푸틴이 개입한 것도 이러한 큰 전략의 일환이었다. 그 목적은 서방 내에서도 가장 강력한 미국을 분열시키고 약화시키는 것이었다.[68]

한편 푸틴은 측면의 전장에서 러시아의 영향력을 확대하는 전략을 취함으로써 냉전 시대의 또 다른 유산을 되살렸다. 러시아는 2015년 이후 시리아 내전에 공군과 특수부대를 투입해 미국이 지원하던 반군을 무력화시키며 전세를 뒤집었다. 러시아 국방장관 세르게이 쇼이구는 이를 두고 탈냉전 세계를 휩쓸던 "색깔 혁명color revolution의 연쇄를 끊는 계기"가 되었다고 평가했다.[69] 시리아 개입은 리비아 내전에 대한 개입으로 이어졌고, 러시아는 아프리카 전역에서도 준군사 조직과 혼란을 조성하는 전략을 활용하며 존재감을 키웠다. 또한 북극과 북대서양에서는 군사 활동을 강화했고, 2019년에는 베네수엘라 권위주의 정권을 지지하기 위해 민간 용병을 파병했으며, 사헬 지역의 군사정권을 지원했다. 각국에 대한 개입이 일견 산발적으로 보일 수 있지만, 이 모든 것에는 소련의 세계적 영향력을 회복하고 미국이 전 세계에서 수세적으로 대응하도록 만들어 집중력을 분산시키려는 공통된 동기가 숨어 있었다.[70]

하지만 푸틴의 구상 핵심은 언제나 유라시아였다. 확고한 대륙적 기반이 없다면, 러시아의 위상은 언제든 흔들릴 수밖에 없기 때문이다. 이 점에서 러시아 전략의 네 번째 축인 중국과의 권위주의적 연대는 결정적인 요소였다. 소련이 냉전에서 패배한 이유는 나토와 중국을 동시에 적으로 돌렸기 때문이었다. 푸틴은 같은 실수를 되풀이하지 않겠다고 결심했다.

25년이 넘는 시간 동안 중국과 러시아는 점점 더 가까워졌다. 양국은 무기 판매와 국방 협력을 확대했고, 중앙아시아의 독재 정권들을 지원했으며, 국제기구에서는 인권이나 인터넷 통제와 같은 문제에 대해 반자유주의적 입장을 함께 내세웠다. 중국의 눈부신 군비 확장은 수년 동안 러시아산 전투기, 미사일, 방공 시스템 등 다양한 무기 구매를 통해 가능했다. 반대로 러시아의 방위산업도 중국에 대한 무기 판매를 통해 경제적으로 유지될 수 있었다. 양국이 발트해와 남중국해에 이르기까지 여러 분쟁 지역에서 공동 군사훈련을 벌이며 협력을 강화하자, 미국의 정보기관은 2019년 "중국과 러시아가 1950년대 이후 가장 밀접한 관계를 맺고 있다"라고 평가했다.[71] 미국의 세계적 영향력과 자유주의 이념에 반대한다는 공통적인 입장뿐 아니라, 시진핑과 푸틴 사이의 개인적 유대 또한 이들을 더욱 결속시켰다. 시진핑은 푸틴을 가리켜 "가장 가깝고도 절친한 친구"라고 부르기까지 했다.[72] 두 지도자가 한때 세계에서 가장 군사적 긴장감이 높았던 국경선에서 평화를 유지하는 한, 그들은 바깥 세계, 곧 미국 중심의 질서를 향해 집중할 수 있었다.

물론 이러한 일련의 전략은 당대에는 그렇게 일관되게 보이지 않았으며, 오히려 시간이 지난 지금에서야 더 명확하게 보인다. 예를 들어 2009년까지만 해도 러시아의 참모총장은 중국과 나토를 "가장 위험한 지정학적 경쟁자"로 함께 묶어 언급했을 정도였다.[73] 푸틴의 각종 개입들은 종종 즉흥적인 방식으로 이루어지기도 했다. 2008년의 조지아 침공은, 나토가 조지아에 대해 "언젠가는 나토에 가입할 것"이라고 선언해 최대의 도발을 하면서도 실제로는 어떠한 방어 조치도 취하지 않는 최소의 억지력 상태라는 최악의 조합을 만들어 낸 직후에 벌어졌다. 2014년 크림반도 점령은 키이우에서 친러시아 정권에 대한 대중 봉기 이후 혼란스러운 상황 속에서 발생했다. 즉 푸틴은 우크라이나 전체를 잃고 있었기에 최소한 크림반도 하나만이라도 손에 넣고자 한 것이었다.[74] 이 모든 것에도 불구하고 시간이 지나면서 푸틴이 추구한 구상의 윤곽은 점점 분명해졌으며, 그 바탕에는 권위주의적 충동과 유라시아적 사고가 뒤섞여 있었다.

푸틴 정권과 그의 정책 사이의 연결고리는 우크라이나 침공 당시 러시아가 보여준 조직적이고 살인적인 잔혹 행위를 통해 충분히 명확해졌다. 하지만 그 연결고리는 애초부터 존재했다.

만약 러시아가 민주주의 국가였다면, 자유화되고 친서방적인 이웃 국가들을 그토록 두려워하지 않았을 것이며, 내부 억압을 정당화하기 위해 외부와의 갈등을 그토록 집요하게 부추기지도 않았을 것이다. 한 전문가는 "전쟁은 국내 탄압을 정당화하는 데 도움이 되며, 서방의 영향에 대한 두려움은 국내에서 전쟁을 정당화하는 데 도움이 된다"라고 평가했다.[75] 마찬가지로 경쟁하고 있는 민주주의 국가들의 정치를 혼란스럽게 만드는 목적은 푸틴 자신의 반자유주의적 체제, 일명 러시아식 '주권 민주주의'를 상대적으로 더 우월하게 보이기 위함이었다. 푸틴은 실제로 2019년에 "자유주의 이념은 시대에 뒤떨어졌다"라고 선언하기도 했다.[76] 이념과 지정학이 혼합된 유라시아주의에 대한 푸틴의 집착도 이와 유사한 맥락에서 이해되어야 한다. 그는 유라시아 초대륙을 "퇴폐한 민주주의 국가들이 버린 전통적 가치의 안식처"이며, 러시아가 추구해야 할 "엄청난 기회들"의 원천이라고 평가했다.[77] 2022년, 그는 "리스본에서 블라디보스토크로 이어지는 공동의 공간을 만들어야 한다"라고 주장했다.[78]

따라서 러시아의 전략은 중국의 전략과 교차한다. 두 나라 모두 유라시아 대륙을 통해 새로운 세계 질서를 모색하고 있다. 이 지점에서 장기적으로는 긴장이 있을 수밖에 없다. 유라시아를 진정으로 지배하려는 중국은 러시아를 조공국으로 삼거나 적으로 돌려야 하기 때문이다. 그러나 중단기적으로는 공통의 적이 두 나라를 밀접하게 묶어줄 것이다. 중동에서 비롯되는 세 번째 도전 역시 마찬가지다.

＊ ＊ ＊

2023년 10월 7일에 하마스가 이스라엘을 상대로 잔혹한 공격을 감행하기 전까지만 해도, 많은 미국인에게 중동은 전략적 의미가 그다지 크지 않은 뒷전으로 여겨졌다. 정말 중요한 지역에 비해서는 우선순위에서 밀리는 기껏해야 주의를 분산시키는 장소쯤이었다. 이런 인식은 중동 지역 자체에 대한 평가라기보다는 미국이 9·11 테러 이후 전쟁에서 겪은 지적 피로감이 남긴 후유증을 더 잘 보여주는 현상이다.

중동은 세 대륙이 교차하는 지점에 위치해 있다. 인도양과 지중해를 연결함으로써 아시아와 유럽을 잇는 좁은 해로를 통제한다. 게다가 '녹색 전환'에 대한 논의를 차치한다면, 이 지역의 자원은 앞으로도 세계 경제를 위해 필요한 연료를 공급할 것이다. 중동은 무시하기에는 너무나 가치 있는 지역이며, 바로 그렇기 때문에 중국과 러시아 모두 이 지역에 많은 관심을 기울이고 있다. 가셈 솔레이마니의 생애와 죽음이 보여주듯, 이곳에서 주도권을 잡으려는 지역 강대국들도 계속해서 치열하게 경쟁 중이다.

1998년부터 2020년까지, 솔레이마니는 이란 혁명수비대 산하의 정예 부대인 쿠드스군을 지휘했다. 그가 맡은 직책은 특수작전 사령관, 정보기관 수장 그리고 비공식 외교부 장관의 역할을 모두 아우르는 것이었으며, 이란 내에서 최고지도자 알리 하메네이 다음가는 실질적인 제2인자였다. 카리스마 넘치는 지도자였던 그는 자신의 재임 기간 동안 레바논의 헤즈볼라, 팔레스타인 자치 지역의 하마스, 예멘의 후티 반군까지 이어지는 외국 민병대 네트워크를 조직했으며, 그 총 병력은 약 20만 명에 이른 것으로 추정된다. 그의 병력은 지중해에서 아덴만에 이르는 광활한 지역에 이란의 영향력을 퍼뜨리는 데 핵심적인 역할을 했으며, 이는 장기적으로 이스라엘을 포위하고 제거하는 것을 목표로 하는 '저항의 축'을 형성했다. 그리고 솔레이마니는 이 과정에서 미국과도 여러 차례 충돌했다.[79]

솔레이마니 휘하의 부대는 2003년부터 2011년 사이 이라크에서 수백 명의 미국인을 사망에 이르게 한 치명적인 지뢰를 설치했다. 지난 25년 동안 미국인의 피를 이처럼 많이 흘리게 한 적대국은 이란 외에는 없었다.

2019년 말, 미국과의 긴장은 다시 고조되었다. 미국은 2015년에 체결한 이란 핵 협정에서 탈퇴하고, '최대한의 압박'을 가한다는 정책의 일환으로 제재를 가중시켰다. 이에 대해 이란은 자국의 비대칭 전력을 활용해 대응했다. 드론, 미사일, 특수부대, 대리 세력을 동원해 페르시아의 유조선, 사우디의 정유 시설 그리고 이라크에 주둔한 미군을 공격한 것이다.

2020년 1월, 솔레이마니는 중동 전역에 걸친 전격적인 공격이라는, 더 대담한 계획을 세우고 있었다. 하지만 여러 현장을 돌며 자신의 부대를 결집시키는 동안, 미국의 정보기관이 그를 주시하고 있었다. 그가 바그다드 국제공항에 도착한 직후, 미국의 드론에서 발사된 헬파이어 미사일이 그의 차량을 직격했고, 그의 몸은 갈가리 찢어졌다. 이 공격은 미국 그리고 중동에서 미국을 몰아내려는 국가 사이에 전면전을 촉발할 뻔한 사건이었다.[80]

냉전이 끝난 이후, 대부분의 미국인은 이란을 하찮은 폭정 국가, 즉 인류의 흐름에 역행할 뿐인 '반동 국가'쯤으로 여겼다.[81] 물론 이란의 통치자들은 스스로를 그렇게 생각하지 않는다.

현대 이란은 페르시아 문명의 자랑스러운 계승자다. 중국과 러시아처럼, 이란 역시 한때 제국이었으며 과거의 특권과 위신을 되찾기를 꿈꾸고 있다. 팔라비 왕조 시절의 이란이 미국의 동맹국이었다면, 오늘날의 이란은 초강대국과 대립하고 있는 혁명적 체제를 갖추고 있다. 이란의 외교 정책은 전술적으로 꾸준히 변화해 왔다. 이란 정권은 이웃 국가들이나 서방과의 긴장 완화를 간헐적으로 추구하기도 했다. 그러나 그러한 긴장 완화 시도는 궁극적으로 모두 좌절되었으며, 그 가장 큰 이유는 이란의 지정학적 목표가 근본적으로 변하지 않았기 때문이다. 미국의 정책 분석가 카림 사자드푸르는 "1979년 이래로 이란은 미국을 중동에서 몰아내고, 이스라엘을 팔레스타인으로 대체하며, 중동 지역을 자국의 구상에 맞게 재편하려 해 왔다"라고 평가했다.[82]

물론 이란은 중국이나 러시아에 비하면 지정학적 측면에서 보잘것없는 존재다. 이란에게는 중동을 정복하거나 이란 중심의 질서를 전통적인 방식으로 구축할 수 있는 힘이 없다. 이란의 야망은 대부분 **혼란**을 조장하는 계획에 가깝고, 중동은 실제로 그런 혼란을 충분히 겪어왔다.

2003년 미국의 이라크 침공이 야기한 혼란, 2011년 미국의 성급한 철군 그리고 그해에 시작된 아랍 세계의 봉기는 이란의 영향력 확대에 유리한 지역적 환경을 만들어 냈다. 솔레이마니는 "우리의 국경이 확장되었"으며, "이집트, 이라크, 레바논, 시리아에서 승리를 목격할 것이다"라고 선언했다.[83] 이란은 대체로 창조적인 면과 파괴적인 면을 동시에 지닌 수단을 통해 이러한 승리를 추구해 왔다.

이란은 고통을 무기화한다. 내전을 부추기고, 종파 갈등을 격화시키며, 충분히 무장한 대리 세력을 활용해 혼란 속에서 영향력을 확보한다. 이란의 후원을 받은 후티 반군은 드론과 미사일을 갖춘 무기고를 구축했고, 이를 통해 사우디아라비아를 공격하거나 혹은 홍해와 아덴만에서 혼란을 일으키거나, 심지어 미국이나 이스라엘과의 무력 충돌에 나설 수도 있게 되었다. 헤즈볼라의 경우, 약 15만 기에 달하는 치명적인 로켓을 보유한 강력한 준국가로 성장했다. 2016년, 헤즈볼라의 지도자 하산 나스랄라는 "이란에 돈이 있는 한, 우리에게도 돈이 있다"라고 자랑했다.[84] 군사적으로 이란은 특수작전 부대, 미사일, 드론 그리고 그 외의 저비용 고효율 수단에 의존한다. 이러한 무기들이 대리 세력에게 제공될 경우, 이란은 책임질 필요 없는 가면 뒤에서 적들에게 피해를 입힐 수 있다.

물론 이란은 이 무기들을 직접 사용할 수도 있다. 솔레이마니가 암살된 이후, 이란은 이라크에 주둔 중이던 미군을 향해 22기의 미사일을 발사했다.[85] 이 사건이 보여주듯, 이란은 자신들의 약점을 대담함으로 보완한다. 이란은 미국인을 인질로 잡거나 미군을 살해하는 방식을 통해 자신보다 훨씬 강하지만 의지는 약하다고 여겨지는 국가들과의 충돌을 반복해서 감행해 왔다. 마찬가지로 2024년 4월, 이스라엘이 시리아에서 이란 고위 군 관계자들을 살해하자, 이란은 수백 기의 드론과 미사일을 동원해 보복 공격을 감행했다. 무엇보다 이란은 지난 수년 동안 핵무기라는 더 강력한 군사적 균형추에 점점 더 가까이 다가서고 있다. 이는 이란 체제를 안정적으로 보호하고, 미국이나 이스라엘의 개입을 억제하며, 이란이 동맹국을 더 자유롭게 지원하는 동시에 적국을 위협하는 수단이 될 것이다.

솔레이마니가 깨달았듯, 이러한 대외 정책의 대가는 혹독했다. 이란의 지역 패권 추구와 핵무장 야욕은 자국민을 빈곤에 빠뜨렸다. 막대한 자원이 소모되었고 경제는 제재로 인해 큰 타격을 받았기 때문이다. 또한 바로 이러한 이유로 이란 정권의 입지도 부분적으로는 점점 더 불안정해졌다. 정권을 유지하기 위해서는 반복적이고 피비린내 나는 소요 진압이 필요했다. 이란은 수차례 미국과의 전쟁 직전까지 나아갔으며, 사우디아라비아 및 이스라엘과의 불씨가 좀처럼 꺼지지 않는, 때로는 치명적인 갈등을 초래했다. 동시에 중동에서 이란에 적대적인 여러 국가들 사이에서 협력의 흐름이 확대되기도 했다.[86] 최근 몇 년간 가장 주목할 만한 중동 지역의 변화는 이스라엘과 사우디아라비아, 아랍에미리트 같은 걸프 국가들 사이에서 경제, 안보, 정치적 연대가 강화되고 있다는 점이다. 이는 이란에 대한 공포가 한때 적대적이었던 유대 국가와 아랍 국가들을 하나로 묶고 있다는 사실을 방증하는 사례다.

실제로 이와 같은 균형은 지정학적 찬사를 받을 만하다. 이란이 얼마나 많은 것을 성취했는지를 보여주기 때문이다. 2010년대 후반까지, 이란은 이라크, 예멘, 시리아, 레바논에서 지배적인 행위자로 자리매김했고, 지중해까지 뻗어 있는 약 3,500킬로미터의 '육상 연결망'을 구축했다. 이란은 러시아와 협력해 시리아 내전에 결정적으로 개입했고, 이 갈등을 이용해 이미 위협적이었던 헤즈볼라의 미사일 전력을 더욱 강화해 이스라엘 국경 인근에 영향력을 끼쳤다. 이란은 또한 페르시아만의 대리전 양상으로 치닫던 예맨 내전에서도 사우디아라비아와 아랍에미리트를 능가하는 전략을 구사했다. 뿐만 아니라 이란은 자국의 우방에게 전략적 지원을 제공했고, 이는 궁극적으로 하마스가 2023년 10월에 1,200명의 이스라엘인을 살해한 공격을 감행하는 데 기여했다. 이후 고조된 긴장 속에서 후티 반군, 헤즈볼라 그리고 기타 이란의 대리 세력들은 이스라엘의 도시들, 미군 기지, 민간 선박을 상대로 공격을 감행했다. 하지만 아마도 가장 중요한 것은 이란이 중국 및 러시아와 전략적 협력을 꾸준히 확대해 왔다는 점일 것이다. 따라서 비록 미국은 중동에서 벗어나고 싶어 했지만, 중동은 점점 더 미국의 여러 지정학적 문제가 교차하는 지역으로 바뀌고 있었다. 하메네이는 푸틴에게 "우리의 협력이 미국을 고립시킬 수 있다"라고 말했다.[87] 1990년대까지만 해도 미국이라는 초강대국은 도전받을 수 없는 존재처럼 보였지만, 한 세대가 지난 지금의 미국은 모든 전선에서 문제에 직면해 있다.

* * *

2020년대가 되자, 세계는 다시 예전의 위치로 돌아가 있었다. 유라시아의 한쪽 끝에서 다른 쪽 끝까지 거의 모든 지역이 지정학적 경쟁으로 뒤흔들리고 있었다. 중국, 러시아 그리고 이란은 근대 이후 벌어진 주요 분쟁마다 핵심적 무대였던 바로 그 지역들에서 다시 움직이기 시작했다. 그리고 이전과 마찬가지로, 이들의 전략은 세계적 패권의 본질과 현재 시대에 대해 많은 것을 드러내고 있었다.

무엇보다도 이러한 도전은 유라시아의 세기를 관통하는 오랜 주제를 다시 한번 확인시켜 주었다. 즉 새로운 기술은 힘을 투사하는 새로운 가능성을 만들어 낸다는 것이다. 물론 물리적 거리가 완전히 무의미해진 것은 아니다. 이는 미국의 전진기지를 타격해 미국을 먼 거리에서 싸우게 만듦으로써 승리하려는 중국의 군사 전략가들을 봐도 알 수 있다. 또한 정복이 간단해진 것도 아니다. 이는 푸틴이 우크라이나에 파병할 병사들에게 물어보면 알 일이다. 하지만 유라시아의 세기에 들어 기술의 진보는 멀리 떨어진 적에게 직접 타격을 가하는 것을 점점 더 쉽게 만들었다.

이란은 힘을 투사하는 데 필요한 비용이 하락하고 있다는 사실을 보여주는 대표적인 사례다. 드론과 미사일은 재정적으로 궁핍하고 재래식 군사력은 뒤처진 국가가 지역 전역에 걸친 대리 세력의 네트워크를 구축하고, 먼 거리에서도 적에게 타격을 가할 수 있게 했다. 마찬가지로 중국의 극초음속 미사일은 수천 킬로미터 떨어진 목표물을 신속하고 정밀하게 타격하는 것을 가능하게 한다.[88] 그러나 오늘날 가장 독창적으로 힘을 투사하는 방식은 디지털 영역에서 나타나고 있다.

다음번의 강대국 간 충돌에서는 한 나라의 네트워크에 대한 사이버 공격이 해당 국가의 군대에 대한 물리적 공격과 동시에 일어날 것이다. 이는 중국이 미국의 핵심 기반 시설에 접근하기 위해 그토록 꾸준히 노력해온 이유이기도 하다. 전쟁을 제외한 모든 경쟁 상황에서는 각종 디지털 작전이 이미 곳곳에서 이루어지고 있다. 2021년, 러시아의 사이버 작전 요원들은 미국 동부 해안의 송유관을 마비시켜 미국 영토에 발 한번 들이지 않고도 단기적인 경제 혼란을 일으켰다. 2016년에는 푸틴의 온라인 요원들이 소셜 미디어를 통해 퍼뜨린 허위 정보로 인해 미국 내 정치 집단 간 실제 무력 충돌이 발생하기도 했다.[89] 디지털 기술을 사회 불안정화의 도구로 활용하는 '가상 사회 전쟁virtual societal warfare'의 시대가 왔다고 할 수 있다.[90]

가상 사회 전쟁이 그토록 위협적인 이유는 이념적 경쟁의 재개라는 두 번째 흐름 때문이기도 하다. 2002년 미국의 국가안보전략서는 "20세기의 대대적인 투쟁은 자유주의 세력의 결정적 승리로 끝났다"라고 선언했다.[91] 실제로 2005년까지, 전 세계에는 120개 이상의 민주주의 국가가 있었다. 하지만 2008~2009년의 글로벌 금융 위기는 사회를 뒤흔들어 놓았고, 반자유주의적 포퓰리즘의 급증을 초래했다. 또한 이념의 균형은 언제나 힘의 균형을 반영해 왔기에, 강력한 독재 국가들의 재등장은 단순한 지정학적 변화뿐 아니라 이념적 변화도 낳았다. 결국 2005년 이후 지난 20년은 민주주의가 후퇴한 시기였다.[92] 만약 반자유주의적 지배자들이 첨단 기술을 동원하여 뜻을 이루게 된다면, 이러한 흐름은 민주주의의 대공황으로 이어질 수도 있다.

중국은 국내적으로 21세기에 맞춰 독재 체제를 '업데이트'함으로써 힘의 균형을 바꾸고 있다. 경쟁의 관점에서 봤을 때, 이러한 억압의 문제는 도덕이 아니라 경제적 비합리성에 있다. 즉 사람들을 대규모로 감금하고 살해하는 일은 생산성에 매우 나쁘다. 하지만 중국 공산당은 이러한 제약에서 벗어나기 위해 혁명적인 시도를 하고 있다. 중국은 전방위적인 감시 체제를 인공지능과 결합하여 반체제 인사를 즉각적으로 식별하고 훨씬 더 정밀하게 표적화하고 있다. 인공지능, 안면 인식, 빅데이터 등을 통한 '사회 신용social credit' 체제는 정치적 충성도를 대출, 항공권 및 좋은 삶의 여러 혜택들과 연계함으로써 개인의 행동을 은밀하게 규제한다. 중국 정부는 이러한 체제가 "신뢰받는 사람은 세상 어디든 자유롭게 다닐 수 있게 하고, 신용을 잃은 자는 한 걸음도 떼지 못하게 만들 것"이라고 말한다.[93]

속아서는 안 된다. 이는 결코 더 온화하고 부드러운 독재가 아니다. 빅 브라더는 여전히 모든 곳에 존재할 것이다. 그리고 중국의 위구르인들이 증언하듯, 디지털 억압은 조직된 폭력 및 수용소와 함께 작동한다. 이는 정치적 권력을 조금도 포기하지 않으면서도 억압을 위한 경제적 비용을 줄이려는 시도이며, 동시에 이와 유사한 도구를 사용해 중국의 길을 가로막는 민주주의 국가들을 약화시키려는 전략이다.

중국과 러시아는 오랫동안 자유주의에 반하는 통치를 정당화하는 방향으로 정치체제를 재편하려 시도해 왔다. 이를 위해 자국 체제의 '미덕'을 선전하는 전 세계적 캠페인을 벌이거나, 감시 장비, 자금, 무기, 독재를 위한 여러 훈련 등 독재 체제에 필요한 지원 수단을 전 세계 권위주의 정권들에 제공해 왔다.[94] 초기까지만 해도, 이러한 정책들은 방어적인 성격을 띠었다. 민주주의가 지배하던 시대에 독재자들이 생존을 위해 익혀야 했던 기술이었기 때문이다. 하지만 지금은 권위주의 국가들이 오히려 공세를 펼치고 있다.

러시아는 북아메리카에서 아프리카에 이르기까지 각국 정부를 불신하게 만들고 불안정하게 만들려는 허위 정보 유포 전술을 공격적으로 사용하고 있다. 중국은 자국의 인권 유린을 비판하는 민주주의 국가에 제재를 가함으로써 표현의 자유에 대한 제한을 적극적으로 해외에 수출하고 있다. 또한 러시아가 대서양 너머의 경쟁국을 상대로 정치 전쟁을 벌이듯, 중국도 이제는 민주주의를 약화시키기 위한 여러 도구들을 사용하고 있다. 자국에 우호적인 언론 매체, 금품 제공, 해커 등을 동원해 민주주의 국가 내 갈등을 조장하고, 대만과 같은 자유주의 사회에 끊임없이 디지털 허위 정보를 주입해 사회 전체를 오염시키려 한다.[95] 인공지능 기반의 '딥페이크' 기술이 조작의 가능성을 넓히면서, 이러한 교란 작전은 더욱 정교하고 파괴적으로 진화할 것이며, 이에 따라 가상 사회 전쟁은 앞으로 훨씬 더 심각한 양상으로 진행될 것이다.[96]

이러한 도전은 현재 시대의 세 번째 핵심 주제와 맞닿아 있는데, 이는 바로 기술 패권을 둘러싸고 갈수록 치열해지는 경쟁이다. 역사를 통틀어, 지정학적 경쟁은 늘 동시에 기술적 경쟁이었다. 서방은 기술 경쟁에서의 승리를 통해 지정학적 패권을 쥐는 경우가 많았다. 그런데 한 세대 전만 해도 미국의 기술적 우위는 압도적이었다. 하지만 지금은 더 이상 그렇게 일방적이지 않다.

2015년, 미국의 싱크탱크 랜드연구소는 "중국 군대의 현대화는 어떤 기준으로 보더라도 놀라울 정도로 빠르게 진전되었다"라고 평가했다.[97] 중국은 기술 도용과 자체적인 혁신을 통해 미국과 서태평양에서 전쟁을 치르는 데 필요한 공군과 해군은 물론이고, 사이버 공간과 우주에서의 역량에서도 큰 진전을 이루었다. 극초음속 미사일과 같은 분야에서는 중국이 세계의 선두에 서 있다.[98] 중국의 이러한 기술적 진전은 세계가 기술적 혁신에서의 대전환기를 맞아 기술의 격차가 빠르게 좁혀지고 있다는 사실을 상기시켜 준다.

인공지능, 첨단 로봇공학, 양자 기술, 합성생물학 등 '제4차 산업혁명'을 구성하는 기술들은 디지털 혁명의 성과를 바탕으로 발전하고 있으며, 그 영향력 또한 디지털 혁명 못지않게 광범위하다. 21세기 중반이 되면, 인공지능과 첨단 로봇 기술을 정복한 국가가 과거의 기술에 머문 국가보다 막대한 생산성 우위를 점할 가능성이 높다. 21세기의 전장에서는 인공지능이 지원하는 드론 군집, 인공지능 기반의 표적 식별과 타격 그리고 인공지능에 의해 보조되는 의사결정 체계가 전투의 속도와 파괴력을 비약적으로 높이게 될 것이며, 기술 선도국과 후발국 간의 격차 또한 그만큼 벌어질 것이다. 또한 전투 영역을 넘어, 핵심 기술 분야에서 우위를 점한 국가는 전 세계적으로 경제적, 외교적 우방을 거느리게 될 것이다.[99]

물론 대부분의 기준에서 봤을 때, 미국은 여전히 세계 최고의 기술 강국이다. 이는 여러 세대에 걸쳐 축적된 기술 발전의 성과이기도 하고, 동시에 중국과 같은 권위주의 체제의 경우 지속가능한 성공에 필요한 정보와 자본의 자유로운 이동을 억누르기 때문이기도 하다.[100] 그러나 중국은 과거 소련보다는 훨씬 더 역동적인 기술 혁신 생태계를 자랑하고 있는데, 이는 중국의 준자본주의 경제가 예전 소련의 경제보다는 훨씬 강력하기 때문이다. 독재 체제는 또한 아이디어와 물자를 거리낌 없이 절도하고, 특정 분야에 막대한 투자를 집중시키거나, 민간 기업의 기술적 성과를 국가에 강제로 이전하도록 만들 수도 있다. 이는 중국이 기술적 우위를 선점하려는 과정에서 실제로 시도하고 있는 전술이다.[101] 냉전 당시 미국은 소련보다 한발 앞서 정보화 시대로 진입함으로써 우위를 점했는데, 오늘날의 기술 패권 경쟁에서 이기기 위해서도 마찬가지로 지금 진행 중인 새로운 기술 경주에서 승리를 거두어야 한다.

이러한 흐름 전반을 관통하는 네 번째 주제는 심각한 불안정성과 깊은 상호의존성의 결합이다. 적대국 간의 상호의존 자체는 새로운 현상이 아니지만, 냉전 이후 등장한 상호의존성은 그 양상이 달라졌다. 생산 체계가 세계화되었고, 핵심 기술들은 복잡하게 얽힌 다국적 공급망에 의존하게 되었다. 미국과 중국은 역사상 그 어떤 경쟁국들보다도 금융적으로 더 밀접하게 얽히게 되었다. 이러한 복합적인 세계화는 본래 세계에 조화를 가져올 것으로 여겨졌으나, 결과적으로는 오히려 강압을 가능하게 하는 구조로 작동하게 되었다.

미국은 '무기화된 상호의존성'의 선구자였다.[102] 21세기 초까지, 미국은 자신이 전 세계적 정보 네트워크의 중심에 있다는 점을 이용해 경쟁국들을 감시했고, 금융 네트워크에 대한 지배력을 활용해 이들을 압박했다. 하지만 성공적인 혁신은 모방을 낳는 법이다.

중국은 '이중 순환'이라는 이름으로 알려진 전략 아래 컴퓨터 칩이나 고급 센서 같은 핵심 부문에서 민주주의 국가들에 대한 의존을 줄이는 한편, 전 세계가 의존하는 핵심 광물 자원의 공급망 등 주요 병목 지점을 장악하려 하고 있다. 시진핑은 "서방 국가들이 세계를 지배할 수 있었던 이유는 그들이 첨단 기술을 보유하고 있었기 때문"이라고 말한다. 따라서 중국도 자신만의 '목조르기' 전략이 필요하다는 것이다.[103] 이를 '공세적 이탈decoupling' 전략이라고 생각할 수도 있는데, 경쟁국의 경제와 완전히 단절하지는 않으면서도 자국이 취약해질 수 있는 부분은 통제하고 동시에 비대칭적인 영향력을 확보해 나가는 전략이다.[104] 이처럼 경쟁과 상호 연결이 모두 치열한 시대에 세계 경제는 곧 전장이 되었다.

중국의 이중 순환 전략은 위기 상황에서 미국의 강압적 선택지를 제한할 수 있기 때문에 매우 중요한데, 이는 마지막으로 강조할 점을 보여준다. 즉 세계 질서는 끊임없이 변하지만, 패권 투쟁의 근본적 양상은 여전히 지속된다는 점이다.

디지털 전복은 고대의 전술을 현대적으로 약간 비튼 것이다. 정치전과 경제적 강압은 스파이크먼이 잘 이해한 전략이었다. 수십 년에 걸친 중국의 군사력 증강과 러시아의 반복적인 침략은 하드파워가 여전히 유효하며, 강대국 간의 전면전 또한 과거의 일이 아닐 수 있음을 상기시킨다. 기술 경쟁이 그토록 중요한 이유 역시 실제로 물리적 갈등이 발생했을 때 누가 승리할지를 기술이 결정할 수 있기 때문이다. 무엇보다도 수정주의 국가들의 정책은 유라시아의 세력 균형 그리고 세계를 지배할 체제가 민주주의가 될 것인지 독재 체제가 될 것인지를 둘러싼 더 크고 오래된 싸움의 일부이다. 따라서 유라시아를 향한 야망이 강대국 간의 적대감을 심화시키는 오늘날, 하나의 오래된 주제가 다시 등장하고 있다는 사실은 놀라운 일이 아니다.

* * *

이러한 전환은 단숨에 이루어진 것이 아니었다. 유라시아의 세기 대부분 동안, 미국은 마지못해 균형자의 역할을 맡아왔다. 위협으로부터 멀리 떨어져 있다는 지리적 이점은 미국이 위기에 천천히 대응할 수 있는 여지를 주었다. 미국의 냉전기 동맹 체제는 바로 이런 이유 때문에 결정적인 의미를 가졌다. 미국이 지리적으로 멀리 있더라도, 동맹 체제 덕분에 너무 늦기 전에 미국의 개입이 이루어질 것이라는 안도감을 동맹국에게 제공했기 때문이다. 한편 냉전이 끝난 뒤, 많은 사람이 과거에 경쟁국을 억제해온 초강대국이라면, 앞으로 나타날 또 다른 잠재적 경쟁국도 빠르게 억제할 것이라고 기대했다. 하지만 실제로는 그런 일이 벌어지지 않았다.

푸틴의 악의적 잠재력은 2008년 조지아를 침공할 때부터 이미 충분히 드러났지만, 오바마 행정부는 그에 대한 새로운 봉쇄를 선택하기보다는 외교적 '리셋'을 시도했다. 푸틴이 2014년 우크라이나를 침공했을 때조차 미국은 우크라이나가 자위 목적의 무기를 보유하는 것이 확전을 불러올까 두려워하여 무기 판매를 거부했다.[105] 따라서 푸틴이 2022년에 대규모 무력 침공을 감행할 수 있었던 것은 그 이전에 아무런 대가 없이 무력을 사용해 온 전력이 있었기 때문이었다. 한편 오바마는 중동에서는 이란의 핵 개발을 억제하기 위해 협상과 압박을 병행했지만, 이란이 지역 내의 질서를 교란하는 행위에 대해서는 별다른 대응을 하지 않았다.

태평양 지역에서는 중국이 경제 대국으로서 도전자의 지위에 오르는 한편, 남중국해를 지배하기 위해 질주하고 있었다. 하지만 오바마는 막연한 '태평양 회귀' 정책을 추진하면서도 국방부가 강대국 간의 패권 경쟁이라는 표현을 사용하는 것조차 금지시켰고, 약한 중국보다는 차라리 강한 중국을 선호한다고 말하기까지 했다.[106] 하지만 패권국은 이런 식으로 부상하는 위협에 무관심해서는 안 되는 법이다.

물론 미국이 강대국 간 패권 경쟁을 재개하려고 서두르지 않았던 데에는 여러 이유가 있었다. 미국은 중국과의 무역을 통해 엄청난 부를 쌓았기 때문에, 중국이 어떤 존재로 변모하고 있는지를 제대로 인식하려 하지 않았다. 중국과의 포괄적인 협력 전략은 중국보다도 오히려 미국 자신의 행동을 제약하는 황금 족쇄가 되었다. 미국은 러시아와 이란에서 온건파가 권력을 잡기를 기대했고, 두 차례의 실망스러운 전쟁과 진을 빼는 금융 위기를 겪은 뒤라 새로운 도전에 나서는 데도 소극적이었다. 하지만 전반적으로 보자면, 미국은 자기 환상에 도취되어 있었다. 오랜 기간 손쉽게 우위를 점해 온 데 익숙해진 나머지, 쌓여 가는 문제들의 심각성을 제대로 인식하지 못했던 것이다.

이러한 태도가 바뀌는 데는 많은 일이 필요했다. 2017년까지 러시아는 세 차례나 이웃 국가를 침공했고, 시리아에 개입했으며, 박빙이었던 미국의 대통령 선거에도 개입했다. 이란은 적대국을 상대로 불안정과 테러를 조성하며 중동의 여러 국가 사이에서 패권을 추구하고 있었다. 그리고 중국은 아시아의 세력 균형을 근본적으로 뒤흔들며, 전 세계적으로 영향력을 차지하기 위해 경쟁하고 있었다.

미국인 100만 명 이상이 사망한 코로나19 팬데믹은 점점 더 호전적으로 변하던 중국에게 일종의 데뷔 무대가 되었다. 극단적으로 대립적인 '전랑외교'와 부족한 의약품 등을 무기화하겠다는 위협을 통해, 중국은 더 이상 단순히 때를 기다리며 조용히 있지는 않겠다는 태도를 전 세계에 보여주었다.[107] 2021년 초, 중국의 한 고위 외교관은 미국 측 인사들에게 "미국이 더 이상 힘의 우위를 토대로 중국과 대화할 수는 없을 것"이라고 경고했다.[108] 이 모든 일이 벌어진 뒤에도, 지정학 갈등의 낡고도 익숙한 양상이 사라졌다고 주장할 수 있는 사람은 아무도 없었다. 그 결과, 미국의 대중국 정책은 뒤늦게 불완전한 형태로 강경해지기 시작했다.

'강대국 간 경쟁'은 초당파적 유행어가 되었다. 도널드 트럼프와 조 바이든이라는 성향이 매우 다른 두 대통령 모두 세계가 새로운 경쟁의 시대로 접어들었다고 선언했다.[109] 미국 국방부는 테러리스트나 반군이 아니라 중국과 러시아에 다시 초점을 맞추기 시작했고, 비록 느리기는 하지만 유라시아의 측면 지역에 군사 태세를 강화하기 시작했다. 트럼프 행정부는 이란과의 핵 협정을 파기하고, 이란에 대한 '최대 압박' 전략으로 선회했다. 또한 러시아의 사이버 전사들에게 반격을 가했고, 중동에서 러시아의 영향력 확대에 대해 주기적으로 대응했다. 이 모든 과정이 평화롭게만 진행된 것은 아니었다. 2018년, 미국은 시리아에서 지나치게 위협적으로 행동하던 200~300명의 러시아 용병을 사살했다.[110]

가장 집중적으로 반격이 이루어진 지역은 인도-태평양이었는데, 중국이야말로 장기적으로 봤을 때 가장 뚜렷한 위협을 제기하고 있었기 때문이다. 미국 국방부는 중국을 '최우선 위협'으로 규정하고, 제1도련선 방어를 중심으로 군사 계획과 병력을 재편했다.[111] 미 해군은 남중국해에서 항행의 자유 작전을 강화하고, 대만 및 기타 국가에 대한 무기 판매도 늘렸다. 트럼프 행정부는 중국과의 관세 전쟁을 시작했고, 고급 반도체에 대한 접근을 제한함으로써 중국의 5G 확장을 주도하던 통신 대기업 화웨이를 일시적으로 마비시켰다.[112] 이후 바이든 행정부는 이러한 제재를 더욱 확대했고, 민주주의 세계가 기술적 우위를 유지할 수 있도록 미국 내 반도체 생산에 막대한 투자를 단행했다. 이에 대해 시진핑의 외교부 부부장은 "중국을 무너뜨리기 위한 범정부적, 범사회적 캠페인이 벌어지고 있다"라고 불평했다.[113]

반중 캠페인이 다자적으로 이루어지고 있었기 때문에, 사실 사태는 이보다도 더 심각했다. 미국, 호주, 일본, 인도는 쿼드Quad를 부활시켰다. 일본의 아베 신조 총리가 "민주주의의 안보 다이아몬드"라 부른 쿼드는 중국을 사방에서 포위하는 형태의 구도를 만들었다.[114] 또한 미국은 2021년에 호주 및 영국과 함께 오커스AUKUS 파트너십을 체결했는데, 이는 3개 대륙의 국가들이 손을 맞잡고 인도-태평양 지역의 군사 균형을 중국에 불리하게 유지하려는 시도였다. 동시에 미국은 일본, 필리핀과의 양자 동맹을 강화했으며, 이 동맹들 간의 상호 연계도 증폭시켰다. 2020년 인도와 중국 병력 간의 고지대 충돌 이후 미국과 인도 사이의 관계도 크게 발전했다. 이처럼 호전적인 중국에 대한 두려움에 기반을 둔 여러 안보 파트너십의 증가는 중국의 관료들이 곧 아시아의 '나토화'에 대해 한탄하도록 만들었다.[115]

이와 같은 중국의 우려는 지나친 것이었다. 아시아에서 미국이 지니는 약점은 단일한 다자안보동맹 체계를 갖추지 못했다는 점이었기 때문이다. 그럼에도 불구하고 인도-태평양 전역에서 여러 국가가 군사력을 증강하고 미국과의 관계를 더욱 강화하고 있었다. 또한 프랑스와 영국 같이 멀리 떨어진 민주주의 국가들도 최전선 국가들과의 연대를 표하기 위해 해군 함정을 파견했다. G7과 나토 같은 부유한 국가들이 점점 더 반중적인 입장을 취했다. 미국은 이들 선진 민주주의 국가들과의 공급망 협력을 통해 기술력을 한데 모으고 이들의 집단적 위상을 높이려는 움직임을 보였으며, 중국 내의 강경파는 이러한 상황에 대해 "미국이 다자적 전략을 통해 중국을 고립시키고 있다"라고 한탄했다.[116]

하지만 이러한 전략이 전적으로 **미국적인** 것은 아니었다. 쿼드를 활성화하려는 계획은 일본에서 비롯되었으며, 이는 아베가 오랫동안 서태평양이 '중국의 호수'가 될 것을 두려워했기 때문이었다.[117] 화웨이와 5G 문제에 있어서는 호주가 선도적인 역할을 했다. 이와 같은 적극적인 주도는 다른 지역의 동맹국들에서도 마찬가지였다. 예컨대 폴란드와 발트해 3국은 수년 동안 호전적인 푸틴에 대해 경고해 왔다. 중국이나 러시아의 세력권 안에 놓인 국가들은 유라시아적 팽창에서 가장 큰 위협을 느꼈고, 따라서 멀리 떨어진 초강대국, 즉 미국을 이 싸움에 끌어들이고자 했던 것이다.[118]

그럼에도 불구하고 이러한 대응에는 어딘가 불안정한 면이 있었다. 예컨대 트럼프의 이란 정책은 놀라울 정도로 일관성이 없었는데, 그는 핵 협정을 거부함으로써 오히려 오바마의 정책 중 이란을 실제로 제약하고 있던 유일한 수단을 스스로 폐기하고 말았다. 또한 중동에서 철수하겠다는 위협을 반복하면서, 더 대립적인 노선을 통해 동맹국들의 신뢰를 얻을 수 있는 가능성마저 스스로 차단해 버렸다.

마찬가지로 트럼프 **행정부**는 러시아와 중국에도 강경한 태도를 보였지만, 정작 트럼프 본인은 푸틴을 칭송하고 시진핑과의 '역사적 무역 합의'를 추구했으며, 미국의 적보다도 동맹국들을 오히려 더 자주 괴롭혔다.[119] 스스로 권위주의자가 되려 했던 트럼프는 2020년 대통령 선거에서 대규모 부정이 일어났다고 근거 없이 주장하며 지지자들을 폭동의 열광 속으로 몰아넣었다. 또한 종종 미국이 수호하고자 하는 자유주의적 질서보다 그 질서를 시험에 들게 하는 독재자들과 더 가까운 모습을 드러냈다. 이후 바이든은 세계가 권위주의와 민주주의 사이의 전쟁에서 "중대한 전환점"에 도달했다고 선언했다. 하지만 그 역시 국방부 관료들이 중국과의 충돌이 수년 안에 발생할 수 있다고 경고하던 시기에도 국방 예산을 매년 물가상승률에도 못 미치는 수준으로만 증액하겠다고 제안했다. 두 대통령 모두 중국을 세기의 도전으로 규정했지만, 아시아에서 중국의 경제적 영향력을 견제할 수 있는 최선의 단일한 조치인 환태평양경제동반자협정 Trans-Pacific Economic Partnership은 끝내 거부했다. 결국 미국은 강대국 간끼리의 경쟁이 다시 도래했다는 점에 대해서는 초당적 합의를 이끌어 냈지만, 그 경쟁을 효과적으로 이기는 방법에 대해서는 초당적으로 실패했다.[120]

일부 동맹국도 그리 나은 상황은 아니었다. 독일은 러시아의 에너지에 점점 더 의존하게 되었고, 일본, 대만 및 그 밖의 아시아 동맹국 역시 문 앞에 용이 도사리고 있는 상황에 걸맞은 재무장 속도를 보여주지 못했다. 대만의 외교부 장관은 GDP의 약 2% 정도만을 국방비에 지출하면서도 "우리는 마지막 날까지 스스로를 방어할 것"이라고 말했다.[121]

제2차 세계대전 후의 질서 그리고 냉전 이후 질서의 가장 비극적인 성공은 너무나 많은 지식인으로 하여금 평화와 번영 그리고 민주주의의 지배가 마치 자연스러운 상태인 양 믿게 만들었다는 점이다. 그러나 이는 결코 당연한 것이 아니라 언제든 무너질 수 있는 불안정한 성취들이었다. 1940년대 후반과 마찬가지로, 모든 것이 얼마나 쉽게 무너질 수 있는지 그리고 우리가 살고 있는 시대의 본질을 드러내기 위해서는 예기치 못한 위기가 필요할지도 모른다.

* * *

“나에게는 대피 수단이 아니라 탄약이 필요하다.”[122] 이 말은 볼로디미르 젤렌스키 우크라이나 대통령이 그에게 탈출할 의향이 있는지를 묻는 미국 측에 답하며 남긴 말이었다. 당시 푸틴의 군대는 키이우 외곽까지 진격해 있었고, 러시아 특수부대는 우크라이나 지도자들을 제거하려고 시도 중이었다. 대부분의 서방 분석가들은 우크라이나의 생존 가능성을 낮게 보았고, 젤렌스키의 측근들조차 흔들리고 있었다.[123] 하지만 젤렌스키는 떠나지 않았고, 전직 배우였던 그는 뜻밖에도 전시 지도자로 변모하기 시작했다. 이로써 우크라이나전쟁은 푸틴이 예상했던 것과는 전혀 다른 국면으로 흘러가기 시작했다.

21세기 들어 지금까지 벌어진 가장 중대한 지정학적 위기가 다름 아닌 우크라이나에서 벌어진 것은 자연스러운 일이었다. 이 나라는 과거의 유라시아 패권 경쟁에서도 줄곧 중심적인 위치를 차지했기 때문이다. 우크라이나는 흑해에 면해 있으며, 이는 러시아에 지중해와 그 너머로 접근할 수 있는 통로를 제공한다. 또한 세계 최고 수준의 비옥한 농지를 보유하고 있다. 그러나 더 근본적인 것은 우크라이나가 광활한 유라시아 대륙의 중심지와 경제적으로 발전한 유라시아의 주변부인 유럽 지역을 연결하는 가교라는 사실이다. 동쪽으로 팽창하려는 유럽 제국은 반드시 우크라이나를 거쳐야 하며, 유럽으로 진출하려는 유라시아의 제국 역시 마찬가지로 우크라이나를 지나야 한다. 세계대전 당시 우크라이나는 제국들이 충돌하던 주요 전장이었다. 냉전 말기, 우크라이나가 소련으로부터 이탈한 것은 소련이 무너지는 결정타가 되었다.[124] 따라서 2022년 2월, 푸틴이 우크라이나를 파괴함으로써 러시아를 현대판 유라시아의 초강대국으로 만들려 했다는 사실은 역사가 비극적으로 반복된 것이었다.

이 침공은 전 세계적인 전환기에 일어났다. 앞서 우크라이나와 조지아를 상대로 전쟁을 벌이고, 벨라루스를 사실상 점령한 데 이어, 푸틴은 소련 붕괴 이후 새로운 제국의 재건을 순조롭게 추진하는 듯 보였다. 또한 중국과 러시아의 파트너십은 유라시아의 두 강대국을 마치 하나의 세력처럼 보이게 만들었다. 게다가 2021년 1월, 미국 대통령의 선동으로 벌어진 국회의사당 습격 사건 이후 민주주의의 이념적 매력도 퇴색되고 있었다. 아프가니스탄에서의 굴욕적인 철군 이후 미국의 영향력은 움츠러들고 있었으며, 인도의 관료는 "탈레반도 못 이기면서 중국을 어떻게 이기겠다는 건지?"라며 미국을 조롱했다.[125] 미국의 정보 당국에 따르면, 중국 지도부는 그때를 "지정학적 대전환의 시대"라고 판단하고 있었다.[126] 세계 질서는 또 다른 충격에 대비되지 않은 채 무방비로 놓여 있었고, 그 충격을 실제로 제공한 것은 바로 푸틴이었다.

푸틴은 20년 넘게 때로는 폭력을 동원하기도 한 여러 전복적인 시도를 통해 우크라이나를 통제하려 해 왔다. 2021년부터는 노골적으로 정복을 위한 준비 작업에 착수했다. 그해 푸틴은 〈러시아와 우크라이나인의 역사적 통합성에 관하여〉라는 제목의 글을 발표했는데, 이는 우크라이나가 "국가조차 아니다"라는 자신의 과거 발언을 7,000단어 분량으로 설명한 것이었다.[127] 한편 코로나로 인한 고립은 그를 자신이 남길 역사적 유산에 더욱 집착하게 만들었다. 푸틴의 가장 가까운 세 조언자가 누구냐는 질문에 한 참모는 "예카테리나 대제, 표트르 대제 그리고 이반 뇌제"라고 농담을 던졌다.[128]

2022년 초, 러시아의 현대판 차르는 행동에 나설 기회를 포착했다. 미국은 약화되고 다른 문제에 정신이 팔려 있는 듯 보였으며, 유럽은 러시아의 에너지에 대한 의존으로 인해 강력한 반격에 나설 가능성이 낮아보였다. 게다가 이전의 침략이 오히려 우크라이나를 서방에 더 가까이 다가서게 만들었기 때문에 푸틴은 더욱 서둘러야 할 필요성을 느꼈다.[129] 좀 더 사려 깊은 인물이었다면, 이것이 우크라이나의 생존 본능을 잘 보여주는 사례는 아닐지에 대해 고민했을지도 모른다. 하지만 푸틴은 그러한 고민 대신 마침내 기회가 생겼다고 믿으며 곧바로 돌진한 가장 최근의 독재자가 되었다.

　푸틴은 뻔뻔한 영토 강탈을 계획했다. 러시아군은 주요 도시를 기습적으로 점령하고, 정부를 제거하며, 살아남은 우크라이나 엘리트들을 곧바로 러시아 측으로 돌아서도록 만드는 '충격과 공포' 작전을 구상했다. 키이우는 며칠 안에 함락되고, 정규군의 저항은 와해될 것이며, 공개 재판과 즉결 처형, 그 밖의 잔혹 행위를 통해 유럽에서 두 번째로 큰 국가를 완전히 굴복시키려는 시나리오였다. 동시에 러시아는 "이전에 본 적 없는 결과를 보게 될 것"이라는 푸틴의 호언장담에 내포된 핵 보복의 위협을 내세워 서방 국가들을 억제하려 했다.[130] 만약 이 계획이 온전히 실행되었다면, 그 여파는 전 세계에 미쳤을 것이다.

　우크라이나가 완전히 점령되었다면, 러시아와 벨라루스에 강제로 통합되어 옛 소련의 유럽 핵심부가 복원되었을 것이다. 이에 따라 푸틴은 중앙아시아에서 동유럽에 이르는 광활한 지역에서 주도권을 잡게 되었을 것이며, 나토의 동부전선은 불안정해졌을 것이다. 수세에 몰린 미국은 유럽과 아시아 양쪽에서 군사적으로 부상한 경쟁국과 직면했을 것이고, 한 지역에서의 성공적인 침략은 다른 지역에서의 모방을 부추겼을 수도 있다. 권위주의의 추종자들은 푸틴의 능력과 책략을 칭송했을 것이며, 미국의 지속적 개입 의지에 대한 회의감은 더욱 확산되었을 것이다. 우크라이나 침공이 성공했다면, 유라시아 서부는 일대 혼란에 빠지고 그 불안정성은 전 세계로 퍼져 나갔을 것이다.

　이는 성공할 가능성이 전혀 없는 시도는 아니었다. 공세는 아슬아슬하게 성공할 뻔했다. 2022년 1월, 젤렌스키가 임박한 재앙에 대한 미국의 경고를 가볍게 일축했을 때만 해도 그는 현대판 처칠과는 거리가 멀어 보였다. 전쟁이 시작되자, 준비가 부족했던 우크라이나군은 주요 전선에서 수적으로 최대 12대 1의 열세에 직면했다. 러시아군은 남부를 휩쓸며 우크라이나의 주요 도시로 집결했다. 만약 젤렌스키가 도주하거나 키이우가 함락되었다면, 우크라이나의 엘리트들은 실제로 동요하거나 이탈했을 수도 있다. 그러나 푸틴의 전격전은 세 가지 뜻밖의 결정적 변수로 인해 결과적으로 실패했다.[131]

* * *

첫째, 무능이 효과적인 공격을 방해했다. 이전 전쟁에서 푸틴은 제한된 목표를 설정했고, 그 목표를 달성할 수 있는 만큼의 자원을 투입했다. 하지만 우크라이나전쟁의 초기 단계에서는 러시아의 거창한 목표와 형편없는 실행력 사이에 뚜렷한 간극이 존재했다.

푸틴은 지나치게 적은 자원으로 지나치게 많은 것을 이루려 했다. 그는 병력을 5개의 축에 나눠 배치함으로써 어느 축에서도 결정적인 성과를 거둘 가능성을 낮춰 버렸다. 또한 비밀주의에 집착하고 아첨이 만연한 정권은 미리 작전을 제대로 검증하지 않았고, 전선의 부대들에게 작전의 실행을 위한 충분한 준비 기간도 주지 않았다. 그러나 무엇보다 치명적이었던 것은, 우크라이나가 허구의 국가에 불과하다고 믿은 푸틴이 자신의 침공이 야기할 격렬한 민족주의적 반발을 예상하지 못했다는 점이다. 코로나뿐만 아니라 20년에 걸친 집권이 낳은 고립은 오랜 권력자를 더욱 공격적으로 바꾸어 놓았지만, 동시에 비효율적으로 행동하게 만들었다.[132]

둘째, 러시아가 비틀거리는 사이 우크라이나는 오히려 견고해졌다. 우크라이나는 전쟁 발발 전 부족했던 준비를 전시의 성과로 만회했다. 키이우로 향하는 길목에서 절박하면서도 용기 있는 저항으로 핵심 거점을 지켜 냈고, 군 지휘관들은 제한된 자원을 러시아군의 돌파가 가장 위협적인 곳에 집중적으로 배치했다. 무엇보다도 우크라이나인들은 침략에 직면해서 붕괴하지 않고 오히려 결집했다. 푸틴의 호언장담과는 달리 우크라이나는 결코 허구의 국가가 아니었던 셈이다. 이러한 결집은 단지 정부 차원의 방어가 아니라 사회 전체의 방어를 가능하게 했다.[133] 이러한 저항은 젤렌스키가 탁월한 리더십을 발휘해 우크라이나에게 승산이 있음을 전 세계에 보여줄 시간을 벌어주었고, 서방은 푸틴은 물론 스스로도 놀랄 만큼 빠르고 강하게 대응했다.

침공이 벌어지기 전까지만 해도, 미국은 러시아의 승리가 불가피하다고 보고 전후 우크라이나에서 벌어질 저항운동에 무기를 지원할 준비를 하고 있었다. 한편 미국 정보기관이 여러 차례 경고를 보냈음에도 불구하고, 많은 유럽 국가의 경우 침공 자체가 일어날 것이라고는 믿지 않았다.[134] 그러나 푸틴의 침공은 21세기판 한국전쟁에 비견될 만한, 너무나 뻔뻔한 침략 행위였으며, 그렇기 때문에 단호한 대응을 **요구했다.**

2014년 이후 미국이 우크라이나에 150기의 대전차 미사일을 **판매하**는 데에는 수년이 걸렸다. 그러나 2022년, 미국과 그 동맹국들은 우크라이나에 대공 미사일부터 정밀 유도포에 이르기까지 러시아의 진격을 저지하는 데 사용된 여러 무기를 무상으로 **제공했다.** 여기에는 푸틴의 군대를 타격하는 데 도움을 준 정보와 우크라이나 경제를 지탱하는 데 필요한 자금 지원도 포함되었다. 미국의 경고가 수도 인근에서 벌어진 러시아의 공중 강습을 저지하는 데 기여한 전쟁 발발 초기부터, 이러한 지원은 우크라이나의 용기와 창의성을 배가하는 역할을 했다. 물론 이러한 지원이 러시아군을 전부 몰아내 우크라이나가 전쟁에서 승리하도록 만들지는 못했을지도 모른다. 하지만 최소한 우크라이나가 패배하지 않고, 우크라이나에 끔찍한 피해를 입히려고 했던 국가에 되레 막대한 피해를 되돌려주는 데는 **충분했다.**[135]

작지만 화려한 전쟁은 푸틴의 군대에 치명적인 함정이 되었다. 러시아는 몇 달 만에 1980년대 아프가니스탄 전쟁 전체에서 잃은 병력보다 더 많은 병력을 잃었다.[136] 2023년 6월, 전쟁 수행 방식에 불만을 품은 푸틴의 용병들이 모스크바를 향해 기이하지만 마지막에는 실패한 행진을 벌이면서, 푸틴이 지니고 있던 무적의 아우라도 함께 무너졌다. 한편 서방의 제재로 러시아는 자국이 가지고 있던 해외 외환 보유 자산, 국제 결제 시스템 그리고 현대 경제 및 군사력의 기반이 되는 첨단 반도체를 사용할 수 없게 되었다. 러시아 외무장관 세르게이 라브로프가 탄식했듯, "이러한 결과를 예측한 사람은 아무도 없었다".[137] 미국의 리더십 없는 세계에서 이 모든 일이 벌어지리라 예상하기는 확실히 어렵다.

미국과 같은 초강대국만이 다연장 로켓포, 지대공 미사일, 포병 등의 핵심 전력을 자국의 비축분에서 그토록 빨리 조달하거나 동맹국에 압박을 가해 제공하게 만들 수 있을 것이다. 또한 오직 미국의 안보 보장 그리고 이를 뒷받침하는 핵무기만이 우크라이나를 도와 러시아 병사를 대거 사살하고 있는 국가들로 하여금 러시아의 압박에서 벗어나도록 도울 수 있었다. 미국만이 사전에 세계에 경고할 수 있는 정보 능력을 갖추고 있었으며, 미국만이 여러 지역에 있는 수십 개 국가를 하나로 결집시킬 수 있는 외교적 구심점 역할을 수행할 수 있었다.[138] 2022년의 우크라이나와 1938년의 체코슬로바키아 사이에 존재했던 핵심적인 차이 중 하나는 미국과 미국이 구축한 국제 질서가 결정적인 순간에 저항의 결집점이 되었다는 점이었다. 이는 이 전쟁의 세계적 파장이 그토록 놀라웠던 이유이기도 하다.

푸틴이 일으킨 전쟁은 더 크고 강력한 나토를 낳았다. 이 새로운 나토는 다시금 위협을 인식하고 집단 방위에 대한 의지를 새롭게 다졌다. 나토는 동유럽에 추가 병력을 배치했고, 핀란드와 스웨덴을 회원국으로 받아들이며 더욱 확대되었다. 유럽 각국은 국방비를 13%나 증액했는데, 이는 냉전 이후 연 단위로는 최대의 증가폭이었다. 독일과 같이 수십 년 동안 러시아 에너지에 의존했던 국가들은 불과 몇 개월 만에 그 의존성에서 벗어났다. 폴란드는 자국을 주요 군사 강국으로 만들기 시작했고, 우크라이나는 본격적인 전투력을 갖춘 동시에 서방과 긴밀히 연결된 군대를 구축했다.139 만약 국제 질서가 더 무정부적인 상황이었다면, 푸틴의 공격은 상대 진영을 분열시켰을지도 모른다. 그러나 미국의 힘으로 안정되어 있던 유럽에서는, 정반대의 결과가 나타났다.

아시아에서도 이와 비슷한 일이 벌어지고 있었다. 이 지역에서는 2022년 8월, 25년 만에 가장 큰 대만 위기가 겹치면서 러시아의 침공이 준 충격이 더 증폭되었다. 미국 하원의장 낸시 펠로시가 대만을 방문한 이후, 시진핑은 계산된 보여주기 식 분노로 대응했다. 중국은 미사일 시험과 군사훈련을 통해 마치 대만 침공이나 해상 봉쇄를 시뮬레이션 하듯 시위를 벌였다. 중국 전투기가 대만해협을 가로질러 비행하고, 중국 함정들이 섬 주변을 선회하며, 중국 미사일이 주요 해상 항로에 떨어지면서, 서태평양에서도 전쟁의 위협이 눈앞의 현실로 다가왔다.

일본은 이에 대응하여, 향후 5년간 국방비를 거의 두 배로 늘리는 계획을 강행했고, 미국과의 협력을 강화해 류큐 열도를 일련의 전략적 거점으로 바꾸려 했다. 대만은 국방 개혁을 가속화하고 군비 지출을 14% 늘렸으며, 필리핀과 파푸아뉴기니는 미군이 주둔할 수 있도록 새로운 기지를 개방했다. 한편 일본은 호주, 필리핀과의 전략적 파트너십을 강화했고, 오랜 역사적 갈등으로 갈라졌던 한국과 일본은 관계 복원을 시도하기 시작했다. 여전히 속도는 지나치게 느렸지만, 미국도 서태평양에서의 전쟁에 대비해 군수품 비축과 드론 군단 구축에 착수했다. 미국, 호주, 일본의 관료들은 대만을 공동 방어하는 3자 구상에 대해서도 조심스럽게 논의하기 시작했다.140 이 모든 조치는 중국을 겨냥한 것이었고, 부분적으로는 러시아의 우크라이나 침공에 의해 촉발된 것이었다. 일본의 총리 기시다 후미오는 "오늘의 우크라이나가 내일의 동아시아가 될지도 모르는 법"이라고 말했다.141

우크라이나전쟁은 유라시아의 주변부에서 자유주의 세계의 전열을 강화했을 뿐만 아니라 이들 간의 결속도 더욱 굳건하게 만들었다. 러시아에 제재를 가하고 우크라이나를 지원한 국가들 가운데는 한국, 대만, 일본, 호주 같은 인도-태평양 국가들도 포함되었으며, 이들은 유럽의 안보에 자신들의 이해관계도 걸려 있다고 점점 더 분명하게 인식하게 되었다. 한국의 경우, 우크라이나에 수십만 발에 달하는 핵심 포탄을 제공함으로써 대부분의 유럽 국가보다 훨씬 더 큰 기여를 했다. G7 국가들은 대만해협의 평화에 대한 의지를 밝히고, 중국의 경제적 강압에 맞서 싸우겠다는 공약을 발표했다. 2022년 가을, 미국, 대만, 일본 그리고 네덜란드라는 지리적으로 분산된 또 다른 민주주의 국가의 모임은 중국의 첨단 반도체 및 그 제조 장비에 대한 접근을 제한하기 위해 협력했다. 이는 이미 벌어지고 있는 기술 냉전에서 가장 광범위하며 잠재력으로 가장 파괴력이 큰 조치였다.[142]

푸틴이 우크라이나를 침공한 이후 바이든은 "지금의 세계는 민주주의와 독재, 자유와 억압, 규칙에 기반을 둔 질서와 무력에 의해 지배되는 질서 사이의 또 다른 거대한 충돌을 목도하고 있다"라고 선언했다.[143] 1년이 지난 뒤, 지역을 초월한 민주주의 국가들의 연합은 마침내 이러한 과업을 수행하기 위한 긴 여정에 나서기 시작했다.

하지만 여기서 방점은 '시작했다'라는 데 두어야 한다. 그 과정은 아직 마무리된 것과는 거리가 멀었기 때문이다. 유럽의 국가들은 냉전 이후의 군축으로 인해 매우 낮은 수준에서 군을 재건하고 있었다. 독일과 같은 국가는 푸틴의 침공 이후 내놓았던 최소한의 약속조차 번복할 핑계를 찾고 있었다. 가장 중요한 것은 2023년 말에서 2024년 초 사이 미국은 우크라이나에 대한 군사 지원을 계속 유지할 것인가를 두고 여러 달에 걸쳐 고통스럽고도 우유부단한 논쟁을 벌이고 있었다. 지원이 중단되면 러시아가 추악한 방식으로 승리할 것이고, 그에 따른 미국의 신뢰성에 대한 재앙적 파장과 전 세계적 불안정을 누구나 알 수 있는 상황이었음에도 말이다. 푸틴의 침공이 일어난 지 2년이 넘도록, 서방 국가들은 우크라이나에서의 지리한 소모전을 감당하는 데도, 그 이후에 닥칠 일에 대비하는 데도 여전히 고전하고 있었다.

유라시아의 반대편인 아시아에서는 여전히 냉전기 유럽에서 침략을 억제했던 다자안보체제에 상응하는 구조가 존재하지 않았다. 미국 국방부는 서태평양 지역에서 탄약과 잠수함을 비롯하여 기타 핵심 군사 능력이 여전히 부족했고, 대만은 자국의 방어에 필요한 무기 확보와 병력 증강을 지나치게 더디게 추진하고 있었다. 중국의 경제적 강압에 대응하기 위한 논의는 여전히 선언적 수준에 머물렀다. 중동에서는 미국이 이 지역에서 발을 빼고 있다는 인식이 퍼지며 이란, 러시아, 중국이 개입할 여지를 만들었다. 그러던 중 발생한 10월 7일의 테러 공격은 여러 지역이 동시에 분쟁에 휘말릴 수 있다는 현실을 보여주었다. 이후 이어진 미국과 이스라엘 그리고 이란 및 그 연계 세력 간의 격렬한 충돌은 많은 미국인이 잊고 싶어 했던 그 지역이 전략적으로 여전히 얼마나 중요한지를 상기시켰다. 요약하자면, 미국과 동맹국은 분명 **더 많은** 목적의식과 추진력을 가지고 움직이고 있었지만, 그것만으로는 여전히 충분하지 않았다.

따라서 다시 한번 모든 것을 건 한판 승부를 위한 무대가 준비되었다. 미국과 그 동맹국은 핵심적인 취약점을 차단하려 하며, 적대국은 자신들의 야망을 가로막는 족쇄를 끊어내려 하고 있다. 미국의 입장에서 이 과제를 더 어렵게 만드는 마지막 변수는 우크라이나전쟁이 기존 질서의 수호자들 사이의 더 큰 결집을 불러일으키는 동시에 독재 국가들 간의 연합도 강화시켰다는 점에 있다. 푸틴의 전쟁은 선진 민주주의 국가들을 결집시켰지만 동시에 자유주의 세계의 적들이 주도하는 유라시아 요새의 구축도 재촉하는 결과를 낳았다.

＊ ＊ ＊

유라시아 요새는 본질적으로 자연스러운 동맹 구도가 아니다. 기존 질서에 대한 수정주의 국가들 사이에는 다양한 의견 충돌이 있는 반면 신뢰나 호의는 드물다. 역사적으로 러시아, 중국, 이란은 세력권이 맞닿는 지점에서 충돌해 왔다. 이들 중 어느 나라도 자국이 바라는 지정학적 공간을 다른 나라의 이해관계나 심지어는 생존 자체를 해치지 않고 확보할 수 없다. 하지만 이런 문제는 대체로 과거, 혹은 미래의 일이다. 적어도 현재로써는 이 수정주의 국가들이 서로 간에 많은 이해관계를 공유하고 있다.

중국, 이란, 러시아 그리고 북한의 야망은 미국 주도의 세계 질서를 되돌리는 데 있다. 이들 모두는 권위주의 체제가 보호받고, 심지어 특권을 누리는 세계를 원한다. 또한 이들은 모두 유라시아의 권위주의 중심부에서의 안정이 주변부에 있는 미국 주도의 동맹을 향한 더 강력한 공격을 가능하게 한다는 사실을 이해하고 있다. 이 국가들은 서로를 위해 희생할 의지는 없지만, 미국의 적 중 **어느** 하나라도 결정적으로 패배하면 나머지도 심각한 위험에 노출될 것임을 인식하고 있다. 결국 과거의 갈등기와 마찬가지로, 세계의 팽창주의 국가들은 오늘날에도 자기보호와 스스로의 전략적 이익을 위해 서로 손을 잡고 있다.[144]

이 모든 일이 하루아침에 벌어진 것은 아니다. 북한과 이란은 오랫동안 미사일 기술과 기타 교란 수단을 공유해 왔다. 러시아와 이란은 시리아 내전에서 승리하기 위해 협력했으며, 중국과 러시아는 한 세대에 걸쳐 협력 관계를 강화해 왔다. 이러한 협력의 가치는 2022년에 분명해졌는데, 러시아가 극동 지역의 군대를 모두 빼내 우크라이나로 투입한 것이다. 하지만 이어진 전쟁은 중러 관계를 긴장시켰는데, 시진핑은 우크라이나전쟁으로 인해 중국이 받게 될 역풍을 예상하지도, 반기지도 않았기 때문이다. 2022년 말, 그는 푸틴에게 핵무기를 사용해 전쟁을 확전시키려는 생각을 자제하라고 공개적으로 경고하기도 했다.[145] 그럼에도 불구하고 우크라이나전쟁은 세계 질서를 수호하려는 국가들과 이를 공격하려는 국가들 사이의 근본적인 균열을 심화시켰고, 그 결과 유라시아 중심부 권위주의 국가들의 통합이 급격히 진전되었다.

유라시아 요새는 중첩되고 상호보완적인 방위 협력을 통해 군사적으로 더 결속되고 있다. 한때 러시아-이란 간 군사 관계는 대부분 러시아가 무기를 판매하는 수준에 머물렀지만, 이제는 CIA 국장 윌리엄 번스가 "완전한 방위 파트너십"이라고 부를 정도의 단계로 발전하고 있다.146 양국은 서로 무기를 판매하는 것은 물론 공동으로 생산하기에 이르렀고, 이러한 활동은 양국이 각자의 적에 맞서 군사력을 강화하는 데 크게 기여하고 있다. 러시아-북한 관계에서도 유사한 일이 벌어지고 있다. 이제 공식 동맹으로 격상된 두 나라의 관계에서 북한은 러시아에 우크라이나 전장에서 사용될 포탄과 미사일을 제공했다. 그 대가로 러시아는 북한의 미사일 및 핵 프로그램을 지원했을 가능성이 높다. 서방이 러시아를 고립시키려고 하는 동안, 러시아의 해군은 오만만에서 이란 및 중국과 합동 군사 훈련을 실시했다. 중국은 러시아의 전쟁에 직접 개입하지는 않았지만, 자금, 마이크로칩, 드론 등 러시아군이 전투를 지속하는 데 필요한 자원을 제공했다.147 한편 지정학적 요충지에서의 합동 훈련, 새로운 무기를 개발하고 서방의 제재로 타격을 입은 러시아의 국방 산업 기반을 재건하기 위한 협력 등을 포함하는 보다 넓은 의미에서의 중러 간 국방 협력은 더욱 가속화되고 있다. 시진핑은 2023년 푸틴과의 정상회담에서 "지금 우리는 100년 만에 처음 보는 변화의 시기를 맞이하고 있으며, 우리는 그 변화를 함께 이끌고 있다"라고 말했다.148

수정주의 열강들은 국제 무역 질서도 재편하고 있다. 유라시아 주변 해역을 지나는 상업 활동은 전 세계를 누비는 해군에 의해 통제될 수 있으며, 무역과 금융에서 달러를 사용하는 경제 체제는 미국의 제재에 노출된다. 따라서 유라시아 요새의 또 다른 주요 측면은 민주주의 국가들의 차단 조치로부터 안전한 무역 및 운송망을 구축하는 것에 있다.

러시아와 이란은 내륙의 카스피해를 연결 고리로 하여 철도, 고속도로, 해상 항로를 엮는 국제남북운송회랑International North-South Transport Corridor을 확장하고 있다.149 전쟁은 중국으로 하여금 자국 경제를 제재에 버틸 수 있을 만한 구도로 만들도록 추동했고, 동시에 중국과 러시아는 양국 사이의 해상 경로 중 제재나 공격에 가장 취약성이 낮은 북극 지역에서의 협력을 강화했다.150 사실 러시아를 서방 시장에서 몰아냄으로써, 전쟁은 유라시아 무역의 흐름을 근본적으로 뒤바꾸어 놓았다. 러시아산 석유와 중국산 마이크로칩을 비롯한 다양한 상품의 거래가 급증했다. 홍콩은 자본을 찾는 러시아 기업의 새로운 목적지가 되었고, 중국의 구매자들은 러시아 자산을 대거 인수했다. 게다가 중국 기술이 유라시아 전역으로 퍼져 나감에 따라 중국 통화도 확산되고 있다. 러시아의 학자 알렉산드르 가부예프는 "물론 지정학적 상황이 당장 달러의 전 세계적 지위를 무너뜨리지는 않을 것"이라고 인정한다.151 하지만 구세계 대부분에 걸쳐 중국 중심의 경제 및 기술 블록을 형성할 수는 있다.

마지막으로, 유라시아 요새는 사상적 차원에서도 모습을 드러내고 있다. 서방과 단절된 러시아로서는 다른 선택지가 없기 때문에, 러시아에서 유라시아주의는 지배적인 담론이 되었다. 이란 당국자들은 유라시아 협력이 미국의 "일방주의"에 대한 방어 수단이라고 주장하며, 러시아 및 중국과의 "전략적 삼각관계"를 기반으로 한 "새로운 세계 질서"를 강조한다.152 세계적 통합에 더 많이 관여하고 있는 중국이 유라시아에 모든 것을 걸 필요는 없지만, 중국의 분석가들 역시 "유라시아의 통합 과정을 주도하는 자가 새로운 세계 질서를 구축할 수 있다"는 데는 동의한다. 이러한 세계 질서에서는 미국의 힘이 약화되고, 권위주의 체제가 우위를 차지하며, 세계에서 가장 큰 대륙이 신제국주의적 설계에 노출되어 있을 것이다.153

중국은 유라시아를 지배할 의도를 가지고 있다. 시진핑은 시간이 흐름에 따라 중국이 적국뿐만 아니라 소위 우방들 위에도 군림하게 될 것이라고 기대한다.[154] 단기적으로 보더라도, 전 세계적 긴장 상황은 러시아를 경제적, 기술적 측면에서 중국에 부속된 국가로 전락시키는 과정을 가속화하고 있다. 하지만 군수 보급, 에너지 수출 및 전략적 연대라는 측면에서는 중국이 여전히 러시아를 필요로 하고 있다. 태평양에서 미국과의 대결에서 승리하기 위해서는 세계에서 가장 긴 육상 국경에서의 안보 불안을 해소해 놓아야 한다.

유라시아 요새를 구성하는 관계가 어색하긴 해도, 그로 인한 실질적 이익은 분명하다. 이미 러시아와 중국의 주요 정책 사이에는 일종의 역설적 공생관계가 형성되고 있다. 러시아의 거짓정보 캠페인과 중국의 디지털 기반 시설 프로젝트는 아프리카에서 발칸반도에 이르기까지 미국의 영향력을 약화하고 있다.[155] 물론 러시아와 중국이 이란이 바라는 모든 지원을 해 주는 것은 아니지만, 이란은 양국과의 관계가 긴밀해질수록 핵이나 중동 내 '불량국가' 지원과 관련된 위기 상황에서 서방의 압력에 덜 휘둘리게 될 것이다. 상업적, 기술적 시너지는 미국의 제재와 달러의 영향력을 줄이고, 반자유주의 진영의 회복력을 높일 수 있다. 이와 더불어 군사적 효과도 존재한다.

중국과 러시아가 과연 '동맹'인지의 여부에 관한 끊임없는 논쟁은 핵심을 벗어난 것이다. 군사적 균형을 전복하기 위해서는 굳이 공식적인 중러 동맹이 필요하지 않기 때문이다. 무기 판매와 점점 깊어지는 방산 기술 협력만으로도 중국의 아시아 세력 균형 전복에 대한 도전은 가속화되고 있다. 만약 러시아가 중국에 자국의 최첨단 잠수함 소음 억제 기술이나 지대공 미사일을 제공할 경우, 서태평양에서의 전쟁 양상이 근본적으로 바뀔 수도 있다. 이는 이란과 북한이 러시아의 우크라이나전쟁을 지원하기 위해 드론, 포탄, 미사일을 공급한 것과 마찬가지이다.[156] 또한 중국이나 러시아가 이란에 자국의 가장 치명적인 미사일이나 전투기를 판매한다면, 페르시아만 지역은 훨씬 더 다루기 까다로운 공간으로 변모할 것이다. 게

다가 러시아의 기술이나 노하우가 북한의 미사일 및 대량살상무기 프로그램을 강화하거나, 혹은 러시아의 외교적 보호가 북한이 국제사회의 감시를 회피하는 데 도움을 준다면, 북한의 구상은 미국의 분석가들이 예상했던 것보다 훨씬 빠르게 진전될 수 있을 것이다. 요컨대 유라시아의 국방 협력 관계는 반드시 사악한 나토처럼 구성되어야만 의미가 있는 것은 아니다. 이러한 관계는 현 상태를 무너뜨리고 불만 세력 간의 군사기술 협력을 촉진한다는 점에서, 마치 제1차 세계대전 후 독일과 소련이 맺었던 라팔로조약의 현대판이라고도 볼 수 있다.[157]

또한 유라시아 강대국들은 미국과의 충돌에서 협력할 수도 있다. 만약 러시아가 중국과 미국이 서태평양에서 전쟁을 벌이는 상황에서 중국을 은밀히 지원함으로써, 예를 들어 미군과 그 기반 시설을 겨냥한 비밀스러운 사이버 공격을 수행하는 식으로 미국에 타격을 입힐 기회를 얻게 된다면, 과연 러시아에게 그렇게 하지 않을 동기가 있을 것이라고 믿는 사람이 있을까? 이란과의 위기 상황에서 러시아 혹은 중국 함정이 페르시아만에 출현한다면, 미국은 어떤 대응을 할 수 있을까? 혹은 중국이 대만을 향해 움직이기 시작함과 동시에 러시아가 동유럽에서 긴장을 고조시킨다면? 이러한 협력은 집단적 자멸 충동을 필요로 하지 않는다. 단지 유럽과 아시아의 수정주의 국가들이 모두 증오하는, 과도한 부담을 짊어진 초강대국에 곤혹스러움을 안겨 주고 싶어 하는 창의성만 있으면 충분하다.

결국, 서로에게 어느 정도 미온적이거나 미래에는 심지어 적까지 될 수 있는 친구들끼리의 연합도 상당한 위력을 발휘할 수 있다. 나치 독일과 일본 제국은 서로를 신뢰한 적이 없지만, 그럼에도 불구하고 그들의 행동은 연쇄적인 혼란을 일으켰으며, 양국 모두 이를 이용할 줄 알았다. 스탈린과 히틀러는 서로에 대한 혐오를 억누르며, 유럽을 불바다로 만들기에 충분한 시간 동안 공존했다. 오늘날, 새로운 수정주의 강대국 간의 연합이 20세기의 악몽을 되살리고 있다. 전 세계에 압박을 가하는 유라시아 독재 국가들의 블록이라는 악몽 말이다.

＊ ＊ ＊

우크라이나전쟁은 갈등으로 가득하고 분열된 세계 지형을 드러냈다. 동시에 유라시아 요새도 자유주의 세계도 아니지만 양측 사이의 균형에 영향을 미칠 수 있는 제3의 국가 집단을 부각시키기도 했다. 러시아의 침공에 대응해 나타난 이른바 '세계적 단결'은 실제로는 수십 개의 선진 민주주의 국가들의 단결에 불과했으며, 많은 국가가 중립을 유지한 채 상황을 관망했다. 냉전 시기에는 비동맹 국가들이 동서 진영을 오가며 생존과 번영을 도모했다. 오늘날에도 또 다른 부동국 집단이 유라시아의 미래를 좌우하게 될 것이다.

페르시아만을 보면, 미국의 가장 가까운 동맹국들인 사우디아라비아와 아랍에미리트도 2010년대와 2020년대 초반에 걸쳐 러시아 그리고 특히 중국과 점점 더 가까워졌다. 한때 이들 국가와 미국의 관계는 반공주의라는 이념적 유대로 결속되었고, 에너지와 안보를 맞바꾸는 거래는 전략적 관계의 기반이 되었다. 그러나 이제는 더 이상 그렇지 않다. 중동 내에서 미국의 군사적 **능력**은 여전히 타의 추종을 불허하지만, 지난 10년 넘게 이 지역에서 손을 떼려 했던 초강대국의 진정한 **의지**는 점점 더 의심받고 있다. 또한 이 지역의 현대화된 독재자들은 독재 대 민주주의라는 수사적 대립에 별다른 관심이 없다. 이들은 정치적으로 미국보다 오히려 미국의 경쟁국들과 더 많은 공통점을 갖고 있기 때문이다. 2023년 초, 사우디아라비아가 이란과의 외교 관계를 복원하기 위해 미국이 아닌 중국에 도움을 요청했다는 사실은 이를 단적으로 보여준다. 물론 걸프 지역의 군주제 국가들은 여전히 미국과의 밀접한 관계에서 얻을 수 있는 이익을 원하고 있다. 실제로 사우디아라비아가 미국-사우디 간의 공식 방위 조약을 추진한 것이 이를 잘 보여준다. 하지만 이들은 이제 미국과 중국의 경쟁 속에서 자신들이 미국의 편에 서는 것에 대한 대가로 미국이 훨씬 더 큰 보상을 지불하기를 요구하고 있다.

서쪽으로 더 멀리 시선을 돌리면, 두 바다와 두 대륙이 교차하는 지점에 위치한 튀르키예가 있다. 오랫동안 집권해 왔고 점점 권위주의적 성향을 강화하고 있는 레제프 타이이프 에르도안 대통령 치하에서 튀르키예는 이중적 외교 전략을 구사하고 있다. 튀르키예는 나토의 보호를 누리는 동시에 러시아와도 밀착하고 있으며, 우크라이나전쟁에서는 양측 모두와 관계를 유지해 왔다. 러시아, 중국, 이란과 마찬가지로, 튀르키예 또한 자신을 고대 문명의 계승자로 여기며 제국으로서의 정당한 권리를 주장한다. 에르도안 치하에서 튀르키예는 이러한 비전을 실현하고자 캅카스에서 아프리카의 뿔 지역까지 다양한 분쟁에 개입해 왔으며, 이는 종종 미국의 이해관계와 충돌하기도 했다.[158]

그다음으로는 남아시아가 있다. 한때 미국 최고의 '친구 같은 적frene-my'이었던 파키스탄은 이제 중국 쪽으로 기울고 있다. 중국은 파키스탄을 인도양으로 통하는 통로이자 인도를 견제하기 위한 도구로 보고 있다. 반면 인도는 중국에 대한 안전을 보장받기 위해 미국 쪽으로 기울고 있다. 그러나 이 협력 관계는 선택적이고 모호하다. 이념과 자국의 이익이 얽히며, 인도는 어느 한 편에 완전히 서기보다는 강대국 간의 균열을 이용하고자 한다. 2022년, 인도의 외무장관 S. 자이샨카르는 "우리는 세계 인구의 5분의 1을 차지하며, 우리 입장에서 판단하고 결정할 자격이 있다"라고 선언했다.[159] 민주주의적 관행과 반자유주의적 경향이 혼합된 인도 정부가 힘을 키워갈수록, 인도는 미국이 수호하려는 자유주의 질서 자체에 도전하는 정책을 추구할 가능성이 높아진다. 예컨대 해외에 있는 반체제 인사를 표적으로 삼는 것 등의 행위가 대표적이다. 이집트, 인도네시아 그리고 유라시아 주변의 다른 핵심 국가뿐 아니라 브라질, 남아프리카공화국 그리고 그 너머의 나라들에서도 지정학적 동향은 마찬가지로 유동적이다.

　이처럼 부동국들은 매우 다양하지만, 이들 사이에는 놀라운 공통점이 존재한다. 이들 중 어느 나라도 부유하고 경제적으로 선진화된 민주주의 국가가 아니라는 점이다. 이들 모두는 서방에 대한 일정한 반감을 품고 있으며, 중국을 비롯한 유라시아 독재 국가들이 제공할 수 있는 무역, 무기 및 그 밖의 여러 이익을 필요로 한다. 또한 누가 승자가 될지 확신하지 못한 채 양 진영 사이에서 줄타기를 하며, 양쪽 모두와 최상의 거래를 맺고자 한다. 푸틴이 우크라이나를 침공했을 때 이들은 모두 미온적인 반응을 보였는데, 이는 러시아와의 관계를 중시하고 세계가 양극화될 경우 외교적 유연성을 상실하게 될 것을 우려했기 때문이었다. 자이샨카르는 "유럽은 '유럽의 문제는 세계의 문제지만, 세계의 문제는 유럽의 문제가 아니다'라는 사고방식에서 벗어나야 한다"라고 지적했다. 그리고 이들 모두는 세계의 중심 무대에서 패권의 향방에 실질적인 영향을 미칠 수 있는 국가들이다.[160]

　이 부동국들은 각기 다른 방식으로 서방 제재의 충격을 완화함으로써 푸틴의 전쟁 수행을 도왔다. 특히 사우디아라비아는 2022년 말 유가 상승을 불러온 석유 감산 조치를 통해 푸틴의 수익을 증대시키며 그 역할을 극적으로 수행했다. 이들의 선택은 그 외에도 중대한 함의를 지닌다.[161]

　사우디아라비아와 아랍에미리트는 페르시아만에서 중국이 주요 외교 및 군사 행위자로 부상하는 길을 순조롭게 만들 수도, 방해할 수도 있다. 한편 중국과 긴밀히 얽힌 파키스탄은 중국이 인도를 전략적으로 더욱 강하게 포위하는 데 기여할 것이다. 인도의 결정은 세계 기술 및 제조 역량의 분포, 인도양 내 세력 균형 그리고 중국이 해양으로 팽창할 때 육지에서 얼마나 많은 저항에 직면할지를 좌우할 것이다. 튀르키예의 입장 선택은 나토의 결속력과 중앙아시아에서 중동에 이르는 지정학적 환경에 영향을 미칠 것이다. 이집트, 인도네시아, 남아프리카공화국 등에서 이루어지는 결정은 향후 우크라이나나 중동 등의 주요 지역에서 위기가 고조될 때 미국이 얼마나 폭넓은 외교적 지지를 결집할 수 있을지를 결정할 것이다. 따라서 부동국을 둘러싼 경쟁은 단순한 국제적 인기 경쟁이 아니다. 이는 자유주의 세계와 유라시아 요새 중 누가 우위를 차지할지를 좌우하게 될 것이다.

＊ ＊ ＊

결국 현시대는 냉전 시대를 연상시킨다. 당시 유라시아의 열강들은 자유주의 세계의 공동체를 측면에서 압박하며 맞섰고, 비동맹 혹은 다중 동맹국들은 그 사이에서 전략적으로 움직였다. 아니면 어쩌면 제2차 세계대전 직전의 상황과 비슷할지도 모른다. 당시에도 현상 유지를 거부한 수정주의자들이 동맹을 이루어 국제 질서를 무너뜨렸다. 혹은 제1차 세계대전을 떠올리게도 하는데, 이는 자유주의 성향의 해양 초강대국이 2개의 전역에서 패권을 노리던 반자유주의적 라이벌과 맞서던 시기였다. 즉 현시대는 유라시아 경쟁이 벌어졌던 과거의 **모든** 사례들을 어느 정도 닮아 있다. 그러니 이번에도 매우 험난한 과정이 기다리고 있다.

미국과 그 동맹국들은 여전히 강력한 패를 쥐고 있다. 어떤 방식으로 측정하든, 미국과 그 동맹 및 안보 협력국들은 세계 GDP의 과반을 차지하며, 이조차도 이들이 보유한 축적된 부의 비중을 과소평가한 수치에 불과하다.[162] 지역 내의 군사 균형은, 특히 태평양에서 우려스럽게 변화하고 있기는 하지만, 미국은 여전히 다른 경쟁국들이 수십 년을 투자해야 겨우 따라잡을 수 있을 정도의 글로벌 역량을 유지하고 있다.[163] 2023년 10월 이스라엘과 하마스의 전쟁이 발발했을 때, 누가 그 지역에 항공모함 전단 2개를 신속히 파견해 동맹국을 안심시키고 적대 세력을 견제할 수 있었는가? 후티 반군의 공격으로부터 다른 나라의 해상 운송을 보호하기 위해 누가 군사력을 행사할 수 있었고, 실제로 그럴 의지를 가졌는가? 또한 권위주의 국가들의 연합이 아직 응집력을 갖추는 단계에 머문 반면, 미국이 주도하는 연합은 오래전부터 공고히 제도화된 동맹들로 구성되어 있으며 위기 상황에서도 강인함과 안정성을 제공한다. 이는 유라시아가 과거의 암울했던 시기보다는 혼란에 대해 훨씬 더 강한 저항력을 갖추도록 만든다.

낙관주의를 유지할 만한 다른 이유들도 있다. 중국은 수정주의 연합국 가운데서는 경제 및 제조 분야에서 가장 강력한 존재이며, 이 분야에서는 미국이 지금껏 맞이한 가장 강력한 경쟁자일지도 모른다. 하지만 중국은 이미 그 전진을 막고 있는 심각한 문제들에 직면해 있다. 우선 역사상 가장 심각한 수준이 될 수도 있는 인구 폭발이 다가오고 있으며, 경작 가능한 토지, 깨끗한 물, 그 외 핵심 자원이 부족하다. 자발성을 억누르며 통제를 극대화하는 새로운 전체주의 정치체제, 반대 의견에 대한 인내심이 줄어듦과 동시에 지혜가 제한되어 있는 최고 지도자도 문제다.164 세계는 2023년 중반부터 중국의 침체에 점차 눈을 뜨기 시작했다. 시진핑 정권의 경제가 코로나 시기의 침체로부터 벗어나지 못하며 고전하고 있었기 때문이다. 그러나 근본적인 문제는 훨씬 깊고 구조적이며, 한때 중국의 부상을 이끌었던 성장 동력이 다시 살아날 수 있을지에 대해 심각한 의문을 제기한다.

수정주의 세력의 연합이 지닌 약점은 이뿐만이 아니다. 시진핑의 동맹국인 러시아는 전략적 오판이 구조적 문제를 어떻게 악화시키는지를 보여주는 전형적인 사례다. 전쟁의 결과가 어떻게 될지를 떠나서, 전쟁은 러시아의 군사력을 소모시키고 경제를 고립시킴으로써 러시아의 장기적인 잠재력을 상당히 소진시켰을 가능성이 높다.165 이란의 공격성 뒤에도 취약함이 숨겨져 있다. 민중 봉기가 반복되면서, 이란 정권은 점점 더 공격적인 행보를 보이고 있다. 모든 권위주의 연합이 그렇듯, 이 연합도 겉보기에는 위압적이지만 실상은 불안정하다.

이것이 안심할 이유는 되지 못한다. 미국의 동맹 체제는 강력하지만, 그것이 영원히 유지되리라는 보장은 없다. 세계적인 군사력 우위도, 미국 국방부가 핵심적인 지역에서 패권을 놓고 벌이는 전쟁에서 패배하는 일을 반드시 막아줄 수는 없다. 만약 미국이 고립주의나 분노에 찬 일방주의로 방향을 틀게 된다면, 적국들은 마음껏 활보할 여지를 얻게 될 것이다. 혹은 미국이 연속적으로 권위주의적 성향의 인물을 대통령으로 선출하게 된다면, 미국이 더 이상 민주주의 초강대국으로 남기 어려울 수도 있다. 문제가 많은 독재 국가가 세계에 막대한 고통을 불러올 수 있다는 사실을 한시도 잊어서는 안 된다.

이 글을 쓰는 시점까지 러시아는 우크라이나에서 승리하지 못했지만, 패배가 확정된 것도 결코 아니다. 장기적으로 보면 이 전쟁은 러시아의 국력을 이전보다 약화하겠지만, 적어도 중기적으로는 푸틴이 자국의 경제와 사회를 전쟁에 맞춰 조직함으로써 러시아를 더 분노하게 만들고, 예측 불가능하며 군사화된 국가로 만들 것이다. 실제로 2024년 중반 무렵, 푸틴 정권은 유럽에서의 파괴 공작과 혼란 조성을 통해 서방에 대한 보복 공격에 나섰다. 마찬가지로 미국을 경제적으로 추월하지 못하는 중국은 산업과 공급망의 핵심 분야에서 지배권을 쥐기 위해 강압적인 수단을 더욱 강화할 수도 있다.[166] 혹은 미국과 그 동맹국들이 대비하기 전에 제1도련선을 무력으로 돌파하려는 시도를 감행할 수도 있다. 바이든은 2023년에 중국을 두고 "나쁜 친구들은 문제가 생기면 나쁜 짓을 하곤 한다"라고 말한 바 있다.[167] 역사는 또한 마지막 경고를 던진다. 유라시아의 독재 국가들은 기존 질서를 전복하지는 못하더라도 심각한 피해를 줄 수는 있다는 것이다.

그렇다면 최선의 시나리오는 세계 질서에 대한 상반된 관점을 가진 2개의 연합체 사이에서 새로운 냉전이 벌어지는 것일지도 모른다. 이 싸움은 동유럽, 레반트, 페르시아만, 아시아 연안 지역에 이르기까지의 지정학적 연합과 군사 균형에서 우위를 차지하려는 지속적인 노력을 포함하게 될 것이다. 오늘날 우리가 목격하고 있는 것과 같은 중대한 위기와 치명적인 대리전이 국제 정치의 핵심이 될 것이며, 공급망과 운송의 병목 지점들은 경제 전쟁의 주요 전장이 될 것이다. 과거의 냉전이 보여준 바와 같이, 경쟁 당사자들은 서로를 불안정하게 만들기 위해 부단히 노력할 것이며, 경쟁은 해외와 배후의 전장으로까지 확산될 것이다. 사실 이러한 현상은 이미 벌어지고 있다. 예를 들어 미국과 중국이 페르시아만과 서아프리카에 군사기지를 설치하려는 중국의 움직임을 두고 벌이고 있는 싸움, 그리고 에티오피아에서 브라질에 이르는 국가들이 미래의 주요 기술 선택을 둘러싸고 벌이고 있는 갈등만 봐도 이를 알 수 있다. 세계는 현대적 특성을 반영하는 새로운 경쟁을 벌이면서도, 본질적으로는 길고 암울한 경쟁의 패턴으로 되돌아가는 '미래로의 회귀'를 겪고 있다.

이것이 낙관적인 경우의 시나리오다. 유라시아의 독재 국가들이 기존 질서를 무너뜨리기 위해 전쟁에 나선다 해도, 이것이 처음 있는 일도 아니다. 이미 푸틴은 러시아가 "우리 조국의 분열과 노예화를 막기 위해" 서방과 싸우고 있다고 주장한다.168 시진핑은 미국과 그 동맹국들이 "중국에 대한 전방위적인 봉쇄, 포위, 억압을 실행하고 있다"며, 중국이 "거센 바람, 거친 파도, 심지어 위험한 폭풍"에도 대비해야 한다고 말한다.169 전자는 실제로 무력을 사용해 핵심 지역의 질서를 뒤엎은 바 있으며, 후자 또한 대만을 공격하거나, 베트남, 인도, 일본, 필리핀 등 중국의 경쟁국 중 하나를 피로 물들이며 다른 국가를 위협하려 들 수도 있다.

이런 사태는 결코 좋은 결과로 이어지지 않을 것이다. 서태평양에서 중국이 대규모 공격을 감행할 경우, 이는 미국과의 전쟁으로 이어질 가능성이 높다. 이는 제2차 세계대전 이후 전례 없는 규모로 큰 함선, 항공기, 탄약의 소모로 이어질 것이다. 정밀 유도 무기와 정교한 킬 체인kill chain 시스템은 전장을 더 치명적으로 만들 것이다. 전쟁은 세계에서 가장 중요한 해상 교통로를 전장이자 사격장으로 만들어 버리고, 첨단 기술 공급망을 파괴할 것이다. 이 전쟁은 또한 서태평양 전역과 인접 지역으로까지 확산될 수 있으며, 양측이 위성 및 정보 네트워크를 공격함에 따라 우주와 사이버 공간에서도 싸움이 벌어질 것이다. 본토도 더 이상 안전지대가 아니다. 미국은 중국 본토의 목표물을 타격할 수 있고, 중국 역시 사이버 공격과 파괴 공작을 통해 미국에 피해를 줄 것이다. 양측의 상당한 핵무기 보유량을 고려했을 때, 전쟁이 격화될 위험도 매우 크다. 그리고 미국과 중국의 전쟁이 패권을 둘러싼 싸움인 만큼, 수년에 걸친 소모전으로 비화될 여지가 높다.[170]

1940~1941년에 그랬던 것처럼, 아시아 연안에서의 전쟁은 다른 지역의 위기와 맞물려 전 세계적 갈등으로 번지거나 러시아 및 이란의 기회주의적 공격을 유발할 수도 있다. 이는 결코 터무니없는 가설이 아니다. 2022년에는 우크라이나와 대만해협에서 동시에 중대한 위기가 발생했다. 2024년 5월에도 중국은 동유럽과 중동이 이미 불타고 있는 상황에서 다시 한번 대만 주변에서 도발적인 군사 훈련을 감행했다. 유라시아 전역에 걸친 패권 투쟁으로 뒤얽힌 세계 질서는 수십 년간 인류가 목격한 그 어떤 사태보다도 훨씬 더 폭발적인 결과를 낳을 수 있다. 그리고 강대국 간 전쟁이 초래할 끔찍한 대가가, 모두를 전쟁에서 물러서게 만들 것이라고 섣불리 단정해서는 안 된다.

1914년, 독일은 신속히 승리하지 못하면 패할 수 있다는 사실을 알면서도 전쟁에 나섰으며, 일본은 1941년 자국의 파멸을 감수하면서도 진주만을 기습했다. 오늘날에도 중국이나 러시아의 지도자들은 미국이 자기 나라에서 너무 멀리 떨어진 국가를 위해 목숨을 걸고 싸우지는 않을 것이라 계산할지 모른다. 혹은 미국이 개입하기 전에 신속히 승리할 수 있다는 데 모든 것을 걸지도 모른다. 문제는 설령 그들의 계산이 틀린다고 해도,

그 대가는 참혹할 것이라는 점이다.

한 세대 전만 해도, 주요 전문가들은 강대국 간의 전쟁이 "말 그대로 상상조차 할 수 없는 일"이라고 믿었다.[171] 그러나 오늘날에는 역사적 참상이 되풀이될 가능성이 매우 현실적으로 다가오고 있다. 미국인과 전 세계 민주주의 시민들이 첫 번째 유라시아의 세기에서 교훈을 얻지 못한다면, 두 번째 유라시아의 세기에서는 살아남을 수 없을 것이다.

6장. 과거로부터의 교훈

어느 시대든지, 우리가 완전히 새로운 세계에 살고 있으며 완전히 새로운 해결책이 필요하다고 생각하기 쉽다. 그러나 현실에서 우리의 문제들은 겉보기만큼 새롭지 않다.

유라시아의 세기는 새로운 기술과 새로운 형태의 폭정이 거대한 충돌을 일으킨 시대였다. 세 차례에 걸쳐 반자유주의 제국들이 유라시아의 대부분을 지배하려는 시도를 했으며, 이는 세계적 패권을 추구하는 더 큰 야망의 일부였다. 그리고 세 차례 모두, 해외에 기반을 둔 자유주의 국가들이 이끄는 거대한 연합 세력과의 충돌로 이어졌다. 이 충돌은 모두 확산되었고, 소용돌이쳤으며, 사회 전체의 동력을 집어삼켰다. 극명한 이념적 대립은 지정학적 긴장을 전면전으로 만들었고, 침략자들은 도덕의 한계를 초월했으며, 심지어 민주주의 국가들조차도 이전이라면 절대 넘지 않았을 윤리적 경계를 넘어섰다. 그러나 유라시아를 둘러싼 투쟁이 인류의 미래가 걸린 싸움이라는 점을 감안한다면 이런 일들은 전혀 놀랍지 않다.

역사는 결코 정확히 반복되지는 않는다. 오늘날의 강대국 중 기존 질서를 뒤흔들려는 나라들이 제기하는 위협은 각각 고유한 양상을 보인다. 그러나 유라시아의 세기를 목격한 이라면 이 반복되는 패턴을 인식할 수밖에 없으며, 이들이 만들어 내려는 세계가 어떤 모습일지도 눈앞에 그려 볼 수 있을 것이다.

이러한 세계에서 중국은 대만과 서태평양 내해를 물리적으로 장악하게 될 것이다. 또한 해양 아시아의 경제 및 안보 사안에서 주도권을 쥐며, 이 중요한 지역에서 경쟁국을 배제할 것이다. 중국의 영향력은 군사적 강압을 통해서든, 혹은 비폭력적이지만 그에 못지않게 중대한 방식을 통해서든, 유라시아 대륙 전역에 스며들게 될 것이다. 그리고 중국이 주변 지역에서 영향력을 공고히 할수록, 그 세계적 야망은 더욱 커질 것이다. 이는 마치 미국이 자국이 위치한 반구에서 우위를 확립한 뒤 전 세계로 세력을 넓혀 갔던 것과 마찬가지이다.

중국 인민해방군 해군은 먼 바다를 누비며, 전 세계 곳곳에 위치한 자국의 군사기지를 기항할 것이다. 남미나 북극처럼 멀리 떨어진 지역도 치열한 각축장이 될 것이다. 중국의 권위주의적 통치 이념은 국제 규범과 국제기구에 스며들고, 개발도상국은 중국을 하나의 모범으로 삼게 될 것이다. 중국의 위상이 높아지고 주변국을 압박하거나 영향력을 행사할 수 있는 능력이 점점 커지면서, 유럽과 인도-태평양 지역에 남아 있는 미국의 동맹국은 점차 고립되고 열세에 놓이게 될 것이다. 어쩌면 이것이야말로 중국의 관영 통신사가 "중국이 다시 강대해지고 세계의 정점으로 복귀하려 한다"라고 말할 때 의미하는 바일지도 모른다.[1]

러시아와 이란 역시 이러한 미래 속에서 전적으로 편안함을 느끼지는 못할 것이다. 두 나라는 자신과 동등한 존재란 없다고 믿는 국가의 그늘 아래 놓이게 될 것이기 때문이다. 하지만 존 F. 케네디가 언젠가 언급했듯, "카이사르와 폼페이우스, 안토니우스, 옥타비우스 등은 성공한 이후에야 서로를 향해 등을 돌렸다".[2] 러시아와 이란은 적어도 당분간은 자신을 구속해 온 질서가 무너지는 데서 이익을 얻을 수 있을 것이다. 따라서 이들은 중국과 함께 이 "새로운 제국주의적 순간"을 활용해 자신이 바라는 영

향권을 만들어 나갈 것이다.[3]

1940년, 미국의 또 다른 대통령이었던 프랭클린 루스벨트는 "소수의 손에 쥐어진 힘에 의해 지배된다면, 미래의 세계가 참으로 누추하고 위험한 곳이 될 것이라는 점이 분명해지고 있다"라고 말한 바 있다.[4] 그는 유라시아가 세계의 전략적 중심축임을 이해하고 있었다. 최악의 정권들이 가장 결정적인 지점을 장악하게 된다면, 그들이 지배하는 사람들의 삶은 참담해질 것이고, 심지어 바다 건너의 강대국인 미국조차도 불안정한 운명에 놓이게 될 수 있다.

명확히 해 두자면, 시진핑이나 푸틴이 히틀러는 아니다. 지금까지 이들의 팽창은 과거의 악명 높은 전범들에 비하면 미미한 수준이다. 그러나 현재의 제약에서 벗어난 이후에는 유라시아의 독재 국가들도 더 대담해질 수 있다. 패권 투쟁을 제로섬 게임으로 여기는 정권이 더 큰 힘을 발휘한다고 해서 온건해지는 경우는 거의 없다. 게다가 이들 수정주의 국가들이 영향력을 행사하는 지역에서는 폭력과 잔혹함이 연쇄적으로 확산될 가능성도 높아 보인다. 우크라이나에서 푸틴이 초래한 혼란만 봐도 이를 충분히 알 수 있다. 혹은 이란의 지원을 받는 하마스, 헤즈볼라, 후티 등 여러 단체들이 중동 전역에서 자행한 잔혹 행위를 봐도 마찬가지이다. 신장 지역에서 시진핑이 실행한 사실상의 집단 학살 정책은 말할 것도 없다. 중국이 광대한 해역에 대해 자국의 주권을 선언하고, 민주주의 국가들에 우호적 관계의 대가로 자국민의 표현의 자유를 억누르고 권리를 훼손할 것을 요구한 방식 또한 마찬가지이다.[5] 우리는 유라시아 강대국의 입맛에 맞게 재구성된 세계가 어떤 모습일지는 이미 충분히 경고를 받고 있는 셈이다.

전략적으로 중요한 지리적 위치가 팽창주의적 독재 국가들에 의해 분할되고, 반자유주의와 강압적 정책이 세계의 중심부로부터 퍼져 나가는 것이야말로 미국이 두 차례의 열전과 한 차례의 냉전을 치르며 막고자 했던 바로 그 시나리오다. 경쟁의 도구와 방식은 시대에 따라 진화하지만, 유라시아에서 벌어지는 갈등이 초래할 결과는 여전히 과거만큼이나 중대하다.

다행히도 우리는 아직 그러한 파국적 상황에 이르지는 않았다. 1938년이나 1947년 상황과의 유사점이 시사하는 바는 크지만, 지금 이 순간이 역사의 운명이 실낱같은 위협에 처해 있는 시대는 아니다. 이전 세대가 오늘날의 세대에게 남긴 가장 큰 유산은 민주주의 국가들에 유리한 세력 균형이다. 우리는 미국과 그 동맹국이 냉전 당시와 그 이후에 구축한 강력한 기반 위에 서 있기 때문이다. 다르게 말하자면, 전선이 하와이나 북대서양이 아니라 우크라이나와 대만에 있다는 사실 자체가 미국 주도의 국제 질서가 만든 성공을 보여주는 증거이며, 왜 중국, 러시아 그리고 이란이 그 질서를 무너뜨리려 하는지를 보여준다. 오늘날 민주주의 국가의 정치인들에게 주어진 과제는 바로 지난 세기의 교훈을 바탕으로 그러한 일이 일어나지 않도록 막는 것이다.

유라시아의 세기의 위대한 사상가들이라면 이와 같은 과제를 충분히 이해했을 것이다. 독재 정권들이 그 개념과 논리를 종종 자신들의 침략적 목적에 이용해 왔기 때문에, 지정학이라는 학문에 냉소적인 시선을 보내는 것은 그리 어려운 일이 아니다. 예컨대 푸틴이 가장 선호하는 지정학자 알렉산드르 두긴은 우크라이나를 두고 “죽여라! 죽여라! 죽여라!”라고 외친 적이 있으며, “이것이 교수로서 나의 의견이다”라고 덧붙이기까지 했다.6 하지만 지정학 자체가 본질적으로 선하거나 악한 것은 아니다. 이는 어디까지나 어디에 그리고 어떤 목적을 위해 사용하느냐에 달려 있다.

매킨더, 머핸, 스파이크먼은 경쟁이 더 치열해지고 폭정이 더 공포스러워지는 세계 속에서 인간의 자유를 중시하는 사회들이 어떻게 번영할 수 있을지를 고민했다. 이들은 해외에서 단호하게 힘을 행사하는 것이, 국내에서 그 힘의 사용을 제약하는 사회를 보호하는 최선의 방법일 수 있다는 사실을 이해하고 있었다. 이러한 민주주의적 지정학의 전통은 독재적 침략의 논리에 균형을 이루었고, 결국은 그것을 넘어섰으며, 이로써 세계 정치의 잔혹함으로부터 비교적 안전한 국제 질서를 형성하는 데 기여했다. 이 지적 전통이야말로 20세기 세계를 구하는 데 큰 역할을 했으며, 오늘날 위협받고 있는 질서를 방어하려는 이들이 가장 강력한 통찰을 끌어낼 수 있는 원천이기도 하다.

* * *

첫 번째 교훈은 이념과 지정학이 결코 분리될 수 없다는 것이다. 유라시아에서 벌어지는 투쟁은 결국 어떤 **유형**의 국가가 인류의 진로를 결정할 것인지에 관한 싸움이다. 이처럼 인구가 밀집되고 경쟁이 치열한 대륙은 그 자체로 모든 거주자에게 가혹한 환경을 제공한다. 하지만 그렇다고 해서 유라시아의 모든 국가가 대대적인 정복을 통해서 국가 안보를 확보하려 했던 것은 아니다.

이처럼 정복을 통한 안보를 추구하는 국가는 대외적으로 다양성을 견디지 못하는 만큼이나 자국 내에서도 다양성을 용납하지 못한다. 이들은 인간의 에너지를 팽창을 위한 수단으로 동원하는 강력하고 중앙집권적인 국가 체제를 지닌다. 또한 이들은 역사와 기존 국제 질서로부터 소외되었다고 느끼며, 주변 국가에 실존적 위협이 되는 방식으로 자신의 위대함을 추구한다. 그 결과, 이들은 가까이는 물론 멀리 떨어진 지역에서도 인도적 참상을 초래한다.

오늘날의 폭정이 점점 현대화되고 있다는 점을 감안할 때, 민주주의를 정치 발전의 최종 종착점으로 여기는 미국인의 인식에 오히려 역설적인 면이 있다. 유라시아의 세기는 새로운 형태의 지정학적 포식자를 낳았으며, 이 전체주의 체제들은 세계 질서를 전복하려 하면서 동시에 국내 사회도 송두리째 뒤흔들었다. 이들 국가는 역동적이고 산업화한 국가가 지닌 장점을 활용해 전례 없는 범죄를 저지르며 비할 바 없는 야망을 추구했다. 이들의 지도자들은 자신들이 민주주의 국가들과의 생사를 건 투쟁에 돌입했다고 믿었다. 물론 이념적 경계는 언제나 유동적이었다. 스탈린과 루스벨트, 혹은 닉슨과 마오쩌둥의 예에서 볼 수 있듯, 생존이라는 현실 앞에서 자유주의 국가와 반자유주의 국가가 이해관계를 같이 하는 경우도 있었으며, 유라시아 시대의 침략자들 중에는 다른 이들보다 훨씬 더 급진적인 이들도 있었다. 하지만 모든 패권 투쟁에서 궁극적으로 쟁점이 되었던 것은 더 안전한 민주주의를 위한 세계를 만들 것인가, 아니면 민주주의의 적들이 지배하는 세계를 만들 것인가 하는 문제였다. 그러므로 유라시아에서 벌어진 투쟁은 필연적으로 정치체제 간의 시험대였다.

자유민주주의 국가들이 주도한 연합은 그동안 인상적인 성과를 거두었다. 그들이 '퇴폐적'이라는 평을 들었던 것과는 달리, 실제로 이 국가들은 희생을 감수하고, 자원을 동원하며, 주요한 동맹을 구축하는 데 성공했다. 타협의 전통, 분권적 의사결정 구조 그리고 겉보기의 우유부단함이나 기타 적국에 경멸의 대상이 되기 쉬웠던 민주주의적 특성은 결국 국제무대에서 효과적인 결과를 낳는 기반이 되었다. 반대로 전체주의 국가를 그토록 무섭게 만들었던 전통은 결국 그들을 실패로 이끌었다.7

파시즘 국가들의 인종적, 이념적 극단주의는 유례없는 군사적 돌진을 가능하게 했지만, 동맹을 관리하거나 외국의 대중을 회유하고 전 세계적 영향력을 행사하는 데에는 무능했다. 제1차 세계대전 당시의 독일이나 냉전 시대의 소련은 권위주의 국가들이 등골이 휠 만큼 엄청난 지정학적 에너지를 쏟아낼 수 있음을 보여주었지만, 결국 그들의 등은 정말로 부러져 버렸고 제국은 무너졌다. 극단적으로 개인화된 히틀러의 통치는 한때 그가 전장을 장악할 수 있게 해 주었지만, 동시에 극단적 모험주의, 한계에 대한 무감각 그리고 그를 결국 파멸로 이끈 다른 여러 결함을 조장했다.

오늘날 자유주의 세계 질서에 도전장을 내민 국가들도 이와 유사한 경향을 보인다. 중국, 러시아, 이란은 깊이 새겨진 역사적 원한에 의해 움직인다. 이들은 미국 주도의 자유주의적 세계 질서를 자신의 열망을 가로막는 장애물이자, 정권에 대한 실존적 위협으로 간주한다. 러시아와 이란을 경제 강국으로 오인할 사람은 없겠지만, 스파이크먼의 표현을 빌리자면 현대화되고, 활력을 지녔으며, 군사화된 중국은 민주주의의 이념적 우위와 지정학적 세력 균형에 대한 훨씬 더 근본적인 시험대가 된다.[8] 따라서 중국은 20세기의 중대한 질문, 즉 다가올 시대를 지배할 것이 자유주의인지 반자유주의인지에 관한 문제를 다시 제기한다.

하지만 중국이 독재자의 딜레마를 피할 수 있을지는 여전히 불확실하다. 물론 국내의 권력을 중앙집권화한 것은 시진핑으로 하여금 대외적으로 보다 단호하고 공격적인 힘의 행사를 가능하게 할 수 있을 것이다. 하지만 시진핑이 획일성을 강요하면서, 중국이 더욱 역동적이고 혁신적인 사회로 나아갈 가능성은 낮아 보인다. 우크라이나에서의 푸틴의 오판 사례는 중국 역시 고령의 통치자가 권좌에 머무르며 반대 의견을 억누를 경우, 정책 결정 능력이 향상되거나 외교적 우호국을 늘릴 수 있으리라는 기대가 비현실적임을 보여준다. 결국 올바른 판단을 할 수 있는 능력 자체가 하나의 권력이나 다름없지만, 토론을 억압하고 책임을 회피하는 독재자는 시간이 지날수록 어리석어지는 법이다.[9]

유라시아에서 기존 질서에 도전했던 세력의 흥망성쇠는 반자유주의 정권의 격렬함과 취약함을 함께 보여준다. 역사와 최근의 경험이 시사하듯, 시진핑의 통치는 장기적으로 중국이 세계를 제패할 가능성을 낮출 수도 있다. 동시에 그 과정에서 이미 만만치 않은 강대국인 중국을 더욱 호전적이고 위험한 존재로 만들 수도 있다.

* * *

두 번째 교훈은 유라시아의 세기가 결국은 미국의 세기이기도 했다는 것이다. 미국은 이 초대륙의 균형을 유지함으로써 초강대국으로서의 입지를 다졌다. 유라시아에서 세력 통합이 이루어지던 시대에는 어떤 지역 세력의 결합도 가장 강력한 포식자를 막을 수 없었으며, 산업화 이후의 전쟁에서는 바다가 이전만큼 강력한 안전을 제공할 수 없게 되었다. 따라서 매킨더가 유라시아에서 일어날까 봐 두려워했던 일을 자신의 반구에서 스스로 실현한 미국은, 그와 같은 악몽이 유라시아에서 현실이 되는 것을 막기 위해 반복적으로 개입해야 했다.

미국이 항상 제때 균형자 역할을 한 것은 아니었다. 두 차례의 세계대전 모두 미국의 개입은 너무 늦게 이루어질 뻔했다. 그러나 미국은 치명적으로 강력한 균형자였다. 바로 이러한 이유로, 빌헬름 2세와 히틀러 같은 이들은 잠수함과 기타 다른 방법을 총동원해 미국의 압도적인 군사력이 대양을 건너오는 것을 필사적으로 막으려 했던 것이다. 동시에 미국은 궁극적으로 국제 질서를 바꿔 놓은 균형자였다. 일단 미국이 유라시아의 지정학적 문제에 사실상 영구적으로 개입하게 되자, 그 영향은 혁명적이었다.

미국은 전쟁터였던 유라시아 주변 지역을 평화롭게 만들고 번영하게 했다. 미국은 과거 서유럽과 동아시아를 공포로 몰아넣었던 파시즘 국가들을 새롭게 재건함으로써 이 지역의 지정학을 재구성했다. 또한 소련을 견제하는 연합을 형성함으로써 지역의 안정에 유리한 세력 균형을 구축했다. 민주주의, 지리적 위치 그리고 계몽된 국익의 결합은 한때 동맹을 기피하던 미국이라는 나라를 놀라울 정도로 동맹을 잘 맺는 나라로 탈바꿈시켰다. 그리고 그렇게 함으로써 침략이 아니라 체제의 매력을 통해 다른 나라를 자기편으로 끌어들였다. 미국의 헌신은 유라시아의 무질서를 해결하는 유일한 해답이었으며, 20세기 후반기가 전반기와는 매우 다른 시대였던 것도 이러한 이유 때문이었다.

유라시아의 세기는 미국을 변화시켰고, 그만큼 미국도 유라시아의 세기를 변화시켰다. 머핸이 "세계에 대한 미국의 의무"라고 부른 것을 수행하기 위해 미국은 이전까지 한 번도 해 본 적 없던 일을 해야 했다. 제2차 세계대전에 1,200만 명에 달하는 군대를 동원했고, 전례 없는 규모의 동맹망을 구축했으며, 세계적 강대국으로서의 관료적 장치들을 만들었다.[10] 그 결과 미국의 국가 정체성인 예외주의에 대한 인식은 세계로부터의 행복한 거리감이 아니라 세계사에서 미국이 지닌 독특하고 결정적인 역할을 반영하는 방향으로 바뀌게 되었다.

비개입주의자들은 위대한 강대국이 언제까지나 위대한 민주주의 국가로 남을 수 없을지도 모른다는 점을 우려했다. 물론 이러한 우려가 근거 없는 것은 아니었다. 하지만 미국은 스스로를 파괴하지 않고도 적을 무너뜨리는 데 성공했다. 미국이 국내적으로 어떤 타협을 감수하고, 어떤 자유를 침해했든, 20세기가 끝날 무렵의 미국은 20세기 초보다 더 강하고 통합적인 민주주의 국가가 되어 있었다. 이는 부분적으로 세계적 차원의 패권 경쟁이 미국으로 하여금 더 진정한 의미에서의 자신이 되도록 선한 압력을 가했기 때문이었다. 만약 전체주의적인 유라시아가 부상함으로써 미국이 피할 수 없는 불안정에 계속 노출되었거나, 일방적으로 국방을 책임지는 막대한 부담을 짊어져야 했다면, 지금보다 더 나은 결과를 기대하기는 어려웠을 것이다.

이는 고무적인 선례다. 지난 세기와 마찬가지로 오늘날에도 미국이 주도적 위치에 서 있다는 것은 회피할 수 없는 현실이다. 요즘 들어 '다극화 세계'의 도래를 환영하는 담론이 유행처럼 번지고 있는 것은 사실이다. 신고립주의자들은 심지어 미국이 한발 물러서 국제 질서의 안정이라는 열매만을 비용 없이 누릴 수 있다고도 주장한다.[11] 하지만 이와 같은 말에 쉽게 현혹되어서는 안 된다.

1945년 이전까지 유라시아의 주요 지역은 결코 자율적으로 안정된 질서의 본보기가 아니었으며, 오히려 침략을 잉태하는 온상이었다. 오늘날

아시아에서 미국이 물러난다면, 이 지역의 운명은 중국의 뜻에 의해 좌우될 수밖에 없을 것이다. 중동과 유럽의 국가들 역시 미국이 제공해 온 지원과 결단력 그리도 동맹 관리 능력 없이는 경쟁국을 억제하는 데 큰 어려움을 겪게 될 것이다.[12] 미국이 후퇴하게 된다면, 유라시아 수정주의 세력이 해방되거나, 혹은 각 지역의 국가들이 살아남기 위해 핵무장을 포함한 극단적인 군비 경쟁에 나서게 되는 결과가 발생할 것이다. 이는 지정학적 과열 상태의 세계가 다시 등장하는 것과 다름없다.

미국이 유라시아 대륙에 본격적으로 개입한 뒤 국제정치의 흐름은 극적으로 바뀌었다. 그렇다면 미국이 유라시아 대륙에서 물러날 경우 또 한 번 흐름이 극적으로 변하지 않으리라는 보장이 있을까? 다음 유라시아의 세기 역시 또 다른 미국의 세기가 될 것이며, 만약 그렇지 않다면 훨씬 더 어둡고 위험한 세기가 찾아올 것이다.

＊ ＊ ＊

그렇다면 미국은 어디에 힘을 집중해야 할까? 유라시아는 거대한 대륙이며, 그중에서도 가장 중요한 지역, 가장 위협받는 지역은 시대에 따라 달라져 왔다. 애치슨은 "서유럽에서 무슨 일이 일어나면, 모든 게 무너질 수 있다"라고 말한 바 있다.[13] 오늘날 미국과 중국의 경쟁이 새롭게 중심을 차지하게 되면서, 많은 정책 설계자들은 대만을 두고 비슷한 말을 하고 있다.[14] 이런 관점을 극단까지 밀어붙일 경우, 가장 강력한 경쟁자가 있는 가장 역동적인 지역에 쓰이지 않은 모든 시간과 자원은 낭비라는 결론에 도달하게 된다. 그러나 진실은 그렇게 단순하지 않다. 초강대국이라 해도 한계는 분명히 존재하며, 전략적으로든, 심리적으로든, 상호의존성이 커진 현대 세계에서 유라시아를 하나의 유기적인 전체로 바라보지 않는 것은 매우 위험한 일이 될 수 있다.

루스벨트는 제2차 세계대전 이전과 도중에 유럽을 최우선으로 고려했다. 만약 유럽에서 연합국이 패배한다면, 다른 어느 전선에서도 승리를 장담할 수 없었기 때문이다. 그러나 그는 태평양도 결코 포기하지 않았는데, 주요 전장에서의 연이은 패배는 그것이 어느 곳이든 전 세계적 영향을 초래할 수 있었기 때문이다. 10년 후, 트루먼 역시 애치슨과 마찬가지로 서유럽이 최우선이라는 점을 인식하고 있었다. 그럼에도 그는 무분별한 침략이 자유세계의 취약한 신뢰를 산산조각 내는 것을 막기 위해 막대한 비용이 드는 한국전쟁에 개입하기로 결정했다. 이러한 사고방식은 때로는 지나칠 때도 있었다. 안보는 분할될 수 없다는 믿음은 미국이 결국 베트남전쟁에 뛰어들게 된 배경 중 하나이기도 했다. 그러나 이를 잘 알고 있었던 정치인들조차 이처럼 참혹한 실수를 저지른 이유는 초강대국에게 신뢰란 **결코** 무시할 수 없는 문제였기 때문이며, 주변부 지역에서의 패배가 동맹국을 낙담시키고 더 중요한 전략적 거점을 불안정하게 **만들 수 있었기** 때문이다.

스파이크먼은 "그 어떤 강대국도 세계의 여러 대륙을 서로 완전히 격리된 구획처럼 다룰 수는 없다"라고 썼다.[15] 이러한 딜레마는 오늘날에도 여전히 유효하다. 중국은 자국의 지역 질서뿐 아니라 어쩌면 세계 전체의 질서를 재편할 수도 있는 가장 강력한 능력을 지닌 국가다. 하지만 그렇다고 해서 미국이 어느 한 지역에만 집중하고 나머지를 외면할 수는 없다.

유럽은 여전히 자유민주주의 국가들이 가장 밀집해 있는 핵심 지역이며, 중동은 그 지리적 위치와 자원 때문에 치열한 경쟁의 교차로로 남아 있다. 이들 중 그 어느 지역도 노련한 정책 결정자가 함부로 무시해도 되는 '부차적인 문제'가 결코 아니다. 미국이 하나의 적에만 모든 관심을 집중할 경우, 다른 주요 지역에서 경쟁국이 개입할 수 있는 여지가 생길 위험이 있다. 또 다른 위험은 유라시아의 주요 지역 중 어느 하나라도 폭력적 혼란에 빠질 경우, 그 여파가 해당 지역에 국한되지 않고 훨씬 광범위하게 미국에 해를 끼칠 수 있다는 점이다.

이란과 그 대리 세력으로부터 중동의 안전을 확보하지 못하는 미국은 중국을 향해 애매한 입장을 취하는 걸프의 군주제 국가들을 자기편으로 유지하는 데에도 어려움을 겪게 될 것이다. 그리고 만약 미국이 유럽에서 손을 뗀다면, 나토 동맹국들에게 서태평양의 안보가 바로 그들의 싸움이기도 하다는 점을 이해시키는 일은 더욱 어려워질 것이다. 실제로 일부 아시아 중시론자들이 주장했듯, 미국이 우크라이나를 러시아의 폭력적인 수정주의 앞에 방치했다면, 그 충격파는 발트해에서부터 대만해협에 이르기까지 전방위적으로 파급되었을지도 모른다.16 미국과 동맹국들이 푸틴의 공격을 받는 우크라이나를 끝까지 지원하지 않는다면, 이는 쇠퇴하고 있는 민주주의 국가들은 독재 정권 앞에서 결국 무너진다는 치명적인 메시지를 전 세계에 보내는 것과 같은 결과를 초래할 수 있다. 미국 안보 네트워크의 가장 큰 장점은 미국이 한 지역에서 일어나는 도전에 대해 전 세계적인 대응을 조직해 낼 수 있다는 것이다. 하지만 미국이 자국의 외교 정책을 특정 지역에만 국한할 경우, 그 대가는 매우 크다는 점을 의미한다.

이는 우선순위를 세우지 말자는 주장이 아니다. 제2차 세계대전 당시에도 태평양 지역의 중요성을 인정하면서도 독일을 먼저 상대하는 전략이 병행되었다. 아시아에서 미국의 입지를 강화해야 한다는 주장은 타당하며, 그 필요성도 어느 때보다 분명하다. 그러나 루스벨트나 트루먼이 증명했듯, 질서를 유지하려면 여러 과제를 동시에 수행할 수 있어야 한다.

이는 한 지역의 위기가 만들어 내는 긴박함을 다른 지역에서의 행동을 촉진하는 동력으로 활용하는 것을 의미하기도 한다. 예컨대 트루먼은 한국전쟁을 서유럽 방어 강화의 계기로 삼았다. 이는 또한 다른 나라의 전쟁을 자국의 전쟁 준비를 가속하는 수단으로 활용하는 것을 의미하기도 한다. 제2차 세계대전 전의 무기대여법은 미국의 방위산업을 활성화시켰고, 우크라이나전쟁 또한 미국의 방위산업 기반에 대한 투자를 촉진시켰다. 그러나 이는 근본적으로는 미국이 얼마나 많은 에너지를 여러 과제에 투입할 수 있느냐의 문제다.

미국은 냉전 종식 이후의 평화 배당금을 계속 누려왔기 때문에, 오늘날 여러 지역에서 동시다발적인 위기에 직면할 수 있음에도 불구하고 실질적으로는 단일 전장만 감당할 수 있는 규모의 군사력을 유지하고 있다.17 이는 미국이 오랜 기간 노력 없는 패권에 안주한 결과이며, 적은 노력만으로도 최대의 효과를 누릴 수 있다는 사고방식에 익숙해졌기 때문이다. 하지만 이제 그런 시대는 끝났다. 미국은 세계적 혼란의 시대 속에서 영향력을 유지하기 위한 비용을 감수할 것인지, 아니면 지역의 강국으로 전락할 위험을 감수할 것인지를 선택해야 하는 중대한 기로에 서 있다.

* * *

물론 미국이 혼자서 이 모든 것을 해낼 수는 없다. 스파이크먼, 매킨더, 머핸이 모두 강조했듯, 미국은 유라시아 내부에 가까이 있는 동맹국들과 협력해야만 이 지역의 문제를 올바르게 해결할 수 있다. 반대로 유라시아의 패권을 노리는 세력은 외부의 지원을 차단해야만 이웃 국가들을 굴복시킬 수 있다. 여기서 유라시아의 충돌은 동맹을 구축하고 붕괴시키는 경쟁이라는 네 번째 교훈을 얻을 수 있다. 균형을 유지하려는 세력은 세계적 동맹 체계를 결집함으로써 패권을 잡으려는 세력에 맞설 수 있으며, 이때 후자는 구세계와 신세계 사이의 연결을 끊기 위해 전복이나 잠수함 작전 같은 교묘한 전략을 구사한다.

연합은 저절로 만들어지지 않는다. 같은 적을 공유한다고 해서 저절로 협력이 이루어지는 것도 아니다. 실제로 제1차 세계대전 당시 연합국은 몇 년에 걸쳐 수차례 패배 직전까지 몰린 끝에야 비로소 독일 제국을 압도하는 협력 체계를 갖추게 되었다. 제2차 세계대전 당시에는 처칠과 루스벨트가 자신들의 연합이 얼마나 분열되기 쉬운지 알고 있었기에 이를 유지하기 위해 온갖 노력을 아끼지 않았다. 냉전 시기의 동맹 관리도 수십 년에 걸친 인내와 조율이 필요한 일이었다. 한 미국 외교관은 이를 "정원을 가꾸는 일"에 비유했다. 결정적인 순간에 활력을 유지할 수 있도록 중요한 관계를 끊임없이 돌보고 다듬어야 한다는 의미였다.[18] 지금 우리가 맞이한 시기의 투쟁에서는 이보다 훨씬 더 깊은 수준의 연대가 필요하다. 유라시아 전체를 지배하려는 꿈을 꺾기 위해서는 그 무게감이 결코 가볍지 않은 여러 나라의 진정한 협력이 뒷받침되어야 한다.

미국이 유라시아 주변부에서의 침략을 막아낼 수 있을지의 여부는 압도적인 힘을 행사할 수 있는 연합을 얼마나 잘 구축하느냐에 달려 있다. 또한 민주주의 국가들이 세계 경제에서 우위를 점할 수 있을지는 각국 시장을 얼마나 효과적으로 통합하고 혁신의 생태계를 연동시키느냐에 크게 좌우된다. 경제적 강압과 정치적 전쟁을 막아내기 위해서는 정보, 사이버 방어, 무역 분야에서 훨씬 더 긴밀한 협력이 필요하다. 군사적 균형에서 기술 경쟁에 이르기까지, 점점 더 결집하는 유라시아의 패권 세력에 대응하기 위해서는 뜻을 같이하는 나라들이 이전보다 훨씬 강하게 서로를 도와야 한다.[19]

이러한 노력의 핵심은 미국의 주요 유라시아 동맹 블록을 구성하는 선진 민주주의 국가들이다. 이들 국가는 공통된 이익과 가치, 수십 년에 걸친 제도적 협력으로 미국과 긴밀히 연결되어 있다. 함께 행동한다면, 이들은 유라시아의 그 어떤 수정주의 세력에 대해서도 강력한 국제적 압박을 가할 수 있다.[20] 물론 우크라이나전쟁이 자유주의 세계 공동체의 경각심을 다시 일깨웠다고 해도, 새로 시작되는 동맹 구축의 여정은 미국이 이전에 해 온 그 어떤 동맹 전략과도 다를 것이다.

미국이 직면한 가장 중요한 도전은 유럽이 아니라 아시아에 있다. 따라서 20세기에 영국이 그러했던 것처럼, 21세기에는 일본이 미국의 가장 중요한 동맹국이 될지도 모른다. 게다가 아시아의 안보 구조는 워낙 파편화되어 있고, 중국의 도전도 수많은 영역에 걸쳐 있기에, 모든 안건을 포괄하는 단일한 연합체는 존재하지 않을 것이다. 대신 자유주의 세계의 국가들을 반도체 공급망에서부터 수중전과 같은 중요한 분야별로 영향력을 행사할 수 있는 여러 소규모 그룹으로 구성하는 '가변적 구조variable geometry'에 가까운 접근법이 요구된다.[21] 20세기의 동맹 구축이 나토를 모델로 했다면, 21세기에는 오커스가 그 모델이다. 그리고 미국이 이러한 연합을 하나로 엮으려고 하는 사이, 미국에 맞서는 세력은 이 연합을 분열시키기 위한 다양한 수단을 손에 쥐고 있다.

이란은 자신을 둘러싼 적국을 무력화하기 위해 대리 세력과 여러 강압적 수단을 사용해 왔다. 한편 러시아는 오랫동안 에너지 공급, 정치적 개입, 위협 등을 통해 적 사이에 균열을 내는 전략을 구사했다. 하지만 동맹을 분열시킬 수 있는 가장 강력한 능력을 지닌 국가는 단연코 중국이다. 중국은 나치 독일이나 소련은 결코 가지지 못했던 경제력을 통해 적에게는 경제적 보복을 가하고, 중립국에게는 보상을 약속하며 우군을 끌어들일 수 있다. 그럼에도 불구하고 중국에 맞서는 세력도 점차 뭉치고 있다. 유라시아의 패권을 향한 도전은 여전히 주변국뿐만 아니라 먼 나라에서도 반발을 불러일으킨다. 하지만 이번에는 1940년대 후반과는 달리 역사적으로 매우 중대한 연합의 '빅뱅'이 일어나는 일은 없을 것이다. 대신, 서로 맞물린 저항의 그물망을 천천히 짜 나가는 훨씬 힘들고 점진적인 싸움이 진행될 것이다. 그리고 이 과정에는 서구의 선진 민주주의 국가뿐 아니라 보다 소극적인 국가까지 포함되어야 한다.

1904년, 매킨더는 인도를 하나로 통합되어 가는 유라시아 초대륙 내의 가장 중요한 '교두보'로 보았다.[22] 이후 전개된 사건들은 바다에서 유라시아 주변을 통제하는 해양 강국이라 할지라도 경쟁국을 견제하기 위해서는 육상에서 협력할 수 있는 우방이 필요하다는 점을 보여주었다. 매킨더가 글을 쓸 당시 인도는 크지만 가난한 나라였다. 하지만 오늘날의 인도는 여전히 클 뿐만 아니라 점점 역동적인 국가로 부상하고 있다. 그렇기에 인도의 선택은 여러 중대한 문제에서 결정적인 의미를 지닌다. 그중에서도 가장 본질적인 질문은 중국이 2개의 전선을 동시에 감당할 것인가, 아니면 한쪽에만 집중할 것인가에 관한 것이다.

우크라이나전쟁이 보여주었듯, 인도와 미국의 공조는 쉽지 않을 것이며 그 범위도 제한적일 수밖에 없다. 인도는 미국과 서방이 일방적 우위를 점하는 단극 체제보다는 인도가 주요 강대국 중 하나로 자리 잡는 다극 체제를 선호한다. 인도의 전 외무장관 비제이 고칼레는 "인도는 누군가에 종속되기에는 너무 크고, 위대한 문명으로서의 역사와 정체성이 뚜렷하다"라고 말한 바 있다.[23] 인도는 분명 민주주의 국가이지만, 시민의 자유가 점점 위축되는 등 우려스러운 면모도 지니고 있다. 그럼에도 불구하고 협력의 기반은 존재한다.

단극 아시아는 중국의 지배 아래 있을 수밖에 없기 때문에, 인도와 미국은 아시아 지역의 균형을 유지하려는 공동의 이해관계를 갖고 있다. 미국의 목표가 중국의 패권을 저지하는 데 있다면, 더 강하고 자신감 있는 인도의 존재는 미국에 이익이 된다. 인도가 비록 스스로 끝까지 비동맹 국가로 남으려고 한다고 해도 말이다. 이런 협력을 구축하는 과정은 느리고 고통스러우며 어느 정도는 제한적일 수밖에 없을 것이다. 하지만 이는 앞으로 미국이 유라시아 질서를 형성해 나가는 데 있어 그 어떤 일 못지않게 중요한 과제가 될 것이다.

＊ ＊ ＊

그러므로 동맹을 구축하는 일은 다층적이면서도 다면적인 방식으로 이루어질 것이다. 미국의 가장 가까운 우방이자 신뢰할 수 있는 파트너는 유라시아의 동쪽과 서쪽 끝에 위치한 선진 민주주의 국가들이다. 두 번째 범주는 완전한 동맹은 아니지만 그럼에도 민주주의 파트너인 인도 같은 국가를 포함할 것이다. 마지막 범주는 자유주의와는 거리가 멀지만 전략적으로 중요한 국가들로, 이들은 단지 자유주의 세계와 공통의 적을 가졌다는 이유로 느슨한 형태의 협력에 나설 것이다. 역사적으로 봤을 때, 이런 불편한 동맹의 선례도 충분히 많다. 따라서 전략이란 결국 민주주의적 연대와 불쾌한 타협을 절묘하게 섞는 예술이라는 것 또한 우리가 알아야 할 다섯 번째 교훈이다. 하나의 악마를 무찌르기 위해서는 다른 악마와 손을 잡을 줄도 알아야 하는 법이다.

만약 제정 러시아가 독일의 관심을 분산시키는 데 도움을 주지 않았다면, 프랑스와 영국이라는 두 민주주의 국가는 제1차 세계대전에서 패배했을 것이다. 냉전이 시작된 것도 영국과 미국이 히틀러를 무찌르기 위해서 결국은 스탈린의 붉은 군대와 손을 잡았기 때문이었다. 그 이후 길고 어두운 냉전의 세월 동안, 미국은 꽤나 흉악한 회원들도 자유주의 세계의 일원으로 받아들였으며, 마오쩌둥과 관계를 맺음으로써 소련을 포위하고 마침내 무너뜨렸다.

민간인을 대상으로 한 봉쇄와 폭격, 제삼세계 정권에 대한 전복 공작 등 민주주의 국가들이 저지른 행위가 그들의 더 큰 전략적 목표를 파탄 냈다고 단정하는 것은 지나치게 단순한 해석이다. 세계를 가장 탐욕스럽고 비인도적인 정권이 지배하는 것으로부터 막아내는 것 자체도 도덕적인 일이다. 자유가 뿌리내릴 수 있는 세력 균형을 유지하기 위해서라면 때로는 반자유주의적 행위와 반자유주의적 세력과의 협력이 필요할 수도 있다.

오늘날 중동에서 사우디아라비아와 아랍에미리트 없이는 패권을 견제하기 위한 어떠한 연합도 성립할 수 없다. 마찬가지로 튀르키예 없이는 나토의 남측 방어선이 약화되며, 싱가포르와 베트남 없이는 중국에 맞설 동남아시아의 방파제도 존재할 수 없다. 결국 민주주의와 권위주의가 뒤섞인 '중간 지대' 국가를 끌어오지 않고서는 중국을 견제하기 위한 전 세계적 전략을 수립할 수 없다.[24] 유라시아의 균형을 지키기 위해서는 자유주의 세계를 결집시키는 **동시**에 일련의 권위주의 국가들을 전략적으로 활용해야 한다. 그러나 오늘날 이 과제를 수행하는 것은 냉전 당시보다 더 어려울지도 모른다.

냉전 시기에 미국과 손잡은 반자유주의 세력은 대부분 반공주의 성향의 우익 독재자들로 구성되었다. 공산주의가 승리할 경우 가장 먼저 제거될 존재가 자신들이라는 점을 누구보다 잘 알고 있었기 때문이었다. 하지만 오늘날 미국의 주된 적인 러시아와 중국은 권위주의를 내세우면서 다른 반자유주의적 정권들에게 큰 위협으로 다가오지 않는다. 다시 말해, 미국이 필요로 하는 독재자들과 미국이 견제해야 할 독재자들 사이의 이념적 간극이 과거보다 훨씬 얕아진 것이다.[25] 여기에 더해, 서구 세계 밖에 있는 많은 국가는 서방 중심으로 짜인 기존 국제 질서에 회의적인 태도를 가지고 있으며, 이러한 분위기 속에서 이들은 어느 한쪽에 확실히 서기보다는 그때그때의 상황에 따라 양쪽을 오가려는 유혹에 더욱 쉽게 빠질 수 있다. 이처럼 어색한 파트너들과 미국이 협력하기 위해서는 인내심을 갖고 관계를 쌓아가는 한편, 필요할 경우 철저히 계산적이고 심지어는 도덕성을 일단 접어둔 외교 방식을 병행해야 한다. 동시에 유라시아의 세력 균형을 깨뜨릴 수 있는 중요한 사안에 대해서는 이들과의 충돌 가능성을 최대한 줄여야 한다. 미국은 심지어 지금으로서는 전혀 가능성 없어 보이는 그 어떤 나라와의 협력조차도 장기적으로는 구축할 수 있도록 대비해야 된다.

현시점에서 러시아와 중국 사이를 이간질할 수 있다고 말하는 이들은 그저 헛된 꿈을 꾸고 있을 뿐이다. 미국이 중국과 러시아 간의 공조를 뒤집기 위해서 할 수 있는 일은 거의 없다. 바로 그렇기에 미국은 여러 전선에서 동시다발로 싸워야 한다. 하지만 지리적 인접성이 항상 우호적 관계를 의미하지는 않는다. 중국이 궁극적인 목표에 근접하게 된다면, 이는 러시아에 오히려 미국보다도 더 직접적인 위협이 될 수 있다. 그 정도까지 이르지 않더라도, 팽창주의적 성향을 지닌 두 초대형 이웃 국가 사이에는 언제든 갈등의 불씨가 튈 수 있다. 따라서 미국 입장에서 이 두 적국이 서로 등을 돌리는 시점을 앞당기는 최선의 방법은, 아이러니하게도 이들이 서로를 더 단단히 끌어안게 만드는 것일 수도 있다.

과거에도 이와 비슷한 전례가 있었다. 반세기 전, 미국은 중국과 소련 사이의 분열을 부추기기 위해 당시 더 약했던 중국을 강하게 압박했다. 그러자 중국은 강대국인 소련의 도움을 받고자 소련이 받아들이기 힘든 요구를 하게 되었고, 결국 두 국가는 갈라서게 되었다.[26] 이제는 역할이 바뀌었다. 중국이 러시아보다 훨씬 강력한 쪽이 되었지만, 이와 같은 논리 자체는 여전히 유효하다. 서방이 러시아에 가하는 압박이 거세질수록, 푸틴은 시진핑에게 더 많은 도움을 요청하게 될 것이고, 시진핑은 그 요구를 달가워하지 않을 것이다.[27] 서방이 러시아를 철저하게 고립시킬 경우, 러시아는 중국에 더 깊이 의존할 수밖에 없을 것이고, 이 상황은 푸틴은 몰라도 많은 러시아 민족주의자에게는 몹시 불편한 일이 될 것이다. 시진핑과 푸틴이 전우애를 유지하는 한, 당장은 문제가 없을지도 모른다. 하지만 그 이후는 아무도 모른다. 언젠가 미국이 중러 갈등의 틈을 이용한다 해도, 그런 아이러니야 국제정치에서는 새삼스러운 일이 아니다.

* * *

유라시아를 둘러싼 전략적 이해관계와 기본 원칙은 변하지 않더라도, 그 수단은 달라진다. 두 차례의 세계대전에서 수정주의 국가들은 유라시아의 세력 균형을 폭력적인 수단을 통해 깨뜨리려 했다. 핵으로 인한 인류의 전멸 위협 속에서 벌어진 냉전 시기, 소련은 주로 군사적 위협, 전복 공작 그리고 대리 세력에 의존했다. 오늘날 수정주의 국가들이 사용하는 수단은 그보다 훨씬 다양하다. 탄도미사일에서부터 통신망에 이르기까지 모든 것이 포함된다. 예나 지금이나 유라시아를 향한 팽창은 당대의 특성과 세계 패권 구조의 변화상을 그대로 반영한다. 이는 지정학적 경쟁은 **곧** 기술 경쟁이라는 여섯 번째 교훈을 남겨 준다. 경제 생산과 기술 혁신을 주도하는 국가들이 세계를 지배하는 것이다.

세계대전 당시, 미국과 그 동맹국이 항상 가장 화려한 기술을 보유하고 있던 것은 아니었다. 예컨대 급강하 폭격기나 전차 같은 무기를 처음 활용한 것은 연합국이 아니었다. 그러나 이들은 현대 군사력의 기반이라 할 수 있는 대량 생산 능력을 압도적으로 지배하고 있었고, 장거리 폭격기에서 해상 수송에 이르기까지 전 세계 전장에서 결정적 힘을 투사할 수 있는 기술을 완전히 익혔다. 냉전 시기에도 미국은 핵 경쟁이라는 시대적 대결에서 소련을 앞섰고, 압도적 경제력, 기술력, 민간 기술을 활용하여 주요 지역의 재건을 이끌어 냈다. 그리고 1980년대에 이르러서는 정보화 시대로 돌진하면서 소련을 완전히 제쳤다.

유라시아의 세기가 곧 미국의 세기였던 이유는, 미국이 압도적인 기술력과 경제력을 동시에 갖추고 있었으며, 그 힘을 당대 가장 어려운 전략적 과제를 해결하는 데 집중했기 때문이다. 하지만 이제 중국이 주요 전략 요충지를 통제하고 핵심 산업을 장악하려 하면서, 기술 패권을 둘러싼 경쟁은 다시 뜨겁게 달아오르고 있다. 역사는 이 경쟁에서 승리하는 가장 좋은 방법이 자신은 더 빠르게 달리면서, 상대방의 속도는 늦추는 것임을 알려 준다.

물론 미국은 첨단 컴퓨터, 생명공학, 청정에너지와 같이 세계 경제의 향방을 결정짓거나 경제 및 군사 분야 전반에 거쳐 전략적 파급력을 지닌 기술에 투자함으로써 자국의 혁신 기반을 강화해야 한다.[28] 또한 뜻을 같이하는 국가와의 동맹도 필요하다. 전 세계 연구개발비 지출의 균형과 핵심 공급망에 대한 영향력의 분포는 선진 민주주의 국가들에 유리하지만, 이는 이들이 힘을 합칠 때만 가능한 일이다.[29] 제2차 세계대전 당시 영국과 미국이 함께 암호를 해독하고 장거리 전투기를 개발했던 것처럼, 오늘날에도 동맹 구축은 군사적 필요일 뿐 아니라 기술적 필연이기도 한 것이다. 하지만 미국과 그 동맹국들은 단지 스스로를 가장 뛰어나고 혁신적인 국가로 만드는 데에만 안주해서는 안 된다.

연합국은 제2차 세계대전 당시 승리하기 위해 자신의 역량을 강화하는 데 그치지 않고, 독일과 일본의 역량을 체계적으로 파괴했다. 냉전 시기에도 자유주의 세계는 결함 많은 소련 체제가 스스로 무너지기를 마냥 기다린 것이 아니었다. 오히려 경제 전쟁과 기술이 이전되는 것을 차단하는 정책을 통해 소련의 잠재력을 제한하고 몰락을 앞당겼다. 중국은 과거 소련보다 훨씬 더 세계 경제와 밀접하게 연결되어 있기에 어떠한 형태의 탈동조화脫同調化도 훨씬 더 고통스러울 것이다. 그러나 만약 지금이 서로 다른 삶의 방식 간의 투쟁에서 또 하나의 '전환점'이라면, 다시 말해 시진핑과 그의 동맹이 세계 질서에 점점 더 심각한 위협을 제기하고 있다면, 민주주의 국가들이 더 적극적으로 기술 분야에서 이들과 맞서 싸우지 않을 이유가 과연 있는가?[30]

자유주의 세계가 이에 대해 죄책감을 느낄 필요는 없다. 수십 년간 지속된 지적재산권에 대한 침해, 산업 스파이 행위, 기술 이전 강요 및 기타 중상주의적 정책은 중국의 산업 전략을 떠받쳐 왔다. 시진핑은 미국에 대한 기술 의존을 줄이는 동시에 외국이 중국에 더 의존하게 만들겠다는 목표를 공개적으로 천명한 바 있다.[31] 중국이 여전히 필요로 하는 외화, 시장, 원자재에 대한 접근을 제한함으로써 중국의 혁신 역량을 약화시키는 것은 단순한 방어 행위일 뿐이다. 이러한 정책은 기술적 강압과 맞대응 사이의 투쟁을 격화하고, 세계 경제를 더욱 분열시킬 것이다. 하지만 이는 평시의 경쟁 속에서 미국의 영향력을 유지하고, 잠재적 충돌 상황에서 미국의 승산을 보장하기 위한 기술적 환경을 유지하는 데 필수적인 조치이기도 하다.[32]

* * *

1948년, 트루먼은 미국이 "평화를 위한 대가를 치러야 한다"며, 그렇지 않으면 "전쟁의 대가를 치르게 될 것"이라고 말했다.[33] 유라시아의 세기가 낳은 가장 끔찍한 순간들은 권위주의적 침략이 세력 균형을 무너뜨릴 때 발생했다. 점령지에서는 도덕의 기준이 사라졌고, 권위주의 국가들의 영향권은 약탈의 무대로 변질되었다. 절박한 상황 속에서 급히 구성된 연합국은 막대한 희생을 치르며 적대적인 대륙에 다시 발을 들여놓아야 했다. 이러한 이유로 25년 동안 두 차례나 전쟁의 대가를 치른 트루먼 시대의 미국은 1945년 이후 평화를 지속적으로 강화하는 길을 택했다.

이는 결코 단순한 일이 아니었다. 세계대전을 막는 일은 고되고, 도덕적으로도 고통스러운 과업이었다. 이 과정에서 핵 억지력이라는 종말론적이자 부조리한 개념을 배워야 했고, 피로 얼룩진 '제한된' 갈등을 벌여야 했으며, 쿠바와 베를린을 둘러싸고 전쟁 직전까지 밀어붙이는 상황도 감수해야 했다. 또한 미국과 동맹국들이 실제로 벌어지기를 바라지 않았던 충돌에 대비해 끊임없이 준비해야 했다. 전후 시대의 '긴 평화'는 결코 저절로 주어진 것이 아니었다. 그것은 수십 년에 걸친 노력 끝에 군사적 균형을 자유주의 진영에 유리하도록 만든 결과였다. 따라서 일곱 번째 교훈은 냉전이란 열전을 억지한 대가라는 것이다.

우크라이나 시민들이 증언하듯이, 고강도 전쟁은 사라져 가는 과거의 유물이 아니다. 또한 이스라엘이 다시금 깨달았듯, 기술적 우위만으로는 가장 치명적인 군사적 기습을 막을 수 없다. 중국의 군사력에 의해 위협받고 있는 서태평양에서는 평화가 점점 불안정해지고 있다. 수정주의 국가들이 원하는 목표를 무력으로 쟁취하려 들지 않을 것이라고 단언해서는 안 되며, 힘의 시험대에서 민주주의 국가들이 언제나 이길 것이라고 확신해서도 안 된다. 오늘날의 평화를 지키는 대가는 또 다른 긴 군사 경쟁이 될 것이다.

나토의 동부전선에서 억지력을 유지하려면, 실제로 전투를 벌일 수 있는 강력한 전력을 갖춘 최전방 국가들, 러시아의 기습 공격을 지연시킬 수 있는 전진 배치된 동맹군 그리고 러시아가 핵 위협으로 자신들의 조건을 강요하지 못하도록 견제하면서 접근이 어려운 지역에도 병력을 신속히 투사할 수 있는 나토가 필요하다.[34] 이러한 과제는 어렵기는 하지만, 세계에서 가장 강력하고 경험 많은 동맹이라면 충분히 수행 가능하다. 반면 태평양 지역에서는 상황이 더 험난하다. 이 지역에는 미국이 주도하는 범지역적 동맹도 없으며, 중국의 군사력 증강은 미국에게 대만을 지키기 위한 전쟁을 벌이되 패배하거나, 애초에 싸우지 않는 것 중 하나를 선택해야하는 상황을 강요하려 하고 있다.[35]

2019년, 트럼프는 "대만은 중국의 코앞에 있으며, 만약 중국이 침공할 경우 우리가 할 수 있는 일은 단 하나도 없을 것"이라고 말했다.[36] 다행히 동아시아의 평화를 지키는 일은 지도에서 보이는 것만큼 절망적이지는 않다. 중국이 갖는 근본적인 비대칭적 우위는 지리적 근접성에 있다. 반면, 중국의 적이 갖는 비대칭적 우위는 방어가 점령보다 쉽다는 점에 있다. 특히 넓은 바다를 건너 병력을 투입해야 한다는 의미에서의 점령일 때는 더욱 그렇다. 해양으로 둘러싸인 방어선과 험준한 지형을 고려할 때, 대만을 점령하는 일은 역사상 가장 복잡한 군사 작전 중 하나가 될 것이다.[37] 그러한 공격을 격퇴하거나, 더 바람직하게는 억제하기 위한 전략의 윤곽은 이미 분명히 드러나 있다.

이러한 전략에는 우선 대만을 마치 가시 돋친 고슴도치처럼 무장시켜 끝까지 싸울 수 있게 만드는 것이 포함된다. 또한 제1도련선을 대함 미사일과 치명적인 공격용 잠수함으로 무장한 일련의 강력한 거점으로 만듦으로써 지리적 요인을 중국에 불리하게 작용하도록 바꾸어 놓아야 한다. 그 뒤편에는 미군의 공격력, 물자 지원 능력, 장거리 정밀 타격 능력을 갖춘 제2도련선을 구축해야 한다. 이와 함께 봉쇄 및 침공 함대를 궤멸시킬 수 있도록 어뢰와 미사일 등 핵심 탄약을 충분히 비축하고, 미국 해군이 장악할 수 있는 먼 바다의 병목 지점을 중심으로 중국의 에너지 및 주요 물자 수입을 차단하는 봉쇄를 준비해야 한다.

이 전략에는 미국의 지역 내 관계망을 더 강력하고 연합 방어에 명시적으로 헌신하는 체제로 짜 맞추는 것도 포함된다. 그리고 중국이 공격에 나설 경우 주요 민주주의 국가들과 함께 강력한 경제적, 기술적 제재를 가할 준비를 갖추어야 하며, 동맹국의 방위산업 기반을 21세기의 민주주의 병기창으로 통합하여 장기전에 대비할 수 있도록 만들어야 한다. 마지막으로, 그리고 가장 불편하게도, 억지력의 유지에는 서태평양 지역에서 제한적인 핵전쟁을 수행할 수 있는 신뢰할 만한 능력을 갖추는 것도 포함된다. 그래야만 중국이 자국의 핵무기 체계를 고도화하면서 미국의 개입을 핵 위협으로 저지할 수 있다는 자신감을 갖지 못하게 만들 수 있기 때문이다.[38]

이 전략은 중국이 쉽게 승리하는 것을 좌절시키는 동시에, 미국이 가진 동맹, 전 지구적 병력 투사 능력, 경제 및 기술적 지렛대와 같은 이점을 활용하여, 이 전쟁을 시진핑 정권에 파괴적이고 불안정하며 실존적 위협이 되게 만들 수 있다. 이 모든 것이 끔찍하게 들릴 수 있지만, 상상하기조차 싫은 사태에 대비하는 것이야말로 그것이 실제로 일어나지 않도록 하는 최선의 방법이다. 그런 점에서 미국과 여러 국가가 이 모든 영역에서 실질적인, 때로는 역사적으로 매우 중요한 진전을 이루고 있다는 사실은 고

무적이다. 하지만 동시에 중국이 전쟁 준비에 박차를 가하는 동안, 이들 국가의 움직임이 마치 슬로우 모션처럼 느리게 진행된다는 것은 두려움을 자아낸다.[39]

히틀러가 유럽을 휩쓸고 있을 때, 마셜은 "우리는 20년 가까이 시간이 있었지만 돈은 거의 없었다. 하지만 지금은 돈은 충분한데 시간이 없다"라고 썼다.[40] 미국은 결국 주요 지역이 적대 세력의 손에 넘어가지 않도록 비용을 치르게 될 것이다. 그렇다면 뒤늦은 것보다는 미리 균형을 맞추는 것이 훨씬 낫다.

* * *

그 어떤 세력 균형을 위한 노력도 자국에서부터 시작된다. 따라서 미국의 외교 정책을 논할 때, 우선 자기 집부터 정비해야 한다는 말이 의례적으로 반복된다. 다른 많은 상투적인 표현처럼, 이 말 역시 어느 정도는 사실이다. 비개입주의자들이 옳았던 점이 있다면, 미국의 힘은 그 경제와 사회, 민주주의의 활력 이상으로 강할 수는 없다는 것이다. 다만 반전은 다음과 같다. 만약 미국이 해외에 개입하기 **전에** 스스로 완벽하게 만들겠다고 고집했다면, 오늘날 세계는 자신의 결함에 덜 얽매이는 정권들에 의해 지배되고 있을 것이라는 점이다. 사실 세계적 개입은 국내의 쇄신을 자극할 수도 있다. 적이 문 앞에 있다는 사실은 성안의 약점에 집중하게 만드는 법이다.

이런 효과는 지금도 계속되고 있다. 미국이 열강 간의 패권 경쟁으로 방향을 튼 결과, 반도체 제조와 다른 전략적 우선 과제에 대한 역사적인 수준의 지출이 이루어졌으며, 이는 미국 국내에도 혜택을 주고 있다.[41] 그러나 여덟 번째 교훈은 눈에 잘 띄지 않는 다른 측면에 있다. 바로 "외교 정책은 국내에서 시작된다"는 말이 암시하는 또 다른 의미다. 즉 서반구야말로 종종 간과되지만 유라시아 패권 경쟁에서 핵심적인 전장이라는 점이다.

머핸은 미국이 바다를 순찰하기에 앞서 우선 파나마운하와 카리브해의 안보를 확보해야 한다는 점을 이해하고 있었다. 스파이크먼의 표현을 빌리자면, 미국은 스스로의 영역 내에서 절대적인 우위를 확보했기 때문에 결국 "여분의 힘"을 토대로 먼 지역에까지 개입할 수 있게 되었다.[42] 즉 서반구 내에서의 안전과 전 세계에 걸친 행동주의는 동시에 작동했다. 이 점은 미국의 적도 잘 알고 있었다. 치머만 전보 사건*부터 쿠바 미사일 위기까지, 지난 세기의 모든 주요 갈등은 유라시아 열강이 라틴아메리카에서 정치적 불안과 반미 정서를 부추겨, 미국을 자국의 뒷마당에서 수세에 몰아넣어 균형을 무너뜨리려 시도했던 사례였다.

오늘날의 유라시아 강대국들 또한 이런 전형적인 전략을 잘 알고 있다. 러시아와 이란은 카리브해 일대에서 반자유주의적 포퓰리스트들을 지원해 왔고, 중국은 라틴아메리카의 경제, 기반 시설, 기술망에 점차 깊이 개입하고 있다. 중국은 또한 아르헨티나에서 쿠바에 이르기까지 더 광범위한 안보 강화를 위한 기반을 마련하고 있다.[43] 이러한 움직임이 어떠한 함의를 지니는지를 이해하기 위해서 지금이 1962년 10월의 쿠바 미사일 위기 때와 똑같은 상황이라고 생각할 필요는 없다.

자국과 인근 지역에서 패권을 장악한 국가가 더 쉽게 서반구에까지 영향력을 뻗칠 수 있는 것과 마찬가지로, 서반구에 발을 들인 외부 세력은 오히려 세계 곳곳을 누비며 영향력을 행사해 온 초강대국, 즉 미국의 주의를 분산시키고 발목을 잡을 수 있다. 적대적 세력이나 이념이 서반구를 지배하도록 방치해서는 안 된다는 먼로 독트린의 논리는, 오늘날에도

---

*　제1차 세계대전 도중 독일의 외무장관 치머만이 멕시코에 극비 전보를 보낸 사건. 멕시코가 미국과 전쟁을 벌여 이전에 미국으로부터 빼앗긴 영토를 되찾도록 독일이 돕겠다고 약속한다는 내용을 담고 있었다.

여전히 유효하다. 비록 이러한 표현 방식이 미국 남쪽의 주권 국가들에 괜한 반감을 일으키긴 하지만 말이다.

　새로운 패권 경쟁의 시대가 예고되면서, 미국은 다시 한번 자국의 경쟁국이 서반구에 거점을 마련하지 못하도록 막을 것이다. 미국이 냉전 시기에 사용했던 경제적 압박이나 비밀 개입 같은 거친 수단을 다시 꺼내들더라도 놀랄 일은 아니다. 계몽된 민주주의 국가조차도 어려운 시기에는 강경한 조치를 택할 수 있기 때문이다. 그러나 미국이 적대국의 서반구 접근을 차단한다는 부정적 목표를 지역 협력이라는 긍정적 방식과 함께 추진할수록 그 효과는 더 클 것이다.

　중국을 겨냥한 일정 수준의 탈세계화는 서반구 내 무역과 제조업의 지역화를 심화시킬 기회를 제공한다.[44] 긴장 상태에 놓인 이 지역의 민주주의를 지탱하고, 오랫동안 방치되었던 군대를 복원하는 데 투자하는 일은 국제적 긴장이 고조되는 상황에서 비용 대비 효용이 큰 전략이다. 가장 야심 찬 구상은 미국, 캐나다, 멕시코가 경제적, 기술적으로 더욱 긴밀히 결합된 북미 공동체를 강화함으로써 중국이라는 막강한 세력에 대응하는 것이다.[45] 이는 매우 중대한 동시에 정치적으로도 만만치 않은 과제이다. 하지만 아메리카 대륙 내 통합의 고리가 촘촘해질수록, 세계가 분열되는 시대에 미국이 발휘할 수 있는 영향력도 커질 것이다.

＊ ＊ ＊

　이러한 전망을 보고 있자면 미래가 어두워 보인다. 미래 속에서 패권 투쟁은 끝이 보이지 않을 정도로 격렬하게 지속된다. 2021년 중국 국방부장이 언급했듯, 유라시아 초대륙의 핵심 지역과 해로에서는 "봉쇄와 반봉쇄"의 각축전이 벌어질 것이다.[46] 세계 경제는 전쟁의 위협과 치열한 경쟁의 압력 속에서 재편될 것이다. 대리 세력끼리의 전쟁과 위기도 점차 일상화되고, 미국을 비롯한 기존 질서의 수호자들은 경쟁국이 실책에 대한 대가를 치르게 만들 것이다. 외교는 훨씬 냉혹하고 단호한 영역으로 변할 것이며, 민주주의 국가들은 다음과 같은 사실을 다시금 깨닫게 될 것이다. 즉 가장 파괴적인 지정학적 게임의 반복을 피하고자 한다면, 그런 질서를 위협하는 세력에 맞서기 위해서라도 오히려 그 누구보다 냉철하게 지정학적으로 대응할 줄 알아야 한다는 것이다.

이는 그리 매력적으로 들리지 않을 수도 있다. 하지만 기억하라. 유라시아에서 벌어지는 투쟁은 동시에 새로운 질서를 창조할 기회이기도 하다.

20세기는 인류의 가장 파괴적인 충돌이 분출된 시대였다. 하지만 동시에, 인류가 누린 가장 자유롭고 번영했던 시대가 그 안에서 태동했다. 최악의 시기가 곧장 최상의 시기로 이어졌고, 파괴의 흐름에서 역사를 구원해 새로운 방향으로 이끈 것이 바로 자유주의적 세계 질서의 창조였다. 이는 전 세계적 초강대국인 미국과 그 동맹국이 함께 이룬 성취였다.

오늘날, 과거의 위험이 새로운 형태로 되살아나고 있다. 세계는 더 이상 강대국 간의 전쟁, 권위주의의 부상, 민간인을 상대로 한 의도적이고 대규모의 폭력 그리고 오랜 분쟁의 시대를 특징지었던 다양한 재앙으로부터 안전해 보이지 않는다. 우리는 이러한 망령을 다시 막아내기 위해서라도 다시 한번 창조의 시대를 맞이해야 한다.

대부분의 국제 질서는 '배제의 질서'다. 이러한 질서에서는 내부의 국가끼리 규범과 제도, 협력의 구조를 구축함으로써 외부에 있는 이를 억제하거나 배제한다.47 문제가 침략 억제이든, 정치적 차단이든, 혹은 기술이 독재를 고착화하고 강화하는 미래의 가능성을 차단하는 것이든 간에, 이에 대한 해결책은 수많은 국가에서 효과적으로 작동해 온 이 체제를 시대에 맞게 조정하고 개선하는 데 있다.

중요한 전장에서 방어선을 지켜 내는 연합은 군사적, 경제적, 외교적으로 지금껏 없던 방식으로 힘을 결집함으로써 무력에 의한 영토 정복 금지라는 규범을 뒷받침하는 세계적 규모의 국가 집단으로 구성될 것이다. 적보다 기술적으로 앞서 나가는 자유주의 세계의 동맹은 자원을 집중하고 창의력을 모아 전례 없는 방식으로 혁신의 최전선을 개척할 것이다. 또한 민주주의의 가치를 수호하는 국가의 연합은 초국가적 부패와 탄압에 맞서기 위한 더 효과적인 대응 방식을 만들어 낼 것이다. 그리고 세계적 영향력 싸움에서 승리한 연합은 쿼드와 오커스 등의 구상에서 볼 수 있듯, 오늘날의 가장 중대한 도전에 걸맞게 국제 협력의 구조를 새롭게 설계하고 이에 적응한 국가들로 구성될 것이다.

매킨더가 한때 썼듯, 적의 존재는 궁극적으로 '자극 효과'를 불러일으킬 수 있다.[48] 자유주의 질서를 내던지는 것은 갈등으로 분열된 세계에 대한 올바른 해답이 아니다.[49] 오히려 그 질서를 무너뜨리려는 세력에 맞서 더욱 강하게 질서를 다져 나가야 한다.

* * *

이 모든 것을 이루기 위해서는 마지막 교훈에 귀 기울여야 한다. 바로 운명이란 것은 존재하지 않는다는 것이다. 현대사의 전개만 보면, 유라시아에서 패권을 노리는 시도는 결국 실패할 수밖에 없는 것처럼 보인다. 이러한 시각에서는 패권을 추구한다는 것이 곧 전략적 자멸을 의미하는 것처럼 보이기도 한다. 실제로 매킨더 이래로 유라시아의 패권을 차지하려고 한 모든 세력은 결국 패배했다. 그들은 하나같이 여러 적을 불러들였고, 이들의 연합은 결국 승리했다. 결국 20세기는 매킨더가 우려했던 '세계 제국'이라는 악몽으로 이어지지 않았으며, 인류 대다수에게 더 나은 삶으로 나아가는 길을 열어주었다.[50] 세상의 도덕은 더디지만 결국 정의로 향한다는 말이 있다. 아마도 이는 진실일 것이다.

이는 기분 좋은 동시에 매우 위험한 생각이기도 하다. 유라시아를 둘러싼 투쟁 하나하나는 다른 결과로 이어졌을 수도 있다. 선한 자가 반드시 승리한다는 보장은 없었다. 결단력 있는 독일이 제1차 세계대전에서 연합국을 물리치고 세계 질서를 다시 만들었을 수도 있었다. 제2차 세계대전에서도 다른 선택이나 다른 인물이 역사의 흐름을 바꿨을 가능성은 높았다. 냉전 초기에 상황을 구한 건 운명이 아니라 긴급하고 즉흥적인 정책이었다. 팽창은 반드시 실패하고, 폭정은 반드시 무너져야 한다는 자연법칙 따위는 없다. 역사가 진보의 길을 걷는다는 보장도 없다.

유라시아의 세기 대부분 동안, 진보라는 개념은 터무니없는 주장처럼 보였을 것이다. 이 시기 근대성은 더 끔찍한 형태의 전쟁과 더 악독한 폭정을 낳는 듯 보였다. 진보란 생산적인 목적을 위해 권력이 쓰일 때 비로소 이루어지는 것이다. 세상의 도덕 역시 미국과 그 동맹국이 무엇을 해냈는가에 따라 형성된 것이었다. 그리고 앞으로 전개될 유라시아 전선의 향방 역시 앞으로 그들이 어떤 선택을 하고, 이에 얼마나 헌신하는지에 달려 있다.

그들이 승리 공식을 찾지 못하리라는 보장은 없다. 유라시아의 수정주의 세력은 이미 강한 저항에 부딪히고 있으며, 그 국민들은 통치자들과 체제의 병폐로 인해 고통받고 있다. 독재국가의 날카로운 관찰자들 역시 자신들의 국가들이 결국 포위되고 소진되고 말 것이라는 전망에 대해 알고 있다. 심지어 중국의 군사 분석가들조차 미국과 그 수많은 동맹국을 상대로 도전한 나라는 대가를 치러왔다는 사실을 인정한다. 한 분석가는 "미제국주의를 '종이호랑이'로 인식하지 마라. 이는 사람을 죽이는 '진짜 호랑이'"라고 썼다.[51]

미국과 그 동맹국이 유라시아 세력의 야심을 지속적으로 저지할 수 있다면, 혹은 적들이 약화시키려는 기존 질서를 더욱 공고히 할 수 있다면 그리고 패권 투쟁이 수정주의 체제들에 이익보다는 고통을 가져다준다는 점을 보여줄 수 있다면, 러시아, 이란, 중국의 정책이나 정치도 언젠가는 누그러질지 모른다. 냉전의 종결이 상기시켜 주듯, 아무리 이념적으로 극단적인 국가일지라도, 국가는 결국 바꿀 수 없는 현실에 순응하는 법을 배우기도 한다.

하지만 어떤 것도 당연하게 여겨서는 안 된다. 소련을 무너뜨리는 데에는 종말의 위협이 도사렸던 40년에 걸친 투쟁이 필요했다. 다른 패권 도전국들도 몰락하기 전에 끔찍한 피해를 남겼다. 오늘날의 유라시아 강대국들 역시 주변 국가를 파괴하거나, 전복시키거나, 혹은 유혹하려 들 것이다. 이들은 이전 세 번의 대결을 해결한 저 멀리의 초강대국이 네 번째 대결에서는 비틀거리기를 바라고 있다.

역사는 이들의 승산이 높지 않음을 보여준다. 그러나 역사는 동시에 뜻밖의 일이 일어날 수 있으며, 민주주의의 우위가 결코 보장된 것이 아님도 보여준다. 지리는 조건을 만들지만, 전략은 승패를 가른다. 이것이야말로 유라시아의 세기가 우리에게 주는 가장 중요한 통찰이다.

감사의 말

책의 말미에 싣는 감사의 글만으로는 저자가 집필 과정에서 지게 되는 크고 작은 빚을 온전히 드러내거나 갚을 수 없습니다. 이러한 한계를 인정하면서도, 저는 이 책을 쓰는 동안 즐겁고도 지적인 안식처를 제공해 준 존스홉킨스 국제관계대학원과 아메리칸 엔터프라이즈 연구소에 깊은 감사의 마음을 전하고 싶습니다. 또한 이 훌륭한 기관을 이끌어 준 짐 스타인버그, 로브터 도어, 코리 샤키에게 감사의 마음을 전합니다. 매킨더에 대한 나의 집착을 너그러이 받아들이고, 분석에 담긴 여러 생각을 발전시킬 수 있도록 도와준 캐머런 아바디, 라비 애그라왈, 댄 커츠-펠런, 마티아스 헤서루스, 이언 마틴, 데이비드 쉬플리, 슈테판 테일 그리고 무엇보다 블룸버그 오피니언의 토비 하쇼와 팀 오브라이언에게도 깊은 감사를 드립니다. W. W. 노턴 출판사의 존 글러스만, 헬렌 코마이딧 그리고 이들의 팀 전체와 함께 일할 수 있어 큰 기쁨이었으며, 이 책의 구상을 출판사에 연결해 준 레이프 새갈린에게도 감사 드립니다. 언제나 그렇듯, 이 책은 물론이고 그동안의 여러 여정 속에서도 아낌없는 사랑을 보내 준 가족에게도 진심으로 감사합니다. 끝으로, 이 책은 존 루이스 개디스와 바턴 번스타인에게 바칩니다. 두 분은 훌륭한 학자이자 비할 데 없는 멘토로서 제게 역사학자가 된다는 것이 무엇을 뜻하는지 이해하도록 이끌어 주셨습니다. 또한 중요한 지적, 직업적 여정의 순간마다 저를 지지해 주셨습니다. 이 은혜를 평생 잊지 않겠습니다.

옮긴이의 말

이 책의 저자 할 브랜즈는 오늘날 미국 국제 외교 분야에서 영향력 있는 사상가 가운데 한 사람으로 꼽힌다. 브랜즈는 예일대학에서 박사 학위를 취득한 역사학자이면서, 존스홉킨스대학 국제관계대학원의 헨리 키신저 글로벌 문제 교수로 재직하면서 미국기업연구소American Enterprise Institute의 연구원으로도 활동하고 있다.

이렇듯 학자로서의 이력뿐 아니라 실제 정책 현장과의 긴밀한 교류는 그의 저작이 갖는 중요한 특징이다. 저자는 미 국방부와 국무부를 포함한 여러 정책 기관의 자문 역할을 수행하고 있으며, 미국 외교와 안보 정책 논의의 중심부에서 역사적 통찰을 제공해왔다. 그의 연구는 일관되게 역사와 외교 전략의 결합에 초점을 맞춘다. 그는 국제 정치를 단순한 도덕이나 이념적 선악 구도로 단순화하기보다는 패권 경쟁, 지정학, 기술, 역사적 경험 등이 중층적으로 작동하는 장기 경쟁의 과정으로 분석해 왔으며, 《유라시아 지정학》은 이러한 문제의식이 가장 포괄적이고 야심차게 전개된 결과물이라 할 수 있다.

이 책이 던지는 질문은 분명하다. "왜 지난 한 세기 동안 인류의 가장 파괴적인 충돌은 반복해서 유라시아에서 발생했는가. 그리고 그 패턴은 지금도 유효한가?"라는 것이다. 저자는 이 질문에 답하기 위해 해퍼드 매킨더의 고전적 지정학 이론에서 출발한다. 유라시아 대륙, 즉 세계 인구와 산업, 자원이 집중된 거대한 대륙을 지배하려는 시도는 필연적으로 주변 해양 세력과의 충돌을 야기했다는 것이 그의 기본 인식이다. 제1차 세계대전, 제2차 세계대전, 그리고 냉전은 서로 다른 역사적 맥락을 지녔지만, 기본적으로는 유라시아의 패권을 둘러싼 도전과 이를 저지하려는 연합의 충돌이라는 구조를 공유한다는 것이다.

19세기 말에서 21세기 초에 이르는 역사를 다루고 있기는 하지만, 이 책은 전통적 의미에서의 역사서는 아니다. 저자는 20세기의 역사를 위와 같은 관점으로 분석한 후, 중국, 러시아, 이란이 주도하는 오늘날의 도전 역시 단순한 지역 분쟁이 아니라, 다시 한번 유라시아 전체의 질서를 재편하려는 시도라는 점을 강조하고 있다. 그는 오늘의 세기가 새로운 유라시아의 세기(책의 원제 *The Eurasian Century*)로 진입하고 있으며, 그 결과는 결코 미리 정해져 있지 않다고 주장한다.

이 책의 가장 큰 강점은 장기적 역사 인식과 냉철한 외교적 사고가 결합되어 있다는 점에 있다. 저자는 자유주의 국제 질서를 옹호하지만, 그 질서가 도덕적 선의 산물이라거나 자연스러운 진보, 혹은 역사적 필연이라고 주장하지 않는다. 오히려 수차례의 참혹한 전쟁과 치열한 경쟁 속에서 막대한 비용을 치르며 구축된 결과임을 강조한다. 또한 이 책은 지정학을 낡은 제국주의 시대의 사고로 치부하는 시각을 정면으로 반박한다. 기술, 경제, 이데올로기가 아무리 변해도 지리적 조건의 제약은 사라지지 않았으며, 오늘날의 반도체 공급망과 기술 제재 같은 사례에서 볼 수 있듯이 새로운 형태로 다시 등장하고 있다는 점을 설득력 있게 보여준다. 무엇보다도 이 책은 단순한 낙관론에 대해 강하게 문제를 제기한다. 예컨대 냉전 이후의 다극화가 자연스럽게 안정으로 이어진다거나, 이제는 강대국 간의 전쟁 비용이 너무 커서 아무도 전쟁을 선택하지 않을 것이라는 믿음 등이 대표적 예라고 할 수 있다. 브랜즈는 역사적으로 봤을 때 이러한 낙관론이 얼마나 자주, 그리고 치명적으로 틀렸는지를 생생하게 보여준다.

이처럼 이 책은 분명한 관점을 지닌 저작이다. 브랜즈는 미국과 자유주의 진영의 전략적 역할을 강하게 옹호하며, 미국과 그 동맹국들의 전략적 결단이 20세기의 세계질서를 지탱해 왔고, 미래에도 그러해야 한다고 주장한다. 또한 미국 중심의 질서가 붕괴할 경우 발생할 위험을 강조하고 있다. 이러한 시각은 현실 정치의 냉혹함을 이해하는 데 유용하지만, 동시에 미국의 과거 개입이나 군사적 선택을 상대적으로 관대하게 평가하는 경향도 내포하고 있다. 따라서 한국을 비롯한 비서구 세계의 독자들은 이 책을 하나의 강력한 시각과 논리로 받아들이되, 동시에 그 시각의 한계와 전제에 대해 비판적으로 성찰할 필요가 있다. 예컨대 자유주의 질서가 중동, 동아시아, 아프리카 등지에서 어떻게 작동했고, 어떤 긴장과 반발을 낳았는지에 대해서는 보다 넓은 시야가 필요하다. 비판적 거리감을 가지고 읽을 때, 이 책은 독자가 더욱 넓은 시야를 확보하는 데 기여할 것이다.

이 책은 학술서와 대중 교양서의 경계에 서 있으며, 정치, 군사, 경제 전략을 다루는 동시에 역사적 은유와 철학적 질문까지 포괄하는 특성을 지니고 있다. 번역 과정에서 책의 이러한 복합적 성격을 최대한 반영하고자 노력했다. 지정학의 개념들은 되도록 원어의 의미를 살리되, 한국어 독자에게 가능한 친숙한 표현을 선택하려 애썼다. 또한 원문의 수사적 긴장감과 문장 흐름을 유지하면서도, 한국어 독자에게 자연스럽게 읽힐 수 있도록 번역하는 데 집중했다. 저자 특유의 여러 비유, 매킨더, 스파이크먼, 머핸 같은 고전적 이론가들의 인용, 그리고 다층적인 문단 구조가 주는 도전은 있었지만, 궁극적으로는 21세기 한국에 살고 있으며 한국어를 사용하는 독자가 함께 사유할 수 있도록 돕는 번역을 지향했다.

《유라시아 지정학》은 과거의 승리가 미래를 보장하지 않는다는 사실을 설득력 있게 상기시킨다. 저자가 설득력 있게 강조하듯, 나치와 같이 절대적 악으로 간주되는 세력이 패배했던 순간조차 여러 우연과 정치인들의 주체적 선택, 그리고 당대를 살았던 시민들의 엄청난 희생으로 점철되어 있었다. 따라서 이 책은 우리에게 다음과 같이 묻는다. 다가오는 패권 경쟁의 시대에, 우리는 어떤 세계를 선택하려 하는가? 그리고 그 대가를 감당할 준비가 되어 있는가? 역사에서와 마찬가지로, 이 질문에 대한 답은 아직 정해져 있지 않다. 바로 그렇기 때문에, 이 책은 과거의 이야기에 머물지 않고 현재와 미래를 위한 책이기도 하다.

2026년 2월 김태수

주註

서문

1   Quoted in John Milton Cooper, Jr. *Woodrow Wilson: A Biography* (New York: Knopf, 2009), 268.

2   Ambassador in Japan to Secretary of State, July 21, 1940, in *FRUS* 1940, vol. 4, 966.

3   Nicholas Spykman, *The Geography of the Peace*, edited by Helen Nicholl (New York: Harcourt, Brace, 1944), 34.

4   Report by the Joint Strategic Survey Committee, April 29, 1947, *FRUS* 1947, vol. 1, document 386.

5   David Crenshaw and Alicia Chen, "'Heads Bashed Bloody': China's Xi Marks Communist Party Centenary with Strong Words for Adversaries," *Washington Post*, July 1, 2021.

6   엄밀히 말하면 '유라시아'와 '유라시아 대륙' 사이에는 차이가 있다. 유라시아는 그 주변의 섬까지 포함하지만, 유라시아 대륙은 유럽과 아시아 본토의 해안선에서 끝나기 때문이다. 마치 영국이 유럽에 속하기는 하지만 '유럽 대륙'에는 포함되지 않는 것과 같다.

7   Halford J. Mackinder, *Democratic Ideals and Reality: A Study in the Politics of Reconstruction 1919* (Washington, DC: National Defense University Press, 1942).

8   John Darwin, *After Tamerlane: The Global History of Empire since 1405* (New York: Bloomsbury, 2008).

9   Matthew White, *The Great Big Book of Horrible things: The Definitive Chronicle of History's 100 Worst Atrocities* (New York: Norton, 2012), 563. 대부분의 연구자들은 제2차 세계대전을 역사상 가장 많은 사망자를 낸 전쟁으로 보고 있다. 제1차 세계대전의 순위는 내전과 국가 간 전쟁을 구분하는지, 민간인과 군인 사망자를 어떻게 처리하는지, 중일전쟁을 제2차 세계대전과 분리해서 보는지 등의 여러 기준에 따라 달라진다.

10   See Paul Chamberlin, *The Cold War's Killing Fields: Rethinking the Long Peace* (New York: Harper Collins, 2018).

11   Eric Hobsbawm, *The Age of Extremes: A Short History of the World, 1914–1991* (New York: Vintage, 1996).

12   매킨더와 그의 지정학 연구에 대한 기여를 다룬 문헌은 매우 유용하지만 다소 전문적인 경향이 있다. 가장 유익한 참고문헌은 1장에 있는 매킨더에 대한 보다 긴 논의에서 인용되어 있다.

13   Halford J. Mackinder, "The Geographic Pivot of History," *Geographical Journal*, April 1904, 421–37.

14   1904년, 매킨더가 우려했던 대상은 러시아와 (그보다는 덜하지만) 독일이었다. 이 두 국가는 전제정 체제하에 있으면서도 이미 근대화되었거나 근대화를 추진하고 있었다. 이 주제는 이후 그의 저서인 《민주주의의 이상과 현실*Democratic Ideals and Reality*》에서 더 잘 발전되었다.

15   Richard Overy, *Why the Allies Won* (New York: Norton, 1997), 320.

1장_ 매킨더의 세계

1   철도는 기술적으로는 1903년에 개통되었지만, 바이칼호 주변의 마지막 구간이 여전히 완공되지 않은 상태였다.

2   Paul Kennedy, *The Rise and Fall of British Naval Mastery* (New York: Penguin, 2017), 196.

3   Chris Miller, *We Shall Be Masters: Russian Pivots to East Asia from Peter the Great to Putin* (Cambridge, MA: Harvard University Press, 2021), 122.

4   Fritz Fischer, *War of Illusions: German Policies from 1911 to 1914*, translated by Marian Jackson (New York: Norton, 1975), 471.

5   Telegram from American Consul at Vladivostok to Secretary of State, November 8, 1917, Box 10, State Department Correspondence, Assistant Secretary of the Navy Files, FDRL.

6   Mark Edele, *Stalinism at War: The Soviet Union in World War II* (London: Bloomsbury, 2021), 68.

7   Albert Weeks, *Russia's Life-Saver: Lend-Lease Aid to the U.S.S.R. in World War II* (Lanham, MD: Lexington, 2004).

8   Carlotta Gall, "'Created to Scare the Population': How One Russian Brigade Terrorised Bucha," *Irish Times*, May 23, 2022; Andrew Roth, "Russian Ships, Tanks and Troops on the Move to Ukraine as Peace Talks Stall," *Observer*, January 23, 2022; Mark Krutov, "The Dead of the 64th: A Notorious Russian Army Unit and Its High Casualty Rate," Radio Free

Europe/Radio Liberty, August 10, 2022.

9   Fred Pleitgen, Claudia Otto, and Ivana Kottasová, "'There Are Maniacs Who Enjoy Killing,' Russian Defector Says of His Former Unit Accused of War Crimes in Bucha," CNN, December 13, 2022.

10   Miller, *We Shall Be Masters*, 117.

11   Zachary Carter, *The Price of Peace: Money, Democracy, and the Life of John Maynard Keynes* (New York: Random House, 2020), 274.

12   Halford J. Mackinder, "The Round World and the Winning of the Peace," *Foreign Affairs*, July 1943, 595. See also Gerry Kearns, *Geopolitics and Empire: The Legacy of Halford Mackinder* (New York: Oxford University Press, 2009).

13   W. H. Parker, *Mackinder: Geography as an Aid to Statecraft* (New York: Oxford University Press, 1982), 2.

14   Leo Amery, *My Political Life*, vol. 1 (London: Hutchinson, 1953), 228; Parker, *Mackinder*, 21; Simone Pelizza, "Geopolitics, Education, and Empire: The Political Life of Sir Halford Mackinder, 1895–1925," PhD dissertation, Leeds University, March 2013, 35.

15   Geoff Sloan, "Haldane's Mackindergarten: A Radical Experiment in British Military Education?," *War in History*, July 2012, 323.

16   Brian Blouet, *Halford Mackinder: A Biography* (College Station: Texas A&M University Press, 2010), 134.

17   Amery, *My Political Life*, 228.

18   "World Tour in Thought. Mr. Mackinder, M.P., on the Duty of Democracy," *Observer*, March 13, 1910.

19   "Sir Halford Mackinder," *The Times*, March 17, 1947.

20   흥미롭게도 매킨더는 '지정학'이라는 용어를 매우 드물게만 사용했으며, 대신 '정치지리학'이라는 표현을 선호했다.

21   Halford J. Mackinder, "On the Scope and Methods of Geography," *Proceedings of the Royal Geographical Society and Monthly Record of Geography*, March 1887, 143–44

22   Halford J. Mackinder, "The Physical Basis of Political Geography," *Scottish Geographical Magazine*, 1890, 78–84.

23   Halford J. Mackinder, *Britain and the British Seas* (New York: Appleton, 1902); Halford J. Mackinder, *The Rhine, Its Valley and History* (London: Chatto, 1908).

24   Halford J. Mackinder, "The Geographical Pivot of History," *Geographical Journal*, April 1904, 422.

25   Kevin Narizny, "Anglo-American Primacy and the Global Spread of Democracy: An International Genealogy," *World Politics*, April 2012, 341–73.

26   Arnold Toynbee, *The Prospects of Western Civilization* (New York: Oxford University Press,

1949), 8.

27   Aaron Friedberg, *The Weary Titan: Britain and the Experience of Relative Decline, 1895–1905* (Princeton: Princeton University Press, 1988).

28   Henry Kissinger, *A World Restored: Metternich, Castlereagh, and the Problems of Peace, 1812–1822* (Boston: Houghton Mifflin, 1957).

29   T. G. Otte, "'A Very Internecine Policy': Anglo- Russian Cold Wars before the Cold War," in C. Baxter, M. Dockrill, and K. Hamilton, eds., *Britain in Global Politics, Volume 1: From Gladstone to Churchill* (New York: Palgrave Macmillan, 2013), 35.

30   Henry Kissinger, *Diplomacy* (New York: Simon & Schuster, 1994), 121, 128; Wolfgang Mommsen, *Imperial Germany 1867–1918: Politics, Culture, and Society in an Authoritarian State* (New York: St. Martin's Press, 1995).

31   Williamson Murray, "Strategy and Total War," in Hal Brands, ed., *The New Makers of Modern Strategy: From the Ancient World to the Digital Age* (Princeton: Princeton University Press, 2023), 522–44.

32   Richard Overy, *Blood and Ruins: The Last Imperial War, 1931–1945* (New York: Penguin, 2022), 3, 5.

33   Mackinder, "Geographical Pivot," 437.

34   Mackinder, "Geographical Pivot," 421–22.

35   Overy, *Blood and Ruins*, 6.

36   Mackinder, "Geographical Pivot," 421, 433.

37   Sheldon Anderson, "Metternich, Bismarck, and the Myth of the 'Long Peace,'" *Peace & Change*, July 2007, 301–28.

38   Mackinder, "Geographical Pivot," 422.

39   Mackinder, "Geographical Pivot," 432–33.

40   John Shelton Curtiss, *Russia's Crimean War* (Durham, NC: Duke University Press, 1979), 340, 419–20, 423, 529; Paul Kennedy, *The Rise and Fall of the Great Powers* (New York: Vintage, 1988), 174.

41   Geoffrey Wawro, *The Franco-Prussian War: The German Conquest of France in 1870–71* (Cambridge: Cambridge University Press, 2006).

42   Mackinder, "Geographical Pivot," 434.

43   Darwin, *After Tamerlane*, 322.

44   Mackinder, "Geographical Pivot," 434.

45   Mackinder, "Geographical Pivot," 434.

46   Mackinder, "Geographical Pivot," 436. Mackinder, *Democratic Ideals and Reality: A Study in the Politics of Reconstruction* 1919 (Washington, DC: National Defense University Press, 1942).

47   Mackinder, "Geographical Pivot," 428, 436.

48 Mackinder, *Democratic Ideals and Reality*, 106. 매킨더는 이 명제를 제시하기에 앞서 "동유럽을 지배하는 자가 중심부를 지배한다"는 말로 서두를 열었는데, 이에 대한 이유는 2장에서 설명될 것이다.

49 Mackinder, "Geographical Pivot," 435-36.

50 Mackinder, "Geographical Pivot," 427-28.

51 George Nathaniel Curzon, *Russia in Central Asia in 1889 and the Anglo- Russian Question* (London: Longman, Green, 1889)을 참조하라.

52 Mackinder, "Geographical Pivot," 437.

53 Mackinder, "Geographical Pivot," 437-44.

54 Dennis Warner and Peggy Warner, *The Tide at Sunrise: A History of the Russo-Japanese War, 1904–05* (New York: Routledge, 2004).

55 Carl von Clausewitz, *On War*, edited and translated by Michael Howard and Peter Paret (Princeton: Princeton University Press, 1984), 102, 578.

56 Mark Zwonitzer, *The Statesman and the Storyteller: John Hay, Mark Twain, and the Rise of American Imperialism* (Chapel Hill, NC: Algonquin, 2016), 273.

57 Kori Schake, *Safe Passage: The Transition from British to American Hegemony* (Cambridge, MA: Harvard University Press, 2017), 157.

58 Halford J. Mackinder, "The Empire and Canada," *The Times*, December 15, 1908.

59 George Dangerfield, *The Awakening of American Nationalism, 1815–1828* (New York: Harper & Row, 1965), 4.

60 Washington Chauncey Ford, ed., *The Writings of John Quincy Adams*, vol. 4 (New York: Macmillan, 2015), 128.

61 Michael Hunt, *American Ascendancy: How the United States Gained and Wielded Global Dominance* (Chapel Hill: University of North Carolina Press, 2007), 24-31.

62 Frederick Jackson Turner, "The Significance of the Frontier in American History," 1893. 이에 관해서는 Robert Kagan, *Dangerous Nation: America's Foreign Policy from Its Earliest Days to the Dawn of the Twentieth Century* (New York: Knopf, 2006)도 참조하라.

63 Kent Calder, Super Continent: *The Logic of Eurasian Integration* (Stanford: Stanford University Press, 2019), xiv.

64 William Cowles to Theodore Roosevelt, July 29, 1907, Theodore Roosevelt Papers, LC.

65 Extracts from a letter from Rear Admiral Stephen Luce to the Secretary of the Navy, March 14, 1889, Reel 2, Alfred Thayer Mahan Papers, LC; Alfred Thayer Mahan, "Naval Warfare, Lecture II," Naval War College Lectures, Spring 1897, Reel 4, Mahan Papers, LC.

66 Alfred Thayer Mahan, *The Influence of Sea Power upon History, 1660–1783* (Boston: Little, Brown, 1890), ch. 1.

67 두 사상가의 비교를 위해서는 Paul Kennedy, "Mahan versus Mackinder: Two

Interpretations of British Seapower," *Militärgeschichtliche Mitteilunger*, January 1974, 39-66 을 참조하라. 매킨더를 지정학적 맥락에서 분석하는 탁월한 연구에 관해서는 Sarah C. M. Paine, "Centuries of Security: Chinese, Russian and U.S. Continental versus Maritime Approaches," *Journal of Military History*, October 2022를 참조하라.

68 Mahan, *Influence of Sea Power upon History*, 25.

69 Alfred Thayer Mahan, *The Influence of Sea Power upon the French Revolution and Empire, 1793–1812*, vol. 2 (Boston: Little, Brown, 1892), 118.

70 Mahan, *Influence of Sea Power upon History*, 138.

71 Alfred Thayer Mahan, *The Interest of America in Sea Power, Present and Future* (Boston: Little, Brown, 1897), 124.

72 Alfred Thayer Mahan, *From Sail to Steam: Recollections of Naval Life* (New York: Harper, 1907), 324.

73 Sadao Asada, *From Mahan to Pearl Harbor: The Imperial Japanese Navy and the United States* (Annapolis: Naval Institute Press, 2006), 8; George Baer, *One Hundred Years of Sea Power: The U.S. Navy, 1890–1990* (Stanford: Stanford University Press, 1996), 14.

74 Albert Gleaves, *Life and Letters of Rear Admiral Stephen B. Luce* (New York: Putnam, 1925), 304; John Maurer, "Alfred Thayer Mahan and the Strategy of Sea Power," in Brands, ed., *New Makers of Modern Strategy*, 175-78.

75 Norman Angell, "'The Great Illusion': A Reply to Rear- Admiral A. T. Mahan," *North American Review*, June 1912, 772.

76 Jon Sumida, *Inventing Grand Strategy and Teaching Command: The Classic Works of Alfred Thayer Mahan Reconsidered* (Washington, DC: Woodrow Wilson Center Press, 1997), 92-94.

77 Alfred Thayer Mahan, "The Problem of Asia," *Harper's New Monthly Magazine*, March 1900, 546.

78 Alfred Thayer Mahan, *Mahan on Naval Warfare: Selections from the Writings of Rear Admiral Alfred Thayer Mahan*, edited by Allan Westcott (Boston: Little, Brown, 1918), 302.

79 Alfred Thayer Mahan, *The Problem of Asia and Its Effect upon International Policies* (Boston: Little, Brown, 1900), esp. 22, 24, 44.

80 Mahan, *Problem of Asia*, quoted at 62-63.

81 Alfred Thayer Mahan to Theodore Roosevelt, January 10, 1907, Theodore Roosevelt Papers, LC

82 Robert Seager, *Alfred Thayer Mahan: The Man and His Letters* (Annapolis: Naval Institute Press, 1977), 500.

83 Mahan, *Mahan on Naval Warfare*, 319.

84 Alfred Thayer Mahan, *Mahan on Naval Strategy: Selections from the Writings of Rear Admiral Alfred Thayer Mahan* (Annapolis: Naval Institute Press, 2015), 336.

85 Mahan, *Interest of America in Sea Power*, 259; Mahan to Theodore Roosevelt, December 27, 1904, Reel 3, Mahan Papers, LC.

86 Robert Kaplan, *The Revenge of Geography: What the Map Tells Us About Coming Conflicts and the Battle against Fate* (New York: Random House, 1992), 105; Kevin McCrainie, *Mahan, Corbett, and the Foundations of Naval Strategic Thought* (Annapolis: Naval Institute Press, 2021).

87 Maurer, "Alfred Thayer Mahan."

88 Julian Corbett, *Some Principles of Maritime Strategy* (London: Longman, Green, 1918), 12.

89 Sumida, *Inventing Grand Strategy and Teaching Command*, 30을 참조하라.

90 '전략학'은 '안보 연구'라는 유관 학문 분야와 밀접한 관계에 있으며, 두 용어는 때때로 혼용되기도 한다. 둘의 관계에 대해서는 Joshua Rovner, "Warring Tribes Studying War and Peace," *War on the Rocks*, April 12, 2016을 참조하라.

91 Franklin Roosevelt, "Quarantine Speech," October 5, 1937, Miller Center, University of Virginia; E. H. Carr, *The Twenty Years' Crisis, 1919–1939: An Introduction to the Study of International Relations* 1939 (New York: Harper Perennial, 1964).

92 David Ekbladh, "Present at the Creation: Edward Mead Earle and the Depression-Era Origins of Security Studies," *International Security*, Winter 2011–12, 107–41.

93 "American Military Policy and National Security, 1938," Records of the Office of the Director, Faculty Files, Box 6, Edward Mead Earle, Institute for Advanced Study Archives.

94 Edward Mead Earle, "American Security—Its Changing Conditions," *Annals of the American Academy of Political and Social Science*, November 1941, 191–92.

95 Ekbladh, "Present at the Creation"; Edward Mead Earle, ed., *Makers of Modern Strategy: Military Thought from Machiavelli to Hitler* (Princeton: Princeton University Press, 1943).

96 Edward Mead Earle to Franklin Roosevelt, January 7, 1942, Walter Lippmann Papers, Box 68, Manuscripts and Archives, Yale University.

97 Edward Mead Earle, "Studies of the Foreign Relations and Military Position of the United States," December 1941, Box 7, Edward Mead Earle Files, Institute for Advanced Study Archives.

98 Antero Holmila, "Re-Thinking Nicholas J. Spykman: From Historical Sociology to Balance of Power," *International History Review*, September–October 2020, 956. 또한 Or Rosenboim, *The Emergence of Globalism: Visions of World Order in Britain and the United States, 1939–1950* (Princeton: Princeton University Press, 2017), 58–93을 참조하라.

99 Nicholas Spykman, "The Study of International Relations," *Yale Alumni Weekly*, March 16, 1934, James Angell Records, Box 175, Manuscripts and Archives, Yale University.

100 Nicholas Spykman, *America's Strategy in World Politics: The United States and the Balance of Power* 1942 (New York: Routledge, 2017), 18, 7.

101 Nicholas Spykman, "Geography and Foreign Policy, I," *American Political Science Review*,

February 1938, 29.

102 Spykman, "Geography and Foreign Policy, I," 43.

103 Spykman, *America's Strategy*, 89; also Kaplan, *Revenge of Geography*, 92.

104 Spykman, *America's Strategy*, 3; 또한 Spykman, "Geography and Foreign Policy, II," *American Political Science Review*, April 1938, 213-332를 참조하라.

105 Spykman, *America's Strategy*, 6-7.

106 *Spykman, America's Strategy*, 121, 154, 194, 196, 389.

107 Robert Kagan, "War and the Liberal Hegemony," *Liberties*, Summer 2022.

108 Spykman, *America's Strategy*, 444-45.

109 Albert Hirschman, *National Power and the Structure of Foreign Trade* (Berkeley: University of California Press, 1945), xv.

110 Spykman, *America's Strategy*, 34, 205-6, 267, 314. 이에 대한 비판으로는 Robert J. Art, "The United States, the Balance of Power, and World War II: Was Spykman Right?," *Security Studies*, July-September 2005, 365-406을 참조하라.

111 Spykman, *America's Strategy*, 165, 460.

112 Spykman, *Geography of the Peace*, 41.

113 Spykman, *Geography of the Peace*, 29, 41-42, 43.

114 Spykman, *Geography of the Peace*, 47.

115 Edward Mead Earle, "Power Politics and American World Policy," *Political Science Quarterly*, March 1943, 94, 102.

116 George F. Kennan, "Measures Short of War (Diplomatic)," National War College Lecture, September 16, 1946, George F. Kennan Papers, SMML.

117 Spykman, *America's Strategy*, 11.

118 S. C. M. Paine, *The Japanese Empire: Grand Strategy from the Meiji Restoration to the Pacific War* (New York: Cambridge University Press, 2017); Andrew Lambert, *Seapower States: Maritime Culture, Continental Empires, and the Conflict that Made the Modern World* (New Haven: Yale University Press, 2018).

119 Mackubin Owens, "In Defense of Classical Geopolitics," *Naval War College Review*, Autumn 1999, esp. 66. 이의 기원에 대해서는 Jonathan Haslam, *No Virtue Like Necessity: Realist Thought in International Relations since Machiavelli* (New Haven: Yale University Press, 2013), esp. 176-78; Robert Strausz-Hupé, *Geopolitics: The Struggle for Space and Power* (New York: G. P. Putnam's Sons, 1942), 25-46을 참조하라.

120 Holger Herwig, "*Geopolitik*: Haushofer, Hitler, and Lebensraum," Journal of Strategic Studies, April-May 1999, 230.

121 Andreas Dorpalen, *The World of General Haushofer: Geopolitics in Action* (New York: Farrar & Rinehart, 1942), 29, 28, 42; Hans Weigert, "Haushofer and the Pacific," *Foreign Affairs*, July

1942, 738–40.

122 Dorpalen, *World of General Haushofer*, 142–43; Alfred D. Low, *The Men around Hitler: The Nazi Elite and Its Collaborators* (New York: Columbia University Press, 1996), 27; Derwent Whittlesey, "Haushofer: The Geopoliticians," in Earle, ed., *Makers of Modern Strategy*, esp. 398–410.

123 Parker, *Mackinder*, 173.

124 Herwig, "Geopolitik," 218.

125 OSS Reference Card, "Haushofer, Karl," undated, CIA FOIA, CIA-RDP82-00038R001000160005-0.

126 이에 대한 최고의 연구로는 Holger Herwig, *Demon of Geopolitics: How Karl Haushofer "Educated" Hitler and Hess* (Lanham, MD: Rowman & Littlefield, 2016)를 참조하라.

127 Herwig, *Demons of Geopolitics*, 83.

128 Herwig, *Demons of Geopolitics*, 137.

129 Herwig, "Geopolitics," 229.

130 Adolf Hitler, *Mein Kampf*, translated by Ralph Mannheim (Boston: Houghton Mifflin, 1943), 643.

131 Strausz-Hupé, *Geopolitics*, 139.

132 Herwig, "Geopolitics," 233–34.

133 Karl Haushofer to Albrecht Haushofer, September 3, 1940, in *DGFP*, Series D, vol. 11, 15–18을 참조하라.

134 Low, *The Men Around Hitler*, 33.

135 Carlyle Morgan, "The Man Behind the Man Behind Hitler," *Christian Science Monitor*, March 12, 1947.

136 John Dunlop, "Aleksandr Dugin's Foundations of Geopolitics," *Demokratizatsiya*, Winter 2004; Aleksandr Dugin, *Last War of the World: The Geopolitics of Contemporary Russia*, translated by John Bryant (London: Arktos, 2015), 145; Waller Newell, *Tyrants: Power, Injustice, and Terror* (Cambridge: Cambridge University Press, 2019), 228.

137 Sergey Radchenko, "Daria Dugina Has Become a Martyr for Putin," *Spectator*, August 24, 2022.

138 Andrew Marshall to Donald Rumsfeld, May 2, 2002, Department of Defense Freedom of Information Act Electronic Reading Room.

139 Kaplan, *Revenge of Geography*.

2장_ 검고 거대한 토네이도

1 Correlli Barnett, *The Collapse of British Power* (New York: Morrow, 1972), 239.

2 J. S. Dunn, *The Crowe Memorandum: Sir Eyre Crowe and Foreign Office Perceptions of Germany, 1918–1925* (Newcastle upon Tyne, UK: Cambridge Scholars, 2013), 7; also T. G. Otte, "Eyre Crowe and British Foreign Policy: A Cognitive Map," in Otte and Constantine Pagedas, eds., *Personalities, War, and Diplomacy* (New York: Routledge, 1997).

3 Eyre Crowe, "Memorandum on the Present State of British Relations with France and Germany," January 1, 1907, WikiSource, accessed December 8, 2022.

4 Robert Massie, *Dreadnought: Britain, Germany, and the Coming of the Great War* (New York: Random House, 2012), 269.

5 Crowe, "Memorandum on the Present State of British Relations with France and Germany."

6 Kenneth Rose, *The Great War and Americans in Europe, 1914–1917* (New York: Routledge, 2017), 3.

7 A. J. P. Taylor, *The Struggle for Mastery in Europe 1848–1918* (Oxford: Oxford University Press, 1954), xxvii; Kennedy, *Rise and Fall of the Great Powers*, 210; Graham Allison, *Destined for War: Can America and China Escape Thucydides's Trap?* (Boston: Houghton Mifflin, 2017), 65.

8 GDD, vol. 3, 16; Taylor, *Struggle for Mastery*, 372–402; Fritz Fischer with Hajo Holborn and James Joll, *Germany's Aims in the First World War* (New York: Norton, 1967).

9 "Bernhard von Bülow on Germany's 'Place in the Sun,'" 1897, available at GHDI (German History in Documents and Images) website.

10 Imanuel Geiss, ed., *July 1914: Selected Documents: Outbreak of the First World War* (New York: Charles Scribner's Sons, 1967), 46.

11 Stephen Van Evera, "The Cult of the Offensive and the Origins of the First World War," *International Security*, Summer 1984, 66.

12 GDD, vol. 4, 314; Donald Kagan, *On the Origins of War and the Preservation of Peace* (New York: Knopf, 1996), 139–40.

13 Stephen Kotkin, *Stalin, Volume I: Paradoxes of Power, 1878–1928* (New York: Penguin, 2015), 139.

14 Annika Mombauer, *Helmuth von Moltke and the Origins of the First World War* (New York: Cambridge University Press, 2005), 18.

15 Max Hastings, *Catastrophe 1914: Europe Goes to War* (New York: Knopf, 2013), 7.

16 Mombauer, *Helmuth von Moltke*, 34.

17 Kennedy, *Rise and Fall of the Great Powers*, 213–14.

18 Volker Berghahn, *Imperial Germany: Economy, Society, Culture, and Politics* (New York: Berghahn, 2005), 265–66.

19 *GDD*, vol. 4, 126.

20 Taylor, *Struggle for Mastery*, esp. 427.

21 해군의 군비 경쟁에 관해서는 Paul Kennedy, *The Rise of the Anglo-German Antagonism, 1860–1914* (London: Allen and Unwin, 1980)를 참조하라.

22 Mombauer, *Helmuth von Moltke*; Jack Snyder, "Civil–Military Relations and the Cult of the Offensive, 1914 and 1984," *International Security*, Summer 1984.

23 Van Evera, "Cult of the Offensive," 69; David Stevenson, "War by Timetable? The Railway Race before 1914," *Past & Present*, February 1999, 179; Dale Copeland, *The Origins of Major War* (Ithaca, NY: Cornell University Press, 2001), 70.

24 Mombauer, *Helmuth von Moltke*, 172; Hew Strachan, *The First World War* (New York: Penguin, 2005), 70.

25 Sean McMeekin, *July 1914: Countdown to War* (New York: Basic Books, 2014), 20.

26 발칸반도에 관해서는 Christopher Clark, *The Sleepwalkers: How Europe Went to War in 1914* (New York: Harper Perennial, 2014)에서 중점적으로 다루고 있다.

27 Stephen Van Evera, *Causes of War: Power and the Roots of Conflict* (Ithaca, NY: Cornell University Press, 1999), 204.

28 Henry Kissinger, *Diplomacy* (New York: Simon & Schuster, 1994), 198; Taylor, Struggle for Mastery, 508, 510, 527–28.

29 *Die Deutschen Dokumente zum Kriegsausbruch 1914*, document 179, available at Brigham Young University website, accessed August 21, 2022를 참조하라.

30 Geoffrey Wawro, *A Mad Catastrophe: The Outbreak of World War I and the Collapse of the Habsburg Empire* (New York: Basic Books, 2014), 111; Imanuel Geiss, "The Outbreak of the First World War and German War Aims," *Journal of Contemporary History*, July 1966, 75–92; Copeland, *Origins of Major War*, 79–117.

31 Konrad H. Jarausch, "The Illusion of Limited War: Chancellor Bethmann Hollweg's Calculated Risk, July 1914," *Central European History*, March 1969, 48.

32 Geiss, ed., *July 1914*, 198–99.

33 Martin Gilbert, *The First World War* (London: Weidenfeld & Nicolson, 1994), 33–34.

34 Memorandum by Eyre Crowe, enclosure in No. 369, July 31, 1914, available at World War I Document Archive. See also Michael Howard, *The Continental Commitment: The Dilemma of British Defence Policy in the Era of the Two World Wars* (London: Ashfield, 1989).

35 Hastings, *Catastrophe 1914*, 81; Zara Steiner, *Britain and the Origins of the First World War: The Making of the 20th Century* (New York: St. Martin's Press, 1977).

36 Fischer, *Germany's Aims*, 101–6.

37 Fritz Fischer, *War of Illusions: German Policies from 1911 to 1914*, translated by Marian Jackson (New York: Norton, 1975), 547.

38 Mombauer, *Helmuth von Moltke*, 283.

39 Margaret MacMillan, *The War That Ended Peace: The Road to 1914* (New York: Random House, 2014), 596.

40 Van Evera, *Causes of War*, 204.

41 Nicholas Lambert, *Planning Armageddon: British Economic Warfare and the First World War* (Cambridge, MA: Harvard University Press, 2012), 232.

42 Michael Howard, *The First World War: A Very Short Introduction* (New York: Oxford University Press, 2007), 29–34; Daniel Yergin, *The Prize: The Epic Quest for Oil, Money and Power* (New York: Free Press, 1992), 168–69.

43 Lambert, *Planning Armageddon*; Geoffrey Bennett, *The Battle of Jutland* (Barnsley, UK: Pen & Sword Books, 2015), 157.

44 중요한 전개는 세르비아의 패배 그리고 불가리아가 동맹국 측에 참전한 것이었으며, 이는 오스트리아-헝가리와 오스만 제국을 잇는 육상 통로를 만들어 냈다.

45 *Official German Documents Relating to the World War*, translated by the Carnegie Endowment for International Peace, Division of International Law, vol. 2 (New York: Oxford University Press, 1923), 1119.

46 Lambert, *Planning Armageddon*, 325.

47 John Ellis, *Eye-Deep in Hell: Trench Warfare in World War I* (Baltimore: Johns Hopkins University Press, 1989), 93; Geoffrey Parker, ed., *The Cambridge History of Warfare* (New York: Cambridge University Press, 2020), 252–54.

48 Hastings, *Catastrophe 1914*, xvii–xviii.

49 MacMillan, *War that Ended Peace*, 596–97.

50 Kotkin, *Stalin*, 152; also Diana Preston, *A Higher Form of Killing: Six Weeks in World War I That Forever Changed the Nature of Warfare* (New York: Bloomsbury Press, 2014).

51 Niall Ferguson, *The Pity of War: Explaining World War I* (New York: Basic Books, 2000), xxiv.

52 Max Boot, *War Made New: Technology, Warfare, and the Course of History* (New York: Gotham, 2006), 198.

53 William McNeil, *Pursuit of Power: Technology, Armed Force, and Society since A.D. 1000* (Chicago: University of Chicago Press, 1984), 322; War Office of Great Britain, *Statistics of the Military Effort of the British Empire during the Great War, 1914–1920* (London: His Majesty's Stationery Office, 1922), 485.

54 David Reynolds, *The Long Shadow: The Legacies of the Great War in the Twentieth Century* (New York: Norton, 2015), xxv.

55 Howard, *First World War*, 60.

56 Secretary of the War Committee, "The General Review of the War," October 31, 1916, CAB 42/22/14, TNA.

57 Jonathan Bailey, "The First World War and the Birth of Modern Warfare," in Mac-Gregor Knox and Williamson Murray, eds., *The Dynamics of Military Revolution, 1300–2050* (Cambridge: Cambridge University Press, 2001), 132–53.

58 Niall Ferguson, *The War of the World: Twentieth-Century Conflict and the Descent of the West* (New York: Penguin, 2006), 112.

59 Roger Long, "Introduction," in Roger Long and Ian Talbot, *India and World War I: A Centennial Assessment* (New York: Taylor & Francis, 2018), 4; Overy, *Blood and Ruins*, 14.

60 Strachan, *First World War*, 336.

61 Adam Tooze, *The Deluge: The Great War, America and the Remaking of the Global Order, 1916–1931* (New York: Penguin, 2015), 59; John Horne and Alan Kramer, *German Atrocities, 1914: A History of Denial* (New Haven: Yale University Press, 2022).

62 George Morton-Jack, *Army of Empire: The Untold Story of the Indian Army in World War I* (New York: Basic Books, 2018), 10.

63 Edward House to Woodrow Wilson, March 9, 1915, *PWW*.

64 Nicholas Mulder, *The Economic Weapon: The Rise of Sanctions as a Tool of Modern War* (New Haven: Yale University Press, 2022), 5

65 *Official German Documents*, vol 2, 1107.

66 Wolfgang Mommsen, *Imperial Germany, 1867–1918: Politics, Culture, and Society in an Authoritarian State* (New York: Bloomsbury, 2009), 209–12; Heinrich Winkler, *The Age of Catastrophe: A History of the West, 1914–1945* (New Haven: Yale University Press, 2015), 10; Robert Kagan, *The Ghost at the Feast: America and the Collapse of World Order, 1900–1941* (New York: Random House, 2023).

67 John Keegan, *The First World War* (New York: Vintage, 2000), 82.

68 Paul Kennedy, "The First World War and the International Power System," *International Security*, Summer 1984, 25; Strachan, *First World War*, 312. 케네디가 제시한 세계 제조업 비율에 관한 통계는 전쟁 이전의 생산 수치를 기반으로 작성된 것이다.

69 Meeting of Imperial War Cabinet, March 22, 1917, CAB 23/43, TNA.

70 Quoted in Ministry of Shipping, "The Shipping Crisis: June 1917," CAB 24/16/75, TNA.

71 George Cassar, *Lloyd George at War, 1916–1918* (London: Anthem Press, 2011), 253.

72 Wawro, *A Mad Catastrophe*, 371; Howard, *First World War*, 61.

73 Sean McMeekin, *The Ottoman Endgame: War, Revolution, and the Making of the Modern Middle East, 1908–1923* (New York: Penguin, 2016), 247.

74 Lloyd George, "Suggestions as to the Military Position," January 1, 1915, CAB 42/1/8, TNA.

75 David Stevenson, *1917: War, Peace, and Revolution* (New York: Oxford University Press, 2017), 384; Gilbert, *First World War*, 401.

76 Mulder, *Economic Weapon*, 62.

77 Ian Morris, *War: What Is It Good For? Conflict and the Progress of Civilization from Primates to Robots* (New York: Macmillan, 2014), 250.

78 Holger Herwig, *The First World War: Germany and Austria-Hungary, 1914–1918* (New York: Bloomsbury, 2009), 249; Michael Neiberg, "1917: Global War," in Jay Winter, ed., *The Cambridge History of World War I*, vol. 1 (New York: Cambridge University Press, 2014).

79 Herwig, *First World War*, 341; John Mosier, *The Myth of the Great War: How the Germans Won the Battles and How the Americans Saved the Allies* (New York: Harper Perennial, 2002).

80 Kennedy, *Rise and Fall of the Great Powers*, 260.

81 Mulder, *Economic Weapon*, 57.

82 Herwig, *First World War*, 254.

83 Robin Prior, "1916: Impasse," in Winter, ed., *Cambridge History*, vol. 1, 89; McNeil, *Pursuit of Power*, 323–24.

84 Roger Chickering, *Imperial Germany and the Great War, 1914–1918* (New York: Cambridge University Press, 2014), 83–86.

85 Beatrice Heuser, *The Evolution of Strategy: Thinking War from Antiquity to the Present* (New York: Cambridge University Press, 2010), 193.

86 Michael Geyer, "German Strategy in the Age of Machine Warfare, 1914–1945," in Peter Paret, ed., *Makers of Modern Strategy: From Machiavelli to the Nuclear Age* (Princeton: Princeton University Press, 1986), 548.

87 David Stevenson, *1917*, 368; Kotkin, *Stalin*, 186–89.

88 Political Intelligence Department, Foreign Office, "The Bolsheviks (II)," March–November 1917, CAB 24/47/50, TNA.

89 Elizabeth Greenhalgh, *Victory through Coalition: Britain and France during the First World War* (New York: Cambridge University Press, 2005), 102.

90 Gordon Craig, *Germany, 1866–1945* (New York: Oxford University Press, 1978), 369.

91 Ministry of Shipping, "The Shipping Crisis: June 1917," CAB 24/16/75, TNA.

92 Baer, *One Hundred Years of Sea Power*, 68.

93 Christopher Mick, "1918: Endgame," in Winter, ed., *Cambridge History of the First World War*, vol. 1, 147.

94 Greenhalgh, *Victory through Coalition*, 202, 205–7; David Stevenson, *With Our Backs to the Wall: Victory and Defeat in 1918* (Cambridge, MA: Belknap Press, 2011).

95 Halford J. Mackinder, "The Geographical Pivot of History," *Geographical Journal*, April 1904, 436.

96 1915년 2월 25일, 재무장관이 발표한 전쟁 수행에 관한 각서에 대한 전쟁부 장관의 논평. CAB 24/1, TNA.

97 Greenhalgh, *Victory through Coalition*, 70–71.

98 Robertson Memorandum, January 1, 1916, CAB 42/7/1, TNA.

99 Memo Circulated by Prime Minister to Delegates at the Conference of the Allies, January 1917, G-106, CAB 24/3, TNA.

100 영국 전쟁위원회 회의에서 요약된 프랑스 측 입장. 1016년 1월 13일. CAB 42/7/5, TNA.

101 Meeting of the War Council, March 10, 1915, CAB 42/2/5, TNA; Nicholas Lambert, *The War Lords and the Gallipoli Disaster: How Globalized Trade Led Britain to Its Worst Defeat of the First World War* (New York: Oxford University Press, 2021).

102 McMeekin, *Ottoman Endgame*, 250–53; "A Canadian Soldier at Gallipoli (1915)," *Alpha History* online.

103 Halford J. Mackinder, *Democratic Ideals and Reality: A Study in the Politics of Reconstruction 1919* (Washington, DC: National Defense University Press, 1942), 44.

104 Imperial War Cabinet, March 20, 1917, CAB 23/43, TNA; 통계는 Anand Toprani, *Oil and the Great Powers: Britain and Germany, 1914 to 1945* (New York: Oxford University Press, 2019), 60–61에서 인용.

105 Tooze, *Deluge*, 36–37.

106 Greenhalgh, *Victory through Coalition*, 109, 111–12.

107 Mulder, *Economic Weapon*, 28.

108 Strachan, *First World War*, 218.

109 1917년 8월 10일 전쟁 정책에 관한 내각 위원회의 보고서. CAB 24/4, TNA.

110 Greenhalgh, *Victory through Coalition*, 42–43, 283.

111 *Official German Documents*, vol. 2, 1152.

112 Edward House, diary entry, April 1, 1919, EHP.

113 이에 관해서는 Robert Kagan, "Woodrow Wilson and the Birth of Modern American Grand Strategy," in Hal Brands, ed., *The New Makers of Modern Strategy: From the Ancient World to the Digital Age* (Princeton: Princeton University Press, 2023)를 참조하라.

114 예컨대 Warren F. Kuehl, *Seeking World Order: The United States and International Organization to 1920* (Nashville: Vanderbilt University Press, 1969)을 참조하라.

115 Edward House, diary entry, January 4, 1917, EHP.

116 Edward House to Woodrow Wilson, August 22, 1914, in Charles Seymour, ed., *The Intimate Papers of Colonel House*, vol. 1 (Boston: Houghton MiNin, 1926), 284– 85.

117 Lansing, "The President's Attitude toward Great Britain and Its Dangers," September 1916, Private Memorandum, Robert Lansing Papers, LC.

118 Kagan, *Ghost at the Feast*, 178.

119 Memorandum for the Prime Minister, January 27, 1916, CAB 42/8/9, TNA.

120 *Official German Documents*, vol. 2, 1061–64, 1086–1106. 이에 상반되는 주장에 관해서는

Philip Zelikow, *The Road Less Traveled: The Secret Battle to End the Great War, 1916–1917* (New York: PublicAffairs, 2021)을 참조하라.

121 Arthur Link, *Wilson: Campaigns for Progressivism and Peace, 1916–1917*, vol. 5 (Princeton: Princeton University Press, 1965), 28.

122 Justus Doenecke, *Nothing Less Than War: A New History of America's Entry into World War I* (Lexington: University Press of Kentucky, 2011), 45. 미국이 참전한 이후 약 70억 달러의 대출이 이루어졌고, 1917년 4월 이전에는 민간 대출로 20억 달러 이상이 제공되었다. 민간 대출에 관해서는 Richard van Alstyne, "Private American Loans to the Allies, 1914–1916," *Pacific Historical Review*, June 1933, 180을 참조하라.

123 War Committee Minutes, November 28, 1916, CAB 42/26/2, TNA.

124 Edward House to Woodrow Wilson, March 26, 1915, in Seymour, ed. *Intimate Papers*, vol. 1, 403–4.

125 Joseph Patrick Tumulty, *Woodrow Wilson as I Knew Him* (New York: Doubleday, Page, 1921), 232.

126 이에 관한 여러 해석으로는 Doenecke, *Nothing Less Than War*; Ernest May, *The World War and American Isolation, 1914–1917* (Cambridge, MA: Harvard University Press, 1959); and Kagan, *Ghost at the Feast*를 참조하라.

127 Theodore Roosevelt to Kuno Meyer, January 7, 1915, Theodore Roosevelt Papers, LC를 참조하라.

128 Ross Kennedy, "Woodrow Wilson, World War I, and an American Conception of National Security," *Diplomatic History*, Winter 2001, 1–31, 4번 각주 참조.

129 "An Address to His Fellow Passengers," July 4, 1919, PWW.

130 Wilson, "Address to a Joint Session of Congress Requesting a Declaration of War against Germany," April 2, 1917, APP.

131 *Official German Documents*, vol. 2, 1268

132 *Official German Documents*, vol 2, 1156.

133 May, *World War and American Isolation*, 414–15.

134 Chancellor of the Exchequer, "Our Financial Position in America," November 1916, CAB 42/22/4, TNA.

135 Seymour, ed. *Intimate Papers*, vol. 2, 471.

136 Senator William Norris in Victor L. Berger, *Hearing before the Special Committee, Appointed under the Authority of House Resolution No. 6 Concerning the Right of Victor L. Berger to Be Sworn In as a Member of the Sixty-Sixth Congress*, vol. 1 (Washington, DC: U.S. Government Printing Office, 1919), 470.

137 Wilson, "Address to a Joint Session of Congress."

138 Winston Churchill, *The World Crisis, 1911–1918* 1923 (New York: Free Press, 2005), 696.

139 Allan Millett, Peter Maslowski, and William Feis, *For the Common Defense: A Military History of the United States from 1607 to 2012* (New York: Free Press, 2012), 309; Mark Grotelueschen, *The AEF Way of War: The American Army and Combat in World War I* (New York: Cambridge University Press, 2006), 11.

140 Holger Herwig and David Trask, "The Failure of Imperial Germany's Undersea Offensive against World Shipping, February 1917–October 1918," *Historian*, August 1971, 619; Baer, *One Hundred Years of Sea Power*, 67.

141 Hindenburg's remarks, April 9, 1918, available at firstworldwar.com.

142 David Woodward, *Trial by Friendship: Anglo-American Relations, 1917–1918* (Lexington: University Press of Kentucky, 1993), 170.

143 Baer, *One Hundred Years of Sea Power*, 80.

144 Keegan, *First World War*, 407.

145 Hague to MilStaff, Washington, October 25, 1918, Woodrow Wilson Papers, WWP25324, LC; Gilbert, *First World War*, 434–48; Robert Zieger, *America's Great War: World War I and the American Experience* (Lanham, MD: Rowman & Littlefield, 2000), 98.

146 Baer, *One Hundres Years of Sea Power*, 70, 75–76.

147 Gilbert, *First World War*, 468.

148 이 주제에 관해서는 Tooze, *Deluge*의 탁월한 연구를 참조하라.

149 Tasker Bliss to Newton Baker, July 22, 1918, Woodrow Wilson Papers, WWP25076, LC.

150 Howard, *First World War*, 51; Kagan, Ghost at the Feast.

151 Wilson, "A Flag Day Address," June 14, 1917, *PWW*.

152 Millett, Maslowski, and Feis, *For the Common Defense*, 314–15; Tooze, *Deluge*, 203.

153 George Noble, *Policies and Opinions in Paris, 1919: Wilsonian Diplomacy, the Versailles Peace, and French Public Opinion* (New York: Macmillan, 1935), 160.

154 이러한 통념은 Margaret MacMillan, *Paris 1919: Six Months That Changed the World* (New York: Random House, 2003)에서 요약되고 비판되고 있다.

155 MacMillan, *Paris 1919*, 480; Strachan, *First World War*, 333.

156 MacMillan, *Paris 1919*, 173; "Note sur le statut politique des pays de la rive gauche du rhin," December 15, 1918, in *Documents Diplomatiques Français: Armistices et Paix, 1918–1920* (Paris: Commission des Archives Diplomatiques, 2014), document 344.

157 MacMillan, *Paris 1919*, 480.

158 Political Intelligence Department, "Bolshevik Aims in the West and in the East," February 19, 1920, CAB 24/99/55, TNA,

159 "Effect of Secret Diplomacy on the Public Mind," April 4, 1919, Private Memorandum, Robert Lansing Papers, LC.

160 "Mantoux's Notes of Two Meetings of the Council of Four," March 27, 1919, *PWW*.

161 "Hankey's Notes of Two Meetings with the Council of Ten," January 15, 1919, *PWW*; "A Memorandum by David Lloyd George," March 25, 1919, *PWW*.

162 Imperial War Cabinet, December 30, 1918, CAB 23/42, TNA.

163 John Maynard Keynes, *The Economic Consequences of the Peace* (London: Macmillan, 1919), 38.

164 John Thompson, *Woodrow Wilson: Profiles in Power* (New York: Longman, 2002), 229.

165 Wilson, "Address to a Joint Session of Congress on the Conditions of Peace," January 8, 1918, APP.

166 Imperial War Cabinet, December 30, 1918, CAB 23/42, TNA.

167 Edward House, diary entry, October 28, 1918, EHP; Kagan, "Woodrow Wilson."

168 Wilson, Address at the Metropolitan Opera House in New York City, September 27, 1918, FRUS 1918, vol. 1, supplement 1, document 258.

169 Wilson, Address at Hotel Alexandria, Los Angeles, September 20, 1919, *PWW*.

170 Noble, *Policies and Opinions in Paris*, 116; Wilson, Speech to Congress, January 22, 1917, PWW; Thomas Knock, *To End All Wars: Woodrow Wilson and the Quest for a New World Order* (Princeton: Princeton University Press, 1995).

171 "Indications of an Explosion," March 28, 1919, Private Memorandum, Lansing Papers, LC.

172 MacMillan, *Paris 1919*, 86.

173 "Mantoux's Notes of a British–French–Italian Meeting," April 21, 1919, *PWW*; Tooze, *Deluge*.

174 Colin Dueck, *Reluctant Crusaders: Power, Culture, and Change in American Grand Strategy* (Princeton: Princeton University Press, 2008), 51.

175 John Milton Cooper, *Breaking the Heart of the World: Woodrow Wilson and the Fight for the League of Nations* (New York: Cambridge University Press, 2001), 375.

176 Edward House, diary entry, January 1, 1919, EHP; Cooper, *Breaking the Heart of the World*, esp 2.

177 "Review of the Present Condition of the Peace Conference," January 22, 1919, Private Memorandum, Lansing Papers, LC.

178 "Great Britain's World Responsibility," *Evening Telegraph*, June 18, 1920.

179 Mackinder, *Democratic Ideals and Reality*, 18.

180 Mackinder, *Democratic Ideals and Reality*, 45, 105.

181 Mackinder, *Democratic Ideals and Reality*, 106.

182 Mackinder, *Democratic Ideals and Reality*, esp. 17.

183 Mackinder, *Democratic Ideals and Reality*, 49–50, 80.

184 Mackinder, *Democratic Ideals and Reality*, 111–112.

185 B. W. Blouet, "Sir Halford Mackinder as High Commissioner to South Russia, 1919–1920," *Geographical Journal*, July 1976, 228–36.

186 "Report on the Situation in South Russia by Sir H. Mackinder, MP," January 1920, CAB 24/97/17, TNA; Mackinder to Curzon, November 21, 1919, FO-800-251, TNA.

187 Halford J. Mackinder, "Notes of Points, Supplementary to His Memorandum of January 21, 1920," January 29, 1920, FO-800-251, TNA.

188 "Report on the Situation in South Russia"; "Notes of Points."

189 "Report on the Situation in South Russia."

190 "Report on the Situation in South Russia"; "Notes of Points."

191 Curzon to Keyes, February 9, 1920, *DBFP*, First Series, vol. 3, 814–15; Warsaw to Curzon, January 19, 1920, *DBFP*, First Series, vol. 3, 764; Foreign Office to Mackinder, February 20, 1919, FO-800-251, TNA.

3장_ 전체주의의 심연

1   *DGFP*, Series D, vol. 13, 968.

2   Gerhard Weinberg, ed., *Hitler's Second Book: The Unpublished Sequel to Mein Kampf*, translated by Krista Smith (New York: Enigma, 2006), 113; Richard Overy, *War and Economy in the Third Reich* (Oxford: Clarendon Press, 1995), 235.

3   Saul Friedländer, *Prelude to Downfall: Hitler and the United States, 1939–1941* (New York: Knopf, 1967), 171.

4   *DGFP*, Series D, vol. 13, 40–41.

5   "Atlantic Charter," August 14, 1941, Avalon Project, Lillian Goldman Law Library, Yale Law School.

6   Brendan Simms and Charlie Laderman, *Hitler's American Gamble: Pearl Harbor and Germany's March to Global War* (New York: Basic Books, 2021), 29; Klaus Schmider, *Hitler's Fatal Miscalculation: Why Germany Declared War on the United States* (New York: Cambridge University Press, 2021).

7   이러한 지도자들에 대해서는 Gerhard Weinberg, *Visions of Victory: The Hopes of Eight World War II Leaders* (New York: Cambridge University Press, 2005)와 Brendan Simms, *Hitler: A Global Biography* (New York: Basic Books, 2019), esp. 50을 참조하라.

8   *DBFP*, 98.

9   Richard Overy, *Blood and Ruins: The Last Imperial War, 1931–1945* (New York: Penguin, 2022).

10   James Crowley, "A New Asian Order," in Bernard Silberman and H. D. Harootunian, eds., *Japan in Crisis* (Princeton: Princeton University Press, 1974), 281–82; Michael Barnhart, *Japan Prepares for Total War: The Search for Economic Security, 1919–1941* (Ithaca, NY: Cornell

University Press, 1988).

11 *DGFP*, Series D, vol. 1, 31.

12 James Crowley, *Japan's Quest for Autonomy: National Security and Foreign Policy, 1930–1938* (Princeton: Princeton University Press, 1966), 195.

13 Akira Iriye, *The Origins of the Second World War in Asia and the Pacific* (New York: Routledge, 1987), 61. 또한 S. C. M. Paine, *The Japanese Empire: Grand Strategy from the Meiji Restoration to the Pacific War* (New York: Cambridge University Press, 2017), 113; Walter LaFeber, *The Clash: U.S.-Japanese Relations throughout History* (New York: Norton, 1997), 155–62를 참조하라.

14 E. H. Carr, *The Twenty Years Crisis, 1919–1939: An Introduction to the Study of International Relations 1939* (New York: Harper & Row, 1964), 230.

15 Seva Gunitsky, *Aftershocks: Great Powers and Domestic Reforms in the Twentieth Century* (Princeton: Princeton University Press, 2017), 101.

16 일본식 파시즘은 독일과 이탈리아의 모델과는 상당히 달랐다. 그 이유 중 하나는 천황이 신적 권위를 지닌 존재로서 수행한 역할 때문이었다.

17 John Gooch, *Mussolini and His Generals: The Armed Forces and Fascist Foreign Policy, 1922–1940* (New York: Cambridge University Press, 2007), 124; P. M. H. Bell, *The Origins of the Second World War in Europe* (New York: Longman, 1986), 53–87.

18 Adam Tooze, *The Deluge: The Great War, America and the Remaking of the Global Order, 1916–1931* (New York: Penguin, 2015), 513.

19 *DGFP*, Series D, vol. 8, 895.

20 Waller Newell, *Tyrants: Power, Injustice, and Terror* (Cambridge: Cambridge University Press, 2019); Giuseppe Finaldi, *Mussolini and Italian Fascism* (New York: Taylor & Francis, 2014).

21 Kenneth Scott, "Mussolini and the Roman Empire," *Classical Journal* 27 (1932): 652–53.

22 Kershaw, *The Nazi Dictatorship: Problems and Perspectives of Interpretation* (New York: Oxford University Press, 2000), 124; Weinberg, *Visions of Victory*.

23 *DGFP*, Series D, vol. 12, 760.

24 Henry Morgenthau to Franklin D. Roosevelt, October 17, 1938, Morgenthau Presidential Diaries, FDRL.

25 Felix Chuev, *Molotov Remembers: Inside Kremlin Politics: Conversations with Felix Chuev* (Chicago: Ivan R. Dee, 1993), 18.

26 Stephen Kotkin, *Stalin: Waiting for Hitler, 1929–1941* (New York: Penguin, 2017), 673, 769.

27 *DGFP*, Series D, vol 11, esp. 554–59.

28 Kotkin, *Stalin: Waiting for Hitler*, 816–17.

29 Hal Brands and Charles Edel, *The Lessons of Tragedy: Statecraft and World Order* (New Haven: Yale University Press, 2019), 59; Donald Kagan, *On the Origins of War and the Preservation of*

Peace (New York: Knopf, 1996).

30 Gabriel Gorodetsky, ed., *The Maisky Diaries: Red Ambassador to the Court of St. Jamess, 1932–1943* (New Haven: Yale University Press, 2015), 42.

31 Roosevelt, "Address at Chicago," October 5, 1937, APP.

32 *DBFP*, Third Series, vol. 1, 217.

33 Niall Ferguson, *The War of the World: Twentieth-Century Conflict and the Descent of the West* (New York: Penguin, 2006), 345.

34 이때의 위기는 회담이 열린 장소를 따라 '뮌헨 위기'라는 이름으로 역사에 남았다.

35 Williamson Murray, *The Change in the European Balance of Power, 1938–1939: The Path to Ruin* (Princeton: Princeton University Press, 1984); also Ferguson, *War of the World*, 363 – 66; Nicholas Mulder, *The Economic Weapon: The Rise of Sanctions as a Tool of Modern War* (New Haven: Yale University Press, 2022), 246 – 49.

36 *DBFP*, Third Series, vol. 1, 226.

37 *DGFP*, Series D, vol. 6, 379.

38 *DBFP*, Third Series, vol. 1, 221; Memorandum by the Secretary of State for Foreign Affairs, October 8, 1938, CAB 24/279/14, TNA.

39 Press Conference, June 5, 1940, Press Conferences of President Franklin D. Roosevelt, 1933 – 1945, Box 1, FDRL; Mackenzie King to Anthony Eden, July 6, 1937, FO 0954–4A–241, TNA.

40 Michael Howard, *The Continental Commitment: The Dilemma of British Defence Policy in the Era of the Two World Wars* (London: Ashfield, 1989), esp. 118을 참조하라.

41 *DGFP*, Series D, vol. 10, 207.

42 Kotkin, *Stalin: Waiting for Hitler*; Roger Moorhouse, *The Devil's Alliance: Hitler's Pact with Stalin, 1939–1941* (New York: Basic Books, 2014).

43 Franklin Roosevelt, Excerpts from Press Conference, August 8, 1939, APP.

44 Kennedy, *Rise and Fall of the Great Powers*, 332.

45 C. A. MacDonald, *The United States, Britain, and Appeasement, 1938–1939* (London: Macmillan, 1981), 48; Anglo-French Conversations at Quai d'Orsay, November 24, 1938, *DBFP*, Third Series, vol. 3, 308.

46 *DGFP*, Series D, vol. 1, 641.

47 John Clancy, *The Most Dangerous Moment of the War: Japan's Attack on the Indian Ocean, 1942* (Oxford: Casemate, 2015); Ronald Spector, *Eagle against the Sun: The American War with Japan* (New York: Free Press, 1985), chs. 2 – 7.

48 Williamson Murray, "May 1940: Contingency and Fragility of the German RMA," in MacGregor Knox and Williamson Murray, eds., *Dynamics of Military Revolution, 1300 – 2050* (New York: Cambridge University Press, 2001), esp. 155; Michael Geyer, "German Strategy in

the Age of Machine Warfare, 1914–1945," in Peter Paret, ed., *Makers of Modern Strategy: From Machiavelli to the Nuclear Age* (Princeton: Princeton University Press, 1986).

49 Ernest May, *Strange Victory: Hitler's Conquest of France* (New York: Hill & Wang, 2000)을 참조하라.

50 Williamson Murray, "A Whale against an Elephant: Britain and Germany," in James Lacey, ed., *Great Strategic Rivalries: From the Classical World to the Cold War* (New York: Oxford University Press, 2016), 397; Gerhard Weinberg, *Hitler's Foreign Policy, 1933–1939: The Road to World War II* (New York: Enigma, 2005), 374–77.

51 Ferguson, *War of the World*, 367.

52 Gordon Wright, *The Ordeal of Total War, 1939–1945* (New York: Harper & Row, 1968), 117.

53 Speech by Prime Minister General Tojo Hideki to Assembly of Greater Asiatic Nations, November 5, 1943, available online at World Future Fund.

54 John Dower, *War without Mercy: Race and Power in the Pacific War* (New York: Pantheon, 1986), esp. 42–43.

55 Timothy Snyder, *Bloodlands: Europe between Hitler and Stalin* (New York: Basic Books, 2012), 163.

56 Volker Ullrich, *Hitler: Downfall, 1939–1945* (New York: Vintage, 2021), 267.

57 Winston Churchill, radio broadcast, August 24, 1941, in Martin Gilbert, ed., *The Churchill War Papers*, vol. 3, *The Ever-Widening War, 1941* (New York: Norton, 1993), 1103.

58 Tami Biddle, *Rhetoric and Reality in Air Warfare: The Evolution of British and American Ideas about Strategic Bombing, 1914–1945* (Princeton: Princeton University Press, 2002.

59 Hugh Trevor-Roper, *Hitler's Table Talk, 1941–1944* (London: Weidenfeld & Nicolson, 1953), 93.

60 Winston Churchill, "A Note on the War," December 25, 1939, in Gilbert, ed., *Churchill War Papers, vol. 1, At the Admiralty* (New York: Norton, 1993), 569.

61 Ian Kershaw, *Fateful Choices: Ten Decisions That Changed the World, 1940–1941* (London: Allen Lane, 2007).

62 Memorandum, "Economic Aid from the New World to the Old," June 16, 1940, CAB 66/8, TNA.

63 처칠의 리더십에 관해서는 Andrew Roberts, *Churchill: Walking with Destiny* (New York: Penguin, 2018)를 참조하라.

64 Gorodetsky, *Maisky Diaries*, 352.

65 Gilbert, *Churchill War Papers*, vol. 2, *Never Surrender* (New York: Norton, 1993), 182.

66 Winston Churchill, Remarks in House of Commons, June 4, 1940, available at winstonchurchill.org.

67 Winston Churchill, Remarks in House of Commons, June 18, 1940, available at

winstonchurchill.org.

68   Max Boot, *War Made New: Technology, Warfare, and the Course of History* (New York: Gotham, 2006), 273; Richard Overy, *The Battle of Britain: The Myth and the Reality* (New York: Norton, 2000), 81–88.

69   Winston Churchill to Franklin Roosevelt, December 7, 1940, in Warren Kimball, ed., *Churchill and Roosevelt: The Complete Correspondence*, vol. 1 (Princeton: Princeton University Press, 1984), 103–5.

70   "War Cabinet Plans to Meet a Certain Eventuality," Report by Chiefs of Staff Committee, June 11, 1940, CAB 66/8, TNA.

71   Winston Churchill to Joseph Stalin, June 25, 1940, in Gilbert, *Churchill War Papers*, vol. 2, 417.

72   Trevor-Roper, *Hitler's Table Talk*, 24.

73   *DGFP*, Series D, vol. 12, 1066.

74   John Lukacs, *The Last European War: September 1939–December 1941* (New Haven: Yale University Press, 2001), 139; Sean McMeekin, *Stalin's War: A New History of World War II* (New York: Hachette, 2021), 326– 82.

75   Richard Overy, *The Dictators: Hitler's Germany, Stalin's Russia* (New York: Norton, 2006), 483.

76   Gorodetsky, ed., *Maisky Diaries*, 354.

77   Memorandum on Discussions with Stalin, July 31, 1941, *FRUS 1941*, vol. 1, document 752.

78   Simms and Laderman, *Hitler's American Gamble*, 36.

79   Simms, *Hitler*, 214.

80   Franklin Roosevelt, Fireside Chat on National Security, December 29, 1940, APP.

81   Franklin Roosevelt, Press Conference on National Defense, May 30, 1940, Roosevelt Press Conferences, FDRL.

82   Franklin Roosevelt, Fireside Chat, September 11, 1941, APP.

83   Franklin Roosevelt, Press Conference, June 14, 1940, Roosevelt Press Conferences, FDRL.

84   Franklin Roosevelt, Address at University of Virginia, June 10, 1940, APP.

85   Franklin Roosevelt, Fireside Chat on National Security, December 29, 1940, APP.

86   Charles Lindbergh, "Election Promises Should Be Kept: We Lack Leadership THat Places America First," Address at Madison Square Garden, May 23, 1941.

87   Charles Kupchan, *Isolationism: A History of America's Efforts to Shield Itself from the World* (New York: Oxford University Press, 2020), 293; Mark Stoler, *Allies and Adversaries: The Joint Chiefs of Staff, the Grand Alliance, and U.S. Strategy in World War II* (Chapel Hill: University of North Carolina Press, 2000), 13–14, 25.

88   Julian Zelizer, *Arsenal of Democracy: The Politics of National Security— from World War II to the War on Terrorism* (New York: Basic Books, 2010), 47.

89 Zelizer, *Arsenal of Democracy*, 43.

90 Warren Kimball, *The Most Unsordid Act: Lend-Lease, 1939–1941* (Baltimore: Johns Hopkins University Press, 1969); Robert Dallek, *Franklin D. Roosevelt and American Foreign Policy, 1932–1945* (New York: Oxford University Press, 1979).

91 Waldo Heinrichs, *Threshold of War: Franklin D. Roosevelt and American Entry into World War II* (New York: Oxford University Press, 1988), esp. 10.

92 William Leahy, diary entry, September 12, 1941, Reel 2, Leahy Papers, LC.

93 *DGFP*, Series D, vol. 10, 199.

94 Simms and Laderman, *Hitler's American Gamble*, 29; Schneider, *Hitler's Fatal Miscalculation*.

95 *DGFP*, Series D, vol. 13, 377; *DGFP*, Series D, vol. 12, 219–21.

96 Joseph Grew, *Turbulent Era: A Diplomatic Record of Forty Years*, vol. 2 (Boston: Houghton Mifflin, 1952), 1257; Michael Green, *By More Than Providence: Grand Strategy and American Power in the Asia Pacific since 1783* (New York: Columbia University Press, 2017), 182.

97 Paine, *The Japanese Empire*, 153.

98 Dallek, *Franklin D. Roosevelt*, 273–74.

99 Ernst Presseisen, *Germany and Japan: A Study in Totalitarian Diplomacy, 1933–1941* (The Hague: Martinus Nijhoff, 1959), esp. 242–43.

100 Grew to Roosevelt, December 14, 1940, *FRUS* 1940, vol. 4, document 493.

101 Heinrichs, *Threshold of War*, 7.

102 Eri Hotta, *Japan 1941: Countdown to Infamy* (New York: Vintage, 2014), 148.

103 Jeffrey Record, *Japan's Decision for War in 1941* (Carlisle Barracks, PA: Strategic Studies Institute, 2009), 25.

104 Heinrichs, *Threshold of War*, 183. Asada, *From Mahan to Pearl Harbor*, 241 또한 참조하라.

105 Dallek, *Franklin D. Roosevelt*, 242.

106 Roosevelt to Grew, January 21, 1941, *FRUS* 1941, vol. 4, document 5.

107 *Investigation of the Pearl Harbor Attack: Report of the Joint Committee on the Investigation of the Pearl Harbor Attack, Congress of the United States*, 79th Congress, 2nd Session, document No. 244 (Washington, DC: U.S. Government Printing Office, 1946), 177.

108 *GDFP*, Series D, vol. 13, 994.

109 Winston Churchill, *The Second World War*, vol. 3, *The Grand Alliance* (Boston: Houghton Mifflin, 1950), 539–40.

110 Richard Overy, *Why the Allies Won* (New York: Norton, 1997), 2; Adam Tooze, *The Wages of Destruction: The Making and Breaking of the Nazi Economy* (New York: Penguin, 2008), xxiii.

111 "Bohlen Minutes," November 28, 1943, *FRUS: THe Conferences at Cairo and Tehran, 1943*, document 360.

112 Tooze, *Wages of Destruction*, 383.

113 Overy, *Why the Allies Won*, 4.

114 Henry Morgenthau, diary entry, November 26, 1941, Morgenthau Presidential Diaries, FDRL.

115 Gershom Gorenberg, *War of Shadows: Codebreakers, Spies, and the Secret Struggle to Drive the Nazis from the Middle East* (New York: Hachette, 2021), 296.

116 Daniel Yergin, *The Prize: The Epic Quest for Oil, Money and Power* (New York: Free Press, 1992), 376; George Baer, *One Hundred Years of Sea Power: The U.S. Navy, 1890–1990* (Stanford: Stanford University Press, 1996), esp. 194–96.

117 Francis Lowenheim, Harold Langley, and Manfred Jonas, *Roosevelt and Churchill: The Secret Wartime Correspondence* (New York: Saturday Review Press, 1975), 262; Jonathan Dimbleby, *The Battle of the Atlantic: How the Allies Won the War* (New York: Oxford University Press, 2016), esp. 336–40; Paul Kennedy, *Victory at Sea: Naval Power and the Transformation of the Global Order in World War II* (New Haven: Yale University Press, 2021), 204–5.

118 King to Joint Chiefs of Staff, May 1942, Box 4, Safe File, FDRL.

119 *Fading Victory: The Diary of Admiral Matome Ugaki, 1941–1945*, translated by Masatakaya Chihaya (Pittsburgh: University of Pittsburgh Press, 1991), 52.

120 Curtin to Casey, February 22, 1942, Australian Government, Department of Foreign Affairs and Trade, *Historical Documents, July 1941–June 1942*, vol. 5, document 358; S. C. M. Paine, *The Wars for Asia, 1911–1949* (New York: Cambridge University Press, 2012), 188–89.

121 Franklin Roosevelt, Fireside Chat, February 23, 1942, APP,

122 "Bohlen Minutes," November 19, 1943, *FRUS: Cairo and Tehran*, document 365.

123 Address to Joint Session of U.S. Congress, December 26, 1941, National Churchill Museum.

124 프랑코의 입장에 관해서는 Andrew Buchanan, *American Grand Strategy in the Mediterranean during World War II* (New York: Cambridge University Press, 2014), 57–59를 참조하라.

125 Paul Kennedy, *Strategy and Diplomacy, 1870–1945: Eight Studies* (London: Allen & Unwin, 1983), 187.

126 Churchill to Roosevelt, April 16, 1942, FO-954-6C-568, TNA.

127 Roosevelt to Marshall, King, and Hopkins, July 15, 1942, Box 4, Safe File, FDRL. 또한 Gerhard Weinberg, *A World at Arms: A Global History of World War II* (New York: Cambridge University Press, 1994), 307–8을 참조하라.

128 Combined Chiefs of Staff Minutes, January 14, 1943, *FRUS: The Conferences at Washington, 1941–1942, and Casablanca, 1943*, document 337; Jonathan Parshall and Anthony Tully, *Shattered Sword: The Untold Story of the Battle of Midway* (Annapolis: U.S. Naval Institute Press, 2007).

129 British Chiefs of Staff, "American-British Strategy in 1943," January 3, 1943, *FRUS: Washington and Casablanca*, document 401.

130 통계에 관해서는 Robert Kagan, "Challenging the U.S. Is a Historic Mistake," *Wall Street Journal*, February 3, 2023; Christian Hartmann, *Operation Barbarossa: Nazi Germany's War in the East, 1941–1945* (New York: Oxford University Press, 2013), 42; James Sheehan, *Where Have All the Soldiers Gone? The Transformation of Modern Europe* (New York: Mariner, 2008), 128; Williamson Murray and Allan Millett, *A War to Be Won: Fighting the Second World War* (Cambridge, MA: Belknap Press, 2000), 543을 참조하라.

131 Sheehan, *Where Have All the Soldiers Gone?*, 128.

132 Phillips Payson O'Brien, *How the War Was Won: Air–Sea Power and Allied Victory in World War II* (New York: Cambridge University Press, 2015), 5.

133 "D-Day by the Numbers: Pulling Off the Biggest Amphibious Invasion in History," Miltary. com, June 5, 2019; Antony Beevor, *D-Day: The Battle for Normandy* (New York: Penguin, 2009).

134 "Stalin and Harriman Discuss the Military Situation," June 10, 1944, CWIHP.

135 William Hitchcock, *Bitter Road to Freedom: A New History of the Liberation of Europe* (New York: Simon & Schuster, 2008), 136.

136 Brendan Simms, "Strategies of Geopolitical Revolution: Hitler and Stalin," in Brands, ed., *The New Makers of Modern Strategy: From the Ancient World to the Digital Age* (Princeton: Princeton University Press, 2023), 629.

137 Arthur Herman, *Freedom's Forge: How American Business Produced Victory in World War II* (New York: Random House, 2013).

138 Allan Millett, Peter Maslowski, and William Feis, *For the Common Defense: A Military History of the United States from 1607 to 2012* (New York: Free Press, 2012), 387; Overy, *Blood and Ruins*, 530; Mark Harrison, "The Economics of World War II: An Overview," in Mark Harrison, ed., *The Economics of World War II: Six Great Powers in International Comparison* (Cambridge: Cambridge University Press 1998), 10.

139 David Kennedy, *Freedom from Fear: The American People in Depression and War, 1929–1945* (New York: Oxford University Press, 1999), 615.

140 Kennedy, *Freedom from Fear*, 731.

141 이에 관한 양질의 조사로는 Geoffrey Jukes, *The Second World War: The Eastern Front, 1941–1945* (London: Osprey, 2002); Chris Bellamy, *Absolute War: Soviet Russia in the Second World War* (New York: Knopf, 2007)를 참조하라.

142 McMeekin, *Stalin's War*, 382–424.

143 Henry Morgenthau, diary entry, March 11, 1942, Morgenthau Presidential Diaries, FDRL.

144 Combined Chiefs of Staff Minutes, May 14, 1943, *FRUS: Conferences at Washington and Quebec, 1943*, document 35; Rana Mitter, *Forgotten Ally: China's World War II, 1937–1945* (Boston: Houghton MiNin Harcourt, 2013), 5.

145 O'Brien, *How the War Was Won*.

146 Russell Weigley, *The American Way of War: A History of United States Military Strategy and Policy* (Bloomington: Indiana University Press, 1973), 280.

147 Ian Toll, *The Conquering Tide: War in the Pacific Islands, 1942–1944* (New York: Norton, 2015)를 참조하라.

148 Overy, *Why the Allies Won*, 18.

149 Kennedy, *Victory at Sea*; Millett, Maslowski, and Feis, *For the Common Defense*, 391–95.

150 이 주제에 관해서는 Max Hastings, *Bomber Command* (New York: Dial, 1979)를 참조하라.

151 O'Brien, *How the War Was Won*, 484.

152 Weigley, *American Way of War*, 240.

153 O'Brien, *How the War Was Won*, 317, 350–51; Overy, *Blood and Ruins*, 584–86; Conrad Crane, *American Airpower Strategy in World War II: Bombs, Cities, Civilians, and Oil* (Lawrence: University Press of Kansas, 2016), 48.

154 O'Brien, *How the War Was Won*, 373.

155 "Bohlen Minutes," November 30, 1943, *FRUS: Cairo and Tehran*, document 373.

156 Churchill to Eden, February 8, 1945, FO-954-10B-415, TNA.

157 Dallek, *Franklin D. Roosevelt*, 434.

158 Warren Kimball, *Forged in War: Roosevelt, Churchill, and the Second World War* (New York: Morrow, 1997), 11.

159 Michael Fullilove, *Rendezvous with Destiny: How Franklin D. Roosevelt and Five Extraordinary Men Took America into the War and into the World* (New York: Penguin, 2013), 100–101.

160 Winston Churchill, Press Conference, January 24, 1943, *FRUS: Washington and Casablanca*, document 395; Memorandum by the United States Chiefs of Staff, January 14, 1942, *FRUS: Washington and Casablanca*, document 121.

161 Kimball, ed., *Churchill and Roosevelt: The Complete Correspondence*; also Maurice Matloff and Edwin Snell, *Strategic Planning for Coalition Warfare, 1941–1942* (Washington, DC: U.S. Government Printing Office, 1959).

162 Roosevelt to Marshall, King, and Hopkins, July 15, 1942, Box 4, Safe File, FDRL.

163 Rick Atkinson, *The Guns at Last Light: The War in Western Europe, 1944–1945* (New York: Holt, 2013), 632.

164 Tami Davis Biddle, "Democratic Leaders and Strategies of Coalition Warfare: Churchill and Roosevelt in World War II," in Brands, ed., *New Makers*; Richard Leighton and Robert Coakley, *Global Logistics and Strategy, 1940–1943* (Washington, DC: U.S. Government Printing Office, 1955); Alan Bath, *Tracking the Axis Enemy: The Triumph of Anglo-American Naval Intelligence* (Lawrence: University Press of Kansas, 1998).

165 Paul Kennedy, "History from the Middle: The Case of the Second World War," *Journal of*

Military History, January 2010, 35–51.

166 Weigley, *American Way of War*, 343.

167 Milovan Djilas's Conversations at Stalin's Dacha, June 5, 1944, CWIHP를 참조하라.

168 Henry Morgenthau, diary entry, November 17, 1942, Morgenthau Presidential Diaries, FDRL; David Reynolds and Vladimir Pechatnov, *The Kremlin Letters: Stalin's Wartime Correspondence with Churchill and Roosevelt* (New Haven: Yale University Press, 2018), 13.

169 Biddle, "Democratic Leaders," 588.

170 Stalin to Roosevelt, June 11, 1943, Box 8, Map Room Papers, FDRL; Warren Kimball, *The Juggler: Franklin Roosevelt as Wartime Statesman* (Princeton: Princeton University Press, 1991), 30–33.

171 Maurice Matloff, *Strategic Planning for Coalition Warfare, 1943–1944* (Washington, DC: Center of Military History, United States Army, 1994).

172 "Bohlen Minutes," November 30, 1943, *FRUS: Cairo and Tehran*, document 373; Crane, *American Airpower*, 48.

173 Serhii Plokhy, *Yalta: The Price of Peace* (New York: Penguin, 2010); Vladislav Zubok, *Failed Empire: The Soviet Union in the Cold War from Stalin to Gorbachev* (Chapel Hill: University of North Carolina Press, 2007), 13.

174 *DGFP*, Series D, vol. 13, 869.

175 T. N. Dupuy, *A Genius for War: The German Army and General Staff, 1807–1945* (Englewood Cliffs, NJ: Prentice-Hall, 1977.

176 Overy, *War and Economy in the Third Reich*, 242; David Stahel, "The Wehrmacht and National Socialist Military Thinking," *War in History*, July 2017, esp. 355.

177 Keith Grint, "The Hedgehog and the Fox: Leadership Lessons from D-Day," *Leadership*, April 2014, 255.

178 Overy, *Why the Allies Won*, 305.

179 Jonathan Adelman, *Hitler and His Allies in World War II* (London: Routledge, 2007), 20.

180 Bernice Carroll, *Design for Total War* (The Hague: Mouton, 1968), 특히 73; Wright, *Ordeal of Total War*, 61–62의 인용문을 참조하라.

181 Overy, *Why the Allies Won*, 319; Toll, *Conquering Tide*, 515.

182 *DGFP*, Series D, vol. 12, 456.

183 Jonathan Fenby, *Alliance: The Inside Story of How Roosevelt, Stalin and Churchill Won One War and Began Another* (London: Pocket, 2008), 80; Weinberg, *A World at Arms*, 747–49.

184 *The Ciano Diaries, 1939–1943: The Complete, Unabridged Diaries of Count Galeazzo Ciano, Italian Minister of Foreign Affairs, 1936–1943*, edited by Hugh Gibson (Garden City, NY: Doubleday, 1946), 300. John Miglietta, *Hitler's Allies: The Ramifications of Nazi Alliance Politics in World War II* (New York: Routledge, 2022)도 참조하라.

185 R. L. DiNardo, "The Dysfunctional Coalition: The Axis Powers and the Eastern Front in World War II," *Journal of Military History*, October 1996, 723.

186 Alton Frye, *Nazi Germany and the American Hemisphere* (New Haven: Yale University Press, 1967), 173.

187 Kai Bird and Martin Sherwin, *American Prometheus: The Triumph and Tragedy of J. Robert Oppenheimer* (New York: Knopf, 2007), 309.

188 Barton Bernstein, "Truman at Potsdam: His Secret Diary," *Foreign Service Journal*, July–August 1980, 34.

189 Richard Rhodes, *The Making of the Atomic Bomb* (New York: Simon & Schuster, 1986)을 참조하라.

190 Richard Frank, *Downfall: The End of the Imperial Japanese Empire* (New York: Penguin, 2001).

191 Crane, *American Airpower*, 65.

192 Franklin Roosevelt, Address to American Youth Congress, February 10, 1940, APP.

193 Marc Trachtenberg, *A Constructed Peace: The Making of the European Settlement, 1945–1963* (Princeton: Princeton University Press, 1999), 36.

194 Grew, *Turbulent Era*, vol. 2, 1446.

195 Henry Morgenthau, diary entry, August 19, 1944, Morgenthau Presidential Diaries, FDRL.

196 Roosevelt to Churchill, February 29, 1944, *FRUS 1944*, vol. 1, document 99; Churchill to Eden, May 11, 1945, CHAR 20/218/83, Winston Churchill Archive.

197 Halford J. Mackinder, "The Round World and the Winning of the Peace," *Foreign Affairs*, July 1943, 601.

198 Armstrong to Mackinder, December 21, 1942, Correspondence, "Halford Mackinder," Hamilton Fish Armstrong Papers, SMML.

199 Mackinder cable, May 27, 1943, Correspondence, "Halford Mackinder," Armstrong Papers, SMML.

200 Mackinder, "Round World," 601, 604–5.

201 Armstrong to Mackinder, October 8, 1943, Correspondence, "Halford Mackinder," Armstrong Papers, SMML.

202 Mackinder, "Round World," 604.

4장_ 황금기

1   W. Warren Wagar, *H. G. Wells: Traversing Time* (Middletown, CT: Wesleyan University Press, 2004), 272.

2   Uriel Tal, "Jewish and Universal Social Ethics in the Life and Thought of Albert Einstein," in Gerald Holton and Yehuda Elkana, eds., *Albert Einstein: Historical and Cultural Perspectives* (Princeton: Princeton University Press, 1982), 299.

3   Meeting of State–Defense Policy Review Group, February 27, 1950, *FRUS 1950*, vol. 1, document 64.

4   George Marshall, "Assistance to European Economic Recovery," *Department of State Bulletin*, January 18, 1948, 77, 71.

5   제2차 세계대전 이후의 시기를 황금기로 보는 시각에 관해서는 Eric Hobsbawm, *The Age of Extremes: A History of the World, 1914–1991* (New York: Vintage, 1996)을 참조하라.

6   Harry S. Truman, Special Message to Congress, March 12, 1947, APP.

7   OSS, "Problems and Objectives of United States Policy," April 12, 1945, Declassified Documents Reference System; William Curti Wohlforth, *The Elusive Balance: Power and Perceptions during the Cold War* (Ithaca, NY: Cornell University Press, 1993), 121–22.

8   Vladislav Zubok, *A Failed Empire: The Soviet Union in the Cold War from Stalin to Gorbachev* (Chapel Hill: University of North Carolina Press, 2007), 19; John Lewis Gaddis, *We Now Know: Rethinking Cold War History* (New York: Oxford University Press, 1997), chs. 1–2.

9   Zubok, *Failed Empire*, 20.

10   Felix Chuev, *Molotov Remembers: Inside Kremlin Politics: Conversations with Felix Chuev* (Chicago: Ivan R. Dee, 1993), 63.

11   Smith to Secretary of State, *FRUS 1946*, vol. 6, document 517; Anne Applebaum, *Iron Curtain: The Crushing of Eastern Europe, 1944–1956* (New York: Knopf, 2012).

12   CIA, "The Possibility of Direct Soviet Military Action during 1949," May 3, 1949, CIA FOIA.

13   Norman Naimark, *Stalin and the Fate of Europe: The Postwar Struggle for Sovereignty* (Cambridge, MA: Harvard University Press, 2019).

14   Ambassador in France (Caffery) to Secretary of State, July 3, 1947, *FRUS 1947*, vol. 3, document 182.

15   British Embassy to State Department, March 11, 1948, *FRUS 1948*, vol. 3, document 37.

16   John Lewis Gaddis, *George F. Kennan: An American Life* (New York: Penguin, 2011).

17   David Mayers, "Soviet War Aims and the Grand Alliance: George Kennan's Views, 1944–1946," *Journal of Contemporary History*, January 1986, 68.

18   Kennan to Secretary, March 20, 1946, *FRUS 1946*, vol. 6, document 487.

19   Kennan to Secretary, February 22, 1946, *FRUS 1946*, vol. 6, document 475.

20   John Lewis Gaddis, *Strategies of Containment: A Critical Appraisal of American National Security Policy during the Cold War* (New York: Oxford, 2005), 386–87.

21   G. John Ikenberry, *After Victory: Institutions, Strategic Restraint, and the Rebuilding of Order*

after Major Wars (Princeton: Princeton University Press, 2001), 167–68.

22　X (Kennan), "The Sources of Soviet Conduct," *Foreign Affairs*, July 1947, 576.

23　X, "Sources of Soviet Conduct," 582.

24　Wohlforth, *Elusive Balance*, 85; Telegram from Nikolai Novikov, September 27, 1946, CWIHP.

25　Kennan to Secretary, February 22, 1946, *FRUS 1946*, vol. 6, document 487.

26　Dean Acheson, *Present at the Creation: My Years in the State Department* (New York: Norton, 1969), 3–4.

27　Robert Beisner, *Dean Acheson: A Life in the Cold War* (New York: Oxford University Press, 2006); Wilson Miscamble, "Rejected Architect and Master Builder: George Kennan, Dean Acheson, and Postwar Europe," *Review of Politics*, Summer 1996.

28　Acheson, *Present at the Creation*, 219.

29　Gaddis, *George F. Kennan*, 254–55; Joseph Jones, *The Fifteen Weeks, February 21–June 5, 1947* (New York: Harcourt, Brace & World, 1964).

30　Harry S. Truman, Special Message to Congress, March 12, 1947, APP.

31　MemCon with Generalissimo Stalin, April 15, 1947, in Larry Bland et al., eds., *The Papers of George Catlett Marshall*, vol. 6 (Baltimore: Johns Hopkins University Press, 2013), 103.

32　Editorial Note, *FRUS 1947*, vol. 3, document 133.

33　William Hitchcock, *The Struggle for Europe: The Turbulent History of a Divided Continent, 1945 to the Present* (New York: Knopf, 2008), 63; Benn Steil, *The Marshall Plan: Dawn of the Cold War* (New York: Simon & Schuster, 2018.

34　Dean Acheson, "The Requirements of Reconstruction," *Department of State Bulletin*, May 18, 1947.

35　Takemae Eiji, *Inside GHQ: The Allied Occupation of Japan*, translated by Robert Rickets and Sebastian Swann (New York: Continuum, 2003), 7.

36　"Acheson Sets Path," *New York Times*, September 20, 1945; Tony Smith, *America's Mission: The United States and the Worldwide Struggle for Democracy* (Princeton: Princeton University Press, 2012), 155–67.

37　"Meeting of the Secretary of Defense and the Service Chiefs with the Secretary of State 1045 Hours," October 10, 1948, Box 147, James Forrestal Papers, SMML; Tony Judt, *Postwar: A History of Europe since 1945* (New York: Penguin, 2006), 145–49.

38　James Reston, "Atlantic Nations Sign Defense Pact," *New York Times*, April 5, 1949. 1948년 협상 당시 애치슨은 내각에 있지 않았지만, 조약에 서명할 때는 장관으로 복귀한 상태였다.

39　John Lewis Gaddis, *The Long Peace: Inquiries into the History of the Cold War* (New York: Oxford University Press, 1986), 63. 또한 Timothy Sayle, *Enduring Alliance: A History of NATO and the Postwar Global Order* (Ithaca, NY: Cornell University Press, 2019)를 참조하라.

40 Paraphrase of Telegram from Bevin, April 9, 1948, *FRUS 1948*, vol. 3, document 67; Second Meeting of Washington Exploratory Talks, July 6, 1948, *FRUS 1948*, vol. 3, document 113을 참조하라.

41 Gaddis, *Strategies of Containment*, 393.

42 Beisner, Dean Acheson, 161–62; CIA 3–49, "Review of the World Situation," March 16, 1949, Box 178, NSC Files, Harry S. Truman Presidential Library.

43 William Stueck, *The Korean War: An International History* (Princeton: Princeton University Press, 1995); Kathryn Weathersby, "'Should We Fear This?' Stalin and the Danger of War with America," Cold War International History Project Working Paper 39, 2002.

44 Harry S. Truman, *Years of Trial and Hope* (Garden City, NY: Doubleday, 1956), 332– 33.

45 Stueck, *Korean War*; Chen Jian, *China's Road to the Korean War: The Making of the Sino-American Confrontation* (New York: Columbia University Press, 1995).

46 Julian Zelizer, *Arsenal of Democracy: The Politics of National Security—from World War II to the War on Terrorism* (New York: Basic Books, 2010), 102.

47 Melvyn Leffler, *A Preponderance of Power: National Security, the Truman Administration, and the Cold War* (Stanford: Stanford University Press, 1992); Hal Brands, *What Good Is Grand Strategy? Power and Purpose in American Statecraft from Harry S. Truman to George W. Bush* (Ithaca, NY: Cornell University Press, 2014), 47–53.

48 NSC– 68, "United States Objectives and Programs for National Security," April 12, 1950, President's Secretary's Files (PSF), Harry S. Truman Presidential Library; "Estimated U.S. and Soviet/Russian Nuclear Stockpiles, 1945– 94," *Bulletin of the Atomic Scientists*, December 1994, 59; Allan Millett, Peter Maslowski, and William Feis, *For the Common Defense: A Military History of the United States from 1607 to 2012* (New York: Free Press, 2012), 467–91.

49 Acheson, *Present at the Creation*, 378.

50 Annual Report of Supreme Allied Commander Europe, April 2, 1952, Box 278, Averell Harriman Papers, LC.

51 Acheson, *Present at the Creation*, xvii.

52 Beisner, *Dean Acheson*, 156; Acheson, "Soviet Reaction to Free World's Growing Strength," *Department of State Bulletin*, October 20, 1952, 597.

53 Discussion at the 229th Meeting of NSC, December 21, 1954, *FRUS 1952–1954*, vol. 2, part 1, document 143. 또한 Mira Rapp-Hooper, *Shields of the Republic: The Triumph and Peril of America's Alliances* (Cambridge, MA: Harvard University Press, 2020)를 참조하라.

54 Richard Pells, *Not Like Us: How Europeans Have Loved, Hated, and Transformed American Culture since World War II* (New York: Basic Books, 2008), 69.

55 Heritage Foundation, "Global U.S. Troop Deployments, 1950–2003," October 24, 2004. 여

러 부수적인 데이터에 관해서는 G. John Ikenberry, *Liberal Leviathan: The Origins, Crisis, and Transformation of the American World Order* (Princeton: Princeton University Press, 2011), 199를 참조하라.

56 Ikenberry, *Liberal Leviathan*; Douglas Irwin, *Clashing over Commerce: A History of U.S. Trade Policy* (Chicago: University of Chicago Press, 2017), 484–86.

57 Dean Acheson, "The Pattern of Leadership—A Pattern of Responsibility," *Department of State Bulletin*, September 22, 1952, 427.

58 Eisenhower to Churchill, March 29, 1955, Box 6, Eisenhower Diary, Ann Whitman File, Dwight David Eisenhower Presidential Library.

59 Zubok, *Failed Empire*, 102; Vladislav Zubok and Hope Harrison, "The Nuclear Education of Nikita Khrushchev," in John Lewis Gaddis, ed., *Cold War Statesmen Confront the Bomb: Nuclear Diplomacy since 1945* (New York: Oxford University Press, 1999), 157.

60 "North Atlantic Military Committee Decision on M.C. 14/1: A Report by the Standing Group on Strategic Guidance," December 9, 1952, NATO Archive를 참조하라.

61 Dwight Eisenhower, Remarks at the National Editorial Association Dinner, June 22, 1954, APP.

62 "Measures to Implement the Strategic Concept for the Defense of the NATO Area," December 8, 1969, NATO Archive.

63 Owen R. Cote, Jr., "The Third Battle: Innovation in the U.S. Navy's Silent Cold War Struggle with Soviet Submarines," U.S. Naval War College, Newport Papers 16, 2003.

64 Dwight Eisenhower, diary entry, January 23, 1956, *FRUS 1955–1957*, vol. 19, document 53.

65 "Estimated U.S. and Soviet/Russian Nuclear Stockpiles," 59; H. W. Brands, "The Age of Vulnerability: Eisenhower and the National Insecurity State," *American Historical Review* 94, October 1989, 963–89; David Rosenberg and W. B. Moore, "'Smoking Radiating Ruin at the End of Two Hours': Documents on American Plans for Nuclear War with the Soviet Union, 1954–1955," *International Security*, Spring 1983, 3–71.

66 NSC Meeting, December 3, 1954, *FRUS 1952–1954*, vol. 2, part 1, document 138; NSC Meeting, December 22, 1954, Box 6, NSC Series, Dwight David Eisenhower Presidential Library.

67 Henry Kissinger, *Nuclear Weapons and U.S. Foreign Policy* (New York: Council on Foreign Relations, 1957).

68 State to Ankara and Other Posts, December 23, 1964, Electronic Briefing Book (EBB) 31, National Security Archive (NSA).

69 State to NATO Capitals, June 11, 1980, EBB 390, NSA; Brendan Green, *The Revolution That Failed: Nuclear Competition, Arms Control, and the Cold War* (New York: Cambridge University Press, 2020).

70 Jonathan Haslam, *Russia's Cold War: From the October Revolution to the Fall of the Wall* (New Haven: Yale University Press, 2012), 304; Matthew Ambrose, *The Control Agenda: A History of the Strategic Arms Limitation Talks* (Ithaca, NY: Cornell University Press, 2018), 34–35.

71 MemCon, March 8, 1976, *FRUS 1969–1976*, vol. 35, document 73. 또한 Gordon Barrass, *The Great Cold War: A Journey through the Hall of Mirrors* (Stanford: Stanford University Press, 2009), 212–14를 참조하라.

72 Reagan–Mitterrand Meeting, March 22, 1984, Declassified Documents Reference System.

73 NSC Meeting, January 26, 1956, *FRUS 1955–1957*, vol. 20, document 103.

74 Norman Gelb, *The Berlin Wall: Kennedy, Khrushchev, and a Showdown in the Heart of Europe* (New York: Times Books, 1986), 3.

75 Embassy in Moscow to State, January 1, 1960, FRUS 1958– 1960, vol. 9, document 63; Vladislav Zubok, "Khrushchev and the Berlin Crisis (1958– 1962)," Cold War International History Project Working Paper 6, May 1993.

76 Sergei Khrushchev, ed., *Memoirs of Nikita Khrushchev*, vol. 3 (University Park: Pennsylvania State University Press, 2007), 436.

77 Chen Jian, *Mao's China and the Cold War* (Chapel Hill: University of North Carolina Press, 2001), 186.

78 Ernest May and Philip Zelikow, *Kennedy Tapes Concise Edition: Inside the White House during the Cuban Missile Crisis* (New York: Norton, 2002), xlvi.

79 Memorandum for Christian Herter, August 13, 1958, DNSA.

80 Discussion with Eisenhower, March 6, 1959, Declassified Documents Reference System; also TelCon with Eisenhower, November 22, 1958, DNSA; Richard Betts, *Nuclear Blackmail and Nuclear Balance* (Washington, DC: Brookings Institution, 1985), 86.

81 Roswell Gilpatric, Address, October 21, 1961, EBB 56, DNSA; Richard Ned Lebow and Janice Gross Stein, *We All Lost the Cold War* (Princeton: Princeton University Press, 1994), 37.

82 Steven Rearden, *Council of War: A History of the Joint Chiefs of Staff*, Joint History Office, Department of Defense, 2012, 220.

83 Taylor to Lemnitzer, September 6 and 19, 1961; Carl Kaysen to Taylor, September 5, 1961, EBB 56, DNSA.

84 위기에 관해서는 Serhii Plokhy, *Nuclear Folly: A New History of the Cuban Missile Crisis* (New York: Norton, 2021)를 참조하라.

85 Thomas Zeiler, *Dean Rusk: Defending the American Mission Abroad* (Wilmington, DE: Scholarly Resources, 2000), 77.

86 Aleksandr Fursenko and Timothy Naftali, *One Hell of a Gamble: Khrushchev, Castro, and Kennedy, 1958–1964* (New York: Norton, 1998), ix, 244.

87 Central Committee Meeting, October 23, 1962, Digital Archive, CWIHP.

88   가까스로 빗겨 간 위기에 관해서는 Scott Sagan, *The Limits of Safety: Organizations, Accidents, and Nuclear Weapons* (Princeton: Princeton University Press, 1993)를 참조하라.

89   Kennedy to Khrushchev, December 28, 1962, *FRUS 1961–1963*, vol. 6, document 87.

90   Gaddis, *Long Peace*, 195–214.

91   Walter Lippmann, *The Cold War: A Study in U.S. Foreign Policy* (New York: Harper & Brothers, 1947), 21–23; also Ronald Spector, *A Continent Erupts: Decolonization, Civil War, and Massacre in Postwar Asia, 1945–1955* (New York: Norton, 2023).

92   Odd Arne Westad, *The Global Cold War: Third World Interventions and the Making of Our Times* (New York: Cambridge University Press, 2007), 54.

93   Hal Brands, *Latin America's Cold War* (Cambridge, MA: Harvard University Press, 2010), 23; Peter Rodman, *More Precious Than Peace: Fighting and Winning the Cold War in the Third World* (New York: Scribner, 1994).

94   John F. Kennedy, Address to Congress, May 25, 1961, APP.

95   Westad, *Global Cold War*; Piero Gleijeses, *Conflicting Missions: Havana, Washington, and Africa, 1959–1976* (Chapel Hill: University of North Carolina Press, 2002); Qiang Zhai, *China and the Vietnam Wars, 1950–1975* (Chapel Hill: University of North Carolina Press, 2005).

96   Paul Thomas Chamberlain, *The Cold War's Killing Fields: Rethinking the Long Peace* (New York: HarperCollins, 2018), 1.

97   Jeane Kirkpatrick, Remarks, March 21, 1981, Box 45, Richard Allen Papers, Hoover Institution Archives, Stanford University.

98   Address at Johns Hopkins University, April 7, 1965, APP.

99   Mark Atwood Lawrence, *The Vietnam War: A Concise International History* (New York: Oxford University Press, 2010), 99, 91; Zachary Shore, "Provoking America: Le Duan and the Origins of the Vietnam War," *Journal of Cold War Studies*, Fall 2015, esp. 100–101.

100   White House Meeting, September 9, 1964, *FRUS 1964–1968*, vol. 1, document 343.

101   Henry Kissinger, *White House Years* (Boston: Little, Brown, 1979), 64.

102   Odd Arne Westad, "Moscow and the Angolan Crisis, 1974– 1976: A New Pattern of Intervention," *Cold War International History Project Bulletin* 8–9 (Winter 1996/97): 21.

103   Vladislav Zubok, "Soviet Foreign Policy from Détente to Gorbachev," in Melvyn Leffler and Odd Arne Westad, eds., *The Cambridge History of the Cold War*, vol. 3 (New York: Cambridge University Press, 2010), 101.

104   Christopher Andrew and Vasili Mitrokhin, *The World Was Going Our Way: The KGB and the Battle for the Third World* (New York: Basic Books, 2005), esp. 471.

105   Franklin Roosevelt, Address at Hyde Park, July 4, 1941, APP.

106   Harry S. Truman, Address on Mutual Security Program, March 6, 1952, APP.

107   Kennan to Secretary, February 22, 1946, FRUS 1946, vol. 6, document 475.

108 Arthur Schlesinger, Jr., *The Imperial Presidency* (New York: Houghton Mifflin, 1973), 299; Michael Hogan, *A Cross of Iron: Harry S. Truman and the Origins of the National Security State, 1945–1954* (New York: Cambridge University Press, 1998).

109 Robert Taft, *A Foreign Policy for Americans* (Garden City, NY: Doubleday, 1951), 5; Ellen Schrecker, *Many Are the Crimes: McCarthyism in America* (Princeton: Princeton University Press, 1998).

110 Gaddis, *Strategies of Containment*, 393.

111 Mary Dudziak, "Brown as a Cold War Case," *Journal of American History*, June 2004, 37.

112 Dwight Eisenhower, Address on Situation in Little Rock, September 24, 1957, APP.

113 Lyndon B. Johnson, Remarks on Voting Rights Act, August 6, 1965, APP.

114 CIA, "Restless Youth," September 1968, Declassified Documents Reference System; Jonathan Cole, *The Great American University: Its Rise to Preeminence, Its Indispensable National Role, Why It Must Be Protected* (New York: PublicAffairs, 2012).

115 Melvyn Leffler, *Safeguarding Democratic Capitalism: U.S. Foreign Policy and National Security, 1920–2015* (Princeton: Princeton University Press, 2017), 231.

116 Diane Kunz, *Butter and Guns: America's Cold War Economic Diplomacy* (New York: Free Press, 1997), 2; Margaret O'Mara, *The Code: Silicon Valley and the Remaking of America* (New York: Penguin Press, 2019).

117 National Foreign Assessment Center, "Soviet–American Relations: The Outlook of Brezhnev's Successors," November 1979, Box 59, William Odom File, Brzezinski Material, National Security Adviser File, Jimmy Carter Presidential Library.

118 Extracts from Brezhnev's Speech to Soviet Party Congress, February 24, 1976, Box 51, James Schlesinger Papers, LC. 또한 Raymond Garthoff, *Détente and Confrontation: American–Soviet Relations from Nixon to Reagan*(Washington, DC: Brookings Institution Press, 1985)을 참조하라.

119 Lippmann, *Cold War*, esp. 18–23.

120 Editorial Note, *FRUS 1955–1957*, vol. 19, document 41.

121 Brent Scowcroft Oral History, November 12–13, 1999, Presidential Oral Histories, Miller Center, University of Virginia.

122 General Accounting Office, "Soviet Economy: Assessment of How Well the CIA Has Estimated the Size of the Economy," September 1991; Stephen Kotkin, *Armageddon Averted: The Soviet Collapse 1970–2000* (New York: Oxford University Press, 2008), 23–24.

123 Barry Watts and Andrew Krepinevich, *The Last Warrior: Andrew Marshall and the Shaping of Modern American Defense Strategy* (New York: Basic Books, 2015), 150–51; Robert Gates, *From the Shadows: The Ultimate Insider's Story of Five Presidents and How They Won the Cold War* (New York: Simon & Schuster, 1996), 318–19.

124 Anatoly Dobrynin, *In Confidence: Moscow's Ambassador to Six Cold War Presidents* (New York:

Random House, 1995), 475.

125 Giovanni Arrighi, "The World Economy and the Cold War," in LeNer and Westad, eds., *Cambridge History of the Cold War*, vol. 3, 28.

126 Herbert Meyer to William Casey, "What Should We Do About the Russians?," June 28, 1984, CIA FOIA를 참조하라.

127 Meeting of Kissinger, Fraser, and others, December 17, 1974, DNSA.

128 Leslie H. Gelb, "Foreign Affairs: Who Won the Cold War?," *New York Times*, August 20, 1992.

129 Mark Kramer, "Stalin, the Split with Yugoslavia, and Soviet–East European Efforts to Reassert Control, 1948– 1953," in Timothy Snyder and Ray Brandon, eds., *Stalin and Europe: Imitation and Domination, 1928–1953* (New York: Oxford University Press, 2014), 295– 315.

130 U.S. Minutes of Conversation, December 7, 1953, FRUS 1952–1954, vol. 5, part 2, document 353; Lorenz M. Lüthi, *The Sino-Soviet Split: Cold War in the Communist World* (Princeton: Princeton University Press, 2008).

131 Meeting of Nixon and CENTO Foreign Ministers, May 22, 1974, Box 4, MemCons, National Security Adviser File, Gerald R. Ford Presidential Library.

132 Nixon–Heath Meeting, December 20, 1971, Box 1025, Presidential–HAK MemCons, Richard M. Nixon Presidential Library.

133 Richard Javad Heydarian, *The Indo-Pacific: Trump, China, and the New Struggle for Global Mastery* (New York: Palgave Macmillan, 2020), 160.

134 Dobrynin to Foreign Ministry, March 8, 1972, FRUS, *Soviet–American Relations: The Détente Years*, document 267.

135 Ronald Reagan, Remarks at Moscow State University, May 31, 1988, APP; Chris Miller, *The Struggle to Save the Soviet Economy: Mikhail Gorbachev and the Collapse of the USSR* (Chapel Hill: University of North Carolina Press, 2016).

136 National Intelligence Council, "The USSR and the Vulnerability of Empire," November 27, 1981, CIA Records Search Tool (CREST), National Archives and Research Administration.

137 Watts and Krepinevich, *Last Warrior*, 119.

138 A. W. Marshall, "Long–Term Competition with the Soviets: A Framework for Strategic Analysis," RAND Corporation, R– 862– PR, April 1972.

139 Harold Brown, *Department of Defense Annual Report*, Fiscal Year 1982, x.

140 National Security Planning Group Meeting, December 10, 1984, Box 91307, NSPGs, NSC Executive Secretariat File, RRL

141 "The Russian Wheat Deal," October 1975, in Kiron Skinner, Annelise Anderson, and Martin Anderson, eds., *Reagan, in His Own Hand: The Writings of Ronald Reagan That Reveal*

His Revolutionary Vision for America (New York: Free Press, 2001), 30–31.

142 "The Madrid Agreement," January 3, 1984, Box 4, Kampelman Papers, Minnesota Historical Society.

143 Richard Halloran, "Pentagon Draws Up First Strategy for Fighting a Long Nuclear War," *New York Times*, May 30, 1982.

144 Gordon Barrass, "U.S. Competitive Strategy during the Cold War," in Thomas Mahnken, ed., *Competitive Strategies for the 21st Century: Theory, History, and Practice* (Stanford: Stanford University Press, 2012), 85–86; David Walsh, *The Military Balance in the Cold War: U.S. Perceptions and Policy, 1976–1985* (New York: Routledge, 2008), 109–28.

145 NSDD–13, October 19, 1981, DNSA; George Wilson, "Preparing for Long Nuclear War Is Waste of Funds, Gen. Jones Says," *Washington Post*, June 19, 1982; Austin Long and Brendan Green, "Stalking the Secure Second Strike: Intelligence, Counterforce, and Nuclear Strategy," *Journal of Strategic Studies*, January–February 2015, esp. 48–56.

146 Ronald Reagan, Address on Defense and National Security, March 23, 1983, APP.

147 NSC Meeting, November 30, 1983, Box 91303, NSC Meetings, NSC ESF, RRL.

148 Reuters news dispatch, March 18, 1981, Richard Allen Papers, Hoover Institution Archives, Stanford University.

149 Nikolai Ogarkov, speech to Warsaw Pact Chiefs of Staff, September 1982, in Vojtech Mastny and Malcolm Byrne, eds., *A Cardboard Castle? An Inside History of the Warsaw Pact, 1955–1991* (Budapest: CEU Press, 2005), 467.

150 Ronald Reagan, Remarks to National Association of Evangelicals, March 8, 1983, APP.

151 NSC Meeting, May 24, 1982, Box 91284, ESF, RRL; also NSC Meeting, 12/21/1981, Box 91283, ESF, RRL; Seth Jones, *A Covert Action: Reagan, the CIA, and the Cold War Struggle in Poland* (New York: Norton, 2018).

152 Leslie Gelb, "Foreign Affairs; Who Won the Cold War?," *New York Times*, August 20, 1992.

153 Discussion on U.S.–Soviet Relations, October 11, 1983, Box 2, Jack Matlock Files, RRL; Ben Fischer, "The 1983 War Scare in U.S.–Soviet Relations," Center for the Study of Intelligence, 1996, EBB 426, DNSA.

154 Ronald Reagan, Speech at Westminster, June 8, 1982, APP.

155 Jeffrey Engel, *When the World Seemed New: George W. Bush and the End of the Cold War* (Boston: Houghton Mifflin, 2017), 375.

156 Anatoly Chernyaev, *My Six Years with Gorbachev* (University Park: Pennsylvania State University Press, 1996), 46; Archie Brown, *The Gorbachev Factor* (New York: Oxford University Press, 1996).

157 Mikhail Gorbachev, *Memoirs* (Garden City, NY: Doubleday, 1995), 401.

158 Special National Intelligence Estimate, "Gorbachev's Policy toward the United States,"

September 1986, CIA FOIA; Dobrynin, *In Confidence*, 570.

159 Carolyn Ekedahl and Melvin Goodman, *The Wars of Eduard Shevardnadze* (University Park: Penn State University Press, 1997), 100 – 101; Jack Matlock, *Autopsy on an Empire: The American Ambassador's Account of the Collapse of the Soviet Union* (New York: Random House, 1996), 57 – 67.

160 Ronald Reagan, "Gorbachev," October 13, 1985, Box 215, Donald Regan Papers, LC; Ronald Reagan, Remarks in West Berlin, June 12, 1987, APP.

161 Notes of Shultz – Gorbachev Meeting, April 14, 1987, Box 5, Don Oberdorfer Papers, SMML.

162 William Inboden, *The Peacemaker: Ronald Reagan, the Cold War, and the World on the Brink* (New York: Penguin, 2022).

163 U.S. – Soviet Meeting, October 12, 1986, EBB 203, DNSA.

164 Ronald Reagan, Address to the People of Western Europe, November 4, 1987, APP.

165 Politburo Meeting, February 26, 1987, EBB 238, DNSA.

166 William Odom, *The Collapse of the Soviet Military* (New Haven: Yale University Press, 1998), 134; Kiron Skinner, Annelise Anderson, and Martin Anderson, eds., *Reagan: A Life in Letters* (New York: Free Press, 2003), 384.

167 "Excerpts from Speech to U.N. on Major Soviet Military Cuts," *New York Times*, December 8, 1988; Gorbachev, Memoirs, 459 – 60.

168 James Mann, *The Rebellion of Ronald Reagan: A History of the End of the Cold War* (New York: Viking, 2009), 282 – 84, 305 – 6.

169 Scowcroft to Bush, November 29, 1989, Box 10, OA/ID 91116, German Unification Files, Scowcroft Collection, George H. W. Bush Presidential Library.

170 Gorbachev – Baker Discussion, February 9, 1990, in Svetlana Savranskaya, Thomas Blanton, and Vladislav Zubok, eds., *Masterpieces of History: The Peaceful End of the Cold War in Europe, 1989* (Budapest: Central European University Press, 2010), 683.

171 Anatoly Chernyaev, diary entry, January 18, 1986, EBB 220, DNSA. 이 점에 관해서는 Robert Kagan, *The Jungle Grows Back: America and Our Imperiled World* (New York: Knopf, 2018), 70도 참조하라.

172 Samuel Huntington, *The Third Wave: Democratization in the Late Twentieth Century* (Norman: University of Oklahoma Press, 1991), 26, for the 1940s; Freedom House, *Freedom in the World 2013: Democratic Breakthroughs in the Balance*, 29, for 1990 and 2000.

173 World Trade Organization, *World Trade Report 2008: Trade in a Globalized World*, 15; Robert Kagan, *The World America Made* (New York: Vintage, 2012), 40 – 41.

174 Aaron Friedberg, *In the Shadow of the Garrison State: America's Anti-Statism and Its Cold War Grand Strategy* (Princeton: Princeton University Press, 2000), 341.

175 Chamberlain, *Cold War's Killing Fields*, 1.

176 John Lewis Gaddis, *The Cold War: A New History* (New York: Penguin, 2005), 2.

177 Baker, "Summons to Leadership," April 2, 1992, Box 169, Baker Papers, SMML.

178 Nicholas Spykman, *America's Strategy in World Politics: The United States and the Balance of Power 1942* (New York: Routledge, 2017), 469.

179 Halford J. Mackinder, "The Geographic Pivot of History," *Geographical Journal*, April 1904, 437.

5장_ 두 번째 유라시아의 세기

1 "Joint Statement of the Russian Federation and the People's Republic of China on the International Relations Entering a New Era and the Global Sustainable Development," February 4, 2022.

2 "Russia, China Push Back Against U.S. and NATO in Pre-Olympics Summit," *PBS Newshour*, February 4, 2022.

3 Alexander Aleksandr Dugin, *The Last War of the World-Island* (London: Arktos, 2015), 145; Serhii Plokhy, *The Russo-Ukrainian War: The Return of History* (New York: Norton, 2023).

4 Hal Brands, *Dealing with Allies in Decline: Alliance Management and U.S. Strategy in an Era of Global Power Shifts* (Washington, DC: Center for Strategic and Budgetary Assessments, 2017), 13–14.

5 Jeane Kirkpatrick, "A Normal Country in a Normal Time," *National Interest* 21 (1990): 41–44.

6 James Baker, Remarks to Chicago Council on Foreign Relations, April 2, 1992, Box 169, Baker Papers, SMML.

7 Draft of FY 94–99 Defense Planning Guidance (DPG), February 18, 1992, EBB 245, DNSA; Patrick Tyler, "U.S. Strategy Plan Calls for Insuring No Rivals Develop," *New York Times*, March 8, 1992.

8 Steven Mufson, "China Blasts U.S. for Dispatching Warship Groups," *Washington Post*, March 20, 1996.

9 Robert Zoellick, "Whither China: From Membership to Responsibility?," Remarks to National Committee on U.S.–China Relations, September 21, 2005; Aaron Friedberg, *Getting China Wrong* (London: Polity, 2022).

10 State to All Diplomatic Posts, September 23, 1993, Box 1, NSC Files, Speechwriting Office, William J. Clinton Presidential Library를 참조하라.

11 Introduction, *The National Security Strategy of the United States of America*, September 2002.

12 Meeting between Helmut Kohl and Lech Walesa, November 9, 1989, CWIHP.

13 John J. Mearsheimer, "Back to the Future: Instability in Europe after the Cold War," *International Security*, Summer 1990, 5–56.

14 Michael Mandelbaum, *The Case for Goliath: How America Acts as the World's Government in the 21st Century* (New York: PublicAffairs, 2005); Stephen G. Brooks and William C. Wohlforth, *America Abroad: The United States' Global Role in the 21st Century* (New York: Oxford University Press, 2016).

15 John J. Mearsheimer, "Why Is Europe Peaceful Today?," *European Political Science*, September 2010, 387–97.

16 World Bank, "GDP (constant 2010 US$)"; and Stockholm International Peace Research Institute, Military Expenditure Database, "Data for all countries from 1988–2019 in constant (2018) USD."

17 이는 Jonathan Holslag, *World Politics since 1989* (London: Polity, 2021), 283에서 주장된 것이다.

18 Michael McFaul, *Russia's Unfinished Revolution: Political Change from Gorbachev to Putin* (Ithaca, NY: Cornell University Press, 2015); Friedberg, *Getting China Wrong*.

19 이 구절은 Draft of FY 94–99 Defense Planning Guidance에서 유래한 것이다.

20 FCO Cable, "Russian Foreign Policy," May 12, 1997, PREM-49-149-3, TNA. See also Mary Sarotte, *Not One Inch: America, Russia, and the Making of Post-Cold War Stalemate* (New Haven: Yale University Press, 2021).

21 Holslag, *World Politics since 1989*, 120. 위기에 관해서는 James Mann, *About Face: A History of America's Curious Relationship with China, from Nixon to Clinton* (New York: Vintage, 2000), 335–37도 참조하라.

22 Chua Chin Leng, "The Politics of Non Interference—A New World Order," *China Daily*, January 25, 2016.

23 Kimberly Marten, "Reconsidering NATO Expansion: A Counterfactual Analysis of Russia and the West in the 1990s," *European Journal of International Security*, November 2017, 135–61.

24 미국과의 동맹은 중국에서 전통적으로 '병마개'로 여겨졌다. Adam Liff, "China and the U.S. Alliance System," *China Quarterly*, March 2018, 139.

25 Memorandum of Conversation—President Boris Yeltsin of Russia, November 19, 1999, William J. Clinton Presidential Library.

26 Samuel Kim, "Human Rights in China's International Relations," in Edward Friedman and Barrett McCormick, eds., *What If China Doesn't Democratize? Implications for War and Peace* (New York: M. E. Sharpe, 2000), 130–31; Wang Jisi and Kenneth Lieberthal, *Addressing U.S.–*

China Strategic Distrust, Brookings Institution, March 2012, esp. 11-12.

27 Darya Korsunskaya, "Putin Says Russia Must Prevent 'Color Revolution,' "Reuters, November 20, 2014. 또한 Michael McFaul, *From Cold War to Hot Peace: An American Ambassador in Putin's Russia* (New York: Mariner, 2019), 57-75도 참조하라.

28 Michael O'Hanlon, "Is U.S. Defense Spending Too High, Too Low, or Just Right?," *Policy 2020*, Brookings Institution, October 15, 2019.

29 Barack Obama, "Remarks by the President on the Way Forward in Afghanistan," White House, June 22, 2011.

30 Kent Calder, *Super Continent: The Logic of Eurasian Integration* (Stanford: Stanford University Press, 2019), 100.

31 Toshi Yoshihara and Jack Bianchi, *Seizing on Weakness: Allied Strategy for Competing with China's Globalizing Military* (Washington, DC: Center for Strategic and Budgetary Assessments, 2021); Andrew J. Nathan and Andrew Scobell, *China's Search for Security* (New York: Columbia University Press, 2012).

32 Howard French, *Everything under the Heavens: How the Past Helps Shape China's Push for Global Power* (New York: Knopf, 2017); Michael Schuman, *Superpower Interrupted: The Chinese History of the World* (New York: PublicAffairs, 2020).

33 Elizabeth Economy, *The Third Revolution: Xi Jinping and the New Chinese State* (New York: Oxford University Press, 2018).

34 Evan Osnos, "The Future of America's Contest with China," *New Yorker*, January 13, 2020.

35 Liza Tobin, "Xi's Vision for Transforming Global Governance," *Texas National Security Review*, November 2018.

36 Daniel Tobin, "How Xi Jinping's 'New Era' Should Have Ended U.S. Debate on Beijing's Ambitions," Center for Strategic and International Studies, May 2020; Rush Doshi, *The Long Game: China's Grand Strategy to Displace the American Order* (Oxford: Oxford University Press, 2021); Elizabeth Economy, *The World According to China* (London: Polity, 2022).

37 Minxin Pei, "China's Asia?," *Project Syndicate*, December 3, 2014를 참조하라. 또한 Aaron Friedberg, *A Contest for Supremacy: China, America, and the Struggle for Mastery in Asia* (New York: Norton, 2022) 역시 참조할 만하다.

38 "China Won't Give Up 'One Inch' of Territory Says President Xi to Mattis," BBC News, June 28, 2018.

39 Ken Moriyasu, "For U.S., Pacific Showdown with China a Long Time Coming," *Nikkei Asia*, October 29, 2015.

40 Prashanth Parameswaran, "U.S. Blasts China's 'Great Wall of Sand' in the South China Sea," *Diplomat*, April 1, 2015; Jennifer Lind, "Life in China's Asia: What Regional Hegemony Would Look Like," *Foreign Affairs*, March-April 2018.

41 U.S. Department of Defense, *2022 Report on Military and Security Developments Involving the People's Republic of China*; Noah Robertson, "China More Than Doubled Its Nuclear Arsenal since 2020, Pentagon Says," *Defense News*, October 19, 2023.

42 Michael Martina and David Brunnstrom, "CIA Chief Warns against Underestimating Xi's Ambitions toward Taiwan," Reuters, February 2, 2023.

43 Toshi Yoshihara and James Holmes, *Red Star over the Pacific: China's Rise and the Challenge to U.S. Maritime Strategy* (Annapolis: U.S. Naval Institute Press, 2018), 86.

44 Author's interview with Japanese offcial, November 2022; author's interviews with Australian offcials, November 2022.

45 Yoshihara and Holmes, *Red Star*, 116–17; Geoffrey Gresh, *To Rule Eurasia's Waves: The New Great Power Competition at Sea* (New Haven: Yale University Press, 2020), 172.

46 Yun Sun, "Westward Ho! As America Pivots East, China Marches in the Other Direction," *Foreign Policy*, February 7, 2013.

47 "Full Text of President Xi's Speech at Opening of Belt and Road Forum," Ministry of Foreign Affairs of the People's Republic of China, May 15, 2017을 참조하라.

48 Sheena Greitens, "Dealing with Demand for China's Global Surveillance Exports," Brookings Institution, April 2020; Daniel Markey, *China's Western Horizon: Beijing and the New Geopolitics of Eurasia* (New York: Oxford University Press, 2020); Sulmaan Wasif Khan, *Haunted by Chaos: China's Grand Strategy from Mao Zedong to Xi Jinping* (Cambridge, MA: Harvard University Press, 2018), 230–31.

49 Christina Garafola, Stephen Watts, and Kristin Leuschner, *China's Global Basing Ambitions: Defense Implications for the United States* (Santa Monica: RAND Corporation, 2022).

50 Markey, *China's Western Horizon*, 168.

51 Nadège Rolland, *China's Eurasian Century? Political and Strategic Implications of the Belt and Road Initiative* (Seattle: National Bureau of Asian Research, 2017), 143. 또한 Bruno Maçaes, *The Dawn of Eurasia: On the Trail of the New World Order* (New Haven: Yale University Press, 2018)를 참조하라.

52 Niharika Mandhana, Rajesh Roy, and Chun Han Wong, "The Deadly India–China Clash: Spiked Clubs and Fists at 14,000 Feet," *Wall Street Journal*, June 17, 2020.

53 Jacob Helberg, *The Wires of War: Technology and the Global Struggle for Power* (New York: Simon & Schuster, 2021).

54 Elsa Kania, "'AI Weapons' in China's Military Innovation," Brookings Institution, April 2020; Julian Gewirtz, "China's Long March to Technological Supremacy," *Foreign Affairs*, August 27, 2019; Eyck Freymann, *One Belt One Road: Chinese Power Meets the World* (Cambridge, MA: Harvard University Asia Center, 2021).

55 Ross Andersen, "The Panopticon Is Already Here," *Atlantic*, September 2020.

56 Austin Ramzy and Chris Buckley, "'Absolutely No Mercy': Leaked Files Expose How China Organized Mass Detention of Muslims," *New York Times*, November 16, 2019.

57 Sean Roberts, *The War on the Uyghurs: China's Internal Campaign against a Muslim Minority* (Princeton: Princeton University Press, 2020), esp. 2, 174–75.

58 Max Seddon, "Putin's Made-for-TV Security Debate Gives Him Answers He Wants to Hear on Ukraine," *Financial Times*, February 21, 2022.

59 Steve Holland and Jeff Mason, "Obama, in Dig at Putin, Calls Russia 'Regional Power,'" Reuters, March 25, 2014.

60 Stephen Kotkin, "Russia's Perpetual Geopolitics: Putin Returns to the Historical Pattern," *Foreign Affairs*, May–June 2016, 3.

61 푸틴에 관한 가장 탁월한 연구로는 Fiona Hill and Clifford Gaddy, *Mr. Putin: Operative in the Kremlin* (Washington, DC: Brookings Institution Press, 2015)을 참조하라.

62 Anna Borshchevskaya, *Putin's War in Syria: Russian Foreign Policy and the Price of America's Absence* (New York: Bloomsbury, 2021), 45.

63 Steven Lee Myers, *The New Tsar: The Rise and Reign of Vladimir Putin* (New York: Knopf, 2016), 266.

64 "Ukraine Conflict: Putin 'Was Ready for Nuclear Alert,'" BBC News, March 15, 2015; Defense Intelligence Agency, *Russia Military Power: Building a Military to Support Great Power Aspirations*, 2017.

65 Vladimir Putin, "A New Integration Project for Eurasia: The Future in the Making," Izvestia, October 3, 2011; Thomas Ambrosio, *Authoritarian Backlash: Russian Resistance to Democratization in the Former Soviet Union* (New York: Routledge, 2016).

66 Patricia Lewis, "Russian Treaty Proposals Hark Back to Post–Cold War Era," Chatham House, December 19, 2021.

67 Jeffrey Mankoff, *Russian Foreign Policy: The Return of Great-Power Politics* (Lanham, MD: Rowman & Littlefield, 2011), 46.

68 Heather Conley and Matthew Melino, "Russian Malign Influence in Montenegro: The Weaponization and Exploitation of History, Religion, and Economics," Center for Strategic and International Studies, May 14, 2019; Evan Osnos et al., "Trump, Putin, and the New Cold War," *New Yorker*, March 6, 2017.

69 "Minister: Russian Operation in Syria Stopped Chain of Color Revolutions in Middle East," TASS, February 21, 2017.

70 Michael Kofman, "Raiding and International Brigandry: Russia's Strategy for Great Power Competition," *War on the Rocks*, June 14, 2018; Julia Gurganus and Eugene Rumer, "Russia's Global Ambitions in Perspective," Carnegie Endowment for International Peace, February 2019.

71 Daniel R. Coats, "Worldwide Threat Assessment of the U.S. Intelligence Community," Senate Select Committee on Intelligence, January 29, 2019, 4.

72 Stuart Lau, "Why Xi Jinping Is Still Vladimir Putin's Best Friend," *Politico Europe*, March 20, 2023.

73 Kaplan, *Revenge of Geography*, 171.

74 Daniel Treisman, "Crimea: Anatomy of a Decision," in Treisman, ed., *The New Autocracy: Information, Politics, and Policy in Putin's Russia* (Washington, DC: Brookings Institution, 2018).

75 Daniel Treisman, "Putin Unbound: How Repression at Home Presaged Belligerence Abroad," *Foreign Affairs*, May–June 2022, 42. 또한 Robert Nalbandov, Not by Bread Alone: Russian Foreign Policy under Putin (Lincoln: University of Nebraska Press, 2016), 9–11을 참조하라.

76 Kathryn Stoner, *Russia Resurrected: Its Power and Purpose in a New Global Order* (New York: Oxford University Press, 2021), 216.

77 "Valdai International Discussion Club Meeting," Kremlin website, October 27, 2022; Lilia Shevtsova, "The Authoritarian Resurgence: Forward to the Past in Russia," *Journal of Democracy*, April 2015, 22–37.

78 "Creating Common Humanitarian, Economic Zone from Lisbon to Vladivostok Is Possible—Putin," TASS, October 27, 2022.

79 Seth Jones, *Three Dangerous Men: Russia, China, Iran, and the Rise of Irregular Warfare* (New York: Norton, 2021).

80 Ken Dilanian and Courtney Kube, "Airport Informants, Overhead Drones: How the U.S. Killed Soleimani," NBC News, January 10, 2020.

81 Anthony Lake, "Confronting Backlash States," *Foreign Affairs*, March/April 1994, 45–55.

82 Karim Sadjadpour, "Iran's Hollow Victory: The High Price of Regional Dominance," *Foreign Affairs*, March–April 2022, 30.

83 Afshon Ostovar, *Vanguard of the Imam: Religion, Politics, and Iran's Revolutionary Guards* (New York: Oxford University Press, 2016), 205.

84 Seth Jones, "War by Proxy: Iran's Growing Footprint in the Middle East," CSIS Briefs, March 2019, 6; Oded Yaron, "150,000 Missiles Aimed at Israel: How Far Does Hezbollah's Deadly Arsenal Reach?," *Haaretz*, October 23, 2023.

85 "Iran Launches Missile Attacks on U.S. Facilities in Iraq," Al Jazeera, January 8, 2020; Gawdat Bahgat and Anoushiravan Ehteshami, *Defending Iran: From Revolutionary Guards to Ballistic Missiles* (New York: Cambridge University Press, 2021).

86 Sadjadpour, "Iran's Hollow Victory"; Kim Ghattas, *Black Wave: Saudi Arabia, Iran, and the Forty-Year Rivalry That Unraveled Culture, Religion, and Collective Memory in theMiddle East* (New York: Henry Holt, 2020).

87 "Iran's Khamenei Says Moscow, Tehran Cooperation Can Isolate U.S.—TV," Reuters, November 1, 2017.

88 Jeff Seldin, "US Defense Officials: China Is Leading in Hypersonic Weapons," Voice of America, March 10, 2023.

89 Scott Jasper, "Assessing Russia's Role and Responsibility in the Colonial Pipeline Attack," *New Atlanticist*, June 1, 2021; Alina Polyakova, "The Kremlin's Plot against Democracy," *Foreign Affairs*, September/October 2020, 142–43. 푸틴이 실제로 콜로니얼 파이프라인 공격을 승인했는지, 아니면 단지 그런 공격이 일어날 수 있도록 분위기만 조성했는지는 불분명하다.

90 Michael Mazarr et al., *The Emerging Risk of Virtual Societal Warfare* (Santa Monica: RAND Corporation, 2019).

91 Introduction, *The National Security Strategy of the United States of America*, September 2002.

92 Larry Diamond, "Facing Up to the Democratic Recession," *Journal of Democracy*, January 2015.

93 Simina Mistreanu, "Life Inside China's Social Credit Laboratory," *Foreign Policy*, April 3, 2018; Andrea Kendall-Taylor, Erica Frantz, and Joseph Wright, "The Digital Dictators: How Technology Strengthens Autocracy," *Foreign Affairs*, March–April 2020.

94 Hal Brands, "Democracy vs. Authoritarianism: How Ideology Shapes Great-Power Conflict," *Survival*, October–November 2018.

95 Christopher Walker and Jessica Ludwig, "The Long Arm of the Strongman: How China and Russia Use Sharp Power to Threaten Democracies," *Foreign Affairs*, May 12, 2021; Elizabeth Dwoskin, "How Russian Disinformation Toppled Government after Government in Africa," *Washington Post*, October 30, 2023; Alina Polyakova and Chris Meserole, "Exporting Digital Authoritarianism: The Russian and Chinese Models," Brookings Institution Policy Brief, August 2019. 보다 일반론적으로는 Larry Diamond, Marc Plattner, and Christopher Walker, eds., *Authoritarianism Goes Global: The Challenge to Democracy* (Baltimore: Johns Hopkins University Press, 2016)를 참조하라.

96 Robert Chesney and Danielle Citron, "Deepfakes and the New Disinformation War: The Coming Age of Post-Truth Geopolitics," *Foreign Affairs*, January–February 2019.

97 Eric Heginbotham et al., *The U.S.–China Military Scorecard: Forces, Geography, and the Evolving Balance of Power, 1996–2017* (Santa Monica: RAND Corporation, 2015), xxx. 또는 Christian Brose, *The Kill Chain: Defending America in the Future of High-Tech Warfare* (New York: Hachette, 2020)를 참조하라.

98 Jeff Seldin, "US Defense Officials."

99 National Security Commission on Artificial Intelligence, *Final Report* (Washington, DC: National Security Commission on Artificial Intelligence, 2021).

100 David Shambaugh, *China's Future* (London: Polity, 2016); Kinling Lo, "Tech War: Beijing Will Come out of Decoupling Worse Off Than the US, Say Chinese Academics," *South China Morning Post*, February 1, 2022.

101 Michael Brown, Eric Chewning, and Pavneet Singh, "Preparing the United States for the Superpower Marathon with China," Brookings Institution, April 2020; Dan Blumenthal and Derek Scissors, "China's Technology Strategy: Leverage before Growth," American Enterprise Institute, June 8, 2023.

102 Henry Farrell and Abraham Newman, "Weaponized Interdependence: How Global Economic Networks Shape State Coercion," *International Security*, Summer 2019, 42–79.

103 Julian Gewirtz, "The Chinese Reassessment of Interdependence," *China Leadership Monitor*, June 1, 2020; 또한 "China's 'Dual-Circulation' Strategy Means Relying Less on Foreigners," *Economist*, November 7, 2020; Chris Miller, *Chip War: The Fight for the World's Most Critical Technology* (New York: Scribner, 2022).

104 Matt Pottinger, Testimony, U.S.–China Economic and Security Review Commission, April 15, 2021. 또한 Mark Leonard, *The Age of Unpeace: How Connectivity Causes Conflict* (New York: Bantam, 2021)를 참조하라.

105 "Obama: Ukraine 'Vulnerable' to Russian 'Military Domination' No Matter What U.S. Does," Radio Free Europe/Radio Liberty, March 10, 2016.

106 David Larter, "White House Tells the Pentagon to Quit Talking about 'Competition' with China," *Navy Times*, September 26, 2016; Jeffrey Goldberg, "The Obama Doctrine," *Atlantic*, April 2016.

107 Kurt Campbell and Mira Rapp-Hooper, "China Is Done Biding Its Time," *Foreign Affairs*, July 15, 2020.

108 "How It Happened: Transcript of the U.S.–China Opening Remarks in Alaska," *Nikkei Asia*, March 19, 2021.

109 *National Security Strategy of the United States of America* (Washington, DC: The White House, 2017); *National Security Strategy* (Washington, DC: The White House, 2022).

110 Nina Kollars and Jacquelyn Schneider, "Defending Forward: The 2018 Cyber Strategy Is Here," *War on the Rocks*, September 20, 2018; Thomas Gibbons-Neff, "How a 4-Hour Battle between Russian Mercenaries and U.S. Commandos Unfolded in Syria," *New York Times*, May 24, 2018.

111 Carla Babb, "Pentagon Launches Effort to Better Address China Challenge," Voice of America, June 9, 2021.

112 Chris Miller, "America Is Going to Decapitate Huawei," *New York Times*, September 15, 2020.

113 Steven Lee Myers and Chris Buckley, "Biden's China Strategy Meets Resistance at the

Negotiating Table," *New York Times*, July 26, 2021.

114 Tanvi Madan, "The Rise, Fall, and Rebirth of the 'Quad,'" *War on the Rocks*, November 16, 2017; Abe Shinzo, "Asia's Democratic Security Diamond," *Project Syndicate*, December 27, 2012.

115 Ishaan Tharoor, "China and Russia Draw Closer, but How Close?," *Washington Post*, May 26, 2023.

116 Steven Lee Myers and Amy Qin, "Why Biden Seems Worse to China Than Trump," *New York Times*, July 20, 2021; Jacob Benjamin, "French Naval Activity in the South China Sea on the Rise," *Geopolitics*, July 7, 2021.

117 Michael Green, *Line of Advantage: Japan's Grand Strategy in the Era of Abe Shinzo* (New York: Columbia University Press, 2022), 3−4; Abe, "Asia's Democratic Security Diamond."

118 이러한 역학관계에 관해서는 Jakub Grygiel and A. Wess Mitchell, *The Unquiet Frontier: Rising Rivals, Vulnerable Allies, and the Crisis of American Power* (Princeton: Princeton University Press, 2016), esp. 86−88을 참조하라.

119 "Remarks by President Trump at Signing of the U.S.−China Phase One Trade Agreement," White House, January 15, 2020.

120 Michael Beckley and Hal Brands, "The Return of Pax Americana? Putin's War Is Fortifying the Democratic Alliance," *Foreign Affairs*, March 14, 2022.

121 "Taiwan Will Fight 'to the Very Last Day' If China Attacks," *Diplomat*, April 8, 2021.

122 Sharon Braithwaite, "Zelensky Refuses US Offer to Evacuate, Saying 'I Need Ammunition, Not a Ride,'" CNN, February 26, 2022.

123 Jim Sciutto and Katie Bo Williams, "U.S. Concerned Kyiv Could Fall to Russia within Days, Sources Familiar with Intel Say," CNN, February 25, 2022; author's discussion with U.S. officials, February 2023.

124 Serhii Plokhy, *The Gates of Europe: A History of Ukraine* (New York: Basic Books, 2017).

125 Author's discussion with Indian official, August 2021.

126 Office of the Director of National Intelligence, *Annual Threat Assessment of the U.S. Intelligence Community*, April 9, 2021.

127 Vladimir Putin, "On the Historical Unity of Russians and Ukrainians," July 12, 2021, Kremlin website; Mikhail Zygar, *All the Kremlin's Men: Inside the Court of Vladimir Putin* (New York: PublicAffairs, 2016), 153.

128 Max Seddon, Christopher Miller, and Felicia Schwartz, "How Putin Blundered into Ukraine—Then Doubled Down," *Financial Times*, February 23, 2023.

129 Garrett M. Graff, "'Something Was Badly Wrong': When Washington Realized Russia Was Actually Invading Ukraine," *Politico*, February 24, 2023을 참조하라.

130 "Putin Warns Any Foreign Attempt to Interfere with Russian Action Would Lead to

'Consequences They Have Never Seen," Associated Press, February 23, 2022; Mykhaylo Zabrodskyi et al., *Preliminary Lessons in Conventional Warfighting from Russia's Invasion of Ukraine: February–July 2022*, Royal United Services Institute, July 2022; Greg Miller and Catherine Belton, "Russia's Spies Misread Ukraine and Misled Kremlin as War Loomed," *Washington Post*, August 19, 2022; author's discussions with U.S. officials, February–April 2022.

131 초기의 상황에 관해서는 Hal Brands, "Ukraine and the Contingency of Global Order," *Foreign Affairs*, February 14, 2023; Liam Collins, Michael Kofman, and John Spencer, "The Battle of Hostomel Airport: A Key Moment in Russia's Defeat at Kyiv," *War on the Rocks*, August 10, 2023을 참조하라.

132 Frederick Kagan and Mason Clark, "How Not to Invade a Nation," *Foreign Affairs*, April 29, 2022; Paul Sonne, Ellen Nakashima, Shane Harris, and John Hudson, "Hubris and Isolation led Vladimir Putin to Misjudge Ukraine," *Washington Post*, April 12, 2022.

133 Zabrodskyi et al., *Preliminary Lessons*; Paul Sonne, Isabelle Khurshudyan, Serhiy Morgunov, and Kostiantyn Khudov, "Battle for Kyiv: Ukrainian Valor, Russian Blunders Combined to Save the Capital," *Washington Post*, August 24, 2022.

134 Shane Harris et al., "Road to War: U.S. Struggled to Convince Allies, and Zelensky, of Risk of Invasion," *Washington Post*, August 16, 2022; author's discussions with U.S. officials, April 2023.

135 Harris et al., "Road to War"; Julian Barnes and Helene Cooper, "Ukrainian Officials Drew on U.S. Intelligence to Plan Counteroffensive," *New York Times*, September 10, 2022; Jahara Matisek, Will Reno, and Sam Rosenberg, "The Good, the Bad and the Ugly: Assessing a Year of Military Aid to Ukraine," Royal United Services Institute, February 22, 2023.

136 Seth Jones, "The Bloody Toll of Russia's War in Ukraine," *Lawfare*, March 19, 2023.

137 Victor Jack, "Sergey Lavrov Admits Russia Was Surprised by Scale of Western Sanctions," *Politico Europe*, March 23, 2022.

138 유럽 국가들, 특히 독일은 제재에 있어 얼마나 과감한 조치를 취할 의지가 있는지를 보여주며 미국을 놀라게 했다. 그러나 미국의 안전 보장이 없었다면, 이들 국가가 러시아를 그렇게까지 자극하려 들지는 않았을 것이다.

139 "Germany Says It Is No Longer Reliant on Russian Energy," BBC, January 18, 2023; "Poland Boosts Defence Spending over War in Ukraine," BBC, January 30, 2023; Stacy Meichtry, Alistair MacDonald, and Noemie Bisserbe, "Europe's Defense Dilemma: To Buy, or Not to Buy American," *Wall Street Journal*, July 10, 2023.

140 Author's discussions with officials in Tokyo and Canberra, November 2022; Mike Yeo, "New Japanese Strategy to Up Defense Spending, Counterstrike Purchases," *Defense News*, December 20, 2022; Samson Ellis and Cindy Wang, "Taiwan Plans 14% Boost in Defense

Spending to Counter China," *Bloomberg*, August 25, 2022.

141 "'Ukraine Today Could Be East Asia Tomorrow': Japan PM Warns," France24.com, June 10, 2022.

142 Tessa Wong, "G7 Takes Stand against China's 'Economic Coercion,'" BBC, May 21, 2023; Gregory Allen, *China's New Strategy for Waging the Microchip Tech War*, Center for Strategic and International Studies, May 2023.

143 "Remarks by President Biden on the United Efforts of the Free World to Support the People of Ukraine," White House, March 26, 2022.

144 이 장의 내용은 부분적으로 Hal Brands, "The Battle for Eurasia," *Foreign Policy*, Summer 2023에서 가져온 것이다.

145 Stuart Lau, "Xi Warns Putin Not to Use Nuclear Arms in Ukraine," *Politico*, November 4, 2022.

146 "CIA Director Bill Burns on War in Ukraine, Intelligence Challenges Posed by China," PBS, December 16, 2022; Aamer Madhani, "White House Says Iran Is Helping Russia Build a Drone Factory East of Moscow for the War in Ukraine," Associated Press, June 9, 2023.

147 "Russia in Joint Naval Exercises with China and Iran in the Gulf of Oman," *Euronews*, March 16, 2023; Nathaniel Taplin, "How Russia Supplies Its War Machine," *Wall Street Journal*, March 10, 2023.

148 Alexander Gabuev, "What's Really Going On between Russia and China," *Foreign Affairs*, April 12, 2023; "China's Xi Tells Putin of 'Changes Not Seen for 100 Years,'" Al Jazeera, March 22, 2023.

149 Jay Solomon, "Iran Is Using the World's Largest Lake to Evade the U.S. and Ship Weapons to Russia," *Semafor*, June 6, 2023.

150 Trym Eiterjord, "Amid Ukraine War, Russia's Northern Sea Route Turns East," *Diplomat*, December 13, 2022.

151 Alexander Gabuev, "The Yuan Is an Unlikely Winner from Russia's Growing Isolation," *Bloomberg Opinion*, March 14, 2023; "Russia Overtakes Saudi Arabia as China's Top Oil Supplier," Al Jazeera, March 20, 2023; Nathaniel Taplin, "How Microchips Migrate from China to Russia," *Wall Street Journal*, February 25, 2023; Brian Kot, "Hong Kong's Technological Lifeline to Russia," Carnegie Endowment for International Peace, May 17, 2023.

152 "Iran Seeks to Expand Its Military Cooperation with China," Associated Press, April 27, 2022; Maryam Sinaee, "Iran Forms New Power 'Triangle' with Russia, China, Hardliners Say," *Iran International*, January 19, 2022.

153 Nadège Rolland, "A China–Russia Condominium over Eurasia," *Survival*, February–March 2019, 17.

154 Rolland, "China–Russia Condominium."

155 이와 같은 시너지 효과에 관해서는 Andrea Kendall-Taylor and David Shullman, *Navigating the Deepening Russia–China Partnership* (Washington, DC: Center for a New American Security, 2021)의 논의를 참조하라.

156 Kendall-Taylor and Shullman, *Navigating the Deepening Russia–China Partnership*.

157 Michael Kofman, "The Emperors League: Understanding Sino-Russian Defense Cooperation," *War on the Rocks*, August 2020.

158 Asli Aydintasbas, "Turkey Will Not Return to the Western Fold," *Foreign Affairs*, May 19, 2021; Jeffrey Mankoff, *Empires of Eurasia: How Imperial Legacies Shape International Security* (New Haven: Yale University Press, 2022).

159 Shreya Upadhyay, "BRICS, Quad, and India's Multi-Alignment Strategy," Stimson Center, July 12, 2022; author's discussion with Vijay Gokhale, October 25, 2022.

160 Sourav Roy Barman, "Europe Has to Grow Out of Mindset That Its Problems Are World's Problems: Jaishankar," *Indian Express*, June 4, 2022.

161 Hanna Ziady, "OPEC Announces the Biggest Cut to Oil Production since the Start of the Pandemic," CNN, October 5, 2022.

162 Ash Jain and Matthew Kroenig, *Toward a Democratic Technology Alliance: An Innovation Edge That Favors Freedom*, Atlantic Council, 2022 esp. 9를 참조하라. 또한 Stephen G. Brooks and William Wohlforth, *America Abroad: The United States' Global Role in the 21st Century* (New York: Oxford University Press, 2016) 역시 참조할 만하다.

163 Stephen G. Brooks and William Wohlforth, "The Myth of Multipolarity: American Power's Staying Power," *Foreign Affairs*, May–June 2023.

164 Hal Brands and Michael Beckley, *Danger Zone: The Coming Conflict with China* (New York: Norton, 2022).

165 Andrea Kendall-Taylor and Michael Kofman, "Russia's Dangerous Decline: The Kremlin Won't Go Down without a Fight," *Foreign Affairs*, November–December 2022.

166 Dan Blumenthal and Derek Scissors, "Breaking China's Hold," *Atlantic*, December 23, 2022.

167 "China a 'Ticking Time Bomb' Because of Economic Woes, Joe Biden Warns," *Guardian*, August 11, 2023.

168 Guy Faulconbridge, "Putin Escalates Ukraine War, Issues Nuclear Threat to West," Reuters, September 21, 2022.

169 Lingling Wei, "Xi Prepares for 'Extreme' Scenarios, Including Conflict with the West," *Wall Street Journal*, June 12, 2023; John Ruwitch, "China Accuses U.S. of Containment and Warns of Potential Conflict," NPR, March 7, 2023.

170 Hal Brands, *Getting Ready for a Long War with China: Dynamics of Protracted Conflict in the Western Pacific*, American Enterprise Institute, July 2022.

171 Robert Jervis, "Theories of War in an Era of Leading-Power Peace," *American Political Science Review*, March 2022, 1.

6장_ 과거로부터의 교훈

1 "Commentary: Milestone Congress Points to New Era for China, the World," Xinhua, October 24, 2017.

2 John F. Kennedy, "Remarks and Question-and-Answer Period at the Press Luncheon in Paris," June 2, 1961, APP. 케네디는 중국과 소련의 동맹을 언급하면서 이 비유를 들었다.

3 Jeffrey Mankoff, "The War in Ukraine and Eurasia's New Imperial Moment," *Washington Quarterly*, Summer 2022.

4 Franklin Roosevelt, "Annual Message to the Congress," January 3, 1940, APP.

5 예컨대 Jonathan Kearsley, Eryk Bagshaw, and Anthony Galloway, "'If You Make China the Enemy, China Will Be the Enemy': Beijing's Fresh Threat to Australia," *Sydney Morning Herald*, November 18, 2020을 참조하라. 그 외에도 중국은 호주 정부에 대해 반중 연구를 수행하는 일부 싱크탱크에 대한 자금 지원을 중단하고, 국내에서의 토론을 검열할 것을 요구했다.

6 Charles Clover, *Black Wind, White Snow: The Rise of Russia's New Nationalism* (New Haven: Yale University Press, 2017), 327.

7 이와 같은 일반적인 현상에 대해서는 Matthew Kroenig, *The Return of Great Power Rivalry: Democracy versus Autocracy from the Ancient World to the U.S. and China* (New York: Oxford University Press, 2020)를 참조하라.

8 Nicholas Spykman, *America's Strategy in World Politics: The United States and the Balance of Power* 1942 (New York: Routledge, 2017), 469.

9 Brian Klaas, "Vladimir Putin Has Fallen into the Dictator Trap," *Atlantic*, March 16, 2022; Hal Brands and Michael Beckley, *Danger Zone: The Coming Conflict with China* (New York: Norton, 2022).

10 Alfred Thayer Mahan, *The Interest of America in Sea Power, Present and Future* (Boston: Little, Brown, 1897), 259.

11 이와 같은 주장에 대한 유용한 반론으로는 Stephen G. Brooks and William Wohlforth, "The Myth of Multipolarity: American Power's Staying Power," *Foreign Affairs*, May–June 2023; Øystein Tunsjø, *The Return of Bipolarity in World Politics: China, the United States, and Geostructural Realism* (New York: Columbia University Press, 2018)을 참조하라.

12 Hugo Meijer and Stephen Brooks, "Illusions of Autonomy: Why Europe Cannot Provide for

Its Security If the United States Pulls Back," *International Security*, Spring 2021.

13 John Lewis Gaddis, *Strategies of Containment: A Critical Appraisal of American National Security Policy during the Cold War* (New York: Oxford University Press, 2005), 112.

14 Elbridge Colby, *The Strategy of Denial: American Defense in an Age of Great-Power Conflict* (New Haven: Yale University Press, 2022).

15 Spykman, *America's Strategy*, 165.

16 Elbridge Colby and Oriana Skylar Mastro, "Ukraine Is a Distraction from Taiwan," *Wall Street Journal*, February 13, 2022.

17 이러한 이유로, GDP 대비 국방비 지출 비용은 1945년 이후 거의 가장 낮은 수준에 머물러 있다. 이와 같은 전략에 대해서는 James Mitre, "A Eulogy for the Two-War Construct," *Washington Quarterly*, Winter 2019를 참조하라.

18 George Shultz, *Turmoil and Triumph: My Years as Secretary of State* (New York: Charles Scribner's Sons, 1993).

19 이 점은 내가 2022년 11월 미국, 일본, 호주, 영국에서 해당 국가의 정치인들과 나눈 대화에서 수차례 반복적으로 언급되었다.

20 Brooks and Wohlforth, "Myth of Multipolarity"; Jain and Kroenig, *Toward a Democratic Technology Alliance*.

21 Matthew P. Goodman, "Variable Geometry Takes Shape in Biden's Foreign Policy," Center for Strategic and International Studies, March 19, 2021.

22 Halford J. Mackinder, "The Geographic Pivot of History," *Geographical Journal*, April 1904, 436.

23 Author's discussion with Vijay Gokhale, October 25, 2022.

24 이 용어는 "CIA Director Burns: What U.S. Intelligence Needs to Do Today—and Tomorrow," Washington Post, July 7, 2023에서 비롯된 것이다.

25 예외는 이란이다. 시아파식 권위주의를 표방하는 이란은 역사적으로 걸프 지역의 수니파 정권들에 꽤나 위협적으로 여겨져 왔다. 이에 대한 더 넓은 역학관계에 대해서는 Hal Brands, "Putin's Saudi Bromance Is Part of a Bigger Plan," *Bloomberg Opinion*, December 5, 2018을 참조하라.

26 John Lewis Gaddis, *The Long Peace: Inquiries into the History of the Cold War* (New York: Oxford University Press, 1986).

27 한 사례로, 중국은 2022년 우크라이나전쟁 초기 단계에서 러시아에 살상 무기를 제공하지 않았다. 미국과 유럽의 제재를 촉발할 것을 우려했기 때문이다. "China Not Giving Material Support for Russia's War in Ukraine: U.S. Official," Reuters, June 30, 2022.

28 "Remarks by National Security Advisor Jake Sullivan at the Special Competitive Studies Project Global Emerging Technologies Summit," White House, September 16, 2022.

29 Andrew Imbrie et al., *Agile Alliances: How the United States and Its Allies Can Deliver a Dem-*

ocratic Way of AI, Center for Security and Emerging Technologies, February 2020; Melissa Flagg, "Global R & D and a New Era of Alliances," CSET Data Brief, June 2020.

30 이는 바이든 대통령이 반복적으로 언급한 점이기도 하다. Jeremy Diamond, "Biden Can't Stop Thinking about China and the Future of American Democracy," CNN, April 29, 2021 을 참조하라.

31 Matt Pottinger, Testimony before the United States-China Economic and Security Review Commission, April 15, 2021을 참조하라.

32 보다 확장된 논의에 관해서는 Brands and Beckley, *Danger Zone; Jonathan Hillman, The Digital Silk Road: China's Quest to Wire the World and Win the Future* (New York: Harper Business, 2021)를 참조하라.

33 Harry S. Truman, "Special Message to the Congress on the Threat to the Freedom of Europe," March 17, 1948, APP.

34 Robbie Gramer and Jack Detsch, "A (Mostly Secret) Revolution Is Afoot in NATO's Military," *Foreign Policy*, July 13, 2023; Sean Monaghan, "The Sword, the Shield, and the Hedgehog: Strengthening Deterrence in NATO's New Strategic Concept," *War on the Rocks*, August 23, 2022.

35 Elbridge Colby, "America Must Prepare for a War over Taiwan," *Foreign Affairs*, August 10, 2022.

36 Josh Rogin, "When Trump Caved to Xi and Threw Taiwan under the Bus," *Daily Beast*, March 8, 2021.

37 Ian Easton, *Hostile Harbors: Taiwan's Ports and PLA Invasion Plans*, Project 2049 Institute, July 2021.

38 이에 대해서는 Yukihiro Sakaguchi and Ryo Nakamura, "U.S. Nuclear Review Warns of Chinese 'Coercion' in Indo-Pacific," *Nikkei Asia*, October 28, 2022의 논의를 참조하라.

39 중국의 계획에 관해서는 Department of Defense, 2022 *Report on Military and Security Developments Involving the People's Republic of China*, November 2022. 또한 Michael Hirsh, "The Pentagon Is Freaking Out about a Potential War with China," *Politico*, June 9, 2023; Hal Brands, "Deterrence in Taiwan Is Failing," *Foreign Policy*, September 8, 2023을 참조하라.

40 Larry Bland, Clarence Wunderlin, and Sharon Ritenour Stevens, eds., *The Papers of George Catlett Marshall*, vol. 2 (Baltimore: Johns Hopkins University Press, 1986), 274.

41 Don Clark and Ana Swanson, "U.S. Pours Money into Chips, but Even Soaring Spending Has Limits," *New York Times*, January 1, 2023,

42 Spykman, *America's Strategy*, 89.

43 Ryan Berg, *Insulate, Curtail, Compete: Sketching a U.S. Grand Strategy in Latin America and the Caribbean*, Center for Strategic and International Studies, May 2023.

44 Shannon O'Neill, *The Globalization Myth: Why Regions Matter* (New Haven: Yale University

Press, 2022).

45 Jorge Guajardo and Natalia Cote-Muñoz, "The Future of North America–China Relations," Working Paper, Woodrow Wilson International Center for Scholars, January 2022.

46 "Top China Generals Urge More Spending for U.S. Conflict 'Trap,'" *Bloomberg News*, March 9, 2021.

47 Kyle Lascurettes, *Orders of Exclusion: Great Powers and the Strategic Sources of Foundational Rules in International Relations* (New York: Oxford University Press, 2020).

48 Halford J. Mackinder, "The Geographical Pivot of History," *Geographical Journal*, April 1904, 427–28.

49 일부 대중 강경파들이 제안했듯이 말이다. John Mearsheimer, "The Inevitable Rivalry: America, China, and the Tragedy of Great-Power Politics," Foreign Affairs, November–December 2021을 참조하라.

50 Mackinder, "Geographical Pivot," 436.

51 "Has the Wind Changed? PLA Hawks General Dai Xu and General Qiao Liang Release Odd Articles," GNews, July 11, 2020; Minnie Chan, "'Too Costly': Chinese Military Strategist Warns Now Is Not the Time to Take Back Taiwan by Force," *South China Morning Post*, May 4, 2020.

찾아보기

히틀러, 아돌프Hitler, Adolph 6~8, 16~17, 24,
51, 54, 62~64, 85, 122~181, 186~188,
194, 226, 237, 295, 307, 310, 312, 321, 329

힌덴부르크, 파울 폰Hindenburg, Paul Ludwig von
91, 99, 106

유라시아 지정학

1판 1쇄 인쇄 2026년 3월 11일
1판 1쇄 발행 2026년 3월 27일

지은이 할 브랜즈
옮긴이 김태수
펴낸이 김영곤   **펴낸곳** (주)북이십일

TF팀 팀장 김종민
기획편집 진상원   **마케팅** 정성은 김지선
편집 김화영   **디자인** 박지영
마케팅영업부문 정지은
영업팀 김지윤 강경남 김도연
e-커머스팀 장철용 명인수 황성진
해외기획팀 홍희정 소은선
제작팀 이영민 권경민

출판등록 2000년 5월 6일 제406-2003-061호
주소 (우10881) 경기도 파주시 회동길 201(문발동)
대표전화 031-955-2100   **팩스** 031-955-2151   **이메일** book21@book21.co.kr

(주)북이십일 경계를 허무는 콘텐츠 리더

21세기북스 채널에서 도서 정보와 다양한 영상자료, 이벤트를 만나세요!
페이스북 facebook.com/jiinpill21   포스터 post.naver.com/21c_editors
인스타그램 instagram.com/jiinpill21   홈페이지 www.book21.com
유튜브 youtube.com/book21pub

ISBN 979-11-7357-811-3 (03900)

리더를 위한 정치와 사상의 교양

그레이트 하모니

그레이트 하모니는 다양한 요소의 조화로 정치가 완성된다는
철학을 담은 시리즈입니다. 정치적 통찰을 바탕으로 리더십을
꿈꾸는 독자들을 위해 엄선한 도서를 소개합니다. 복잡한 정세
속에서 조화를 이루는 리더로 성장하는 길을 제시합니다.

---

001 《아우구스투스》

혼돈에서 제국을 세운 질서와 통치의 리더십

에이드리언 골즈워디 지음 | 박재영 옮김 | 김덕수 감수

---

002 《알렉산드로스》

세계를 손에 넣은 대왕의 도전과 정복의 리더십

필립 프리먼 지음 | 노윤기 옮김

---

003 《21세기 지정학》

5000년 문명사를 통해 보는 세계질서의 대전환

아미타브 아차리아 지음 | 최준영 옮김

---

004 《잘못된 전략》

외교 역사와 이론으로 살펴보는 국제정치 속 오판의 메커니즘

비어트리스 호이저 지음 | 이혜진 옮김

---

005 《백악관 상황실》

작지만 위대한 지하실에서 펼쳐지는 대통령 리더십의 성공과 실패

조지 스테퍼노펄러스, 리사 디키 지음 | 황성연, 천상명 옮김
